世界品牌研究课题组
WORLD BRAND RESEARCH LABORATORY

限量版奢侈品

杨 杨 杨文宇 著

北京工业大学出版社

出版缘起
PUBLISHER'S NOTE

　　它们的出现和存在注定会被人归结为一种梦想，因为它们只能成全少数终极玩家的独占欲，其身后动辄百万的价码足以令人瞠目结舌，望而却步。世界上如果少了它们，奢华的品位也就少了几分高高在上的傲气与矜持；正是因为有了它们，醉心于珍品收藏的名流贵胄们也有了为之一掷千金的愿望。这就是限量版奢侈品，它们犹如统治奢华世界的至高权杖，以一种面向极端小众的稀缺文化，酝酿出特有的尊贵与华美，从而建构起一座凌驾于"平价"奢侈品之上的"理想之城"，最终满足了财富新贵对于极致品位的执著追求。

　　身家殷实的富豪和贵族阶层无疑代表着一种金字塔尖式的消费文化，而与这种文化相匹配的，自然是能够凸显其身份地位的高端精品。但是对于中产阶级来说，拎上一件价值上万的路易威登包包已经不是什么难事，因而，对于崇尚个性表达的现代富仕而言，奢华似乎只能成为消费品的一个基本属性，最令他们心动的，还有一份与众不同的生活质感。于是，以"稀缺"为主打概念的限量版就成了专为富豪人群量身打造的一种"特权"，他们可以将别人望眼欲穿但却无法拥有的东西收入囊中。

　　世界顶级奢侈品牌所推出的限量版产品堪称奢侈品中的奢侈品，价格通常超出基本款几成甚至几倍。不过，要让人们为它们埋单，它们的身前背后往往大有文章。它们身上或者凝聚了该品牌顶尖的工艺精髓，或者濡染着意义深重的历史情愫，又或者铭记了一段不为人知的经典传奇。它们的玄秘之处在于将专注到细枝末节的精致追求进行最大可能的放大和升华，它们最终呈现的，是品牌乃至同行业的最高水准和精华。

路易十三是人头马干邑的镇牌之宝，酿制它的葡萄全部来自于干邑区的心脏地带——大香槟区，并最终由 1200 种窖龄在 40 到 100 年之间的原酒调配而成，所以它的每一滴酒浆都蕴含着 100 年的厚重与尊贵。180 瓶，这是它曾经在某一年的全部产量，即便是在最高产的年头，它的面世量也不过区区数千瓶。2009 年，路易十三推出限量 786 瓶的 RARE CASK 黑蕴典藏大香槟干邑，它们出自人头马酒窖中一支窖藏百年的蒂尔肯木桶，并在路易十三历史上首次采用未调低度数而将原酒直接灌装的方式。法国著名的水晶制造商巴卡拉为其设计了专属的黑水晶瓶身。这款干邑的售价达到了 10000 欧元，但基本上是有价无市，重金难求。

限量版的稀缺性成全了它的传奇和矜贵，而除了对于自身品质的精雕细琢，限量版的核心价值还表现在匠心独运的设计以及特殊的纪念意义，它们的出现也总是彰显出特殊的历史背景或者文化意蕴。瑞士著名手表品牌江诗丹顿就曾经多次在世界各地的历史文化中寻觅灵感，从以郑和、麦哲伦等探险家及其探险活动为题材的四款限量版珐琅腕表，到根据日内瓦某博物馆收藏的 12 款原始部落面具推出的微缩金质版本的面具腕表，再到与日本京都漆艺达人象彦大师合作推出的精美漆艺腕表，它们将历史、艺术以及各类最精湛的制表工艺完美地融合在一起，其身价都在百万元人民币以上。

另外，如果是像江诗丹顿这样有着二百余年历史的"老字号"，总是会在适逢周年时隆重推出自己的珍品。2005 年，为了庆祝品牌创立 250 周年，江诗丹顿特别推出了 Tour de l'ile 陀飞轮腕表。Quai de l'ile 是瑞士日内瓦市的一个街区，也是江诗丹顿创始人瓦什隆最初创立工作室的地方。而这款表采用独特的双面表盘设计，其所搭载的 Cal.2750 手动上弦机芯耗费了江诗丹顿上万小时的研发时间，其零件多达 834 个，并最终集天文时差、月相盈亏等 16 项复杂功能于一身，堪称是目前世界上功能最多、机芯结构最复杂的腕表之一。这款表只限量生产七只，唯一特制的一只黑色表盘的 Tour de l'ile 在江诗丹顿 250 周年主题拍卖会上以 190 万瑞士法郎（约 1200 万元人民币）的身价被拍出，创造了新款腕表最高售价的纪录。

有些顶级品牌基本不以限量版为噱头，但是它本身却深谙限量生产的精髓，例如有"香槟中的劳斯莱斯"美誉的库克香槟。库克是当今为数不多只生产高级香槟的酒厂之一，每年的产量大约只有 500000 瓶。它所使用的葡萄全都出自库克的花园式的迷你果园，出产库克"美尼尔黄钻香槟"以及库克"安邦内黑钻香槟"的葡萄庄园的面积分别只有 1.85 公顷和 0.685 公顷，所以它们的年产量只有区区千余瓶，就算年份欠佳时也绝不勉强生产。当然，以万为单位的售价也令其他香槟品牌难以望其项背。

稀缺、独特、名贵，这样的限量文化是在传递着一种诱惑，它不停地提醒你：你的奢华该升级了。限量版奢侈品也是一场"寻衅"，它以自己的稀缺哲学，挑战着物质世界的最高价码，撩动着富豪们的消费神经。而在限量数字的背后，既有着品牌自身的历史传承与积淀，又有着迎合现代消费时尚的巨大升值空间。

但实际上，限量版奢侈品的意义绝不仅仅只是数量上的，身份、地位、名望……这些都可能成为塑造限量版的一道道门槛，所以在限量版的世界里，财富仅仅只是一个必要的前提而已。

法拉利一直是名车玩家的至爱，但要想买到限量版的法拉利，通常你的车库中不能仅仅只有一辆法拉利，而且很多时候你还必须接受一些特殊条件，比如，保证买入后不会立即转手。2002 年，为纪念创始人恩佐，法拉利特别推出了限量 399 辆的法拉利 ENZO，购买条件极为苛刻——必须是法拉利的会员、必须拥有三辆以上的法拉利、必须有 40 周年纪念车 F40、必须有 50 周年纪念车 F50。而顾资银行的"世界卡"对于持有者的社会地位和家庭背景极为挑剔，除了要是顾资银行客户并且账户价值超过 500 万英镑以外，必须无任何负面形象以及不良嗜好，而且它不接受申请，只可以通过被邀请的形式获得。

所以，即便是登上了福布斯全球富豪榜，面对某些"苛刻的"限量版奢侈品，最好的态度依然是"得之我幸，不得我命"。当年，入会门槛极高的奥古斯塔高尔夫俱乐部曾经让比尔·盖茨等了十年，原因是审批委员会认为他"对高尔夫的理解不够，浑身的铜臭味"。这个俱乐部只有 300 个会员名额，需要经过会员的推荐以及审查委员会的严格审定之后才被列入候选名单。候选名单必须在正式会员退出或者去世时才有替补的名额。

当然，追求限量并非等同于盲目炫富，限量版奢侈品本身的稀缺与尊贵代表的是一种顶级的生活方式，酝酿着一种超越一般意义上的极致享受，从而表达着一种不平凡的价值，一种新的生活态度。那是一种懂得利用有限的生命去享受更高品质人生的热情和精彩，一种超越于财富之上的自我犒赏，一场回味无穷的心灵盛宴。

正是为了诠释限量版奢侈品所传达的这种传奇和精彩，世界品牌研究课题组经过两年的酝酿和筹备之后推出此书。书中甄选 50 余个具有标志意义的世界顶级品牌，精心梳理其推出限量版产品的历史，同时对品牌特点、工艺精髓以及背后所承载的独特人文质感和历史价值加以详细解读。

除此之外，本书还将涉猎范围扩展到世界顶级豪宅、信用卡、俱乐部等内容，这些具有限量意义的单品也是折射当今高端、稀缺的限量文化的主要部分。在本书中，它们将与众多名车、名表、名酒、珠宝、游艇、雪茄品牌一起，共同打造"限量版"所刻画的消费文化，并为渴望了解此文化的人群借鉴。

世界品牌研究课题组

2012 年 1 月

江诗丹顿
002 献给时间的赞美诗

　　究竟是一堆没有生命的冰冷零件，还是一件拥有自身灵魂与质感的艺术品，这就是普通的钟表生产商与有着数百年历史积淀的制表世家之间最本质的区别。而对江诗丹顿而言，250年从未间断的生产过程淘洗出的依然是那句不变的誓言，"你可以轻易拥有时间，但无法轻易拥有江诗丹顿。"

法拉利
014 征服者的浮光掠影

　　有一种奢侈叫速度。当你正在高速路上行驶的时候，难免会有一些人试图超过你，但那只不过是他们自以为是而已，驾驶着法拉利跑车的你并不是瞧不起他们的驾驶技术，而是这种自不量力的事情是毫无意义的，因为只要你把油门踩低两厘米，他们就只能够看着你的背影叹息。激情、豪迈、挑战、超越、征服都成为它的使命，它的标识。

路易威登
028 新贵族的标签

　　到了今天，大概没人会把带有LV标志的物件仅仅当做是物件本身吧，LV更多的是在标注着所有者的身价，也定义着基本意义上的奢华品位。

宝诗龙
038 女人的理想国

　　宝诗龙的世界很小，能够负荷它强大贵气的人绝不是一般的中产阶级，而只能是仁立在金字塔顶端的豪门和权贵。但也有人说宝诗龙的世界其实很大，因为那里是所有女人的理想国。

顾资银行世界卡
050 豪富代言人

　　没有女王的皇冠，也没有王者的权杖，一张小小的世界卡，拥有它的那一刻，你就已经被加冕了所有的高贵与尊荣。从此，奢华的世界又多了一个刻度，一场竞技。

目录

肯辛顿王宫花园街
052 皇室外的贵族印象

有一种氛围叫肃穆，有一种肃穆叫高贵，有一种高贵叫独享，它的名字叫肯辛顿王宫花园街。这里只是亿万富翁居住的地方，百万富翁只有参观的份儿了。

人头马路易十三
054 百年干邑 奢华私享

干邑，这个上帝对于人类的最浪漫的馈赠，当它化身为酒中的王者，也许，只有"路易十三"这样的王者之名可以与之匹配。而当这样的王者真正君临尘世，又有多少人可以有幸得见真容，享其尊贵？

宾利
062 私人定制的极致之选

世界上顶级的豪华汽车，同时是手工制作的，除了劳斯莱斯，就是宾利了。它是一个低调的贵族，却心思极为缜密，它为车主提供最个性化的定制服务，这是连劳斯莱斯都难以达到的标准。

百达翡丽
072 触摸时间的质感

能够一天 24 小时守候着你的，不是你的爱人，而是你的腕表。肌肤相亲的日日夜夜里，你们共同徜徉在时间的河流里，生命会走到了尽头，而时间依旧向前。作为钟表品牌中最具魅力的百达翡丽，用品质来与时间签下协议，那只能叫做经典。

iDiamond ear
082 让奢华可以聆听

当平时售价几十元的耳机被打造成奢侈品之后，价格也可以高达百万，这就是 iDiamond ear 限量版钻石耳机用事实做出的宣言。

科伊巴雪茄
084 绅士手中的神赐之物

袅袅上升的轻雾里，一幕幕尘封的往事也随之若隐若现，它的味道，如同苦寻多年的黑白默片，珍贵而又无以复加。那一刻，也许你会真正理解拜伦所说："给我一支雪茄，除此之外，我别无他求。"

库克香槟

092 最雅致的味觉诱惑

只选择花园式的迷你果园、只选用最优质的葡萄、装瓶之后所有的香槟至少要陈放六年才能打上"库克"的酒标，这些自创立之日起就被严格执行的苛刻原则注定了它的高贵和别致，也成就了它"香槟中的劳斯莱斯"的美誉。

御爵

100 国礼之声

有人说，八音盒只不过是小女孩喜爱的礼物，只能藏在自己的房间里，偶尔听听而已。然而御爵的这款八音盒却释放出一缕来自国礼的天籁之音，来自天堂的神韵，每一次奏响，都是在叩问圣洁的灵魂，出"声"高贵而尊雅。

万宝龙

102 绅士的玲珑之魅

年华如流水匆匆一瞥，多少岁月轻描淡写。在印象深刻的黑白电影中，真正贴近英国绅士胸口的，除了鞠躬之时，放在胸前的右手之外，就是一只胸前口袋里的万宝龙墨水笔了。

轩尼诗

108 生命之水的诱惑

如果一串葡萄只是纯洁、精致而安谧的果实，那么经过压榨之后取得的葡萄酒就是蠢蠢欲动、内蕴奔腾的动物。如果葡萄酒是动物，那么极致的轩尼诗干邑就是动物中的王者，精灵中的精灵。

布加迪威航

116 速度艺术家

得到它虽然弥补了你的一大遗憾，却又让别人增加了一个得不到它的遗憾，因为渴求是如此之多，而它却是那么少。专注于汽车速度与品质艺术的布加迪，用一百年的沉浮向世人宣告它的矢志不渝。

埃尔布利餐厅

126 最矜贵的晚餐

　　如果你告诉别人你将到埃尔布利去享用晚餐，相信他们的第一个反应一定是"不可能！你怎么可能订到位子？"是的，埃尔布利就是这样一家餐厅。

卡地亚

130 珠宝之王者

　　它被称作"皇帝的珠宝商"，它的作品又有"珠宝商的皇帝"之誉。它是一个魔法师，让冰冷的玉石拥有了灵魂和哀乐喜怒，它更是一个造梦者，带给人们一段段光滑完美的梦境。这就是卡地亚，珠宝之王者。

奥罗拉

138 将奢华进行到底

　　取名"曙光女神"，寄寓了一战后的意大利人对于光明与和平的美好憧憬，而它的诞生也确实为世界书写笔的历史翻开了崭新的一页。

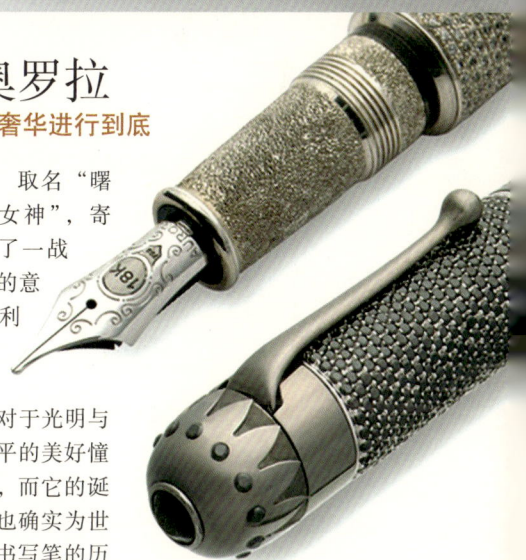

宝马

162 低调之中　尽显奢华

看着它简洁而低调的蓝白车标，你却不由得联想到它并不低调的身价。对于沉稳又不失潇洒的名人雅士来说，也许它是最好的旅伴。

M1NT 俱乐部

174 富绅豪门的专属领地

作为世界首家股东制的高级私人俱乐部，M1NT 只为最尊贵、最有权力的新一代富豪们提供顶级奢华的服务，能够跻身其中，代表着你已进入世界精英财富圈的最高层。

菲拉格慕

178 定制的脚上玲珑

王子为了找到公主，就让所有的女子试穿了那只水晶鞋，可是只有最初的拥有者——灰姑娘才真正能合适地穿上，因为这是巫婆用魔法来为她定做的。在现实中，被人称为"明星的鞋匠"的菲拉格慕同样有着巫婆一样精致如魔术般的手艺，在它的世界里"没有不合脚的鞋"。

贺兰 & 谢瑞

146 寸缕寸金　织就奢华

没有钻石水晶，也不用金丝银线，但我依然会让你穿上价值连城的西装。没错，这就是贺兰 & 谢瑞能做到的事情。

芝柏

148 横跨三个世纪的时光之旅

时间是狂妄而又冷血的，它肆无忌惮地去拥有一切，又自私地抛弃一切。得与失之间的抉择，是与非之间的界限，过去与未来的判断都在时间的河流里沉浮，也许只有一只低调而奢华的芝柏表才能让人想起今昔是何年。

沃里

160 海平面上的移动宫殿

沃里结识爱马仕，一款终极豪华动力游艇横空出世。它就是 WHY，谜一样的名字，谜一样的身段。

唐培里侬香槟王

186 永远的香槟之王

1997 年，一桩持续数年的公案终于尘埃落定，根据国际法庭的最后裁决，世界上只有在法国香槟区出产的气泡葡萄酒才有资格称为香槟。但是，能让自己的名字配得上"香槟王"这个字眼的，唯有唐培里侬。

梅森瓷器

194 德国人的白色国宝

只用自己矿上的专有材料、只使用自己研制的 100000 种配方颜料、只选用自己培养出来的雕塑师和绘画师，这一切都注定了梅森瓷器的瓷中王者的地位。发展到今天，梅森这个名字已经不仅只是代表瓷器，同时也是德国宝贵的艺术精粹。

宝玑

202 在时间中定义奢华

欣赏宝玑的钟表就如同是在回顾现代钟表业的技术发展史，而它的精彩终于使人们发出了这样的感慨："宝玑似乎发明了一切，以后的任何技术与设计似乎都只是他的发明的变招而已。"

莱泽曼

214 工具刀之王

男人都有一个远征的梦，可以在遥远的地方看风景，恰逢那残阳如血，半边天的红光底下有一线被拉长的影子。然而这个坚韧的男人却又有一颗细腻的心，在远征的部落里，他十全十美，就好像这款莱泽曼 25 周年纪念版多功能刀具。

阿斯顿马丁One-77

218 来自日不落帝国的奢华见解

当绅士开始成为英国人自豪的称呼时，日不落帝国的霸气也从未被人淡忘过，就像这款最能代表英伦汽车的阿斯顿马丁 One-77——既大气，又风度翩翩；既霸气，又绅士。

"Supersports" 滑雪板

222 雪原上的"迷你宾利"

脚下踩着这样一辆"迷你宾利"去滑雪，绝对会吸引你身边所有人的眼球。当然，对于普通人来说，高达 10000 美元的售价也无疑为它贴上了奢侈品的标签。

迪拜旋转大楼

224 天空之城

转眼间，迪拜从沉睡在波斯湾里的一个小村落摇身变成了阿联酋最富庶的城邦。如今，奇迹仍在这片神奇的土地上延续，只是，它更像是一个建筑师的天堂，不断将科幻世界里的神来之笔变成现实。

施坦威钢琴
226 追求完美听觉的钢琴盟主

在钢琴领域，只要是用"最好的"来做形容词的话，那么后面的对象一定是施坦威钢琴了。它有一股子骑士精神——虔诚而又追求极致，只不过，它的上帝是听觉。

兰博基尼
230 来自未来世界的速度之王

兰博基尼的气场是黑色的，从一段不堪回首的愤怒开始，又以一个惊艳的姿态继续。像一个十足的坏蛋那样独来独往，却从不以蹂躏这个世界为乐，怪诞、新奇，一切的不合理在这里都是理所当然。

积家
242 永不褪色的奢华

爱好珠宝的人，是在期待珠宝能像糖果一样溶解掉生活中的困境；而爱上积家的人，已经身不由己的忘记了时间。昂然而立的积家坚持它最初的梦想，那是一抹缠绕在时间轴上永不褪色的奢华。

都彭
252 "有声有色"的极品火种

从皮箱到打火机，再到书写笔、皮带、珠宝、香水……走过了 130 余年的光荣岁月，都彭的世界似乎永远闪耀着一句不变的誓言："永远美不胜收，永远奢华考究。"

罗特斯眼镜
262 近在"眼前"的奢华

一副架在鼻梁上的眼镜的价钱可以买一辆宾利汽车？这听起来似乎有些不可思议，但是，来自德国的珠宝眼镜品牌罗特斯却将这种奢侈持续了一百多年……

梵克雅宝
264 绽放的珠宝箱

名店林立的凡登广场被称为"巴黎珠宝箱"，而伫立在广场中心的立柱不仅成为了梵克雅宝品牌标志的设计意象，也见证它如何一点一滴地，绽放出自己独特的魅力。

麦卡伦威士忌
274 最完美的英伦格调

白兰地标志着来自法兰西的浪漫与高雅，而有着数百年历史的苏格兰威士忌或许早已代言了英国式的绅士文化和高雅格调。但林林总总间，可以被奉为"单一麦芽威士忌的最高典范，其他酿酒商所必须跟随的标准"的，却只有麦卡伦。

帕加尼
284 安第斯山脉的风

它比法拉利还要尊贵，比兰博基尼更显狂野。桀骜不驯是它最大的特点，尊容华贵是它最显著的特征，它就是来自安第斯山脉的风——帕加尼超级跑车。

奥斯哥纳
294 绝代风华的水晶艺术

自然万物都有相互交融的美态，犹如曼妙的舞姿和天籁之音的结合，自然而纯真。奥斯哥纳的水晶艺术亦如是，那是情感和意识的佳酿，生活与命运的礼赞，它将亚平宁厚重的历史和深邃的文化雕刻进每一盏水晶灯中，将意大利文艺复兴的金色记忆珍藏在曼妙的光线中，它是经典水晶工艺的代表，更是人类艺术的瑰宝。

弗瑞特床品
300 贵族尊享

世间绝大部分的奢华总是"内外兼修"的，既取悦自己，又秀出品位，就像是爱马仕的名包、百达翡丽的腕表、布加迪的豪车……但是有的时候，奢华其实可以很纯粹，完完全全只属于你一个人，就像如艺术品般完美精致的弗瑞特床品，用心营造最舒适、最华丽的温柔乡。

徕卡
308 跨越时空的爱恋

每一次定格都是一次纪念，每一个瞬间都是永久，它实现了人类视觉的延伸，也在漫漫的时间长河中，替我们铭记。

运通百夫长黑金卡
316 特权王国的钥匙

它是上流社会最期待的宾客，尽管行事低调，却又每每留给世人超乎寻常的震撼。它就是运通百夫长黑金卡，作为当今世界的"卡中之王"，诠释着非比寻常的特权宣言。

登喜路烟斗
320 斗室方寸 容纳万千

香烟就像是路途中的某一次艳遇，雪茄可能是要你付出高昂代价的情人，唯有烟斗，才是你真正的妻子。作为烟斗中最为高贵的登喜路烟斗则是在玩味时间，它让吞云吐雾变成了一种品位。

GoldVish"百万"手机

326   当奢华可以"掌握"

　　如果你对于手机的定义还是"一种必要的通讯工具",也许 GoldVish 会让你明白,手机已经可以为自己画上另外一个等号——珠宝。

昂文德帝落地钟

328   时间纪念者

　　透明的"躯体"散发着一股高雅的气息,仿佛是在说它早已明白了时间的历史,而精致的工艺又如同渗入骨子里的内涵,那就是时间,它被称作时间的纪念者,它就是昂之德帝落地钟。

劳斯莱斯

332   荣耀之巅的至尊王者

　　它是最能代表大英帝国荣耀、权威与历史的文物,它是最能代表贵族身份与地位的符号,它早已逾越了财富的界限,而成为了车坛中完美无瑕的至尊王者。它就是劳斯莱斯。

克莱夫基斯汀

344   流金液钻的终极诱惑

　　当虔诚的基督徒在默念上帝慈悲的时候,凭空而过的一缕香气就满足了他们所有的愿望,这就是极具传奇色彩的克莱夫基斯汀香水。作为全世界最贵的香水,它挑起了嗅觉的终极诱惑。

海德公园一号

348   皇家园林中的隐逸与奢华

　　穿过精美的惠灵顿拱门,沿着海德公园浓茂的林阴路漫步而行,运气好的话可能还会赶上一场露天音乐会。然后去看看近在咫尺的白金汉宫、大不列颠自然历史博物馆,逛逛繁华的肯辛顿商业区,晚上还可以在泰晤士河边欣赏美丽的夜景……如果你住在"海德公园一号",如此惬意的日常生活就再自然不过。

波音私人飞机

352 因人而异的旅程

在航天领域里鲜有人能够撼动波音飞机的地位，而当身份需要一种自由而个性的表达时，它就降服了时间和距离，带来了因人而异的尊贵旅程。

丽娃游艇

362 游艇中的王者风范

它的历史和它的长度一样悠久且不容模仿，它的奢靡又和它的荣耀一样掀起了华丽的旋风。来自意大利的丽娃豪华游艇犹如一股奢华的风暴潮流，豪迈尽显，轰鸣来袭。

宝珀

374 雕琢最久远的时光

275 年的历史传承，宝珀奠定了自己圆形钟表艺术大师的楷模形象，它让自己的名字成为了一种文化表征，以自己的全部身心，打造着薪火相传的机械制表艺术。

梅赛德斯 – 奔驰

386 世界汽车历史的原点坐标

"我们发明了汽车，并引导它一路前行。"能够发出如此豪言壮语的，大概也就只有梅赛德斯 – 奔驰了。它的诞生，记录了世界汽车的元年坐标，它的成长，见证了一个民族的骄傲与强大。

卡曼莱"晶钻"睡床

396 最奢华的梦乡

千万不要以为水晶的意义就只能是一件摆设或一件装饰品，有些时候，它也可以很"实用"，比如，一张美轮美奂的水晶床。

蒂芙尼

398 唯美主义的珠宝诗人

如果说卡地亚珠宝是贵族精神的表率，那么蒂芙尼珠宝就是唯美主义的领袖。它在一个高贵的世界里闪耀着魅力的光线，优雅与奢华是它的平仄，浪漫与情调是它的韵脚，它就是蒂芙尼，最具唯美情调的珠宝诗人。

伯瓦西定制家具

408 来自皇室的权势徽章

抢眼的丝绒和古朴的实木纹理仿佛记录下了时间流淌的痕迹，如山势起伏的靠背及弯曲的扶手让线条更柔美了，布面典雅的皱折加上大气贵派的造型，处处都在流露着伯瓦西家具的巧思与内涵。

奥古斯塔俱乐部

412 高尔夫王国的圣地

无论是哪个领域，常常是极少数的人占用较多的资源。从生活到游乐，他们用金钱和特殊地位构建一种大众望尘莫及的生活方式。奥古斯塔俱乐部就是这样一个顶级组织，它建立了一种精神意义上的尊贵，因而更加让人神往。

特立尼达雪茄

416 神秘的第十一根手指

一个喧嚣的世界里，突然腾升起一股烟雾来，那是繁杂中的灵魂最安然的小憩，犹如宗教仪式般给人神秘的力量。吞吐之间的悠然，全归于指缝间的一只雪茄上，那便是特立尼达雪茄，犹如神秘的第十一根手指。

1961 年份波尔多庄园酒

424 上帝的礼物

烛光底下的美味，红酒杯前的红颜。浪漫与品位如果有一个交点的话，那就是法国葡萄酒。耶稣在最后的晚餐中说："面包是我的肉，葡萄酒是我的血"，所以在西方国家，葡萄酒被看做是上帝的礼物。而全世界最好的葡萄酒就在被公认的葡萄酒王国——法国波尔多。

T-206 沃格内棒球卡

432 棒球卡中的圣杯

280 万美元，不是一幢豪宅，也不是一部超级跑车，而是一张印有赫努斯·沃格内半身像的八成新棒球卡。如此高的身价，相信连沃格内本人都始料未及吧。

麝香猫咖啡

448 尴尬的味蕾诱惑

　　能够将美味与粪便联系起来的，整个世界恐怕只有麝香猫咖啡才有这种能力了；能够让爱好咖啡的人"此生无憾"的，恐怕再没有比麝香猫咖啡更合适的了。

罗曼尼·康帝

454 神遗留人间的珍馐

　　罗曼尼·康帝是酒中的奇女子，妩媚又淡然，用绝妙的味道去扯动神经，让人心动却不知源于何时，归于何处。

柯尼塞格

436 极速玩家

　　超级跑车的世界少不了对于速度的痴迷与疯狂，但是能将这种疯狂演绎到底，仅用上区区十几年的光阴就让有着百年历史积淀的保时捷和布加迪心存敬畏的，恐怕只有柯尼塞格是真的做到了。

私人领海俱乐部

444 最神秘的"百名榜"

　　对它而言，量化的财富只是入门的第一个台阶，高贵和尊荣才是真正的敲门砖。它的"矜持"可以让一个亿万富豪等待八年，它的神秘可以让所有的媒体望洋兴叹。它是一片真正的"私人领海"，一片铭刻着超级富豪头衔的独享领地。

庞巴迪"环球快车"

464 空中最奢华的"行宫"

　　私人飞机是属于超级富豪们的"烧钱"工具，对于他们而言，能够换来便捷舒适的直飞享受，就应该说是物有所值的，甚至物超所值。

468 | **皇者之龙球杆**
果岭王国的黄金权杖

真正的高贵，是一种专属的拥有；真正的成功，是追求完美的灵魂。本间"皇者之龙"张连伟限量版球杆就是这样一支追求极致完美，专属于成功者的独享之物。

470 | **依芙德伦**
最奢侈的暖意

以世界上最稀有的冰岛雁鸭绒和顶级的埃及长绒棉为原料，以法兰西最精湛的纺织印染艺术织就而成，安睡于这样的床品中，人世间最为奢侈的享受也应该以此为极致了。

474 | **汉克"旅伴"旅行箱**
旅行家的终极梦想

不是每个人都可以成为安徒生，但是我们可以成为一个像他那样的热爱漫游的旅行家，何况在今天，我们似乎还有了一件可以让安徒生都心生遗憾的完美物件，那就是我们提在手里的汉克旅行箱。

478 | **飞马琴**
最亮眼的德国乐手

"工欲善其事，必先利其器。"但有的时候，器的意义却并不止于功用而已。当和谐的音符从这里静静地流淌而出，也许你会明白，原来音乐不单单只是愉悦了你的耳朵、慰藉着你的心灵，它其实还可以犒赏你的眼睛。

482 | **"Marine Band"民谣口琴**
向鲍勃·迪伦致敬

有的歌手一生只会和你有一次擦身而过，有的却时常伴随左右；有的歌手是一杯酒，喝完了就淡忘了；有的歌手是一首歌，总会在心头荡漾的经典老歌。鲍勃·迪伦就是这样一位传奇的民谣歌手，他以"一把吉他、一只口琴"的形象，成为上世纪许多人的精神启蒙者。无怪乎著名德国口琴制造商和莱公司要以鲍勃·迪伦系列限量版"Marine Band"民谣口琴向大师致敬。

486 | **蒙比亚多陨石手机**
遥不可及的地外奢华

黄金白银的颜色显得有些俗气了，宝器玉石的光彩又过于艳俗，当富人的眼光开始变得有些涣散的时候，又突然聚焦到了一点上，那就是史无前例的蒙比亚多陨石手机。

究竟是一堆没有生命的冰冷零件，还是一件拥有自身灵魂与质感的艺术品，这就是普通的钟表生产商与有着数百年历史积淀的制表世家之间最本质的区别。而对江诗丹顿而言，250 年从未间断的生产过程淘洗出的依然是那句不变的誓言，"你可以轻易拥有时间，但无法轻易拥有江诗丹顿。"

✠

VACHERON CONSTANTIN

●·◆·●

献给时间的赞美诗
江诗丹顿

VACHERON CONSTANTIN
关于江诗丹顿
◆●

如果没有成为一位一流的制表大师，瓦什隆或许会成为一位著名的哲学家。1755 年，24 岁的瓦什隆在日内瓦的一处阁楼里成立了自己的工作室，这就是江诗丹顿的前身。据说瓦什隆身边有两位著名的朋友，一位是卢梭，另一位是伏尔泰，他本人还是一位作家和数学家，而他之所以开始对制表产生极大兴趣据说是希望以此进行哲学中关于"原动力"命题的思考。

在当时的日内瓦，钟表学徒一般必须花五年时间拜师学艺，然后再经过三年实习。在此期间他们要交出自己的作品，只有作品受到同行业的赞许，他才可以从事钟表制造业并开班授徒。如今，瓦什隆在工作室中制造出的第一只银质怀表被完好地保存下来，作为江诗丹顿的发轫之作，它也偶尔亮相于世界各大名表展览中。

1810 年，瓦什隆的孙子雅克接掌了家族事业，1819 年，销售奇才弗朗西斯·康斯坦丁成了他的合作伙伴，他们将姓氏连在一起形成了如今的品牌——江诗丹顿。他们立志将品牌推广到全世界，但是这一过程在开始时却不是很顺利，雅克在都灵时，他的一件作品甚至被意大利王室制表匠拆得一塌糊涂。这时弗朗西斯的一封信却给了他极大的勇气，信上提到的一句话——"悉力以赴，精益求精"至今仍是江诗丹顿的座右铭。

从 2007 年开始，江诗丹顿推出了微缩金质版本的面具腕表。每年四款，每款限量 25 只，每款表的表盘内都刻有法国作家米歇尔·布托尔为其专门撰写的美妙短诗，身价在人民币百万以上。

对于江诗丹顿来说，1839 年乔治·奥古斯特的加入是一件值得被永久纪念的事，这个充满想象力的机械天才发明了可以批量生产标准化制表零件的机器，从而改变了当时手工零件本身不可替换性的弊端。这为制表业带来了革命性的突破，改写了江诗丹顿发展的历史，甚至使整个瑞士钟表业迈入了一个新纪元。现在，人们经常把瓦什隆、奥古斯特和弗朗西斯并称为江诗丹顿的历史三巨头。但江诗丹顿始终坚信，再精密的机械工具也永远代替不了精细的手工工艺，所以它的零件打磨、雕花和镶嵌等大部分程序仍然凭借手工完成。

目前，江诗丹顿在全球的年产量不到 20000 只，在日内瓦的年产量仅约为 6000 只，其制作工艺的精良可见一斑。

遗憾的是，瓦什隆的名字虽然被铭刻在江诗丹顿所有的表盘上，然而这个家族早在 19 世纪 60 年代就已经凋零了，幸运的是江诗丹顿却并未就此衰落。两个半世纪以来，江诗丹顿从未间断生产，它的韧性与执著使它成为了世界上最古老、最华丽的制表商之一，同时也成就了它"时间艺术家"的伟大姿态。对于拥有江诗丹顿的人来说，如果想让别人认同他的品位，了解他的尊贵，他只需要抬抬手腕就可以了。

限量甄选

江诗丹顿在日内瓦的年产量只有 6000 只，全世界则控制在 20000 只以内，这足以让人们了解，顶级腕表只是供少数人专享的东西。

目前，江诗丹顿在日内瓦的年产量只有 6000 只，全世界则严格控制在 20000 只以内，入门价为 50000 元人民币。看来，江诗丹顿早就已经深谙限量生产的精髓。一直以来，江诗丹顿不会轻易推出限量版，它的限量版通常采用了特殊的材质和工艺，而且迎合着特定的历史意义，其发行量一般不会超过 100 只，有的甚至是个位数。在江诗丹顿的世界里，顶级腕表必须只是供少数人专享的东西。

一般说来，最具有收藏价值的限量版制表通常是那些出于私人定制的稀世孤品，除了本身的独一无二，它们往往还代表了制表商在当时的最高技术水平。

1935 年，江诗丹顿历时五年打造出了品牌创立以来结构最精密的怀表，它采用纯金打造并且集合了万年历、月相显示和 30 分钟计时等 12 种功能，这只表的主人曾经是埃及国王福阿德。

2005 年 4 月 3 日，江诗丹顿在日内瓦举行庆祝品牌成立 250 周年拍卖会，当时一位神秘的钟表代理商以 330 万瑞士法郎的天价为其客人拍下了这件珍品。此外，这位代理商还以 226.6 万瑞士法郎的高价，拍下了

江诗丹顿为庆祝自己成立 250 周年特别制作的独一无二的 L'esprit des Cabinotiers 天文座钟。

日内瓦现在被尊为世界钟表之都，但其根源却可以向上追溯到 16 世纪。当时，日内瓦的宗教改革者加尔文下了一道严厉的命令：在日内瓦城禁止佩戴珠宝首饰。出人意料的是，这个禁令却促使了珠宝商开始致力

江诗丹顿 L'esprit des Cabinotiers 天文座钟基座由天蓝石、玫瑰金和玛瑙制成，球面刻有江诗丹顿成立当天（1755 年 9 月 17 日）的星座图，时钟隐藏在金球之内，张开呈莲花状，研制时间长达九年。据说全世界只有三人能打开这只座钟，一位是打造它的工匠，一位是出产这只钟的工厂厂长，最后一位为拥有它的买主。这只座钟以 226.6 万瑞士法郎的高价被拍卖。

　　2010 年，江诗丹顿与日本京都漆艺达人象彦大师合作，在"艺术大师"系列里推出了一套主题为松、竹、梅的精美漆艺套表。这款漆艺套表将持续三年在东方悠久的艺术传统中拣选不同的主题，每年推出一套，每套三款，每款限量生产 20 只。它们搭载带有日内瓦印记的 cal.1003 型超纤薄机芯，厚度仅为 1.64 毫米。

于钟表制造业，后来，日内瓦钟表更成为了瑞士的国礼，这其中当然缺少不了江诗丹顿的作品。

1955 年，苏、美、英、法四国政府首脑会议在日内瓦举行，当时江诗丹顿应市民要求，特意制作了四只腕表赠给出席会议的英国首相艾登、美国总统艾森豪威尔、前苏联部长会议主席布尔加宁和法国总理富尔，这四只表的背面都刻有他们各自的名字并配有这样的文字："祝愿此表能为您和您的人民以及世界和平带来欢乐的时光。"这句名言至今还常被人们谈起。

江诗丹顿目前的表款大致分为"传承（Patrimony）"、"纵横四海（Overseas）"、"历史名作（Historiques）"、"艺术大师（Metiers d'Art）"、"马耳他（Malte）"等七大系列，这里面除了年产量极少、而且基本是按订单生产的珠宝腕表，"艺术大师"系列还包办了江诗丹顿大部分带有历史主题和艺术底蕴的限量版表款，"探险家"系列就是其中之一。

2004 年，江诗丹顿曾经以著名航海家郑和、麦哲伦为主题推出了两款"探险家"系列纪念腕表。郑和有着七下印度洋的壮举，而麦哲伦则引导了人类第一次环球航行并发现了南美洲大陆南端同火地岛等岛屿之间的新海峡。巧合的是，他们都没有完成自己的最后一次远航，客死异乡。2009 年，江诗丹顿再度推出两款"探险家"腕表，主人公是马可·波罗与克里斯托夫·哥伦布。

1927 年，一位瑞士的埃及移民从江诗丹顿定制了这款集合了多种复杂功能的怀表，作为送给埃及国王福阿德的礼物。

《马可·波罗游记》是欧洲人撰写的第一部详尽描绘中国文化和艺术的著作，但是由于史书上几乎没有关于这位自称"忽必烈重臣"的记载，所以至今仍有人对于他是否真的来过中国存有质疑。但书中描绘的天朝大国的美好图景却极大地鼓舞了西方探险家们，哥伦布就是其中之一。哥伦布于 1492 年首次出海并最终登上了美洲大陆，但他误认为到达的是印度并称当地人为印第安人。此后他先

后三次远航并发现了越来越多的美洲地区，然而直到逝世他还一直以为那里是印度。

这四款表均采用双层彩色珐琅表盘结构，上层绘有相应的地理路线以及船只、骆驼等形象，下层表盘为一个 120 度的圆弧刻度盘。"探险家"系列在江诗丹顿限量版腕表中占有举足轻重的地位，除了题材独特，它所使用的高温明火珐琅工艺是高级制表业中历史最悠久、最重要的传统工艺之一。珐

琅源自东罗马帝国和西亚地中海沿岸诸地制造的陶瓷嵌釉工艺，而这种高温明火工艺从勾勒轮廓开始，用细头刷逐点上色和精绘，每一步的姿势都需格外小心精准。而且颜色不同的珐琅颜料具有不同的熔点，上色过程必须严格以此为依据，不能有丝毫偏差。绘好的表盘需放入温度在摄氏700~800度之间的烧窑中烧制成形，待冷却后用砂纸细细打磨，其力道必须拿捏准确以保证珐琅的精美效果。

珐琅在烧制过程中可能会变色甚至收缩，因此珐琅艺术家的技术和经验具有决定性的作用。而且每上一种新的颜色就意味重

江诗丹顿"探险家"系列中的两款，分别致敬哥伦布及马可·波罗。

复相同的操作，烧制过程的最后还要将图案再涂上一层半透明助焊剂或保护层，然后放入摄氏900度的高温中完成烧制后进行最后的研磨和抛光，因此一个表盘可能需要烧制38次之多方可最终完成。由于温度几经骤变，高温明火珐琅工艺的制作成功率几乎无法控制，任何一个细小的错误都可能将全部心血付之一炬。鉴于其复杂程度，这一系列的腕表每款只限量生产60只，而某些表款目前也只生产了几只。

令人钟爱而又望尘莫及的复杂，无与伦比而又恰到好处的优雅，这是江诗丹顿一成不变的追求，并最终使它成为了最高制表艺术的同义词。

江诗丹顿"卡里斯泰"钻石腕表
★☆★☆★
限量关键词：仅产一只

1982 年，为祝贺黛安娜与查尔斯王子的婚礼，阿联酋酋长亚迈尼从江诗丹顿定制了一只极为精美小巧的 Lady Kalla 腕表，而戴安娜在结婚当日正是佩戴的这款腕表，这也向世界展现了江诗丹顿的尊贵与华丽。但是，江诗丹顿最珍贵的作品并不是这款 Lady Kalla，而是神秘的"卡里斯泰"。

作于 1979 年的"卡里斯泰"是江诗丹顿的一个最伟大的杰作，它取材自一整块重量达一公斤的金锭，镶有 118 颗上品方钻，重 130 克拉，由江诗丹顿耗时 20 个月制作完成。由于当时客户在订购的同时要求江诗丹顿不能向外界透露他的身份，不能透露成交价格，也不能再制作和售卖同样款式的产品，因此到现在买主的身份依然是个谜，人们能够得知的信息只是这只独一无二的表当时的售价已经是 500 万美元。而江诗丹顿也不会再制作这款腕表，只是用水晶制作了一个一模一样的纪念品，放在自己的博物馆里收藏，其价值也在 100 万元人民币以上。

2009 年，为纪念"卡里斯泰"腕表诞生 30 周年，江诗丹顿"艺术大师"系列特别推出了"卡拉尼亚"新款珠宝腕表系列。该表镶有 186 颗祖母绿形钻石，钻石总重达 170 克拉，这也创下了江诗丹顿珠宝腕表历史上的"两宗最"，身价在 3400 万元人民币以上。目前，江诗丹顿 Kalla 钻石腕表家族中已然不乏像 Lady Kalla Flame、Kalla Lune、Kalla Duchesse 这样身价数百万美元甚至达到 900 万美元的超级巨星，但是"卡里斯泰"永远是江诗丹顿设计师们最纯粹、最高尚的灵感之源。

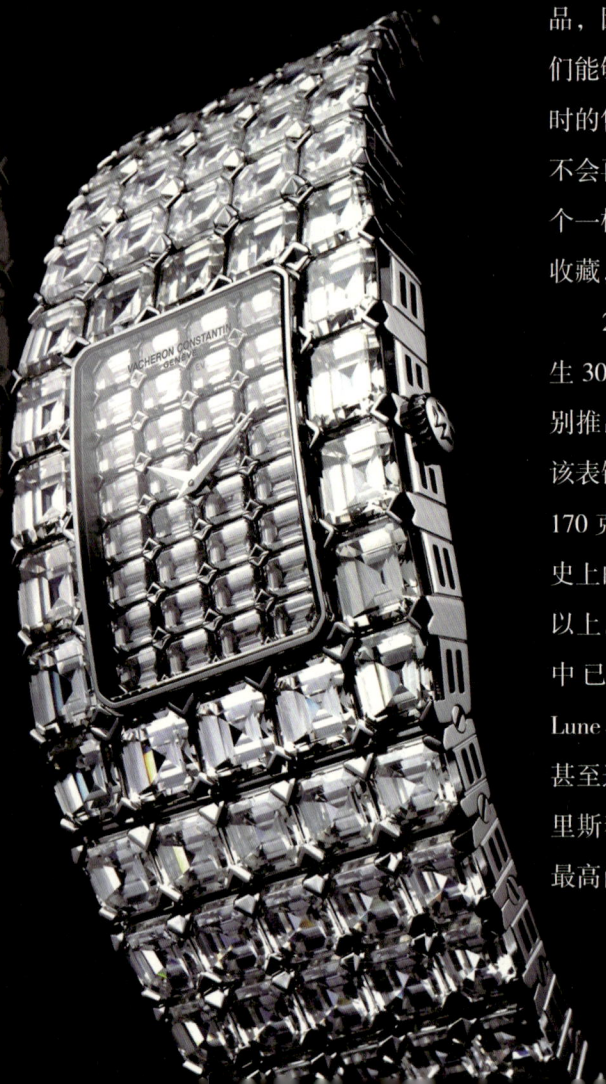

江诗丹顿限量铂金珍藏系列

★ ☆ ☆ ☆ ☆
限量关键词：贵重金属的最高代言

铂金是世界上最稀有的贵重金属之一，在全球只有俄罗斯和南非等极少的地方才能开采，储量仅为黄金的5%，其价值通常是黄金以及白金的数倍。而且由于本身硬度较低，铂金材料在加工时往往要加入一定比例的钯、铑、铱等贵重金属，工艺十分复杂。自1820年来，江诗丹顿钟表匠一直使用这种贵金属，以迎合其精密复杂的设计。

2006年，江诗丹顿拥有最多表款的"传承"系列开始推出珍贵的限量铂金珍藏系列，表盘、表壳和表冠均为铂金材质，表盘上刻有"Pt 950"标志，手工缝制的密西西比鳄鱼皮表带所用的是铂金与真丝线混合制成的铂金线。这是江诗丹顿独有的缝制技术，据说，只需一克铂金便可以拉长成一条长约两公里的铂金线。江诗丹顿"传承"系列的铂金限量版表款十分稀少，目前尚未达到十款且每款的发行量都不超过250只，其中的佼佼者当属2010年的新成员——"铂金传承2253"。除了铂金限量系列的普遍特征，该表表盘上的时针也以铂金制成，挑战了制作技术的新高度。它搭载由江诗丹顿耗费数千小时开发的全新cal.2253型机芯，具备天文复杂机械功能，可显示日出与日落时间、时间等式、万年历和陀飞轮。此款全球限量10只，价值近500万元人民币，机芯带有日内瓦印记。

19世纪中叶，瑞士制表业遭遇到了大量假冒伪造品的冲击，声誉受到严重影响。1886年，日内瓦成立了专门的腕表检测机构，对日内瓦生产的钟表进行非强制性检查并在其机芯上铭刻官方印章。它只针对在日内瓦本土出产的机械机芯，必须符合既定的12项技术准则并必须获得该机构八位宣誓成员的批准和确认。1901年，江诗丹顿获得了该机构的认证以后便一直以日内瓦印记为基准，追求卓越，至臻完美。实际上开发一种获得日内瓦印记的机芯要多出 40% 的工作量，而且这种机芯每新增一项额外装置都必须重新待检。目前，包括 1120SQ、2250、2475 在内的江诗丹顿大部分机芯都拥有日内瓦印记。

江诗丹顿 250 周年纪念系列

★☆★☆★

限量关键词：致敬走过的两个半世纪

2005 年，为了庆祝该品牌创立 250 周年，江诗丹顿特别研发了 Tour de l'ile 陀飞轮腕表。Quai de l'ile 是瑞士日内瓦市一个街区，也是瓦什隆最初创立工作室的地方，江诗丹顿就是在这里开设了第一家专卖店并且传承至今，Tour de l'ile 的名字正源于这个历史重地。

目前研发一款全新机芯的费用可能达到数百万欧元，这甚至高于一只腕表的整体研发费用，而这款表所搭载的机芯却耗费了江诗丹顿上万小时的研发时间，其零件多达 834 个。为了抵抗强大的摩擦力，现在基本上所有的高端机芯都采用人工红宝石轴眼以提高机芯寿命，但是这些红宝石轴眼的数量与机芯的质量之间并没有严格的关系。这款机芯中共内置了 38 颗红宝石轴眼，它集天文时差、月相盈亏等 16 项精密复杂功能于一身，堪称是目前世界上功能最多、机芯结构最复杂的手表之一。

这款表只限量生产七只，而且其中一只是非卖品，被永久存放于江诗丹顿博物馆里。在江诗丹顿 250 周年主题拍卖会上，唯一特制的一只黑色表盘的 Tour de l'ile 腕表以 190 万瑞士法郎的身价被拍出，创造了新款腕表最高售价的世界纪录。

此外，为配合 250 周年这个重要日子，江诗丹顿特意研制了动力储备为超长的 250 小时的 Saint-Gervais 腕表，作为日内瓦心脏地带的 Saint-Gervais 正是江诗丹顿的总部原址所在地。这款表限量生产 55 只，其中唯一的一只黑色表盘款式在拍卖会上以近 260 万元人民币的身价拍出。如果算上只生产一件的 L'esprit des Cabinotiers 天文座钟，他们的制造数目正好可以得到江诗丹顿的成立年份：1755。

尽管已经是 12 月份，但是日内瓦的景致依然美丽得像一幅油画，透过江诗丹顿总部大楼的落地窗向外望去，眼前就是白雪皑皑的少女峰。250 年来，无数优秀的钟表作品就是从这里走向了世界各地，它们是江诗丹顿唱响的一曲曲献给时间的赞美诗。至于江诗丹顿究竟还能创造多少关于时间的稀世之作，答案也只能交由时间来慢慢揭晓了。

江诗丹顿 Tour de l'ile 腕表采用独特的双面表盘设计，玫瑰金材质，而且表盘上的手雕花纹也都不一样，所以每一只都是独一无二的。

有一种奢侈叫速度。当你正在高速路上行驶的时候，难免会有一些人试图超过你，但那只不过是他们自以为是而已，驾驶着法拉利跑车的你并不是瞧不起他们的驾驶技术，而是这种自不量力的事情是毫无意义的，因为只要你把油门踩低两厘米，他们就只能够看着你的背影叹息。激情、豪迈、挑战、超越、征服都成为它的使命，它的标识。

征服者的浮光掠影
法拉利

一种满足，得不到而可以看到同样也成了一种满足。

法拉利汽车公司的创始人恩佐·法拉利说，他最中意的赛车是他还没有造出来的赛车，他最大的成功是他还没有达到的成功。这位被誉为"赛车之父"的意大利人，从小就嗜车如命的血液跟着他的年岁一起奔腾。当他13岁时，成功地说服了父亲，开始了自己单独驾车的历史。赛车场上发动机的轰鸣声，比赛的惊险和刺激，使他越战越勇。由于在赛场上屡获胜利，他被队友们誉为赛车队的"骑士"。他由参加赛车到组建赛车俱乐部，最后终于创建了自己的汽车公司。现在的法拉利被誉为"红魔"。在法拉利公司的历史上，从创始人到总裁，再到经理，每一个人都曾是赛车场上叱咤风云的人物，所以他们创作出来的车子也必将是一个诠释速度和激情的经典之作。他们每一个人都是传奇，已经走过的80年的历史也见证了这个追风马驹的成长传奇，在这80年里，一个又一个的个人冠军、车队冠军以及无数的法拉利车迷，高水准的制作班底以及高端的法拉利精神统统注入到了一批批的经典赛车中，购买它成为了一种奢望，因为它意味着太多，而产量却是那么少。F40、F50、F430、ENZO，这些不仅仅是数字和符号，而是一个时代的经典印象。

在法拉利的发展史上，这个代表速度和勇气的机器承载了人类关于梦想和冒险，关于探索和发现的一切挑战。看到它的人会不

关于法拉利

从1929年恩佐·法拉利在意大利的摩德纳创建公司以来，法拉利就很快成为了赛道上和车迷心目中最具魅力的急速闪电。由于其大部分采用手工制作，所以产量极低，大约年产4300辆左右。这也使得每一次出产的跑车都映衬着求购者渴求的眼神，得到是

自觉地心潮澎湃起来，当回过神来，它已经消失很久了。谁都没有看清楚它驰骋起来的模样，可是谁又都忘记不了。它以一种优雅的方式将我们征服，华丽而又高贵，珍奇而又稀有。赛道万千变化，作为征服者的则只有法拉利一个。

限量甄选

有一种标价叫限量。购买法拉利是除去财富之外的实力，是以一种极度的热爱去追寻才能拥有的奢侈品。所以它的标价只会是偶尔在拍卖会上才能看出一些端倪，可这也只是一种假象，因为过不了三五年，它又会升值更高。纵然是最普通的版本，它的追求者也有很长的队伍在为它等待，而那些追求限量销售的纪念版的人更是不可胜数，它代表独一无二的奢侈。

作为法拉利限量版的开山鼻祖，法拉利288GTO最初是为了FIA的一项赛事而专门制作的，公司以为可以通过这项赛事来提高法拉利赛车的知名度。按照FIA的规定，每一辆赛车必须生产至少200辆才能符合参赛资格，然而在投产不久，FIA突然宣布取消了比赛，使得288GTO无缘赛事。可是由于当时对于288GTO的宣传已经使得市场产生了极大的震动，人们迫切期待288GTO，市场上对于这款288GTO的呼声也是此起彼伏，于是法拉利最终把量产数量定为272辆。作为一辆专门为车赛而制造的车型，法拉利288GTO从0-100公里/小时的加速为4.9秒，要知道20多年后的F430依然不过是4秒多一点。它当时的最高速度：305公里/小时，要知道这是二十多年前的事情。当时的销售经理自豪的说：赛事早已被人遗忘了，而法拉利288GTO却被人记住了。当法拉利288GTO出现在世人面前的时候，车迷无不感慨地称之为："一件可行走的人工艺术品。"因为288GTO是"制造者"亲自用双手、双眼、脑袋、纸笔、圆规尺子以及黏土模具制成，使用了几吨重的图纸，铅笔堆满了好几个垃圾桶。因为消耗过于快速，以至于送橡皮擦的公司都开始怀疑他们送来的到底是橡皮还是面包了！正是这样的精益求精的过程，一辆288GTO被拍出了150万

法拉利288GTO，限量为 272 辆。

欧元的天价！

这样一次限量生产带来的效应使得法拉利开始认识到了限量版的意义，不仅仅是利益上，更是名望和声誉的极大收益。

20 世纪五六十年代的法拉利凭借一款名为法拉利 250GTO 引型跑车在赛道上叱咤风云。这款车只出厂了 39 辆。它赢得过众多国际性的赛事，被誉为那个时代最为成功的赛车之一。绚丽的外形、卓越的品质使其成为了全球顶级收藏家最渴望收藏的车型之一。法拉利 250GTO 是 20 世纪 60 年代最先进的跑车，在鼎盛时期垄断了世界汽车赛事的冠军，它是法拉利 250 的变型车，而 250 是法拉利历史上最重要的车型之一，是第一款大批量生产的法拉利。生产时间一直从 1952 年持续到 1964 年，在这期间，法拉利

法拉利50 周年纪念日而推出的法拉利 F50，限量 349 辆。

法拉利限量版 SA APERTA 全球仅发售 80 辆，这是为了纪念宾尼法利纳诞辰 80 周年，同时也向塞尔吉奥和安德里亚表达了敬意，法拉利特别打造了这款跑车。完全开放式敞篷设计完美诠释了 599 构造设计的精髓。作为单排座双门敞篷跑车，SA APERTA 还配备了在恶劣天气状况下使用的折叠式应急软车顶。

250GTO 只生产了 39 辆。250GTO 至 1964 年停产，法拉利 250 也就此终结。在 2009 年 5 月的一次拍卖会上，一辆 1957 年生产的法拉利 250GTO 以 1240 万美元成交，这也是世界汽车拍卖史上的最高纪录。

FXX 被认为是法拉利跑车技术的集大成者，它是法拉利生产的最先进的 GT 车型。它的特别之处在于购买者必须付一笔很高的教练费，而教练名单中赫然有着舒马赫的名字。每一辆车都有专门的技师给予护理，并且对车主进行驾驶调教。这是一种类似于 F1 赛车车队专属的技师培训，这种 F1 独有的感觉是多少钱也不能买到的。在法拉利的所有车型销售中，这是唯一一款提供专业 F1 技师护理和培训服务的车型。也就是说，你除了要准备足够的钱来买车之外，你还要准备更多的钱来获得培训和服务，这便是 FXX 的要求。

作为到目前为止，FXX 是法拉利限量数量最少的一款超级跑车，全球仅发行 29 辆。有钱也不能保证买得到，因为它的购买者必须是拥有法拉利 ENZO 的车主。同时，购买申请必须接受一个内部特别委员会的评估，只有通过了才能购买，这款车的最后一

跑车之一。

从第一辆配载有"跃马"标识的法拉利赛车诞生开始，法拉利已经足足走过了60个年头了，为庆祝1947年第一辆配载"跃马"车徽的法拉利赛车问世，法拉利以旗下的大型GT跑车612 Scaglietti为基础，推出一款名为"612 Scaglietti 60周年纪念版"跑车，限量生产60辆，制造由著名珠宝制造商Damiani参与。限量发行的60辆也都各不相同，因为每一辆都专门对应一项法拉利的辉煌成就。

从F1冠军阿斯卡里到车王舒马赫，每一辆都会为他们而特意铭记。从早期的车队联赛冠军、个人冠军，到后来的经典车型的相继推出，每一次成功都成为了法拉利612记录的重点。闪闪发光的金属表面既是向世人传达它的高昂身价，也在极力颂扬法拉利的辉煌。除了与极具纪念意义的辉煌成就相对应之外，还有奢华的珠宝装饰，与此同时，限量版的法拉利612采用经典的车身颜色，可调透光度的天窗，同时还配有法拉利强化过的组件，它还是唯一一款拥有F1变速箱的公路车。

此外，法拉利最近几年还推出全球仅一辆的法拉利P4/5，这款车严格的说是ENZO的改装车，却因为投入精力以及车主的期望很大，而成为了法拉利历史上最独特的车型之一。法拉利P4/5是法拉利资深收藏家詹姆斯因对法拉利ENZO车型外观不满，将自己的ENZO运回意大利，委托该公司为他重

辆赠送给了车王舒马赫。

为了纪念法拉利成立40周年，法拉利专门推出一款名为法拉利F40的限量版跑车，全球限量400辆。采用的都是F1赛车的硬件标准，俨然是一款竞赛用跑车，一款可以与赛车一较高下的超级跑车。后来为了庆祝成立50周年，法拉利推出了限量349台的法拉利F50，采用轻质而高强度的复合材料，极为苛刻的购买条件成为它为人称道的看点。第一，必须拥有两辆以上的法拉利车；第二，必须拥有足够的驾驶技术；第三，必须为经理熟识，并且购买以后不会很快卖出。在纪念进入美国市场50周年之际，法拉利专门推出了全球限量559台的法拉利Superamerica跑车，它是法拉利跑车中输出功率最强劲的系列，也将是速度最快的敞篷

2010 年 8 月推出的法拉利 599 Barchetta 的内饰,本书中第 14 页法拉利
图正是法拉利 599 Barchetta 的外观;此车预计 2011 年正式上市,599
Barchetta 还将采用限量的方式进行销售,全球限量 599 台。

新设计的。该车是以 1967 年的法拉利 P4 赛车为概念、ENZO 作为改造基础，全新打造的一辆独一无二法拉利超级跑车。宾夕法尼亚公司从零开始，花了数个月的时间，打造出这辆全球唯一的法拉利，不论是设计草图、制模、压版，反正一切就是比照法拉利车款的开发过程，包括将 P4/5 置于风洞中，再不断地进行测试与修改，最后以碳纤维来打造车体，得到了这款集科技和美感于一体的艺术品。

至尊私享

它不是金钱的俘虏，也不是地位的下人，而是金钱和地位兼而有之的形象代言人。那无人匹敌的速度是它的激情，那流畅的轮廓是它的气质，在跑车的王国里，它是永恒的梦想之物。

法拉利 ENZO
★☆★☆★
限量关键词：为不断超越的人而生　身份

作为法拉利的创始人，恩佐·法拉利就像他生产的赛车一样充满激情。他被人称作"赛车之父"。昔日的恩佐也曾是一位优秀的赛车手，深知赛道上不仅仅是车手技术的比拼，更在于赛车的比拼，所以当他走下赛道之后，又全身心地加入制造先进赛车的行业。他坚信赛车中的胜利必然推动车的销售量，所以他梦想成为速度中的王者。也就是

在他这种思想的指导下，法拉利赛车几乎主宰了半数以上的比赛，同时，法拉利还是一级方程式比赛中唯一使用原厂引擎作为赛车动力的参赛者。他的赛车缔造了一个又一个的神话，囊括了 25 项世界冠军，九次 F1 冠军，而在欧洲的所有赛事，法拉利几乎全数夺冠。所有法拉利的成就全都归于恩佐先生

的激情和意志，他的名字成为世界上最具声望的品牌。

为了纪念这位对赛车事业作出杰出贡献的"赛车之父"，法拉利公司推出了 ENZO 跑车，这是一个高贵身份的证书。全球限量生产了 400 辆，最后一辆已经赠给罗马教皇，投入市场的实际只有 399 辆。它有着苛

刻的购买条件：第一，必须是法拉利的会员，这本身就是一件困难的事情，因为对你的财富与地位有明显的要求。第二，如果你只是平民百姓，那还必须拥有三辆以上的法拉利。第三，必须拥有法拉利纪念版的 F40。第四，必须拥有纪念版的法拉利 F50。即是说，拥有了一辆 ENZO 的车主，必定拥

法拉利 ENZO，优美的外表，强劲的动力，是兼具内在美和外在美的典范之作。

Enzo Ferrari

有多辆法拉利，而且其中有两辆彼此相关联的限量版——F40 和 F50，这样的苛刻条件更显示了 ENZO 的价值所在。

它不是金钱的俘虏，也不是地位的下人，而是金钱和地位兼而有之的形象代言人。出人意料的是，这些苛刻条件更使它成为追捧的对象，难怪当时文莱首相兼财务大臣博尔基亚在拥有了第一辆 ENZO 的时候会彻夜难眠。

法拉利 ENZO 在建造时去掉了以往车型的浮华，追求功能和实用性能，这是从 F1 赛场上直接搬过来的处理方式，以达到简洁和轻盈。对于座椅，ENZO 的用户可以直接到位于意大利马拉内罗的装配工厂里量身定做再试坐，直到满意为止，当然也包括对两个踏板位置的配置，相信以前只有车王舒马赫有此待遇。ENZO 的整张座椅仅有 12.4 公斤，这无疑是能达到当今世界上安全标准的最轻的座椅。车内全部采用碳纤维材料，一排整齐的 LED 灯，可以复显警告指示以及转速等数据。485 千瓦的强大功率，1365 公斤的轻量车身，让时速很轻易的就达到了 350 公里。

这完全是一辆真正意义的 F1 赛车！你会不由自主的爱上它的引擎声，你还可以很容易地做出甩尾动作，因为它美妙而恰到好处的刹车系统，然而它只有 399 辆。当那位文莱首相驾驶这款跑车之后，随即就动用大笔财产通过各种渠道，购买了两辆同款跑车，而这次奢侈的购买冲动险些招致议会的

罢黜。看来这位首相是"爱车不爱江山"，这也无形中折射了 ENZO 的魅力。

法拉利 599GTB Firorano
★☆★★★
限量关键词：纪念意义　数量

它俨然是一匹披着中国色彩急速奔跑的马驹，把中华民族生生不息的精神表现了出来，它又像是孙悟空看守天庭马厩时，私自逃离至人间的神驹，带着神的傲气。

这款由法拉利公司专门制作、专机运送、专人维护的超级跑车也得到了华人特别

的关注。这辆专门为纪念新中国成立60周年而设计的限量版超级跑车，全球限量一辆。在所有的纪念中国限量版系列中，法拉利599GTB Firorano 是最为珍贵的一部。车身手工漆绘，作为其拥有典藏价值的最重要特征。中国限量版艺术典藏跑车的设计灵感来源于宋代哥窑开片瓷器。在创作中，现代创意手法将中国古典元素通过手工漆绘形式在车身上加以展现。该车车身以温润的冰玉色为漆底，上面绘制了深浅错落、含蓄幽雅

的哥窑开片瓷纹图案。车身外部镶有"中国"二字的珐琅牌；启动键上雕有"启动"二字；甚至连转速表上的数字也变幻成为秦风小篆字体。这款艺术感十足的跑车只生产一辆！

在外表被赋予中国情之后，它还自始至终的坚守着作为运动轿车的本性。这是一款极具冲击力并且雕塑感十足的超级跑车，多姿的造型又呈现出其极致的运动天赋。它实现了东方文化和意大利技艺的完美结合，它

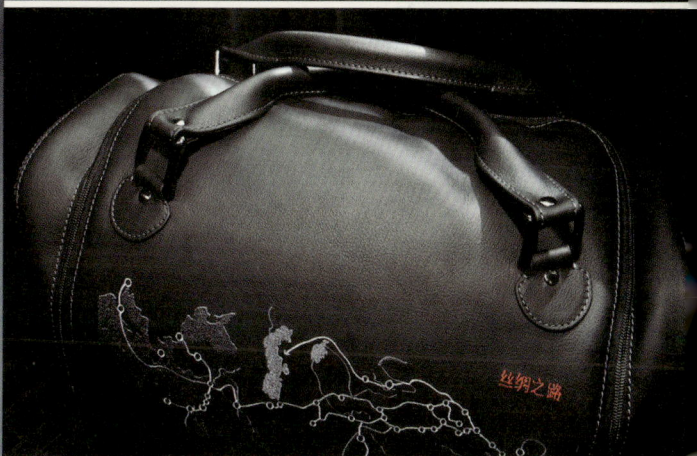

是一个十足的艺术品，整辆汽车从设计到运输甚至以后的维护都由专人负责，这是法拉利历史上唯一一辆做到从始至终都由专人护理的跑车。在北京举行的拍卖会上以1200万元的价格被神秘人士"抢"走。

法拉利599GTB Firorano中国限量版跑车是法拉利首次为中国推出的限量版车型，也是迄今为止首次针对一个国家推出的限量版车型。同时还是首家真正把中国元素与自身车型相融合并且达到完美境界的车款。之

法拉利599GTB Firorano，该车车身以温润的冰玉色为漆底，将中国哥窑开片瓷纹图案元素通过手工漆绘形式在车身上得以展现。这辆车是专门为纪念新中国成立60周年而设计的限量版跑车，全球限量一辆。

所以专门推出此款车，主要还是因为中国即将成为超过日本的全球第五大法拉利消费国，法拉利在中国的年销售数量达到了惊人的500辆。

到了今天，大概没人会把带有 LV 标志的物件仅仅当做是物件本身吧，LV 更多的是在标注着所有者的身价，也定义着基本意义上的奢华品位。

LV

新贵族的标签
路易威登

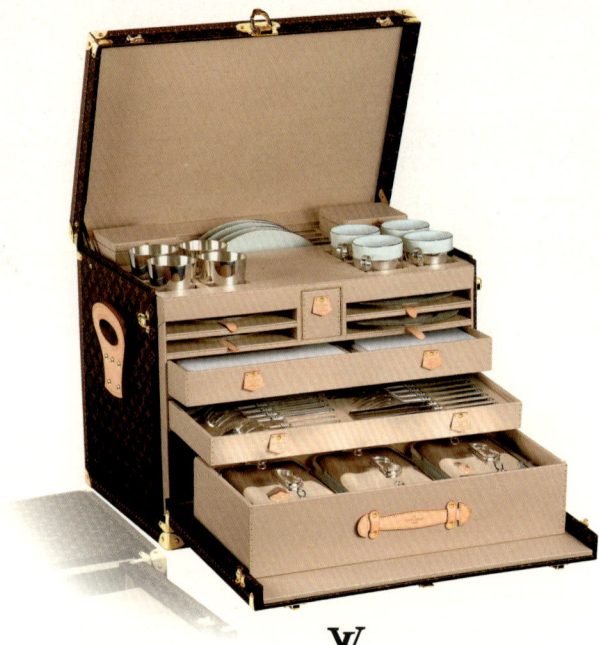

关于路易威登

1837 年，一个 16 岁男孩只身踏上了巴黎的土地。他出身于法国一个并不富裕的木匠家庭，因此对于各种木材特性十分了解，这也促使了他后来对于行李箱的研制。当时由于没有足够的车资，他只能步行，一路上靠打零工维持生计。这个人就是路易·威登，他出生的那一年也正是拿破仑逝于圣赫勒拿岛的一年，拿破仑的离去使整个法兰西帝国成为弥漫着最后一缕靡香的明日黄花，而路易威登的帝国之路却刚刚启程。

在一家行李箱作坊度过数年学徒生涯后，路易开始为法国皇室服务，成为一名捆衣工，这项工作是为皇室成员的出行、旅游等活动打点行李，将那些华美的衣服精巧妥善地捆压在行李箱中避免出现褶皱，路易因此也得到了爱好游历的欧仁妮皇后的欣赏。

在当时，发源于英国的蒸汽革命已经彻

底改变世界工业的面貌，而从马车到蒸汽机车，从帆船到轮船，出行方式的根本变革也随之方兴未艾，乘坐火车等新式交通工具成为了一种时尚，而一件舒适耐用的行李箱则会给人们省去很多麻烦。也许正是看到了这一点，1854 年，路易结束了为宫廷服务的工作，在巴黎创办了自己的皮箱店，路易威登品牌也就此诞生，人们可惯称其为 LV。LV 起初的主要产品是平盖木质的帆布行李箱，一经推出便深受贵族追捧，这个品牌也开始与"皇家御用"这个名号联系起来。

1858 年，LV 在巴黎近郊阿尼艾鲁建设了工厂，该厂目前仍在使用，专门制造硬质箱，其中一部分改建成了 LV 博物馆。1885 年，LV 将店面开到了纽约。

暮年之时，路易·威登将产业交给了儿子乔治·威登，乔治在 1890 年发明了特殊锁扣"5-Tumbler"，客户只要用一把钥匙就可以打开自己所有的 LV 皮箱，避免了旅行中带上一大堆钥匙的麻烦。1892 年，LV 开始推出手袋产品并发行了第一份产品名录。1896 年，乔治设计了著名的徽标：在四叶

花瓣外画上圆圈、匀称的四棱星，加上显眼的 LV 字样，借此表达他对父亲的敬意。至此，"LV" 开始作为一个奢华的符号概念而深入人心。

LV 的产品一直以名贵著称，皮革包价值通常上万，就连帆布包也有 20000 元以上的身价，名贵的价码塑造了它由内而外的傲人贵气，也充分满足了消费者彰显其 "财富新贵族" 身份的心理需求。

另一方面，虽然已经成为身份、地位以及高品位的象征，但是 LV 诞生了 150 多年，同时也被抄袭了 150 多年，所以 LV 尤其重视新款式的开发速度。它的第三代传人卡斯顿·威登和当时的欧洲艺术家来往十分密切，经常邀请他们参与设计并力图将自己喜爱的古典元素转化为经久不衰的时尚经典。所以无论是时尚名媛还是成熟绅士，都可以在 LV 的世界中找到心头所爱。

LV 力求为自己的顾客营造一种 "家庭" 的传承感，通过永久的保养维修服务，其细致程度令一般人无法想象，所以 LV 的产品通常可以是妈妈传给女儿的成年礼，意义非凡。而且 150 多年来，威登家族本身也一直保持着一种独特的传统，凡是女性成员的名字中必须有 "路易斯"，而男性成员的字中必须带有 "路易"。其实不仅是家族的后人，每一位为 LV 工作的设计师和员工都必须了

LV 限量版女式白三彩手袋

解品牌的历史，并且从中领悟到它高贵的 DNA。

限量甄选

"没有来过香榭丽舍大道，不算真正到过巴黎；没有来过 LV 的总店，就不算真正到过香榭丽舍大道。"能够拥有如此之高的声望，让自己的名字成为当今奢侈品行业的一大标杆，这一点，相信 LV 的创始人应该始料未及。

100 年前，泰坦尼克号的沉没成为 20 世纪最惨烈的海难之一，据说，后来人们从

海底打捞起的一个皮箱竟然没有渗进水，它的名字就是LV。十多年前，LV的一个顾客家中失火，衣物大多付之一炬，唯独一只LV包的外表虽然被熏黑变形了，内里物品却完整无损。其实LV所使用的布料是一种油画材质，外加一层防水的PVC。可见，LV的高价也是理由充分的。

LV的制作以及设计极端考究，产品不会开线、变形，每一款新品在面市之前需要在内置3.5公斤重物的情况下由机械进行无数次的抛丢，这种实验要在四天之内反复进行。在LV实验室里还要用专门的仪器对手袋进行紫外线暴晒，以检测褪色情况，就连拉链也要经过5000次的反复开合以检测其耐用程度。LV在法国迪塞的生产厂里有一台粉碎机，专门用于销毁那些不合格产品，检验员甚至会清点皮包上的针脚数目，哪怕只差了一个可能也会被送入粉碎机，绝对不卖"处理品"。不论在任何地方买LV，你的名字会立刻登记传到巴黎。由于全手工生产的速度有限，LV的一些店面会限制顾客购买的数量，每个客人一次通常只能买一件且不能和自己已有的款式重复，持有旅游护照也只可以买一大一小两件，即便你拿的护照夹也是LV的。

数年来，LV基本上都会根据每个季度的不同特点推出限量版的高价产品。对此，LV方面的态度是：推出限量版的目的就是要以稀缺激起人们的羡慕。2006年，LV以蓝绿色鸵鸟皮和绸缎为材质，推出了一款售价为5550美元的"Theda"新款手袋。这款手袋最初只在美国纽约第五大道的专卖店有售，后来英国的专卖店争取到了十个配额。到了2007年，伦敦和纽约的消费者都要等

上数月才能买到这款手袋。"Theda"系列的名字据说是源自于20世纪20年代的好莱坞影星蒂达·巴拉（Theda Bara），这位默片时代的演员因大胆挑战性感尺度而备受瞩目，而她也是少数几位出演过"埃及艳后"这一经典角色的女演员，她的着装风格在今天看来依然很出位。

2003年，LV与日本波普艺术大师村上隆合作，推出了以多种鲜艳颜色绘制LV标志性图案的"爱眼"系列，它得名于其中加进来的一个可爱的眼睛图案，随后，高雅的"樱花"系列也相继面市并引起极大的反响。

2005年，LV再次与村上隆合作，在它一向成熟稳重的咖啡色经典包上绘上一串串鲜红的樱桃，推出了与传统风格反差极大的全新"樱桃"系列。每个樱桃上面还都有一个俏皮的笑脸，充满了青春和活力。由于从樱桃的层次光泽到枝叶的染色线条总共有15种套色，每种颜色是一块色版，等于要套印15遍。樱桃上的色泽线条最细达0.03公分。当然，这些特别设计的款式一定是限量销售的，价位一般要比普通的款式高出三成以上。运气好而又有着极大耐性的人可以试着排队预定，快的话，几个月之后或许可以拿到。

经营奢侈品牌必须不断推出新广告，这是全世界所有的奢侈品牌都不敢违抗的铁律，也是LV早在1870年就确认的营销战略。其实当时办报纸的都是文人，在报纸上做广告的基本也都是文人，其中就包括像雨

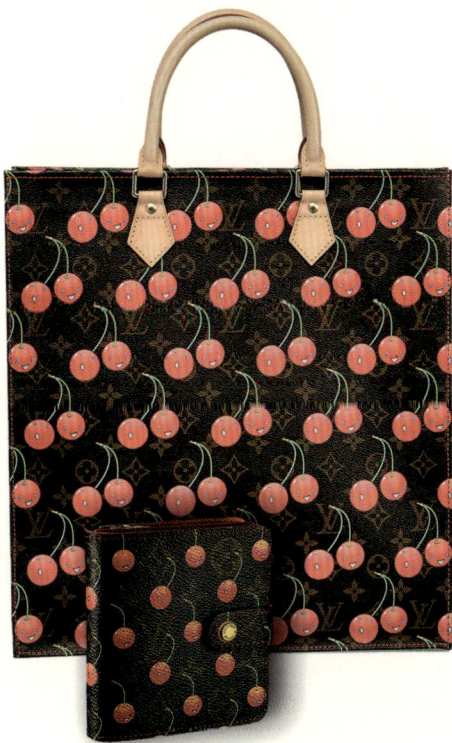

在"樱桃"系列中LV首次尝试层次渐变效果，代替之前的传统三色印刷，让原本稳重优雅的传统印象变得年轻缤纷。

果这样的大文豪。商人们则普遍认为花重金做广告并不划算，所以LV其实是奢侈品制造商投资广告的先驱。

1880年，LV在50家报刊不断地做广告，成了新闻媒体的宠儿，其知名度不逊色于当时任何的新闻人物。店面橱窗是现今奢侈品牌的一大营销手段，但很少有人知道这也是LV的创举。1875年，LV的店面设置了华丽的橱窗，里面陈列的产品吸引着整个巴黎的目光，贵族、政要、富豪还有一切追求时尚的人们总会在这里驻足欣赏，把握潮流。当然，他们来到这里还可能是为了LV

型办公室"行李箱，开启后变成书桌，可放置打字机，并有书架及抽屉以存放书本及乐谱。1998年法国世界杯时，LV特别推出了3000个限量版珍藏皮球造成抢购，而2010年世界杯的冠军奖杯专用手提箱也是出自LV的杰作……它们是LV不折不扣的"限量版"，件件都是无价珍品。

除了箱包，腕表也是LV开辟出的另一片奢华天地。2002年，LV正式推出了首个腕表系列——Tambour，法语直译为"鼓"，取自1540年首只在西方面世的计时器。2004年，适值品牌150周年生日，LV推出了多款"Tambour"系列限量珠宝腕表，其中的"18新月"特别选用800多粒拥有夜光特质的钻石镶于表面，它们总重约4.1克拉且颜色不一，挑选过程甚为复杂，入夜时或在暗室时会产生淡淡的荧光，全球仅限量30只。相比之下，全球限量32只的"18石榴"就有些"低调"了，表上有137颗钻石。为了这次生日，"Tambour"系列还推出了全球仅限量150只的"珍爱之花"珠宝腕表，它包含六款设计，表盘以钻石、珍珠母贝、彩色宝石和彩釉紧密排列或拼接而成，外包装盒为缩小版的LV行李箱。该系列仅在特定的几家专卖店销售。

经过三年的开发，"Tambour"系列新作"神秘"也终于问世，取名"神秘"当然自有蹊跷。透明水晶玻璃镜片的表面全面透视，中间的机芯结构仿似悬浮于表中央。它搭载的LV 115自动上链机芯是LV表厂首

的一项特别服务——定制。

目前，LV的十几间工厂（绝大部分在法国，美国和西班牙也有少数几处）每年可以制作数百件价格昂贵的定制产品以满足高端客户的需要。堪称LV明星商品的Speedy手袋其实当初也是应顾客要求特别定做的，而且这个客人不是别人，正是在《罗马假日》中提着一个LV旅行箱出走的奥黛丽·赫本。由于她希望有一个比较小的手提袋可以随身携带，因此LV特别为她设计出了轻巧的Speedy系列。

1927年，美国飞行员查尔斯·林白驾驶一架单引擎飞机从纽约飞到巴黎，成为第一个独自飞越大西洋的人。当时他专门提前在LV定制了行李箱以便回程时存放纪念品。著名指挥家斯托科夫斯基在LV定制了"微

款自行研发及组装的机芯，由 115 个零件组成，具有 200 小时的动力储备功能。这款表每年基本只会生产十只，定价 200000 欧元，买主可能要等上足足一年才能最终将它戴到自己手上。

至尊私享

LV 给了人们一个最合理的理由来享受别人投来的羡慕眼光，但如果你拿的是一件限量版或者是佩戴着 LV 的高级定制珠宝，懂得其中奥秘的人可能已在心里暗暗顶礼膜拜了。

2009 涂鸦系列
★ ☆ ☆ ☆ ☆
限量关键词：致敬艺术大师

斯蒂芬·斯普劳斯是美国著名涂鸦艺术大师，擅长用金属、塑料、NASA 卫星图片炮制拼贴画，他还被赞为纽约气质的定义者。2004 年，每天要吸三包烟的习惯终于让他罹患肺癌辞世，而他的墓志铭上有如下关键词：涂鸦艺术家、朋克范儿、火星人。

早在 2001 年，LV 的艺术总监马克·雅可布就与他合作推出了以涂鸦字体作为设计灵感的"LV 斯蒂芬·斯普劳斯"系列并轰动一时。2009 年初，在他去世五周年之际，LV 选择自己最经典的 Keepall、Speedy 和 Neverfull 三款手袋设计，重新推出该"涂鸦"系列，向大师致敬。

"涂鸦"系列中不但有斯蒂芬闻名遐迩的粗大的涂鸦字母风格，更有他本人在 20 世纪 70 年代中期创作的抽象玫瑰图案。此次，LV 将这两种设计以荧光粉、绿和橙色印刷在传统的 LV 防水帆布上，充分表达了涂鸦以及朋克的跃动、自由的质感和风格。此外，这种设计更出现在 LV 成衣、鞋履、围巾、配饰甚至珠宝上，从玫瑰长袖连衣裙到涂鸦围巾，从玫瑰高跟鞋、芭蕾鞋到涂鸦滑板、球鞋，从涂鸦太阳镜、手镯再到价值 16000 美元的镶有 377 颗有色宝石的涂鸦项链坠，"涂鸦"系列几乎能满足人从上到下的整套搭配需求。

LV "灵魂之旅" 高级珠宝
★ ☆ ★ ☆ ★
限量关键词：高级定制

LV 制作珠宝已经有近十年的历史，2005 年，LV 通过独家车工技术，成功开发出以作为品牌标志的四叶花为造型的切割钻石，其难度在于四面要对称及介乎于 65 和 77 之间的众多切割面数，难度更胜以切割面数著称的圆形明亮式切割，令珍贵的钻石绽放耀眼光芒以及完美的明亮度。

2009 年，LV 隆重发布了"灵魂之旅"高级珠宝系列，它的设计者是著名珠宝设计师洛伦茨·布莫。这一系列的珠宝包括了"部落饰品"、"飘带"、"扇与伞"等六大款式，它们以 LV 四叶花以及星形钻石作为精心缀饰，时尚而又浪漫的气息令人眼前一亮。洛伦茨还为 LV 创造了黄金镂空蕾丝设计，最终打造出这套顶级的珠宝作品。

现在，LV 的高级珠宝已经扩展到"燃烧"、"生机"等几大系列，LV 的奢华通过它们上升到了一个新的高度，而那些对于有着深刻 LV 情结的财富新贵们也由此寻找到了另一个理由来享受别人的羡慕眼光。

20 世纪 80 年代至 90 年代，法国高档名牌行业经历了一个剧烈的兼并、整合的过程，作为一家百年家族的老字号，LV 与世界知名酒商酩悦以及轩尼诗在 1987 年合作成立了 LVMH 集团，它们在保持了自己传统的生产和经营风格的前提下将诸多高档品

2009 年，LV 隆重发布了"灵魂之旅"高级珠宝系列。

牌纳入到自己旗下，如今已经形成了包括迪奥、纪梵希、芬迪、凯歌香槟等 60 余个顶级品牌在内的世界最大的奢侈品集团。然而对于 LV 来讲，无论世事如何变迁，它经典的四叶花和四棱星永远都是贵族的象征。

宝诗龙的世界很小，能够负荷它强大贵气的人绝不是一般的中产阶级，而只能是伫立在金字塔顶端的豪门和权贵。但也有人说宝诗龙的世界其实很大，因为那里是所有女人的理想国。

B BOUCHERON

女人的理想国
宝诗龙

B BOUCHERON
关于宝诗龙

如果可以，大概没有女人不想为自己的生活添加一点珠光宝气吧，即便高昂的标价注定让绝大多数人无缘消受，它们也为女人编织了一个最华丽的梦，虽不能至，心向往之。而对于有着150余年历史的宝诗龙而言，它不但成全了珠宝的灵性，而且成全着女人的灵魂。

宝诗龙的创始人是法国人菲德里克·宝诗龙，他自14岁起就师承法国著名珠宝大师朱利·查兹。1858年，年仅28岁的宝诗龙自立门户，在巴黎的时尚中心——皇宫区大街开设了以自己名字命名的第一家精品珠宝店，就此，一部写满荣耀的家族珠宝史也随之展开。

宝诗龙的设计十分细腻精巧，而且又敢于大胆把玩不对称性，因而深受贵族名流喜爱。他也是第一位能够雕刻钻石的设计师，这项技术于1889年时为他赢得巴黎万国博览会所颁发的最高等级创新奖。

如果说菲德里克为宝诗龙家族树立了世代相传的典范，那他的儿子路易·宝诗龙就该是为品牌增添传奇和神秘故事的能手。他于1902年父亲辞世后接下了家族事业，凭借极其敏锐的生意头脑，将宝诗龙的盛名扩展到了莫斯科、伦敦、纽约等地。1909年，他初次造访印度并让印度最富有且极具权势的派堤亚

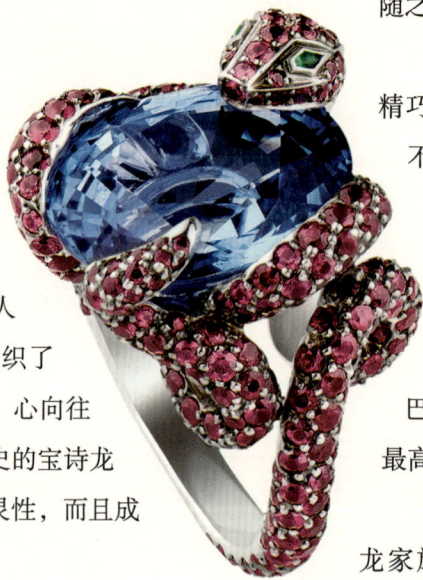

作为宝诗龙诞生 150 周年的纪念，"魅惑宝诗龙"中的七款高级定制珠宝可以说是集萃了宝诗龙最高超的设计理念和制作工艺，其中"勇气"系列由彩色宝石镶嵌而成，灵动、纤美、张扬的设计充分展示了宝诗龙"业界之师"的完美姿态。

承诺在其有生之年绝不将珠宝价值公诸于世，于是伊朗王室的财富密秘果真至1959年路易逝世时都从未公开过。也正因其信守承诺，20年后，伊朗国王巴列维二世再次选择宝诗龙，为妻子苏拉娅镶制婚礼华冠。在宝诗龙的世界里，珠宝就像真理一样发人深省，它们的意义超越了奢华本身并已上升为一种艺术，俘获着各个时期社会名流及皇室贵胄的芳心。

如今，宝诗龙已然经过了四代人的薪火相传，难得的是，宝诗龙一向重视保存和延续珠宝的文化和历史，它是唯一在19世纪购买法国王室珠宝的法国珠宝商，那些珠宝的历史可以回溯到路易十六的年代。2000年，宝诗龙加入了古驰集团，成为了该集团旗下最重要的高级珠宝品牌。

拉大君也予以青睐。1928年，大君及其60多名随从带着六大箱珠宝抵达了巴黎，并向宝诗龙送上了149项委任状，委托其将这批珠宝制作成新的珠宝艺术品。如果按照当时的市值来计算，这批珠宝的总价值已经达到了20亿法郎。

1930年后，伊朗王室巴列维家族指派路易·宝诗龙为其收藏的全部珠宝鉴价，其中包括两颗全球最大的粉红钻石。当时路易

B
BOUCHERON
限量甄选

宝诗龙是第一个将法国王室钻石运用于珠宝设计上的珠宝商，也是第一个在巴黎凡尔登广场设立精品店的珠宝商，仅此两项业界"第一"，足以成就其在奢华珠宝领域的永恒传奇。

1893 年，宝诗龙将总部迁至巴黎凡登广场。这座广场位于巴黎老歌剧院与卢浮宫之间，得名于凡登公爵的府邸，凡登公爵是路易十四的爷爷亨利四世的私生子。如今这里已成为了世界上最著名的高级奢侈品牌的圣地，荟萃了梵克雅宝、香奈儿、迪奥等世界顶级品牌，著名音乐家肖邦的故居也在这里。而宝诗龙则是第一家入驻此地的珠宝品牌，店址是 26 号。那里位于广场中阳光照射最充沛的转角，楼上曾是法兰西名媛卡丝蒂妮女伯爵的宅邸，据说她当年是拿破仑三世的地下情妇，而当情史逝去、韶华不再，晚年的她便独居于此，终年以黑色布置起居

并将镜子以黑布掩盖，只肯在夜幕低垂时才偶尔带着神秘的面纱出门。据说极少有人看过她晚年的容貌，但能每日与世间最美丽的珠宝相伴仍是她最大的乐事，最终她将这座寓所让与了宝诗龙。

事实上，超过百年历史的珠宝品牌总会留下各个艺术时期的演进轨迹，如：波普艺术、新装饰艺术以及象征主义，而让宝诗龙最与众不同的就是象征主义色彩，诉求一种超越珠宝本身的奢华且带有些许神秘与诱惑的底蕴。所以在宝诗龙的作品中虽然常见纤美的花朵、闪烁的雨滴或是颤抖欲坠的树叶，但它似乎更加偏好内蕴深沉的生物，如小蛇、变色龙、猫头鹰、猫，而非轻巧活跃的飞鸟和蝴蝶，就连所起的名字也都

宝诗龙 2010 年新款动物造型珠宝系列，依次为海马、孔雀、马、大象。

以纯净顶级钻石打造的"性灵"系列
是"魅惑宝诗龙"的第一波高级定制珠宝，
从项链到耳环再到戒指，真正诠释了什么
才是震撼心灵的珠光宝气。

充满了魅惑的张力——危险、麻烦……但是单凭这一点似乎还不足以成就宝诗龙的强大气场，宝诗龙的第二代传人路易·宝诗龙特别针对高级定制珠宝首创了多层次镶嵌方式，不论采用多少宝石缀饰，精细到完全不着痕迹的镶嵌底座，耳环、项链、手链皆能自由轻盈如关节般地随兴而动，甚至能伴随身体的运动而产生轻颤效果，这门"绝艺"足以奠定宝诗龙的巨擘风范。

2009 年，宝诗龙以巴黎华丽的生活方式为设计灵感，推出了一套"欢乐巴黎"高级定制珠宝系列，以刻画 19 世纪所谓歌舞升平的"美好年代"。这一系列的高级珠宝共有七组精品，每一组以一位社交名媛命名，气韵不凡，洋溢着对于巴黎缤纷生活的歌颂。其中一组项链名为"约瑟芬"，它的设计灵感源自出生于美国圣路易斯的黑人歌女约瑟芬·贝克，她被称为世界上第一个黑人超级女明星，20 世纪三四十年代曾以其性感大胆的歌舞红遍法国，大文豪海明威也被她的美貌倾倒，称赞她是"全世界最漂亮的女人"。

但实际上约瑟芬后来拥有了另一个身份——法国情报部门的秘密间谍，利用劳军之便从纳粹高官处搜集重要情报。据她的上司，也是她的秘密恋人阿布泰回忆，约瑟芬经常带出德军要塞的照片或者在手臂以及随身携带的乐谱上用药水写满了情报。1945 年战争结束后，约瑟芬重返巴黎，法国总统戴高乐亲自授予约瑟芬"战争十字勋章"和

限量视界

宝诗龙与诺基亚旗下的奢华手机开发部门 Vertu 合作推出了"Signature"系列钻石手机，这款手机目前只有 Cobra（眼镜蛇）和 Dragon（龙）两款，每部手机共包括 388 个机件，共申请了 74 项专利保护，需要八位设计师共耗费了四年的制作工时以全手工组装。它们在全球分别只发行 8 部和 26 部，以纪念宝诗龙在凡登广场 26 号的首家精品店，身价在 210 万元人民币以上。

"抵抗奖章"。1975 年 4 月约瑟芬去世时数万人出席了她的葬礼，而法国政府甚至为这位平民鸣放了 21 响礼炮。据说约瑟芬特别喜爱以鲜花装饰头发，宝诗龙就借用她对花卉的爱好，在盛放的花簇上缀满了顶级蓝宝石，其中的两颗椭圆形玫瑰色蓝宝石分别重达 5.01 克拉和 4.30 克拉。蓝宝石是刚玉宝石中除红色以外的各色宝石的统称，由于其中所含的微量元素不同，蓝宝石可以呈现粉红、黄、绿、白等不同颜色，甚至在同一颗

宝诗龙"灵感"系列之
"神秘"彩钻项链

宝石中会有多种颜色。当今出产上等蓝宝石最多的地方是缅甸，泰国、斯里兰卡、马达加斯加等也是蓝宝石的主要产地，而最稀有的应属克什米尔地区的蓝宝石。

2009 年，宝诗龙以花草争荣、人间凡趣为灵感主题，推出了令人目眩神迷的"致命花朵"系列，包括了"凯瑟琳"、"郁金香"、"牡丹"等五组高级珠宝。它们的设计多采用雕塑式的三维效果，作为其中主打，"凯瑟琳"项链以绿色蓝宝石缀饰花枝，上面的几朵喇叭花中都含放着硕大的玫

瑰色宝石，甚为赏心悦目。也是在这一年，为庆祝闻名世界的加拿大太阳马戏团成立 25 周年，在其创始人盖·赖利伯的邀请下，宝诗龙还为其特别设计了"灵感"系列高级珠宝。整个系列总共 20 款珠宝，每一款都与一场表演对应。盖·赖利伯买下后放到加拿大蒙特利尔艺术博物馆展览，而宝诗龙则将限量生产这一系列珠宝，销售收入全部用于慈善。

除了珠宝首饰，宝诗龙的腕表也一向是行家竞相收藏的珍宝，其合作对象是知名的瑞士芝柏表厂。早在 1870 年，宝诗龙就推出了第一款女式珠宝腕表；1947 年，宝诗龙设计了一款厚度仅 3.3 毫米的超薄方形腕表，同年，宝诗龙独特的滑行表扣设计取得了专利，将表带的一端插入到表壳一边的凹槽内从而使表带可以被轻松地解开、替换。这也成为宝诗龙腕表的独特标志之一。第二年，宝诗龙就开始推出带有这项技术的"Reflet"男式腕表系列。而自 2002 年以来，宝诗龙陆续推出了"Reflet Icare"、"Reflet Parallele"等一些新系列，而且其限量版的表款也是层出不穷。

2005 年宝诗龙在中国的首家店面——外滩 18 号店成立，宝诗龙特别设计了上海限量 18 只的"Reflet Grosgrain"系列纪念版腕表；2009 年，宝诗龙又大胆地选用稳定性极高且具有同宽年轮线条的游艇甲板材料制成精致表盘，推出了限量 26 只的"Reflet XL Cruise"百变游艇限量表；2010

年，宝诗龙则使用了细木镶嵌手法，把法国国宝级的拉图酒庄所用的树龄达 200 年的橡木酒桶制成表盘，推出了全球限量 100 只的"Reflect XL Château Latour"。

2008 年，宝诗龙推出了"Reflet XL"腕表，该系列以全手工制造，杏仁状侧面轮廓，配备端士芝柏表机芯，全钢版本有银色表盘和黑色表盘两款，都限量发行 150 只，18K 玫瑰金版本仅限量发行 50 只，而最尊贵的铂金镶钻版本仅限量 26 只。它得益于宝诗龙在珠宝上的精深造诣，除了外部镶有两圈总共 130 余颗上等钻石，内部表盘上的

宝诗龙 150 周年限量纪念版"Reflet XL"铂金镶钻腕表，全球限量 26 只。

罗马数字也以钻石镶嵌，表盘下方刻有"凡登广场 26 号"的字样。

当然，宝诗龙在珠宝腕表上的造诣还远远不止这些。近年来，宝诗龙不断将猫头鹰、蝙蝠以及变色龙和孔雀羽毛等搬上腕表，打造出了备受其拥趸追捧的"MEC"高级珠宝腕表。2008 年，为了庆祝 150 周年华诞，宝诗龙先是以蛇为创作灵感，推出了"MEC"眼镜蛇珠宝腕表，接着又特别推出了限量版"动物寓言"陀飞轮珠宝腕表，它

宝诗龙"致命花朵"系列高级珠宝

包括蟒蛇、变色龙以及青蛙三款，每款限量八只。除了镶嵌着璀璨彩钻的雕刻感十足的精致外观，它们的底部都有与正面相同动物的镂空图案，别具心思，其身价基本都在200万元人民币以上。

在制表领域，专门生产精密概念表的MB&F有"艺术与微机械技术的概念实验室"之称。作为新锐，它2006年才推出了自己的第一款表"HM1"，但其独特的双锥形显时器设计却给制表业带来了革命性变

以著名腕表制造商MB&F的"HM3"腕表为基础，宝诗龙设计了它的高级珠宝版——"珠宝时间器"，身价21.5万美元。

革。MB&F的年产量一直极其稀少，2010年的生产计划仅145只，包括宝诗龙与它共同开发的"HM3"高级珠宝版——"珠宝时间器"。这款表选择了宝诗龙经典的猫头鹰造型，眼睛和前胸由珍贵宝石雕琢而成，身价21.5万美元。

Ƀ
BOUCHERON
至尊私享

　　能够让所有女人一见钟情，要做到这一点，宝诗龙凭借的是百余年来孜孜以求的精湛设计，而在历经了一个半世纪的流金岁月之后，宝诗龙强大的气场与魅惑从来都未曾褪却分毫。

宝诗龙 150 周年高级定制珠宝
★☆☆☆★
限量关键词：高级定制

　　2008 年 1 月 21 日，正值宝诗龙创立 150 周年，华灯初上的凡登广场缓缓燃起 150 支绚丽的蜡烛，而在第八区的小皇宫，宝诗龙举行了 150 周年高级定制珠宝——"魅惑宝诗龙"发布酒会，受邀参加的只有 150 位嘉宾。这次的纪念珠宝包括"勇气"、"魔力"、"性灵"在内的七大系列，其设计或东方、或几何、或自然，看似随意撷取却充满了奇思妙想，展现成熟女性细腻深邃的心思，而且件件做工极为繁复，从设计、切割、镶嵌到雕琢，总制作工时长达 12000 多个小时。

　　蛇是邪恶的化身吗？在以色列，蛇被奉为大地之母而受到当地人的顶礼膜拜；在埃及，眼镜蛇被奉为君主的保护神，而今不少珠宝品牌也并不避讳以蛇为主题。但对宝诗龙而言，蛇不仅是伴随品牌发展的幸运图腾，更是品牌不断突破创新的精神象征。

　　早在 1878 年，蛇形项链与胸针的水彩图

以金色小蛇为灵感，"魅惑宝诗龙"打造出了经典的"危险"系列。

为向宝诗龙创立 150 周年致敬，英国珠宝设计师
尚恩耗费 3200 小时精心雕琢了"神秘一日花"项链。

"魅惑宝诗龙"的"美味"系列项链以 18K 白金打造，上面镶有九颗总重 31.39 克拉的天然椭圆粉红刚玉，其余部分镶嵌的圆钻以及宝石数量超过了 1300 颗。

绘就出现在了宝诗龙的图鉴里，150 周年纪念时，宝诗龙与巴黎著名巧克力商共同制作了黄钻巧克力小蛇。而这次 150 周年高级珠宝的"危险"系列商品全都以金钻小蛇的形象为延伸，通过红蓝宝石的缀饰，诠释了美丽女人的致命诱惑。另外，"神秘"系列的价值近 3000 万元人民币，以花枝交错为设计元素的宝石项链制作耗时 2000 小时，其中一朵紫水晶花被雕成一个可盛载香水的小瓶子，而在花卉绿叶之间还镶嵌有三颗共重 41.8 克拉的椭圆形蓝宝石，尽情绽放奢华魅力。

除了自然生灵，宝诗龙的作品里其实也并不缺乏丝丝甜蜜与惬意。早前，宝诗龙曾以法国一种传统甜点马卡龙为创意，推出了包括项链、戒指、耳环在内的"诱惑马卡龙"系列。而这次 150 周年纪念的"美味"系列则源自鲜嫩香甜的美味水果。这套包括了项链、耳环、戒指、手镯在内的顶级首饰整体采用白金材质，一个个造型精巧、颜色鲜艳的"小灯笼"果实上缀满上等的宝石，项链的镶嵌数量达到 1350 余颗，总重量超过 180 克拉，其中包括总重量达 31.39 克拉的九颗天然椭圆形粉红刚玉宝石、四颗总重达 9.28 克拉的紫色蓝宝石以及 50 颗祖母绿宝石，就连耳环上镶嵌宝石的数量也达到了 266 颗，其中包括四颗总重 10.74 克拉的椭圆粉红刚玉。

无论是华美妖娆的金钻与珠光成就了声名赫赫的宝诗龙，还是宝诗龙天马行空的创意以及精致细腻的工艺造就了珠宝本身的高贵灵魂，当岁月的足迹轻轻抚过它历久弥新的 150 年，一切早已不再重要。

没有女王的皇冠，也没有王者的权杖，一张小小的世界卡，拥有它的那一刻，你就已经被加冕了所有的高贵与尊荣。从此，奢华的世界又多了一个刻度，一场竞技。

Coutts

豪富代言人
顾资银行世界卡

★☆★☆★
限量关键词：女王般的尊荣

1692 年，苏格兰金匠约翰·坎贝尔开始办起了银行业务，也许他根本不会想到，多年之后，他的银行可以和世界上最好的私家银行画上等号。1707 年，受安妮女王的委托，坎贝尔为英国王室制作了 10 个蓟花勋章项链，这也是顾资银行成为皇家御用银行的开始。

1755 年，"顾资"的字样正式出现在了银行的名字里，它源自于坎贝尔的孙女婿詹姆斯·顾资。顾资银行原本专为英国女王一个人服务，后来开始为整个英国王室打理财富，乔治三世、惠灵顿公爵等等重量级的王室成员都是它最尊贵的客户，狄更斯、肖

邦等名垂青史的伟大艺术家也都是它的老主顾。目前，它依然全权为英国女王伊丽莎白二世打理着数亿美元的资产，并逐渐将自己的服务对象扩展到了全球的富豪阶层。

真皮的支票簿，支票上印着华丽的金色戳章，这是顾资银行给予客户的最基本礼遇，拥有了它，首先说明你满足了顾资银行开户的最底线——50 万英镑。除此以外，顾资银行对客户的社会地位和家庭背景也极为挑剔，有负面形象或者是不良嗜好的人，无论你如何富有，顾资的答案永远都是：No。著名的"绿洲"摇滚乐队主唱利亚姆·加拉赫就被毫不客气地拒之门外。而要拥有

它的享有极高声望的世界卡，享受英女王般的待遇，最基本的前提是你本身已经是顾资银行客户并且账户价值超过 500 万英镑。比这更重要的一点是，你必须得到顾资银行的邀请，世界卡无法通过申请的途径获得。

如果有人告诉你，他可以让世界 600 余个机场的贵宾室随时为他开放，而且是免费的；他可以让打烊的百货商店在深夜开门；他可以优先买到某种限量版的红酒……相信这样的礼遇一定会让所有人羡慕不已。是的，顾资银行的世界卡就有这样神奇的力量。此外，世界卡不仅包括较高的月消费额度、紧急提现和所有典型的旅行升级服务，持卡购买任何 5000 美元以下的物品，从购买之日起 100 天内，如果意外损毁、丢失或者被盗且保险无法覆盖，持卡者将可获得原价补偿。

无论在国内还是在国外，只要持世界卡消费，顾资银行将以积分的形式，使持卡者在航班、住宿时获得多种形式的礼遇和优待。除此之外，如果你需要安排某些社会或者休闲活动，包括租游艇、预定餐位以及重要的体育赛事和艺术活动的门票，甚至当你需要有人推荐一家室内设计公司或者一个园艺工人时，这张卡都可能派上用场。

作为豪富阶层的身份与地位的新标杆，小小的一张卡代表着无法言喻的风光和体面，但它只属于那些富而又贵、贵而且尊的人，亮出它的那一刻，王室般的尊贵和奢华便已经不言自明。

有一种氛围叫肃穆，有一种肃穆叫高贵，有一种高贵叫独享，它的名字叫肯辛顿王宫花园街。这里是亿万富翁居住的地方，百万富翁只有参观的份儿了。

皇室外的贵族印象
肯辛顿王宫花园街

★ ☆ ★ ☆ ★
限量关键词：地位　价位

17 世纪 90 年代，玛丽皇后——奥兰治亲王威廉的妻子，在这里建立了第一个皇家园林——肯辛顿王宫花园。因为威廉有哮喘，而这里有清洁的空气，使得这对夫妻迁移到肯辛顿宫。在 1728 年，卡罗琳皇后——乔治二世的妻子开始把花园改建成我们今天所了解的肯辛顿花园的模样。它也一直扮演着皇家园林的角色，最使它高贵的，

还得属戴安娜王妃了，因为王妃的旧居就在这里，并且现在已经成为凭吊戴安娜王妃的圣地。然而最能让肯辛顿花园声名远播的，却是由作家詹姆斯·马修·巴利创作的著作《彼得·潘》。这部以肯辛顿为场景创作的作品，很快风靡全球，包括电影和小说都使得肯辛顿成为了世界上最有童趣的地方。只要提到肯辛顿，人们会不约而同地说："肯辛

顿有个长不大的孩子，他的名字叫彼得·潘。"以这个公园命名的肯辛顿王宫花园大街就位于花园旁边。

毗邻皇家园林，也使这条大街更显不凡。如今的宁静却掩盖不了曾经的暗潮涌动。二战时期，肯辛顿王宫花园街曾经充当过纳粹军营，纳粹头目就住在八号别墅里，八号别墅则被用于审讯战俘。冷战时期，这里又一度成了前苏联间谍的据点。据说克格勃驻伦敦站副站长曾在这里搜集情报，而英国间谍史上有名的皇家海军上尉宾格哈姆也居住在该住宅区。

和它的响亮的声名不同的是它肃穆的氛围。喧闹的伦敦已经拥挤得让人难以忍受，而这里的每一个角落都是静穆的。走在这里，唯一听得到的是疾风吹打槐树叶的声响。每家每户的门窗都是紧闭的，听不到什么动静。间或看见有人从房子里出来，也是一晃就不见了，给人宁静甚至肃穆的感觉。

如果说肃穆只是它的态度的话，那么高贵才是它的地位。事实上，肯辛顿王宫花园街不是一个完全意义上的住宅区。这里背靠英国王室住所和园林，有专门迎接外国大使的林阴道，更靠近已故戴安娜王妃的故居。此外，像钢铁大王拉克希米·米塔尔为女儿购买的四层楼豪宅的前身便是菲律宾大使馆。罗马尼亚、斯洛伐克、捷克、尼泊尔等国使馆也曾选址在这里。

由于地狭人稠，伦敦市中心的住宅一般都以两三层的公寓为主，但是肯辛顿王宫花园街是个例外，这里每栋住宅都像一座小型欧式宫殿，多数以白色石材砌成，英国摄政王朝时代的很多建筑杰作都集中在这里。这里每户人家的院子都能停十多辆车，文莱苏丹、伊拉克费萨尔国王和印度海得拉巴公主等都曾是这里的住户。

在英国，人们常说，一个勤奋的人可以三年成为百万富翁，三代人建起贵族式家庭风范，但可能永远都没有机会搬进肯辛顿王宫花园街，因为那里实在是一个高不可攀的居住之地。每平方米500000元人民币的价格实在令人望而却步，加上它一般都是独立的大宫殿，所以平均每套房子的价格超过4000万英镑。

据了解，这两年在此购房的富豪中，势头最猛的要算英国首富米塔尔。这位出生于印度的钢铁大王以总计277亿英镑的资产，连续四年摘得英国首富桂冠。这位亿万富翁以5700万英镑的价格从一级方程式赛车的掌门人埃克莱斯通手中买下这条街上的一处豪宅。据称这套房子是世界上最贵的别墅之一，总面积达到5110平方米，其中包括土耳其浴室、舞厅、以珠宝装饰的游泳池和橡木板造的画廊。伦敦房地产专家说："自从米塔尔购买了这套房产后，房价就不断上升，相信有涨到2.5亿英镑的可能性。"随后这位超级富豪为自己购买了此地另外一处价值4900万英镑的豪宅作为自己居住使用，要知道，他的隔壁就是苏丹大使馆。也许它不是世界上最昂贵的，但一定是地位最高的住宅。

干邑，这个上帝对于人类的最浪漫的馈赠，当它化身为酒中的王者，也许，只有"路易十三"这样的王者之名可以与之匹配。而当这样的王者真正君临尘世，又有多少人可以有幸得见真容，享其尊贵？

LOUIS XIII

百年干邑 奢华私享
人头马路易十三

LOUIS XIII
关于路易十三

路易十三干邑出自有 280 余年酿酒历史的人头马家族，人头马与轩尼诗、马爹利、拿破仑并称为世界四大顶级干邑，它也是其中唯一一个由干邑本地人创建的品牌，创始人是雷米·马丁。

世界上只有用法国法律所指定的六个干邑葡萄产区的特定葡萄品种酿造的白兰地才能被称之为干邑。法国人酿造干邑的蒸馏时间必须是每年的 11 月中旬到次年的 3 月底，为充分提取其精华部分，干邑的蒸馏过程需要进行两次，而在第二次蒸馏过后，只有大约 1/9 的酒液留存下来成为所谓的"生命之水"，它们在经过精心陈年之后才最终成为了干邑。

为了使蒸馏过程更加完善，人头马一直

人头马 X.O

人头马 CLUB 和 V.S.O.P

采用独特的酒渣一并蒸馏的方式，而且只采用传统的小型铜质器皿，使得酒液能与蒸馏器的炽热铜壁全面接触，以保证干邑的绝佳品质。蒸馏出的原酒被贮存到纯手工打造的新橡木桶中，这些酒桶的原料必须是邻近的利穆赞地区的百年橡树，橡木条需在室外风干三年以上以散发木材中的苦涩味。根据人头马"新酒用新桶，老酒用老桶"的规矩，原酒干邑需要再转到陈年橡木桶里继续增陈，这样才可慢慢孕育出干邑独特的色泽及口感。

干邑的法定基本陈年标准是两年以上，陈年时间通常从葡萄收成的翌年4月开始计算，一年后的指数为零，再经过一年指数转

为"1"，以此类推。根据窖陈年数的不同，干邑又被分成了许多级别，法国政府对此有着极为严格的规定，酒商是不能随意自称的。如 V.S.O.P 不少于四年，X.O 不少于八年。这些字母都有着特定的含义：E（Especial）代表"特别"、F（Fine）代表"好"、V（Very）代表"很好"、O（Old）代表"古老"、S（Superior）代表"上好"、P（Pale）代表"淡色"、X（Extra）代表"格外的"。

人头马的生产标准普遍高于以上法定标准，陈化期七年以下的是 V.S，达到七年的是 V.S.O.P，超过12年的是"人头马 CLUB"，超过20年的是 X.O，达到40年以

上的才能调制路易十三。作为干邑的极品，路易十三是由 1200 种窖龄在 40 到 100 年之间的原酒精酿而成的，也就是说，每一滴路易十三酒液都蕴含着百年的厚重与尊贵，它的每一抹香气都融入了三到四代酿酒大师的等待与期盼，足以堪称为人头马家族当之无愧的镇牌之宝。

LOUIS XIII
限量甄选

诱人的气泡不断在琥珀色的液体中升腾、破灭，馥郁的香气在唇齿间渐渐弥散，这一刻，请相信，你已经将法兰西最美好的东西据为己有。

按照规定，只有干邑区最中心的大香槟区和小香槟区的葡萄才能生产所谓"特优香槟干邑"。大小香槟区是干邑区的"心脏"，它们的面积只占干邑区的 9%。可如果你拿的是一瓶真正的路易十三，那么它就是 100% 产自于大香槟区科涅克地区的极品琼浆。180 瓶，这是它曾经在某一年的全部产量，即便是在最高产的时候，它的面世量也不过区区千余瓶，与人头马酒庄 2000 多万瓶的年产量相比，路易十三本身就是不折不扣的"超级限量版"。所以它的珍贵和奢华从一开始就已经注定，如果你想拥有一瓶属于自己的"干邑之最"，最起码也要舍出人民币万元以上。但是一直以来路易十三却极

少以"限量版"为噱头，若论具有实际限量版意义的，还得先从它的样品酒说起。

样品酒也称酒版，是由酒厂按一定的比例将大瓶原装酒缩小制成的"迷你版"，用以品尝推广。相比于大瓶装，酒版的产量极少，所以就算是年代相同，这种袖珍酒版的收藏价值往往更高，可说是以小胜大。路易十三的酒版曾于 1952 年至 1976 年间分三批面世，是由法国巴卡拉水晶以原装酒瓶 1:16 的比例制成。第一批及第二批瓶上只印有

品尝路易十三不能用大肚干邑杯，而要用郁金香水晶杯，否则，路易十三丰富细腻的香气与极富层次变化的微妙口感之间的平衡会被很快打破。2009 年，知名法国设计师克里斯多夫·皮耶为路易十三设计了专属的酒具器皿——光之礼赞。

2008 年，人头马推出了 1.5 升装、酒龄长达 150 年的路易十三黑珍珠限量至尊 Magnum 干邑，它汲自编号为 C100-29 的珍贵窖藏，全球限量 358 瓶。2010 年 6 月，一对中国夫妇在温哥华国际机场以 3.4 万加元（约 22 万元人民币）买下了全球发售的最后一瓶。

"不知年"字样，各发行500只，第三批为非卖品，只赠予一些国家政要或贵宾。由于在1973年已停产，所以存世量极少。相比第三批，第二批的价码反而较高，这是因为这批酒版大多被输往日本用以推广，它们基本都已被人饮用所以罕有存世。

但是路易十三最珍稀的酒版并不是水晶制的，而是1972年出品的一种玻璃瓶酒版。当时一家玻璃厂家主动造了六只玻璃路易十三酒瓶，希望人头马能够采用，以减低成本。结果人头马将其中三只运往英国展览时，许多人认为玻璃瓶影响了路易十三的至尊地位，所以人头马酒厂当即毁掉了手里的三只酒瓶并表示不再考虑普通玻璃瓶。目前，幸存下来的另外三瓶成为酒版收藏界的珍宝，其中一瓶几年前被香港收藏家陈伟文以10000美元的高价收入囊中。直至80年代，路易十三另推出三款酒版，每款500瓶，但是只赠送给零售商而不出售。

近几年，路易十三陆续推出了几款限量版，主要是在酒瓶上大做文章。对于干邑而言，很少有品牌能像路易十三这样，连酒瓶都颇具来历。1850年，一个农夫在16世纪的古战场遗址中拾起了一只酒瓶，巴洛克艺术的瓶身上刻有象征法国王室的鸢尾花。后来，人头马家族第四代成员保罗·艾米勒成为这只瓶子的主人并申请了复制权。1874年，人头马的标志得到注册，世界上首批路易十三也终获加冕，而这只酒瓶的魅力也得以重生。进入20世纪以后，路易十三携手法国著名水晶生产商巴卡拉，精心打造了路易十三的专属水晶酒瓶。

2000年，路易十三推出了千禧限量珍藏版——LouisXIII RendezVous，这款酒在全球限量发行2000瓶，巴卡拉水晶的工艺大师特别在晶莹的酒瓶上绘上金色的花纹，并且雕刻收藏者的名字，尊贵至极。

2007年，人头马推出700毫升装、限量786瓶的黑水晶装路易十三。这是路易十三首次以黑水晶形象出现，它的细颈黑水晶瓶身是由手工吹制而成，为确保瓶体拥有珠宝般完美的黑色，必须保证使黑水晶呈现颜色的金属氧化物实现极为精心地分布，它要求技师掌握极高超的手工技艺，失败率极高。而且，这种以纯手工打造的路易十三酒瓶每一只都是独一无二的。

路易十三千禧限量珍藏版

每一只RARE CASK
酒瓶都是 20 位技艺精湛
的工艺师经过两周时间、
50 多道繁复的步骤才最
终完成的，上面有专属的
"CASK 43.8" 字样。

LOUIS XIII
至尊私享

一个好的酿酒师需要经过多年的历练才能培养出极为敏感的味觉和嗅觉，而路易十三的每一代酿酒大师基本都拥有 40 年以上的酿酒经验，所以他们根本无法品尝到自己亲手酿制的路易十三，或许他的孙子能够有这份幸运，可以代替祖辈享受并永远铭记那珍奇的味道。

人头马路易十三 RARE CASK
★☆★☆★
限量关键词：786 瓶

2009 年，人头马家路易十三的黑水晶家族又多了一款——RARE CASK 黑蕴典藏大香槟干邑。与以往的路易十三不同，RARE CASK 是取自人头马公司 42 个酒窖的 24 万个酒桶中的一支百年蒂尔肯木桶原酒，路易十三酿酒大师皮埃蕾特·特里谢在 2004 年的品酒会上发现了它，而其酒精度数达到了十分罕见的 43.8 度。

在观察了四年后，人头马决定将这桶原液不做调低酒精度的勾兑处理并直接灌装，限量供应，这在路易十三的历史上尚属首次。巴卡拉水晶还为 RARE CASK 设计了专属瓶身，独特的 "CASK 43.8" 字样以及贵重的钯金装饰更彰显了它的弥足珍贵。RARE CASK 的售价是 10000 欧元，如果有幸得之，那么这弥足珍贵的 700 毫升酒液绝对代表着上帝对你的一份特别的礼遇，因为

全世界只有 786 个人可以如愿品此佳酿。

法国人常将干邑喻为"能喝的香水"，雨果更是将干邑喻为"众神的灵药"，只要沾惹一滴便会终生成瘾。而作为一种最特别的灵药，从开瓶到入口，路易十三让每位品评者享受一次奇妙的味觉之旅，从鸢尾花、腊梅、奇异果的香气到利穆赞百年橡木的幽香，还有无数种无法言喻的香气让你全部的味蕾都在一瞬间苏醒过来。

事实上，人头马家族也在尝试分辨出路易十三所蕴含的丰富味道，若干年前，他们把路易十三交给一位法国著名的香水大师品尝，那位大师当即说出了六种主要香味。据说路易十三极端细致的香味和口感能让余味留存一个小时以上，而不是普通白兰地的 10 ~ 20 分钟。品尝路易十三不能用大肚干邑杯，而要用郁金香水晶杯，更不要事先用手心温热酒杯，否则，路易十三丰富细腻的香气与极富层次变化的微妙口感之间的平衡会很快被打破。然而，对于需要有着 40 余年酒窖经验的路易十三酿酒大师来说，他们却永远无法品尝到自己亲手酿造的路易十三，也许他的孙子能够有这份幸运，可以代替祖辈享受并永远铭记那珍奇的味道。

玄黑色的神秘，珠宝般的魅惑，未来派的金属色泽，路易十三恣意释放着它无与伦比的王者贵气。当光影的碎片轻轻划过灵动的液体，炫目的流光仿佛于转瞬之间被轻易俘获，此刻，有幸品啜的人已然陷入了深沉的迷醉……

世界上顶级的豪华汽车，同时是手工制作的，除了劳斯莱斯，就是宾利了。它是一个低调的贵族，却心思极为缜密，它为车主提供最个性化的定制服务，这是连劳斯莱斯都难以达到的标准。

私人定制的极致之选
宾利

关于宾利

宾利汽车的创始人宾利先生早年是为皇家空军提供飞机引擎而出名的。从 1920 年宾利第一辆汽车从英国的克鲁郡出厂，近百年来，宾利的品牌虽历经时间的洗礼，却仍旧历久弥新，熠熠生辉。那个展翅腾飞的"B"字是宾利最强劲、永不妥协的标志，它呈现给世人的永远是动力、尊贵、典雅、舒适与精工细做的最完美结合。人类把陆地交通工具做成宾利这样是需要想象力的。这

个被上流人士称为"一生中最想拥有的车"，是贵族中的贵族，是私人定制的极致之选。它早已超越了金钱的范畴，成为身份的一种象征，代表激情和梦想，是速度与豪华的浓缩。在英国女王登基50周年庆典上，女王的座驾就是一辆宾利车。除此之外，众多的王公贵族和政商大亨都以拥有一辆宾利为傲。数百万的天价，百分之百的手工制作，纯正的英国血统，每年限量生产的稀缺性，都让宾利成为梦想的极致。

"结合最精良的质量，把动力和速度元素见证在豪华的座驾之上"，这是宾利坚守了80多年的造车宗旨。而在最初，宾利车却是源于创始人对于赛车运动的钟情。那个时候最著名的赛事莫过于勒芒赛事，当时的赛车绝大部分都是法国车，宾利汽车的出现似乎是以一个配角登场，却很快成为永远的主角。

那段令人骄傲的岁月也成为了永恒的经典回忆，直到一战结束，宾利因为财务问题被劳斯莱斯收购，但这也开启了宾利的辉煌时代。在市场上的大获成功也让宾利更加专注于质量和品位的提升。其无与伦比的定制服务也开始成为富贵之人的私享之物，它坚持最苛刻的定制原则：绝对不会生产出两辆完全一样的宾利车。

克鲁郡的传奇从来都是低调却贵气到极致，它是一种身份的代名词，更具一种内涵深厚的秉性。拥有成为一种奢望，观摩成为一种朝拜。

它和劳斯莱斯共同占据着汽车金字塔上的最顶端，光荣，内敛，贵气，含蓄，精美绝伦的手工工艺，一丝不苟的企业精神，这就是英伦汽车的代表——宾利。它贵得成为少数人的专享，它贵得让人只能够奢望，并且多数情况下，它是如此骄傲的推出限量版，更是众人奢望的极品之选。

如果说雅致系列是用赛道的名字来纪念辉煌的话，那么宾利 Brooklands 就是用赛车亲自缅怀。把时间拉回到 80 年前，在当时勒芒赛事中的 40 辆赛车中只有 17 辆完成了艰苦的赛程，而宾利 3.0 则是轻松夺魁。如果有人说那只是运气的话，那么在接下来的连续四次勒芒赛事中问鼎则证明了宾利 3.0 的威力。这款车最高时速可以突破 128 公里（约合 80 英里），这在当时已经是速度最快的量产型汽车了，打破了当时几乎所有车的耐力和速度纪录。同时，它在持续高速条件下容易操控、持久耐用、稳定的品质也一直传承了下来。 可是当宾利由于财务问题而开始滑坡的时候，这款经典车也被永存在记忆里了。2008 年，当复兴的宾利再次推出限量版的宾利 Brooklands，人们便不约而同的回到了那个年代，因为这是一款复制宾利 3.0 的经典车型。宾利 Brooklands 的复制无疑是成功的，因为它引起太多的关注。限量生产的 550 辆在三个月内就被抢订一空。

它被誉为"世界上最独特的双门跑车"，复活的风之子显得高贵却不失简朴。贵族的外表，内敛的气质，超凡的动力，宾利的精神以及创新的科技，这些让宾利 Brooklands 成为复制经典的经典，风之子又开始了新的旅途。宾利 Brooklands 也许已经不再是一个简单的交通工具了，而更像是一个博物馆的藏品，被人瞻仰和铭记。

为了庆祝宾利 90 周年华诞，宾利公司

宾利 Continental GTZ 的限量版跑车

特别推出了"宾利90周年"珍藏版，全球限量五辆，仅供中国市场。"宾利90周年"珍藏版的售价高达428万元人民币，这款珍藏车型特别的地方在于车身上都配备了独特的纪念标识。动力方面，这款车型搭载了一台最大功率为500马力，扭矩1000牛·米的6.75L V8发动机，使得这款重量约2500公斤的车型，极速可达每小时288公里，百公里加速时间只需5.5秒。

不论是珍藏版还是庆典版都在那些车迷的心中挑起最初的欲望，拥有是你唯一的梦想，可是它总是稍纵即逝。谁都不会放过私藏它的机会，可是很少能有人拥有这样的机会，那就得看是谁先动手了。尤其是那款限量五辆的珍藏版，极具收藏意义，是宾利公司针对中国市场专门推出的。有多种中国元素的加入和宾利一贯的高贵气派，成为了宾利公司在中国市场的形象代言人。

宾利除了要求工艺精湛之外，在造型上更是追求完美。一款名为宾利Continental

GTZ 的限量版跑车震撼出场了。和 2006 年法拉利 575 GTZ 的命名方法类似，Zagato 这样的命名方法也让人们能一目了然地知道这是宾利和 Zagato 设计工作室合作的杰作。基于本来就相当出色的宾利 Continental GT Speed，这款 Continental GTZ 采用了独一无二的双色调车身涂装，经典的英国竞赛绿车身和银色的车顶涂装，车顶采用 Zagato 的双拱式设计，动感十足，一眼看去，仿佛鹤立鸡群、艳压群芳。其他典型的 Zagato 设计包括锐利的翼子板，尊贵典雅的车尾和弧线的后车窗，该车售价高达 170 万美元。金钱有时候是可以作为一个参考标准的，可有时候却似乎没有了意义。这款车虽然有实实在在的标价，可是很难有人能够真实的拥有。

Bentley Arnage Final Series 是宾利决定为"雅致"车系推出的最后一款限量版——仅限量生产 150 辆的，被称"最后的雅致"，它让经典"雅致"系列成为绝唱。它以雅致为基础进行装饰，因此它具备了 6.75 升双涡轮增压 V8 发动机，变速箱是"低调"的 6 前速 ZF 手自一体变速箱，"平凡"的 ESP 系统和胎压监测系统是标配。

至尊私享

宾利的世界里只有贵族的身影，只有私享的人群。那里嚷闹，那一定是众人在期待中的由衷喝彩；或寂然，那就是它君临天下的威严。

伊丽莎白女王定制宾利车

★ ☆ ☆ ☆ ☆

限量关键词：纪念意义　身份

为了庆祝伊丽莎白女王登基 50 周年，宾利专门为女王定制了一辆豪华轿车，作为女王的代步工具。这是宾利在作为英国顶级豪华轿车品牌将近 90 年的历史中第一次为王室制造汽车，之前女王的加长豪华轿车是由戴姆勒和劳斯莱斯制造的。这个特殊的荣誉使得宾利被允许使用女王特定的带有女王盾形徽章的标志，宾利骄傲的将其矗立在巨大的铬合金格栅上。

这也使宾利车再次成为了众人瞩目的焦点，而车的设计更是细致到了极点。它能够让女王坐在车中就很方便地看到车外的臣民，英国公众也可以从车外很容易看到坐在车中的女王。后车门的特殊设计还保证了女王出入专车时无需低头弯腰。后座按两人座位设计，但同时提供了两把折叠椅，可供额外乘客使用。为了避免过于奢华，女王坚持要求车内少用木质材料，车外少用不锈钢边线。车身则按要求使用王室传统的暗紫红色和黑色，两侧饰以红色条带。新专车的发动机是既可以燃烧汽油又可以使用液化石油气的新型 V8 发动机，排量 6.75 升。

这款女王专车重达 4000 公斤，虽然它外表看起来十分像"老爷车"，但是，其奢华程度不是一般车辆可以媲美的。除了在使用上完全依照定制者的要求逐一满足之外，在外观上，它同样满足了女王的要求：新专车设计的要求是到 2027 年，即在今后 25 年内车型看上去不会过时。女王专车使用的是装甲钢板、防弹玻璃以及防止地雷袭击的金属包层、防爆轮胎和卫星通信系统等。此外，该车还具备防范毒气袭击的功能。

这款车一共只制造了两辆，是 2002 年专门为纪念伊丽莎白二世女王登基 50 周年纪念而制造的。基于拥有独特的车体风格，这辆宾利轿车开发历时两年，从外观上看它与别的车型有着显著的区别，带有加大的车厢，配备可以保护内部隐私的不透明玻璃面板，不需要时，还可以将面板藏在车体面板中以获得绝佳的视线。

雅致 728

★☆☆☆★

限量关键词：数量　价钱

由于创始人宾利对车赛情有独钟，所以当车厂成立的第四年就去参加了国际赛事——勒芒车赛。当时在法国举行，而参赛的也是清一色的法国赛车，唯有宾利是英国车。比赛刚一开始，宾利就凭借超强的引擎震惊全场。第二年更是在比赛中轻松夺冠，并接连蝉联了 4 次勒芒赛事冠军。而"雅致"就是取名于这项赛事中一个弯道的名字。这也充分表达了宾利的赛车血统。而"728"是指这款车比一般的宾利车长出 728 毫米。无论是动力、空间、设备、工艺还是设计，这款纪念意义的超级豪华汽车几乎代表了宾利的最高水准。它是一辆最具内涵的纪念型，那是一种英国绅士的风度。

"雅致 728"每年全球仅生产三辆，售价高达 1200 万元人民币，而其中一辆更是达到了惊人的 1500 万元。客户从下订单到交货要等上八个月的时间。因为在它的生产车间里，你看不到一只机械手，百分之百的手工制作，车身的生产线每分钟只能移动六英寸，它是世界上最慢的生产线。而车内的皮饰更为严格，平均每一辆要使用 400 多块优质牛皮，大约需要从 15 头牛的身上获取，并且只取其中最平整优质的部分。对这些牛也有特别的要求，它们来自专门的养牛场，场主会细心呵护牛的背部，以防牛背部的牛皮受到损坏。得到牛皮之后，包装也是一件细致的事情，一个方向盘的包装需要一个熟练工人花费 15 个小时完成，而整个车内的装饰更是达到了惊人的 13 天。每一个部件的包装都会签上责任人的名字。即使是发动机也是工人手工完成，每一颗螺丝都是用扳手拧紧的。卖的就是做工，做的就是极品。

除了手工打造之外，"雅致 728"利用多出一般汽车的 728 毫米的长度，在车内设备上也做到了极致。只要轻轻一按按钮，挡板就会出现一个 24 英寸的屏幕，再连接上内置的 DVD 系统，配有环绕立体声系统，后车厢马上变成了一个可移动的私人影院。同时还配备有豪华冰箱、车载通讯系统和酒吧柜。而工人们精心设计的座椅让舒适度也达到了最佳，乘车的悠然自得，驾车的自由自在。在这样的汽车里面，旅程的距离似乎是无需考虑的因素，开车和乘车同样是享受。

这位贵气逼人的绅士，这位出身名门的骄子，这位有着百年手工工艺的手工艺术品，从内到外都镶嵌着高贵独特的品质。难怪在英国女王登基 50 周年的庆典上，这款车取代了劳斯莱斯成为这段历史的见证者。在庆典活动结束不久，女王依然坚持乘坐这辆车前去博物馆参观，以及参加一些与民众的庆祝活动，可见女王对"雅致 728"的喜爱程度了。

能够一天 24 小时守候着你的，不是你的爱人，而是你的腕表。肌肤相亲的日日夜夜里，你们共同徜徉在时间的河流里，生命会走到了尽头，而时间依旧向前。百达翡丽说："谁都不能够拥有百达翡丽，只不过为下一代保管而已。"作为腕表品牌中最具魅力的百达翡丽，用品质来与时间签下协议，那只能叫做经典。

PATEK PHILIPPE

触摸时间的质感
百达翡丽

PATEK PHILIPPE
关于百达翡丽

从公司成立到现在的 150 多年里，总产量仅有 600000 只左右。难能可贵的是，百达翡丽决不因为市场走红而滥造一只。时间是一个骄傲的歌者，唱着唱着，一切都遥远了，可是唯有记录时间的它还在滴滴答答中为之缅怀。品质、内涵、价格、历史、地位、工艺，百达翡丽给你最极致、最完美的诠释，时间在它的面前变得可以触摸。

日内瓦的钟表制造文化从 16 世纪就开始萌芽了。早期的钟表制造者不仅是工艺师，更怀着一种近乎狂热的热忱，务求令作品在外形及性能上达致完美。这种力求完美的钟表制造精神世代相传，及至 1838 年，

更成为百达的创业基础。在一次博览会上，另一位天才钟表设计师翡丽的设计并没有引起人们的注意，却令百达非常感兴趣，简短的沟通之后，就一拍即合成立了百达翡丽公司。不久，两人更合力改变了钟表制造业的历史。他们创出各项新发明，取得多项专利，百达翡丽的制表工厂建于1839年。其每只表的平均零售价达13000美元至20000美元。

在钟表技术上，百达翡丽一直处于领先地位。从1851年"百达翡丽"获第一项"旋柄上发条"专利起，重大的专利项目就有精确调节器、双重计时器、大螺旋式平衡轮、外围式自动上链转子，以及有关平衡轮轴心装置等。仅从1949至1979年30年间，便有40项专利，其专利之多，为各顶级名表之最。名流政要都成了百达翡丽的追随

百达翡丽珐琅座钟，18K金表壳，珐琅面盘，上面绘有新生的人物形象以及充满生命力的自然景致，可显示时和分，以太阳能续能方式驱动，确保永久运转。

者，而它只专注于恪守对时间的承诺。

要了解过去，最好的方法莫过于让时光倒流，可是那是办不到的，而要了解百达翡丽，只需要盯着它就够了，因为它从过去一直走到未来。论历史，它比宝玑年轻许多；论销量，它又不及天梭；论性格，它又没有劳力士那么张扬，可是从诞生以来，它就成为了典范，稳居世界十大名表之首。它是表中的王者，

Calibre 89 是百达翡丽于 1989 年为庆祝公司成立 150 周年推出的，属其所制作的最复杂时计。至于历来钟表拍卖售价最高的世界纪录，仍由亨利·格雷夫斯超级复杂性能怀表保持，它是百达翡丽于 1933 年由亨利·格雷夫斯制作的一只怀表，在 1999 年 12 月的一场拍卖会上，该表以超过 1100 万美元拍出。

贵族必备的标签。拿着贵族证明的人，人们还会去怀疑它的真伪，而戴着百达翡丽的人则被肯定就是贵族。170 年的光阴流逝，这个浑身充满贵族血液的钟表王者，在它客户名单上曾经有过 100 多位国王，54 位王后，还有王公贵族，以及爱因斯坦、居里夫人、柴可夫斯基等显赫人士，而现在每年都会有名流在不断加入，使这份名单变得更加让人瞩目。

PATEK PHILIPPE
限量甄选

自从公司成立 150 多年来，百达翡丽一直信奉精品哲学，遵守重质不重量、细工慢活的生产原则，目的只为求得最完美的钟表。它奉行限量生产，170 多年来，百达翡丽出品的表数极为有限（仅 60 万只），不敌任何一款时尚表的年产量，并且只在世界顶级名店发售。

百达翡丽有一个秘密的手工车间，每年仅仅生产一只纯手工的顶级腕表。因为其唯一性和极高的身份象征，求购者趋之若鹜。所以要拥有这只表，唯有耐心等待 8~10 年时间，且价格不菲，售价在人民币 3000 万元左右，但却物有所值。在追求完美的过程中，美感无处不在，即使在看不到的表壳内部都是纯手工打磨的，连接、边角、机芯上美丽的圆形纹理，这些都是细微之处，却也经过精雕细磨。

因为百达翡丽是全球唯一采用手工精制，且可以在原厂内完成全部制表流程的制造商，并坚守着钟表的传统工艺。瑞士钟表界称这种传统制造手法为"日内瓦七种传统制表工艺"，意即综合了设计师、钟表师、金匠、表链匠、雕刻家、瓷画家和宝石匠的传统工艺。百达翡丽深信，由这类工艺大师的巧手所制作出的名表皆为艺术珍品，而这也是百达翡丽钟表最值得骄傲的特色。他们是瑞士仅存的真正的独立制表商之一，由始

白金款式 Ref. 5180 Calatrava 系列腕表，带嵌入式迷你摆陀的 Caliber 240 超薄自动上弦机芯与各个组成零件均精细镂空成金线骨架，表壳本身和表环仅保留无法取走的支撑结构。这些精雕细琢的成果就是一只堪称"时间展示之窗"的作品。

至终都是自己生产，训练一名百达翡丽制表师需十年时间。钟表爱好者认准贵族的标志就是拥有一块百达翡丽表，高贵的艺术境界与昂贵的制作材料塑造了百达翡丽经久不衰的品牌效应。

百达翡丽公司对腕表的产量有严格的限制，有些表款上更是低至限量一只。精品加限量，使百达翡丽腕表极具保值功能。1989年，为纪念百达翡丽公司成立150周年而生产的纪念表到90年代初升值四倍。在香港举行的1997年春季拍卖会上，公司1953年生产的一只白金镶钻日月星万年历男表被一位欧洲买家以530万港币购得，百达翡丽价格破了万年历腕表最高成交价和亚洲手表拍卖最高价两项纪录。而当今世界拍卖会关于腕表的拍卖最高纪录也是由百达翡丽保持的，当时的拍卖成交价高达一亿瑞士法郎。

除了数量上的严格限制之外，百达翡丽还提供私人定制服务。1927年，应美国著名的汽车生产商柏加德的要求，为其母亲定制了一款百达翡丽的女表，公司制作出可以奏出他母亲最心爱的摇篮曲的打簧表，当时价值为8300瑞士法郎。应纽约大收藏家格里夫斯的要求，百达翡丽公司从1928～1933年，用了五年时间制作完成了一只精美的怀表，其实在之前，它甚至花费了三年的时间进行设计与构思，其精妙绝伦的程度堪称钟表史上的里程碑。百达翡丽的钟表师从不吝啬给予钟表的时间，当然惊人的还有高达1100万美元的售价。

除了150多年的制表历史，让百达翡丽引以为傲的还在于其无与伦比的工艺。其所擅长的复杂功能更是制表业中的顶级工艺，百达翡丽尊崇的正是这"完美的复杂性"与"完美的精确性"的结合。百达翡丽的尊贵不仅在于它典雅的外表，还在于它内部机械

百达翡丽 Star Caliber 2000 是为人类及钟表制造业献上的"千禧之礼"。经过八年的研究设计，以1118枚部件实现了21项复杂功能，获得六项专利。正面备有时间和日历的显示，背面则有天体图，可以显示星空、月亮轨道及月相盈亏，它的超凡设计在世界上也是独一无二的。

的极端精密复杂性。"在最简约的外表之下，配置最复杂的表款"一直是百达翡丽信奉的准则。一只在 19 世纪制造的百达翡丽表，尽管轮轴末端已在轴承上转动了逾 120 亿次，但依然准确得令人叹奇。

百达翡丽的珍贵还体现在它的材料上。为了更加凸显对其他品牌的优势，百达翡丽始终选用最上乘的材料：黄金、玫瑰金及白金、18K 金（纯度 0.75）、铂金（纯度高达 0.95）。外形典雅高贵，融合宝石师、雕刻师等的杰出创作。高贵的艺术境界与昂贵的制

作材料完美结合，塑造了百达翡丽的经久不衰的传奇神话。强烈的精品意识、精湛的工艺、源源不断的创新缔造了举世推崇的百达翡丽品牌。170 年来，百达翡丽的每一只表都能确保百年之内不会误差超过 0.02 秒！

除了非凡的性能，还有富足的爱心。在摩纳哥，随游艇展一同举办的"Only Watch"拍卖会是一项支持研究"肌无力性疾病"的慈善事业，大约 34 个腕表业界中的翘楚会单独为此项活动特制一只腕表用以拍卖。全部所得都将捐献，用以资助医学研究。2009 年，百达翡丽用品牌最引以为傲的复杂技术再次为"Only Watch"抛出一记重磅作品——5106R。它采用蓝色盘面模仿星空，除了基本的时间和日期显示，并将月相

百达翡丽 Only Watch 5106R。它采用蓝色盘面模仿星空，除了基本的时间和日期显示，并将月相盈亏、月球运行轨迹、行星轨迹和月球通过子午线的时间轨迹等等天象学的功能设置在盘面上。这款表以超过 500 万元人民币的价格被拍卖，全额捐赠给了慈善事业。

盈亏、月球运行轨迹、行星轨迹和月球通过子午线的时间轨迹等天象学的功能设置在盘面上。这款表以超过 500 万元人民币的价格被拍卖，所得善款全额捐赠给了慈善事业。

目前，百达翡丽是仅存的在原厂完成全部制表工艺并获得日内瓦印记的钟表制造商。日内瓦印记源自 1886 年，目的是保证钟表的原产地与工匠的技艺。只有携带手工打造并自动上链的机械机芯的钟表才能获此殊荣。而百达翡丽出厂的每一只表都符合这个标准。对于百达翡丽与表的主人而言，每一只表都是独一无二的。自 1839 年以来，每一只出厂的百达翡丽都有自己的名字，每一只表都被记录在案。这使这位极致完美的尊贵之躯更显独特，更能够完成象征身份的使命。

PATEK PHILIPPE
至尊私享

很简单就能数清楚只有两只，很简单就能看清楚外表大方简约，百达翡丽 5002 就是在繁琐中兼顾简约的表中贵族。

百达翡丽 5002 型腕表
★☆★☆★
限量关键词：年产两只　无价腕表

这是一款曾经是世界上最贵的腕表，它在一次拍卖会上的成交价高达 1200 万人民币，尽管它是一款天价手表，就算后来还有标价超过它，但是唯有它才是真正的王者，

因为在它天价的后面，还有无数排队购买的人，正所谓：有价无市不是真贵族，有钱买不到才是真贵族。

就算百达翡丽从不为这款表编号，但是它已经足够出彩。每年只生产两只，市面上是绝对买不到了，只有在拍卖会上偶尔出现，而每一次都是以天价成交，如此气势，唯有百达翡丽 5002 才有。尽管是每年量产两只，依旧还有人们在等候和追逐。它才不管你是政要还是富豪，它只生产两只。英国王子还排在等候队伍的第 17 位，也就是说，他还得再等 8 年以上。

繁琐本身就是一种昂贵，而通过繁琐来记录时间的流动更是一个昂贵而复杂的过程。百达翡丽 5002 型腕表是全世界最复杂的钟表之一，也是世界上首只能在表背显示整个夜空图的表。它总共有 12 种功能。同时也是百达翡丽品牌的第一只双面腕表，机芯含有 686 个零件，微小到让我们难以想象的程度：在一个直径不到 4 厘米、厚度 1 厘米的物件里面，密密麻麻的填上 686 个零件，并且每一个都精确运转，这是科技的力量，同样也是百达翡丽精益求精的硕果。

这款 5002 型腕表从设计到出厂至少需要五年的时间：四年的研究设计，九个月的生产，三个月的装嵌及品质监控。百达翡丽的钟表师从不吝啬时间，因为他们明白，他们是在进行一场伟大的事业，所有的一切都是在为制造经典，所有的经典都是为了传承，所有的传承都在宣示着它的伟大，伟大却又

只是在 686 个小小部件上"斤斤计较"。他们选用最优质的材料，辅以最高超的技艺，再加上艺术家一样的手笔，时间像是被镶嵌进去了，它仿佛为腕表而停滞了，其实时间一直在流动，只是经典被世代传承而已。

简洁低调更是一种昂贵，简朴和优雅是人们对它的赞誉。百达翡丽 5002 虽然是众人追捧的"表中之王"，却是一副时尚而简约的外表，正如钟表师说的那样，"要在最复杂的款表外面设置最简约的形象。"百达翡丽 5002 骤然好像有了人的性格，"纵然你万人追捧，我依然不动声色，我行我素。"

百达翡丽 Golden Ellipse 限量情侣腕表
★ ☆ ★ ☆ ★
限量关键词：限量 100 对　腕表珠宝套装　售价 100 万

Golden Ellipse 腕表是一种似圆非圆的外形设计，是圆和方形的合体，没有棱角，长宽比例是精确到极致的 1.618033988……（黄金分割比例），他以一个美学艺术品的方式抢占了人们的目光。为了纪念了 Golden Ellipse 腕表诞生 40 周年，百达翡丽推出了全球限量 100 套的百达翡丽 Golden Ellipse 限量情侣腕表。

与爱情相关的总是"100"这个数字，"百年好合"，"白头偕老"，是美好的祝愿，也是恋人自身的期许。这套只限于全球仅有的 100 对情人，尤其适合崇尚高雅、钟情经典的情侣。这款腕表的机械记忆能力可持续

1346 天，可以精确的显示长达 100 年的时间，就是说，100 年以后才需调整一次，白头偕老的美好祝愿，在百达翡丽的分分秒秒里见证。

这套限量腕表是专门为拥有黄金比例一般和谐美好的爱情的情侣们准备的。既是一份美好感情的厚礼，也是一首爱情的礼赞。两只腕表由一个珍贵的木盒豪华盛装着，除了一对精美的百达翡丽 Golden Ellipse 腕表，还配有同等精美的装饰，男款腕表配有 18K 白金袖口扣，女款则配有 18K 白金项链和百达翡丽 Golden Ellipse 耳坠，并且镶嵌有 69 颗顶级威塞尔顿钻石以及 29 颗光彩夺目的蓝宝石，其中的一颗宝石还被切割成圆拱形，这是超级豪华的情感套装，也是独一无二的爱情告白。

这款套装除了具有 Golden Ellipse 腕表莫大的纪念意义之外，同时也是经典的 Golden Ellipse 腕表呕心沥血的新作。而随表附赠的珠宝作品也是珠宝大师的经典之作，整个套装一经投放市场，就被订购完毕。这是迄今为止，百达翡丽最精心的一份爱情礼赞，是专属于高级贵族情侣的豪华表款，也将是唯一一次只以套装形式，绝不分开出售的腕表。

那些相爱着的情侣们，爱他（她）就送他（她）时间吧，让你们的爱情接受时间的祝福，就好像这奢华的腕表。让每一对情侣更懂得彼此珍惜，在相亲相爱的一生中，见证幸福、见证爱着和爱过的誓言。

当平时售价几十元的耳机被打造成奢侈品之后，价格也可以高达百万，这就是 iDiamond ear 限量版钻石耳机用事实做出的宣言。

HEYERDAHL

让奢华可以聆听
iDiamond ear

★ ☆ ★ ☆ ★

限量关键词：顶级钻石耳机　限量 1000 对

有人会说，戴耳机的目的是在一个不打扰到别人的世界里享受音乐。那么如果戴上全球限量发行的 iDiamond ear 限量版钻石耳机，打扰的将是人们的眼睛。它太过于张扬了，它的张扬就是要发挥到极致去表现。204 颗钻石的熠熠生辉，1.06 克拉的直接呈现，谁还会舍得把眼睛移到别处呢？1000 对耳机也许只能眷顾 1000 双耳朵，却有千千万万双眼睛如影随形。

物质是可以触摸的，而奢华却是可以聆听的，由 204 颗钻石镶嵌其中的 iDiamond ear 限量版钻石耳机让每一个拥有者真正聆听到奢华的声音。所罗门王也许有无尽的财富，然而他只能用双耳来聆听音乐，这个世界却有了 iDiamond ear 限量版钻石耳机，戴上它就好像一下子就有了莫扎特的耳朵，而静下心来又仿佛听见了帕瓦罗蒂的豪迈。动起来，它让所有的眼光跟它一起冲刺；静下来，又让你一个人独享天籁之音。这个世界如此美妙，妙不可言。

享誉全球的珠宝设计大师托马斯·荷尔道尔推出了全球限量 1000 对的 iDiamond ear 钻石耳机，凭借奢华的镶钻设计，赋予这款耳机高贵而绚丽的独特魅力。优雅而又华贵的外形彰显出这款耳机不凡的出身，而伴随着顶级珠宝设计大师手笔的则是一种更为高雅的气质，钻石的细腻又融合了进来，204 颗钻石的手工排列让它看起来神采飞扬，娴熟的制作工艺辅助到了完美的地步，时尚成为最终的形容词，可惜明显不够，因为它大气的外表里面裹着的是小到精致的扬声器，这是世界上最先进的扬声器，通过 Nemko 挪威电子产品认证，能够提供与其奢华材质相当匹配的绝妙的音效体验。所以它不仅仅是金玉其外，同样也是金玉其中。

如果说镶钻是一种奢华的外表，那么聆听就是富贵的品位。来自挪威的著名珠宝设计大师托马斯·荷尔道尔在 2007 年就已经和苹果电脑公司合作，设计出了第一款镶钻版的 iPod，成为苹果电脑公司指定的珠宝设计师。2008 年，托马斯又为诺基亚公司设计了 8800 Diamond Arte 手机，被誉为 8800 系列顶级艺术品。镶钻设计取得了不小的成绩，于是又再次和苹果电脑公司合作，推出了这款全球限量 1000 对的 iDiamond ear 限量版钻石耳机。这款耳机并不是普通耳机，而是仅仅适用于 iPhone 和 iPod，在亚洲仅有少量配额，是极为珍贵的收藏品。镶钻工艺让耳机变成了艺术品，而这一刻的鉴赏家不再只属于眼睛了，此时它只属于聆听的心，只有富贵的人才能拥有这种品位。

可是奢侈又限量的艺术品总是吊足了人们的胃口，因为它们总是那样的可遇不可求，因为它只有 1000 对。当这 1000 对豪华耳机投放到市场之后，很快就掀起了订购的热潮。正是钻石的高贵气质赋予了耳机更多动人的光彩，能够拥有它的人也必定是幸运的，在它的璀璨光芒里，也将成为众人瞩目的焦点。

挪威珠宝设计师托马斯·荷尔道尔近来又有惊人之举，用 430 颗顶级钻石打造出世界上最昂贵的 iPod。

袅袅上升的轻雾里，一幕幕尘封的往事也随之若隐若现，它的味道，如同苦寻多年的黑白默片，珍贵而又无以复加。那一刻，也许你会真正理解拜伦所说："给我一支雪茄，除此之外，我别无他求。"

COHIBA

绅士手中的神赐之物
科伊巴雪茄

COHIBA
关于科伊巴

500 年前，当欧洲大陆正在准备接受文艺复兴的洗礼，哥伦布的足迹已然踏上了遥远的拉丁美洲。当他到达古巴的时候，土著人手上的小玩意儿引起了他的极大兴趣，点燃之后轻吸一口，回味无穷。后来他知道，那卷在里面的叶子就叫做"科伊巴（Cohiba）"。而今，作为世界上最好的雪茄品牌之一，科伊巴的故事却要从古巴历史上最伟大的革命者——卡斯特罗讲起。

1966 年，卡斯特罗从侍卫那里偶然抽到了一支散装雪茄，它出众的口感和香气令卡斯特罗爱不释手，而它的卷制者爱德华多·里贝拉从此就成为了卡斯特罗的御用卷

烟大师，开始在哈瓦那近郊的一幢豪宅里，用他亲自挑选的上等烟叶组织生产这种雪茄。1968 年，这种雪茄有了正式的名字——科伊巴。此后近 20 年，科伊巴一直是仅供高官政要以及外宾享用的御用国礼，直到 1982 年，在第二任管理者阿韦利诺·拉瑞的推动下，科伊巴开始步入市场化并且迅速成为了古巴顶级雪茄的典范。

古巴得天独厚的岛国气候和红土条件被认为是生产雪茄的最佳国度，那里现在有数十种雪茄品牌，型号则超过了 500 种，一些雪茄厂只做某些特定香型和特定型号的雪茄。一根雪茄是由茄心、茄套和茄衣三部分组成，最外层的茄衣是雪茄中最昂贵的部分，植株需要用纱布遮盖的"阴植法"培育，发酵时和其他烟叶分开，以确保其光

2008 年，科伊巴推出了特别限量版——"Cohiba Sublimes Extras"，并将其雪松木盒打造成书的形状，此款雪茄全球限量 1000 盒，每盒售价近 30000 元人民币。

Exceptional tasting, these cigars are handmade with a blend of Dominican long filler, a Jember binder and a rich Cameroon wrapper. It is the perfect small cigar when only the taste of a large cigar will do.

滑、不油腻且略带清香。茄套的功能是将雪茄卷在一起，通常采用烟草植株上半部日照较多、材质较粗的叶子。茄心是根据烟叶长短经手工精心折叠而成，它通常使用三种不同类型的叶子：取自烟草植株顶部的"浅叶"、取自烟草植株中部的"干叶"以及取自烟草植株底部的"淡叶"，它们分别影响雪茄的劲度、芳香和助燃。

收割后的烟叶需要经过风干、发酵、陈化等等一系列复杂过程之后才能彻底成熟。而根据烟叶的不同特性，他们的陈化期从九个月到两年不等，加上后期的平整和卷制，

所以一根成品雪茄的诞生至少经历三年左右时间以及 80 余道工序。而科伊巴的烟叶产自古巴的烟草圣地布埃尔塔阿瓦霍地区红土条件最好的十个烟草园，并在最纯的烟房中发酵、醇化。发酵是指烟叶加入湿气后的桶醇过程，科伊巴的浅叶和干叶通常必须经过三次发酵以除去叶子残余的粗糙痕迹，这在各种古巴雪茄中是独一无二的。科伊巴对于卷制过程要求很高，它的卷烟工人基本上全部是经验丰富、素质极高的女性。

上等的烟叶以及精良的制作过程最终成就了科伊巴无与伦比的口感和香气，一直以

来，即便价位高出其他品牌三到五成，科伊巴依然炙手可热。对于科伊巴而言，从古巴的尊贵国礼到世界最贵的倍宜可，雪茄的世界从不缺少传奇。

COHIBA
限量甄选

近30年的平民化过程使科伊巴不再只是少数政要的专享，但是它精心推出的十余款限量版依然注定只能成为一些雪茄收藏家们的梦想，得之我幸，不得我命。

传统上，一般用环径表示雪茄的粗细，但是环径并不是指雪茄的周长，而是直径，而且这个直径以1/64英寸为一个单位，因此环径为32的雪茄表示该雪茄的直径为32/64英寸，即1/2英寸，雪茄的长度通常用毫米计算。科伊巴实现市场化以后主要开始生产"长矛手"和"特制皇冠"以及"巴内得拉斯"这三种型号的雪茄，前两种茄衣都采用了独特的尾辫收尾。1989年以后科伊巴又陆续推出了三种型号："光芒万丈"、"硬汉"和"幽雅"，它们的环径都保持在50以内。

1992年，为纪念哥伦布在古巴发现雪茄500周年，科伊巴发布了"Linea 1492"系列，里面包括了五种新型雪茄，分别命名为世纪（Siglo）I、II、III、IV、V，寓意过去的整整五个世纪，这五种型号的雪茄到今天依然备受雪茄迷的推崇。为了纪念这次活动，科伊巴后来还特别制作45支装限量版的30周年保湿盒和1000支装陶瓷罐。

自2000年以来，科伊巴的新品不断问世，基本上每种型号也都有相应的限量版并配有特制的烟标。2000年科伊巴推出了一款鱼雷造型的千禧限量版——"Cohiba Piramides Millenium"，这款造型别致的鱼雷形状雪茄在2001年和2006年时再次以限量版

的形式出现，它们分别叫做 "Cohiba Pi-ramides LE 2001" 和 "Cohiba Piramides LE 2006"。2001 年哈瓦那雪茄节期间，并不对外销售的科伊巴 35 周年雪茄作为晚宴雪茄被提供给活动闭幕式。同年，科伊巴另外制作了内含 135 支不同型号雪茄的 500 件限量版保湿箱销售到世界市场，而它们全部沿用了之前哈瓦那雪茄节时的 35 周年独特烟标。

2002 年，为纪念 "Linea 1492" 系列发布十周年，科伊巴推出了环径 52 的世纪 VI 并为它设计了独立的铝管包装。第二年，古巴烟草公司推出了全球限量 500 箱的限量珍藏版 "Cohiba X Aniversario Linea 1492" 极品雪茄，每箱含 90 支雪茄（从世纪 I 到世纪 VI 各 15 支），这批雪茄的每一箱都有独立的生产编号，其中还收藏有 7500 支第一批世纪 VI。这款限量版最初的售价高达 850 英镑，在后来的拍卖中甚至拍出了 15000 英镑的天价，能够得到它相信是所有雪茄藏家毕生的梦想了。2003 年，科伊巴推出了当年的唯一的限量版——"双皇冠限量版 2003"，这也是科伊巴至今唯一的双皇冠雪茄尺寸。

2004 年，科伊巴别出心裁，推出了环径 54、长度为 164 毫米的大尺寸雪茄——"Cohiba Sublimes Edicion Limitada"，它的烟叶来自于植株顶部并在卷制之前经过了两年的醇化，而其独特的尺寸堪称当时之最。2008 年，科伊巴推出了该款的特别限量版——"Cohiba Sublimes Extras"，并将其雪

松木盒打造成书的形状，盒的表面经过工匠手工磨砂处理，每盒内置 20 支雪茄，长度增加到 184 毫米。这款雪茄全球限量 1000 盒，每盒售价近 30000 元人民币。

2007 年，科伊巴推出了茄衣醇化时间全部达到了五年以上的新系列——"Cohiba Maduro 5"，它包括"天才"、"魔术师"和"奥秘"三种全新型号，烟叶为取自植株上部的深色烟叶。第二年，科伊巴针对这一系

列推出了全球限量 500 箱的"Maduro 5"特别限量版，每箱装有这三款新型雪茄各 20支，而其特制的雪松木质雪茄箱是由法国著名的艾迪布尔工厂手工完成，据说单是这款保湿箱的价值就已在 20000 元人民币以上。

2010 年，科伊巴与瑞士著名钟表品牌康斯登合作，推出了一款限量 376 组的腕表和雪茄组合。其中，腕表分为精钢和玫瑰金两款，各 188 只，采用象牙色表盘配以烟草

2010 年，科伊巴与瑞士著名钟表品牌康斯登合作推出限量 376 组的腕表和雪茄组合。

褐色的罗马数字并搭配鳄鱼皮与小牛皮相接的烟草褐色表带，它们被陈列在精美的雪茄盒内并附赠 25 支科伊巴雪茄。这款限量版的售价在 1500 美元以上，只在美国本土与拉丁美洲的维尔京群岛发售。

伊巴推出了一款名为"倍宜可"的限量版雪茄，全球仅100盒，每盒40支。据传"倍宜可"的名字源自古巴一个部落首领的名字，也有人说是来自哥伦布当年参加的祭祀仪式，大祭司的名字就叫做"倍宜可"。

"倍宜可"从2004年开始计划生产，纯手工制作。它使用的烟叶是发酵五年以上、从植株最上面的两张顶部烟叶精选出来的，产自古巴极负盛名的布沃尔塔阿瓦霍地区，无论色泽、质地还是香气都是最完美的。雪茄的味道主要由茄心决定，至于每支雪茄的口味全靠卷烟工的手艺。这4000支"倍宜可"雪茄的卷制全部由九级（卷烟师的最高级别）大师诺玛·费尔南德斯一人完成。诺玛·费尔南德斯有14年制作科伊巴"长矛手"型雪茄的经验，"长矛手"当年是卡斯特罗的最爱。卡斯特罗还不止一次接见过费尔南德斯，1986年他戒烟后，费尔南德斯也离开卷烟岗位，后来是科伊巴雪茄的质量检验官。

为了匹配"倍宜可"的尊贵身份，"倍宜可"雪茄的保湿盒选择由世界著名的雪茄保湿盒生产公司——法国巴黎的艾迪布尔精心打造。这个双层的乌檀木长方盒配合隐藏型人工加湿器，在盒的幅面镶嵌了40块光滑的白色珍珠鱼皮，盒幅面的正中是一个用牛角镶嵌的科伊巴品牌的标志。

"倍宜可"的一切都彰显着唯一且不可

COHIBA
至尊私享
❖❖❖

一支品质上乘的科伊巴对雪茄爱好者来说是一种无法形容的诱惑，而要将这种诱惑演绎到极致进而成为全世界雪茄迷心中的偶像，它们做到了。

倍宜可
★ ☆ ☆ ☆ ☆
限量关键词：世界上最贵的雪茄

15000欧元，你可以买到一部代步汽车，但却未必能买到一盒雪茄，只要它的名字是"倍宜可"。

2006年，为庆祝品牌创立40周年，科

替代的奢华与完美，它就像科伊巴灵魂的化身，演绎着科伊巴最精粹、最美好的一面，但是目前很少有人品尝过它的滋味，除了舍不得将它点燃，可能单单是那种想象中的美妙感觉就足以令人心驰神往了吧。

卡斯特罗益古雪茄
★☆★★★
限量关键词：全球限量 30 盒

1999 年 3 月 10 日是卡斯特罗无比悲伤的一天，他的好朋友奥斯瓦尔多·瓜亚萨明与世长辞。瓜亚萨明是厄瓜多尔最著名的画家和艺术家，曾被称为"活着的毕加索"、"当代最杰出的表现主义画家"。他与卡斯特罗私交甚笃，一生曾为卡斯特罗画了四幅肖像。从 1996 年起，瓜亚萨明在联合国教科文组织和拉美国家的大力支持下，在厄瓜多尔首都基多筹建"人类殿堂"博物馆。为此，这位年近八旬的大师开始创作一幅题为"我们的美洲"的 2000 平方米巨幅壁画。

为了给博物馆和巨幅壁画筹募资金，卡斯特罗给老朋友出了个好主意：让他在哈瓦那雪茄烟盒上设计一幅装饰作品，并公开义卖这些科伊巴雪茄，瓜亚萨明欣然同意。这些科伊巴雪茄烟仅有 30 盒，包装盒用厄瓜多尔优质木材加工制成，盒中衬垫一层雪松薄板，盒内装有 200 支科伊巴雪茄并附有一幅精美的羊皮纸，上面有两人签名。

当时在科伊巴雪茄商标节上，这 30 盒科伊巴雪茄被抢购一空，为"人类殿堂"的建造募集到一大笔资金。当初卡斯特罗曾向瓜亚萨明承诺，等博物馆建成时他一定要参加开幕式，然而瓜亚萨明却没有看到那一大。2002 年 11 月，博物馆落成，卡斯特罗履行诺言亲自来到开幕式上并称赞瓜亚萨明是"我所认识的最高尚、最光明磊落、最富有人性的人"。至于这批雪茄如今的价值，相信早已无价可估。

只选择花园式的迷你果园、只选用最优质的葡萄、装瓶之后所有的香槟至少要陈放六年才能打上"库克"的酒标，这些自创立之日起就被严格执行的苛刻原则注定了它的高贵和别致，也成就了它"香槟中的劳斯莱斯"的美誉。

最雅致的味觉诱惑
库克香槟

关于库克香槟

香槟酒的历史可追溯到中世纪，而在更早的 5 世纪时，古罗马人就已经在位于法国东北部的香槟区种植葡萄，当时是教会拥有葡萄园，僧侣酿造葡萄酒用于圣礼，香槟区的"经济首府"就是著名的"加冕之都"——兰斯城。在法国历史上，包括第一位国王克洛维在内的 25 位国王都在兰斯城加冕。如果足够细心的话，你会在兰斯城北一条僻静的小路旁，发现一座半掩着的蓝灰色铁门，上面是铜黄色的"库克香槟"字样，安静而平实。这就是库克的作风，声名大噪却并未改变库克家族低调的风格。

库克香槟的故事始于 1843 年，为了追求自己理想中的香槟，一个"不安分"的德国移民约翰·约瑟夫·库克离开了著名的雅纳克酒庄自辟江山。可能是延续了德国人身上择善固执、精益求精的基因，自成立之日起，库克家族一直坚持"用最好的葡萄，酿造最优秀的香槟"。一直以来，库克香槟从不使用大型庄园出产的葡萄，它的葡萄全部来自于兰斯山脉南坡的 90 多个地块，它们当中有很多并不比花园大，总面积约 80 公顷（库克自己拥有 20 公顷），仅相当于酩悦的十分之一。正是得益于规模有限，园区的优产率很高，而且丰富多样的土壤条件使葡萄的口味变得更加复杂多元。

香槟的制作过程极为复杂，传统上，从人工采摘葡萄、初次发酵到陈酿基酒再到装瓶，进行缓慢的二次发酵以产生精致的气泡，需要经过近百道工序。出于成本和技术原因，香槟区其他酒厂多数采用不锈钢桶进行初次发酵。但历经六代传承，库克是现今唯一一家只使用小橡木桶进行发酵的香槟厂，以此培育出难得的酒香和丰富的口感。

在进行二次发酵时，为了让酒渣积聚在瓶口，每天要将酒瓶在酒架上略加转动，把原来横放的酒瓶逐渐倒立起来，这个过程称为"转瓶"。据说，每瓶香槟要转动上万次才能完成转瓶的过程。最后，当发酵物都积聚在瓶口时再进行除渣处理，除渣后的香槟才可面世。而今，库克香槟的转瓶过程依然全部由手工完成。

库克是当今为数不多只生产高级香槟的酒厂之一，每年的产量大约只有 50 万瓶，仅相当于酩悦香槟的 1/40，而它少之又少的限量版当然也就成为了千金难求的稀世之作，珍贵程度堪比钻石。

库克香槟的产量很少，每年大约只有 50 万瓶的香槟面市，与其他酒厂动辄千万瓶的生产量相比，可以说是真正的限量生产。库克素来鲜以限量版为卖点，它所推出的限量版基本上都出自特定的产区以及与众不同的生产工艺，多年来它所推出的限量版少之又少。

一直以来，库克主打无年份的陈年香槟（Grande Cuvre）和粉红香槟（Champagne Rose），它们是由产自 50 个庄园、不同年份、陈酿 6~10 年的基酒调制而成，散发着干果仁与烤吐司的芳香以及浓郁的草莓香、花香与香料的馨香。然而库克"美尼尔庄园"香槟却打破了库克混合调制的酿造定律，而且它的产地也是大有来头。

根据当地法律，通常只有霞多丽、黑比诺、莫尼耶比诺这三种葡萄可用来酿造香槟酒。100 年前，法国香槟区人萨隆在美尼尔镇买下一个面积不足一公顷的小葡萄园专门种植霞多丽。1911 年，这里诞生了世上首批由单一园区、单一品种、单一年份葡萄酿

只选择花园式的迷你果园、只选用顶级的葡萄、装瓶之后至少要陈放六年才能打上"库克"的酒标，这些自创立之日起就被严格执行的苛刻原则注定了它的高贵和别致，也成就了它"香槟中的劳斯莱斯"的美誉。无论是英国女王伊丽莎白二世还是大文豪海明威；无论是戴安娜与查尔斯的豪华婚礼还是 85 国元首共聚巴黎纪念二战结束 50 周年，对于那些尊贵的人和伟大的历史时刻来说，库克香槟诱人的色泽以及徐徐上升的优雅气泡永远代表着最好的选择和最高级别的礼遇。

Room By:

MAISON FONDÉE EN 1843

KRUG

制的顶级香槟——"白中白"，这款酒在 20
世纪二三十年代的法国曾红极一时，被誉为
香槟中的黄色钻石。

　　1971 年，约翰·库克的曾孙亨瑞·库克
和贺美·库克两兄弟买下了萨隆曾经工作过
的"大蓝园"，并不惜代价用了八年时间在
这个渐趋落魄的园区种植了八批霞多丽新
藤。1985 年，第一批库克"白中白"终于
面市了，为了区别于历史上的"大蓝园"香
槟，库克家族将此葡萄园和新酒命名为"美
尼尔庄园"。

　　美尼尔庄园的面积仅为 1.85 公顷，每
年的产量也只有大约 15000 瓶，价格可以超
过同年份的唐培里侬一倍之多，"美尼尔庄
园"香槟在年份欠佳时绝不勉强生产，20
世纪 80 年代便有 1984 年、1986 年、1987
年三年停产，1991 年也未生产，所以能尝
到这种酒实属不易。

　　2008 年 8 月，库克家族又添了尊贵的

库克的主打无年份的陈年香槟

KRUG

CHAMPAGNE
KRUG
A REIMS·FRANCE
BRUT
GRANDE CUVÉE
PRODUCT OF FRANCE
750ML

2007 年，库克香槟推出了三款限量旅行箱。它们分别针对三种不同喜好的买主：一款为游戏型，内有五个骰子及两副扑克；另一款则是雪茄客的心仪之物，不仅有雪茄盒，还配置了 XCAR 雪茄剪和都彭雪茄打火机；第三款安装了三星 T9 MP3、视频播放器和 JBL 旅行音箱。它们还分别搭配了两瓶库克陈年香槟、1995 年份香槟和粉红香槟，让你的旅行乐趣横生。

一员——库克"安邦内黑钻"香槟，它产自库克于 1984 年买下的安邦内村里一个有围墙环绕的小葡萄园，面积仅为 0.685 公顷，那里培育的优质黑比诺葡萄与库克酒庄世代积淀的独特优雅风格极为契合。而首批亮相的"安邦内黑钻"香槟以百分百产自安邦内葡萄园的黑比诺葡萄精心酿制而成，它们采摘于 1995 年 10 月 1 日，那年夏季充足的阳光成就了黑比诺葡萄的丰饶本性，加之在库克酒窖中陈酿了整整 12 载的时光，黑比诺葡萄的精致借由库克的传世工艺与经年酵藏升华到极致，深金色的暖铜光泽，清爽鲜明的口感，成就了"安邦内黑钻"香槟的在库克家族中的金贵地位。

由于园区面积极为有限，库克"安邦内黑钻"1995 年份香槟的产量只有 3000 瓶，售价每瓶约合 30000 元人民币。作为库克品牌的一个里程碑，它也是对库克精湛酿造工艺和特有葡萄园区的礼赞，其醇厚馥郁的味道为库克香槟的高贵写下了完美的注脚。

至尊私享

"我点的不是一瓶香槟，我点的是一瓶库克！"能够在其拥趸心中占有如此特别的地位，库克香槟的成功已经毋庸赘言了。

库克"原窖藏年份精选"

★☆★☆★

限量关键词：拍卖会上的明星

香槟的窖存年份一般不超过 20 年，否则不但气泡没有了，更别提口感了。但库克是少有的窖龄可以超过 50 年的"长寿"品种，库克"原窖藏年份精选"更被称为香槟界的神话。它是库克在当年推出年份香槟之后自己再保留一些，然后在数十年之后再次上市。借此，库克不但骄傲证明着自己的酿酒技术已经是登峰造极，它还要和拥有同年份库克香槟的收藏家比一比，到底是谁的窖藏技术更高明！

库克"原窖藏年份精选"是库克的无价之宝，至少窖藏 15 年以上，可以说它们是库克香槟长盛不衰的终极诠释。当然，它们的古老和醇厚绝非一般人所能享用，因为除了确认买家之外，这种香槟不会外流。目前市面上可以见到的库克"原窖藏年份精选"主要在特定的餐厅和葡萄酒店出售，幸运的话，你也可能在拍卖会上觅得其芳踪。2009
年 4 月，一瓶窖龄达到了不可思议的 70 年
的 1928 年份库克"原窖藏年份精选"以
16.456 万港币的高价被拍卖。这样的价格相
信足以让一般的香槟厂商相形见绌吧。

派诺制作的库克皮箱

★ ☆ ★ ☆ ★

限量关键词：全球 30 件

创立于 1998 年的派诺是来自于法国的
高端皮箱定制商，它曾经为江诗丹顿制作了

全球独一无二的名表保险柜，其创始人是国际知名的豪华皮箱设计大师弗瑞德·派诺。派诺的所有产品都为手工制造，这次，每一件库克皮箱的制作时间达到了 700 小时，每个细节都极其完美。

库克皮箱的外部是黑棕色的小牛皮，装有不会氧化的镀镍铜包角，铰链和把手以及镍铬合金的"库克"标识，也可以根据客户要求刻上主人的名字或盾形纹章。皮箱内衬为鲜红色的小牛皮，打开门便可成为一张小桌子，皮箱内还装有三瓶上等库克陈年香槟以及香槟冷却器。

除此之外，这款皮箱最大的亮点是箱子内置的十个大小不一的抽屉里还装有 90 余件时尚配件，从冷釉陶瓷餐具、咖啡杯到底部刻有"库克"字样的郁金香形玻璃酒杯；从刀叉、汤匙到木锉、密封器再到袖珍雪茄切割机；从珍珠母贝鱼子酱匙到黑檀木筷再到滤茶球，各种餐具一应俱全，而且每套都装在系有绸带的红色皮革盒内。这个皮箱甚至包含了一条羊毛开司米披巾以及四件皮制小矮凳，可以随时随地为即兴的野餐出行做准备。

可以说这款皮箱的设计已经远远超出了人们的期望，并且当初的制作数量仅为 30 件，一经发售便落入了库克珍藏家的手中。如今它已经成为了库克拥趸心中当之无愧的绝对偶像，千金难求。

"快乐就是全部"！这是库克香槟不变的信仰，只是浅尝一口，浓郁的蜂蜜、甜杏、蜂胶和甜甜的烟草味已足以令你神魂颠倒、回味一生。所以，库克为的不是让你放在酒窖中贮存增值，也不是只有留到特殊时刻才去开启它，如果是那样的话，那么套用库克第六代传人奥利弗·库克的一句话："你就已经错过了许多特别的经验和美妙的时刻！"

有人说，八音盒只不过是小女孩喜爱的礼物，只能藏在自己的房间里，偶尔听听而已。然而御爵的这款八音盒却释放出一缕来自国礼的天籁之音，来自天堂的神韵，每一次奏响，都是在叩问圣洁的灵魂，出"声"高贵而尊雅。

REUGE

国礼之声
御爵

ROMA144 音梳滚筒八音盒

★ ☆ ★ ☆ ★

限量关键词：全球限量 12 座　国礼

御爵八音盒有着"八音盒里面的劳斯莱斯"的称谓，它同样提供最极致的私人定制。除了颜色、材料、结构、镶嵌的图案之外，还可定制对你或者你的朋友有特殊意义的优美乐曲。

它像一位高贵的公主，流光溢彩而且气质内敛；它又像一位称职的仆人，照顾到你任何的想法。其实它是一个王子，自顾自美丽，在纯粹的音韵王国里优雅而单纯；可它事实上是一组无生命的材料构成，却又奏响了召唤生命的天籁之音。这个有着百年历史的八音盒品牌，坚持着一百年不变的传统工艺，在冰冷的木石与钢铁的组合中，挖掘最诗意的情调。所以它成为了查尔斯王子与戴

安娜结婚时的瑞士国礼；所以它成为了席琳·迪翁的梦想之吻；所以它成为了流行天王迈克尔·杰克逊的定情之物……它从不缺乏追随者，限量是它的标识；它也从不"随便"销售，而只奏国礼之声。

一直坚守八音盒王国圣殿的御爵家族，总是希望能够把以前皇家御用的八音盒传承下来，以便让世界上还留有贵族的声音。这款御爵ROMA144音梳滚筒八音盒就是御爵家族最浓墨重彩的一笔，颜色你不会觉得单调了，因为已经有五种之多，而造型上更是独具魅力，带有六只金铃和一只手工包裹的小型羊皮鼓，同时带有144根音梳，以长短不同来发出高低、锐利和深沉的音乐来，这是一种最原始的留声机，既留住了美妙的音乐，也留住了皇宫里那些奢华的记忆。

御爵工厂制造每一座八音盒至少需要一个半月的时间，而这款ROMA144音梳滚筒八音盒则更是花费了四个月才完成，这是一般其他工厂出产八音盒的八倍有余。就算是不算上前期选曲子做的修改和筹备，单是制作阶段就要经过14道工序，这又是一般八音盒的三倍之多，再加上不可比量的瑞士精密工艺，御爵独有的技术诀窍，以及御爵家族来自皇宫贵族的设计风格，这款兼具历史感和时尚感，并且全球限量12座的八音盒已完全超出了一个艺术品的范畴，而只能说是宫殿级的收藏品。

它何止是一个收藏品，简直就是一种对完美的苛刻。经验丰富的工匠会根据气息、声响和震动来选择最优质的木材，所以当你走进御爵工厂的时候，你会看见一群"疯子"在和木材做着交流，这些都是来自地球上最珍贵的木材，最具代表性的就是制造这座八音盒的蒙多纳木，可以让八音盒的发声更显洪亮和流畅。八音盒里面最重要的当属滚筒和钢针了，它们是发声的部位。这些钢针由工匠手工打磨完成，直径仅有0.28毫米，再根据五线谱安插在滚筒上，这道程序在每一个滚筒上需要重复5000次，之后再用高倍的显微镜检查其中的缝隙，直到合格为止，等到最终完成的时候，工匠们对每一座御爵八音盒的出厂都显得激动不已，因为："又不知道它会被送到哪个国家的博物馆里？"

它不仅是完美音乐的最佳诠释者，更是时间的暗恋者。可能你的孙女还在为它的动听音乐而发着呆，又可能你的祖母在它的音乐里缅怀着什么。这就是御爵八音盒，用于传承的时间刻录机，用于聆听的记事本。

限量视界

1981年，瑞士前总统以御爵八音盒作为送给查尔斯王子与戴安娜王妃的结婚礼物；

1982年，美国前总统里根的夫人收到刻有"南希的美丽笑容"御爵特制八音盒；

1996年，南非总统曼德拉获赠一座御爵八音盒；

香港首富李嘉诚收藏了全球限量发行20个的巨型莫扎特音乐盒。

年华如流水匆匆一瞥，多少岁月轻描淡写。在印象深刻的黑白电影中，真正贴近英国绅士胸口的，除了鞠躬的时候，放在胸前的右手之外，就是一只胸前口袋里的万宝龙墨水笔了。

MONT BLANC

绅士的玲珑之魅

万宝龙

MONT BLANC
关于万宝龙

　　绅士是一种符号，代表谦逊、大度、礼让，并且喜欢漂亮的女子。当绅士成为当前时代里一种最高尚的社会现象的时候，万宝龙墨水笔也似乎染上这样的精神，只是万宝龙比绅士少了一点——它不知道怎么爱漂亮的女子，可是又比绅士多了一点——可以为绅士书写红颜。

　　从20世纪初创建公司开始，万宝龙就把绅士精神发挥到极致，它从不刻意地去炫耀自己地位，只是用心的演好自己的角色；它也不需要浓妆艳抹，而是轻装上阵，淡雅而高贵。

　　万宝龙的每件作品上都有传奇的白色六角星图像，它既象征着欧洲之巅勃朗峰上的皑皑白雪，也是在表达万宝龙追求登峰造极的工艺的情怀。

　　奢侈品就是用来独享的。当被问及"对一支笔来说，材质、工艺、品牌或者背后的故事，这些元素中哪个更为重要"的时候，销售总裁巧妙的回答说："这就好比一架钢琴，只有一个最优美的琴键，也奏不出美妙的音乐米。"万宝龙强调可靠的书写品质与手工品质以及长久以来强调完美感的要求，在人们的心目中，万宝龙已成为"高感受"的诉求象征，一种优质生活的选择。万宝龙墨水笔的价值体现在它的稳定性上，它的笔尖铱粒是扁平形的，笔尖微硬，粗细适中，出墨也适中，像一位优雅漫步的绅士，风度翩翩。"放缓脚步，尽享生命"，这是万宝龙一贯坚持的生活哲学。在一个崇尚机器生产的快节奏生活的今天，这种态度尤其显得珍贵。

为庆祝品牌成立100周年，万宝龙降重推出的百年志庆勃朗峰钻石镂空墨水笔2006。表面以1277颗空钻及123颗蓝钻镶嵌成欧洲第一高峰勃朗峰的形态，蓝色的透明笔杆恰巧如蔚蓝天空，将钻石雪山的巍峨造型烘托得更为完美。全球限量三支，售价为12万欧元。

万宝龙联合国儿童基金会纪念书写工具版

MONT BLANC
限量甄选

曾经，万宝龙、奔驰汽车和德国马克，因为开头字母都是"M"，被德国人引以为豪的称之为"3M"。今天，奔驰已渐渐被大众赶超了，马克也被欧元所代替，唯有万宝龙还独自存在，犹如在德国又耸起了一座勃朗峰。

在100年前的今天，勃朗峰上依然还是皑皑白雪，然而三个具有远见的天才聚在了一起，一个文具商，一个工程师，还有一个销售专才。他们专注于优质的墨水笔，他们不在乎数量而忠诚于质量。汉堡的工厂很快就为他们树起了品牌，这个名叫"白色之山"（Mont blanc）的墨水笔

"雷尼尔三世81限量系列"墨水笔完美地展现了摩纳哥王朝的尊贵传统，菱形镂空的18K金外壳上镶嵌着无数颗红白色宝石，辉映着摩纳哥王室家族徽章上的红白两色菱形图案，笔帽上镶有的19颗红宝石，笔夹的小皇冠造型源自雷尼尔三世的印章。这一奢华巨制全球限量81支，售价更是达到了惊人的20万欧元。

很快成为代表欧洲最高工艺的产品。他们的远见远非于此，而是看到了 Mont blanc 这个名字的价值，他们很快就注册了商标，正是在这一年，他们向世人宣布了这个商标的含义："它是法文中欧洲最高峰勃朗峰的音译，我们就是在追求登峰造极的墨水笔制作工艺。"100 年不快不慢的过去了，这个 100 年前的小厂已经成为在 70 多个国家开设 260 间专卖店以及建立了超过 9000 个销售点的国际大公司，那白色六角星标志已经成为了全球顶级奢侈品的翘楚。

为了纪念这传奇的 100 年，万宝龙公司推出了全球限量 1906 支的大班极品 1906。万宝龙公司对它的重视是以一种对待宫殿级别的收藏品的心态来处理的，以专利注册。星形切割的顶级维塞尔顿级钻石向品牌的白色六角星标志致以崇高的敬意，数量高达 43 瓣，切割细腻的钻石镶嵌在笔杆的顶端，这种形状的钻石只可能出现在这款墨水笔上，闪烁着一种摄人魂魄的贵气。同时采用来自勃朗峰的炭灰色花岗岩，这种花岗岩主

全球限量 1906 支的大班极品 1906

要是用来雕琢笔帽，而每一个笔帽是从一块 20 公斤的花岗岩中细细雕琢出来的，色泽乌亮圆润，与银色的笔身构成色泽的完美组合。银色笔杆衬着灰色笔帽，一股来自高雅之地的庄严油然而生。由于花岗岩的纹理和颜色的深浅上各有不同，所以每一支大班极品 1906 都拥有独一无二的气质。曾经有一位收藏家这样说过："如果你只能拥有一支笔，那除了大班极品 1906 已别无选择。"

万宝龙继续保持其在书写工具领域的王者风采，于 2010 年推出了全球限量一支的祖母绿墨水笔。此款书写工具总共耗时 18 个月以上的时间打造。笔款设计上结合包铑的 18K 金笔尖与珍贵宝石，一种捆绑灵魂的震慑力环绕其中。这款墨水笔是万宝龙打造出的具有书写性能的珠宝，以独特的沟槽镶嵌设计将珍贵的宝石、钻石与翡翠精巧地排列于笔身，搭配笔冒顶端的万宝龙六角星钻，尽显珠宝之气与王者之风。

100 多年前，第一支万宝龙笔诞生在德国汉堡郊区。18 年后，万宝龙大班 149 墨水笔诞生，现被美国纽约现代艺术博物馆收藏，作为永久的展品。百年来，它早已成为了各国领导人用来签署重要公约的专用书写工具，当年撒切尔夫人和邓小平签署《中英联合声明》时用的就是万宝龙，而戈尔巴乔夫签署解散前苏联时用的也是万宝龙。当这个 100 年沉淀下来的极品书写工具放置在一个顶级木盒中，再呈现在我们面前的时候，我们是该庆幸呢？还是该仰视呢？又或者是不知所措？终了，是那来自勃朗峰的巡礼，见证了万宝龙 100 年的辉煌历程。

万宝龙推出奢华红宝石系列，以满足珠宝爱好者的需求。这款以红宝石为重点的奢华墨水笔款主要用于迪拜富人庆祝厄尔尼诺开斋节。富有激情的红宝石在万宝龙的工艺大师的手下变得更具灵性，表达着对信仰的虔诚和对生活的热情。为了凸显它的独特性，在笔杆上还将出现万宝龙的经典星形标记以及购买者的签名。此限量系列包括墨水笔、腕表以及袖扣，只在迪拜的万宝龙旗舰店出售。

100 年是一张老照片，站在今天看它，却在 100 年前，几近模糊；100 年是一个承诺，被重复的海誓山盟，几般轮回；100 年还是一种品质，时间锤炼之后，是世人在它的光彩面前歆歆。百年历史的万宝龙得到了世人百般的朝拜。

万宝龙 "京剧脸谱" 限量版墨水笔

★ ☆ ★ ★ ★

限量关键词
万宝龙对中华国粹的礼赞　全球限量 88 支

起源于德国的华尔兹以典雅大方的特点成为舞中的皇后，所以在舞会上，如果跳不好华尔兹是不会吸引到异性的眼光的。正如德国人有自己的潇洒一样，万宝龙也有着华尔兹一样高贵、流畅、潇洒自如的秉性。如果说华尔兹的旋转是优雅之美的绅士，那么中国京剧中的旋转就是气势之美的勇士。而万宝龙这个有着百年历史的奢侈品品牌，让优雅和气势有了一次邂逅，

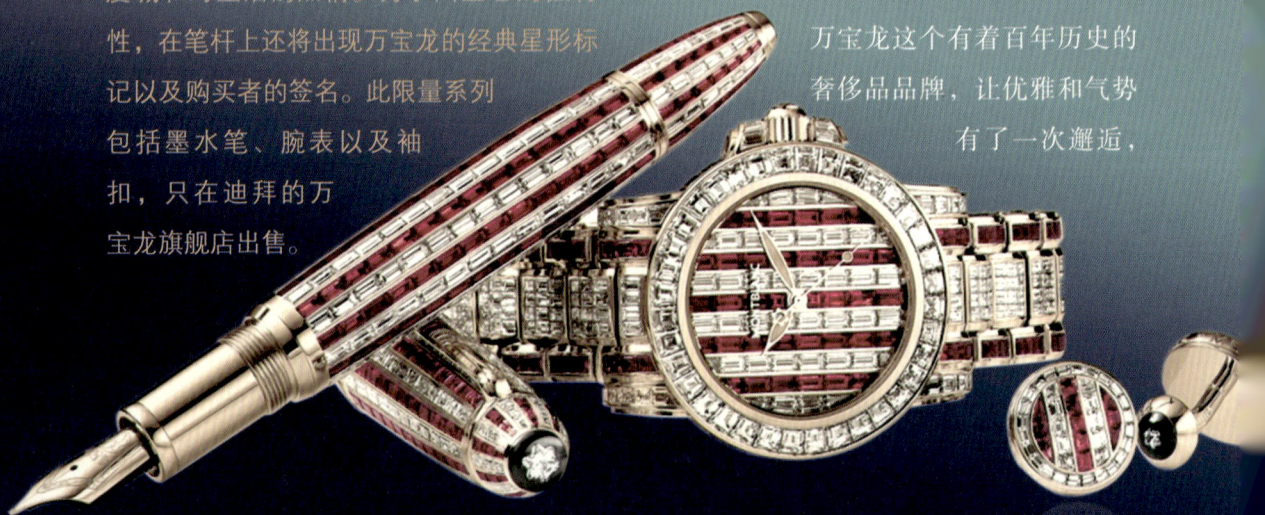

这就是万宝龙"京剧脸谱"限量版墨水笔。

爱是一种魅惑，也是一种困惑。因为得出的结果可能是巧夺天工的极品，也可能是自取其辱的杂碎。一边是百年历史的行业老大，一边是千年历史的大国国粹，万宝龙做到了，这一款京剧脸谱墨水笔以全球限量88支的吉祥数字推出，笔身用18K玫瑰金打造，笔杆则是黑漆加以涂绘，是以代表绅士的优雅。同时，笔上还镶有167颗钻石，是大师们用三个星期的时间细致入微地镶在相应的各个部位，并且笔夹上还刻有"寿"字吉祥纹饰。这些中国元素附着在万宝龙的奢华之中，造就了这样一款珍品。

这款墨水笔的特色元素还在于笔帽上镶嵌着两幅后羿的脸谱，是以代表勇士的情怀，出身怀绝技的万宝龙资深大师亲手完成。这位射日英雄和西方国家的普罗米修斯一样有着至善的良心，他用勇气和爱心让世人敬仰，以至于成为中华民族的上古图腾。万宝龙在重视工艺的同时，对文化的挖掘也是极致的，在描绘后羿的时候，几乎翻阅了

27个省市的图书馆，以找到最真实的偶像形象，然后又与众多的中国学者交流，再经过万宝龙大师们的精心描绘，才有了饱满的色彩、精美的布局和精湛的工艺的最佳组合，这张后羿图也成为了世界上最具艺术感染力的京剧脸谱。

于是，呈现在我们面前的是一个多姿多彩的舞会，上面有一个技艺高超的舞者在悠然自得地表演着华尔兹，可是当我们细细一看，却又是京剧的服饰，隐隐约约还能听到那独特的京剧唱腔。黑色的笔杆从金色的笔帽中自然的过渡到镶嵌其中的钻石里，不会太张扬，却又不自觉的透着一股子优雅的霸气，好像是什么富贵之人从内到外散发出来的一点都不骄傲，却写满了个性——一种富贵的脾气，只用于收藏的珍礼。

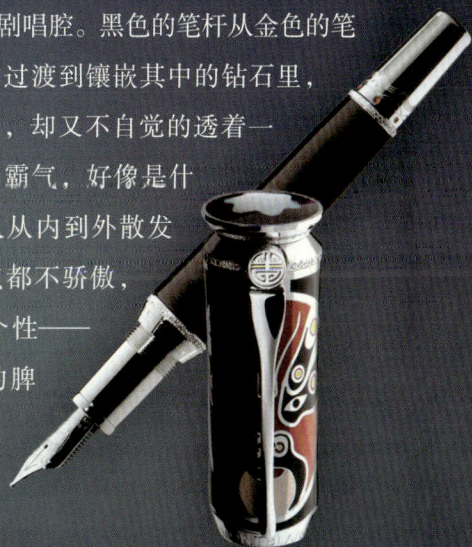

万宝龙于2010年推出了全球限量一支的祖母绿墨水笔

|107

Hennessy
X.O
EXTRA OLD COGNAC

140th ANNIVERSARY
THE ORIGINAL X.O

如果一串葡萄只是纯洁、精致而安谧的果实，那么经过压榨之后取得的葡萄酒就是蠢蠢欲动、内蕴奔腾的动物。如果葡萄酒是动物，那么极致的轩尼诗干邑就是动物中的王者，精灵中的精灵。

Hennessy
COGNAC

生命之水的诱惑
轩尼诗

Hennessy
COGNAC
关于轩尼诗
❖❖

1815年，一个名叫理查·轩尼诗的调酒师得到了法国国王路易十三特意颁发的书函，选定他为法国王室的主要供应商。作为皇家御用的宫廷用酒，轩尼诗满足了贵族们挑剔的味觉，成为了保持至今的尊贵名号。

理查·轩尼诗本来是一位优秀的外籍士兵，一个偶然的机会来到了法国干邑地区，他对当地的白兰地的浓香口感深深的痴迷，于是在获得士兵"英勇证书"之后，就来到了这里经营白兰地，这就是轩尼诗品牌的开始。时至今日，轩尼诗家族已经经过了七代人的传承。曾经的皇家御用不仅仅名满天下，而且在味觉和工艺上更是达到了出神入化的境界。

有一种味道叫流连忘返，有一种痴迷叫做专注，有一种历史叫做轩尼诗。法国珍贵而独特的葡萄；轩尼诗独特的橡木酒桶；数百年老窖的等候；几代干邑大师的厮守。顶级的轩尼诗，总是那么难以触及，好像孤傲的公主，在荣耀之巅上，自顾自美丽。

法国联邦规定，干邑必须是在法国干邑区蒸馏的白兰地原酒，那里约25万亩得天独厚的砂壤土，加上温和气候，成为最适宜种植葡萄的理想环境。干邑虽是白兰地酒系下分出来的另一种酒，但是，干邑的独特性是被严格限制的，它必须是白葡萄蒸馏后调配出来的。除了限制专属干邑地区的白葡萄原料，产值也要依官方规定，例如，九升的葡萄酒经过双重蒸馏，只能产生一升的"生命之水"，每年还会有2%的蒸发，法国人只好无奈地将化入空中的酒气叫"天使的配额"。如果再陈年20年，可能只剩下50%，所以，目前干邑地区一年要耗损2000万瓶的生命之水。而除了限制干邑必须在质地合宜的白橡木桶内陈年外也都要经过酒师独家调配，酿造出来的酒一定是有架构、有层次、圆润且风格独特的干邑。

Hennessy
COGNAC
限量甄选

它是以限量的名义出生的，又以限量的名义成为最极致的味蕾诱惑。

18世纪前，法国出口的葡萄酒因当时的运输条件，往往经受不住长途运输而变质。为了解决这一难题，人们采用了"二次蒸馏"来提高酒精含量，以便运输，到达目的地后再稀释复原。二次蒸馏的白葡萄酒便是早期的白兰地。九公升白葡萄酒经过两次蒸馏程序后，只能酿制成一公升干邑白兰地。蒸馏器皆为红铜所制，其基本设计500年来未变。每次蒸馏需长达12个小时，经过第二次蒸馏后的酒，法国人称之为"生命之水"，但还要经过悠长岁月的久藏，这些辛辣的新酒才能配以干邑白兰地的美名。

木桶在藏酒过程中担当了一个重要角色。法国于18世纪卷入了西班牙战争，白兰地出口市场不佳，造成大量存货，人们不得不将存货装入由橡木制成的木桶内储藏。数年后，解甲归田的人们惊奇地发现，储存在橡木桶内的白兰地竟然变得更香更醇，且色泽晶莹剔透，呈琥珀色。于是，用橡木桶酿藏白兰地便成为一个重要传统。

只有在法国特定的森林区专为酿酒而种的坚实橡木才被用来制造酿酒桶。虽然酒窖甚为阴凉，但随着干邑白兰地储藏年份日久，在橡木桶挥发掉的酒也越多，行内俗称这为"仙女飞升"。而轩尼诗对酒桶的要求明显要苛刻得多，除了是特定的森林选来的坚实橡木之外，在直径超过40厘米的橡木上，只要最外表的45厘米厚度的橡木，劈好的木条还要堆放在仓库里自然阴干三年以上，等待木头自然干透并变成了黑色才能做桶。当然你也不用去感慨轩尼诗的浪费木材，它只不过是追求极致的味觉盛宴，只要是每砍掉一棵橡木树，轩尼诗就会相应的栽种两棵小树苗。那些新做好的木桶还要经过专业人员的烘干定型，这样的一个木桶的价值高达10000元人民币，寿命可达到40年到50年之久。

当那些新酿制出来的干邑白兰地装进了橡木桶之后，剩下的工作就交给酒窖了。轩尼诗的酒窖在从它诞生开始到现在从未改变过，所有的轩尼诗干邑白兰地都要在这里静心的等待。有人说，这是干邑白兰地在等待着人来一一品尝，也有人说，这是酒窖在等待着最美妙的味觉。

2010年，轩尼诗推出墨西哥独立200周年纪念瓶礼盒。

色泽：灿烂而温和的金黄色。

香味：香草、花卉精华、糖渍水果、香料的浓郁气息完美的结合在一起。结构与层次分明的香薰包括：微妙的花卉、香料和胡椒的香气接连在一起，核桃和糖渍果香略微明显。香料味道隐约，非独领风骚。这干邑有如雨后翠林般清香。

滋味：在口中留存良久，渐渐披露其味道的精华，舌头上留下点点浓郁的果甜味道，和谐有致。

质感：质感丰厚如丝绸。

在这个过程中，从来都不会离开的就是追求极致的味觉、一代又一代的致力于轩尼诗的酿酒大师们。如果说轩尼诗是一部传奇的历史，那么他们就是书写历史的人。是他们的高超工艺成全了轩尼诗的极致美味，也是他们一次又一次把轩尼诗推到了最美好的境界，然后又自我否定，他们对美味的追求是没有极限的。当放置在橡木桶中的"生命之水"以每年2%的速度减少的时候，他们每时每刻都要陪伴在酒桶周围，不会有丝毫的懈怠。也许蒸发减少了干邑的分量，可是明显又汲取了这些大师们的心血。这些干邑大师成全了轩尼诗的伟大，这些大师也因为

极致的味觉而与轩尼诗共荣。

身为干邑翘楚的轩尼诗 X.O 顶级干邑自 1765 年创立以来一直都是"顶级"干邑的代名词。2007 年，轩尼诗 X.O 首次推出的全球限量典藏版"富丽堂皇（Magnifi-cence）"更是 230 年品牌创立以来第一次推出全球典藏版，提供给高品位人士珍藏与玩味。它也成为了 21 世纪最登峰造极的艺术佳话与注目焦点，葡萄藤垂吊的尊贵曲线酒瓶、创新的晶耀材质包装盒搭配阳刚设计以及水晶缀饰的金辉葡萄，盒子上方闪耀着金色的轩尼诗 X.O 商标并搭配特有的专属收藏编号，令世界各地干邑爱好者无不争相收藏。

曲线瓶身的金曜水晶葡萄多了一份知性的时尚气息，成功掳掠追求生活品味人士的芳心，同时对应时下 Bling Bling 的金色时尚潮流，更是强烈吸引着追求奢华生活概念的年轻精英族群，弥漫着一股复古的尊贵奢华气息。轩尼诗 X.O 顶级干邑极致的独家品味收藏在世界各地同步推出，将彻底满足消费者与收藏家的需求与渴望。

金玉其表、金玉其中的轩尼诗 X.O"佰鲁提"限量版，全球限量 150 套。轩尼诗 X.O 佰鲁提的外装箱由意大利著名设计师佰鲁提亲手设计，每件宝箱均以手精造 70 小时，箱身以佰鲁提顶级皮革包裹，锁扣呈鳄鱼形状，凸显男士的阳刚味道，头部以金属雕成，格外精致，每只酒瓶及皮箱均刻有序号。加上佰鲁提亲笔签名，其优越之处彰显

2007 年，轩尼诗 X.O 首次推出的全球限量典藏系列"富丽堂皇"，是品牌创立 230 年来第一次推出的限量收藏商品。

轩尼诗 X.O 的动人魅力。皮箱的皮革上是一段段优雅的情书文句，这也正符合法国人惯有的浪漫情怀。

为呼应源自威尼斯的创作灵感，宝箱采用真正威尼斯传统贡多拉船所用的木材制成，而在木材上则刻画出轩尼诗极具代表性的标志：手臂斧头商标与葡萄串。佰鲁提将酿酒师用以提取生命之水品鉴的吸管同样以高级皮革包裹，再配以威尼斯皮套，令品酒仪式更添优雅。而内部的干邑更像是液态的黄金，于 1979 年调制而成，当中用了极罕有的轩尼诗生命之水，包括已陈放 130 年的生命之水，香醇深邃且散发柔和花香。奢华的外表，演绎经典的味道。

Hennessy
COGNAC
至尊私享
◆━◆◆◆━◆

当欧式的典雅遇到法式的浪漫的时候，你自然会想到轩尼诗干邑白兰地，可是当你品尝这样一款传世的美味时，似乎又能听到一个传说，瑰丽无比，这个传说的主人翁就是轩尼诗第三代传人基利安·轩尼诗。

轩尼诗百年禧丽干邑
★ ☆ ☆ ☆ ★
限量关键词
限量 100 瓶　售价 15 万欧元　轩尼诗特别纪念版

当你看到一把金色的钥匙缓缓地开启缀满珍珠、宝石的银色奁盒的时候，一樽琥珀色的珍酿缓缓地从贵气十足的镀金底座升

轩尼诗百年禧丽干邑

起。你的眼神还没有给你大脑时间去作出反应，可是你的脸色明显出卖了你的惊叹——仿佛是回到了 20 世纪初期法国最辉煌灿烂的美好年代，它完美的演绎了时光无法磨灭的艺术极致。这就是全球限量仅仅 100 瓶，售价超过 15 万欧元的轩尼诗百年禧丽干邑。

在你的味觉还没成为你感觉的主流时，第一个冲击你神经的应该是视觉。一个庄重奢华的奁盒，外观由熔炼铝制，金环围布周身，两颗琥珀色珍珠琉璃置坐顶端，华贵尽显。周身的镜晕显白色，由曾经完美地修复巴黎凡尔赛宫宫殿玻璃的来自圣茹斯特第戎玻璃工厂的工人吹制而成。奁盒上点缀着巴洛克式珍珠琉璃，它则是来自于拥有百年历史的萨尔维亚蒂玻璃工坊。奁盒由一把星状轩尼诗钥匙开启，"轩尼诗百年禧丽干邑"贵气十足的端坐在镀金铜底座上。巴卡拉

（法国著名的皇家御用水晶品牌）水晶瓶身晶莹透亮，被四个限量手工艺玻璃酒杯优美地围绕，它们来自著名威尼斯水晶岛穆拉诺，其底部握手成球形，金叶镶嵌，美不胜收。这一轮高贵的"组合拳"肯定会叫你眼前一阵眩晕，其实这才只是个开始。

作为主体的干邑才是这场豪华礼赞的主角。在轩尼诗第七代配酒大师杨·费尔沃的带领下，经过40多次的品鉴，严格筛选出一百种醇厚均衡，不同凡响的"生命之水"，这些生命之水的年份多数都有近百年的存窖历史，最少的也有60余年。将其精心调配，一款口味丰盈、沉淀隽永，散发不容置疑的王者权威的干邑诞生了。细啜一口，更给人一种经历从体验到欣赏再到享受的微妙感受。它无可比拟的奢侈感象征着基利安·轩尼诗的荣耀一生。100位购得此款干邑的买家和他们的子孙后代可以和它一起品鉴历史的变迁。每25年，他们都会获得换取轩尼诗调配家费尔沃家族为此调制的干邑的机会。如同打造矜贵艺术品一般，酿制一瓶流芳百世的珍酿是时间和费尔沃家族传世天赋的完美结合。他们认定"时间塑造一切"，所以沃尔顿家族跟随了轩尼诗七个世代，这也是从轩尼诗开始到现在的历史。历史沉淀的味道，厚重而丰盈，想必会再次让每一个品鉴的人眩晕。

除此之外，在套盒里还收藏着由著名艺术出版商托卢卡重新编辑出版的珍藏版《泰伯影集》，以影像记录了20世纪初期的欧洲上流社会时尚潮流，再现了一个繁华盛世的经典风尚。编号为整百的影集每册还附有托卢卡藏本绝版真迹照片一张，更是极富收藏价值的珍贵艺术品。

得到它虽然弥补了你的一大遗憾，却又让别人增加了一个得不到它的遗憾。因为渴求是如此之多，而它却是那么少。专注于汽车速度与品质艺术的布加迪，用一百年的沉浮向世人宣告它的矢志不渝。

BUGATTI

速度艺术家
布加迪威航

关于布加迪威航

在汽车王国里，英国人是值得骄傲的，因为它有奢华十足的劳斯莱斯；意大利人是有理由满足的，因为它有满是激情的法拉利；法国人是可以高兴的，因为他们有温馨而浪漫的雪铁龙；德国人是能够开心的，因为它有舒适感极佳的奔驰。然而当这些国家各自在一个领域成为一方诸侯的时候，经历了一个世纪沉浮的布加迪威航犹如一个新国

2009 款布加迪 Galibier 概念车

王莅临人间。

　　布加迪最初是在法国开始它的历史的。1909 年，埃托里·布加迪先生在法国东北部阿尔萨斯地区建立了布加迪工厂。凭借着对赛车技术的理解和掌握，爱好赛车的布加迪先生把所有的感情都倾注于他的赛车上。这也成为了布加迪专注于速度艺术与品质的品牌宗旨，痴迷的感情也使得布加迪不计成本而追求速度与品质，他和它都成了一个纯粹的艺术家。代价有两个，一个是布加迪的工厂出现了严重的财政困难，另一个则是车迷对它如痴如醉的崇拜。所以不论是在伦敦，还是在巴黎，又或者罗马，甚至是柏林，最顶级的汽车博物馆里一定会因为有早年的布

加迪跑车而熠熠生辉。

　　尴尬的财政问题也并没有击败这位汽车大师，可惜战争不期而遇，德军占领了法国，也很快占据了布加迪工厂。随着其父与其长子的相继去世，曾经意气风发的布加迪先生也更显老态。这个时候，随着战争的深入，德军强迫他改为德国国籍，偏执的布加

迪毅然坚持意大利国籍，不久一代车坛传奇溘然长逝。在随后的时间里，虽然坚持生产，但已无生气，时间到了1956年，布加迪彻底停产了。

　　直到1987年，身为金融家的汽车经销商罗曼诺·阿蒂宾利购买了布加迪品牌，并将布加迪总部由法国迁至意大利，布加迪重

回车坛，并且推出了像 EB110 这般经典的超跑级量产车。可惜很不幸，好不容易复活过来的布加迪再次因为公司财务困难于 1995 年宣布破产，留下仅 139 辆的 EB110 与胎死腹中（还在生产线上）的 EB112 概念车让人慨叹。

1998 年，布加迪品牌又被大众汽车公司收购。布加迪又从意大利迁到了德国。随后大众品牌并没有像其他超级跑车那样对现有车型进行改进，而是破天荒的先确立了 1000 马力、400 公里极速的标准，然后雇用大量工程师夜以继日为达到这个标准而不断克服各种技术难题。这也是布加迪与研发其他超级跑车最不同的地方。最后的结果，就是现今叱咤车坛的布加迪威航。

于是，法国的浪漫，意大利的激情，德国的精密赋予布加迪不可一世的天分，它被坚定的认为是速度与品质的艺术家。毋庸置疑，布加迪威航已然开启了它在汽车史上新的征程。

布加迪限量发行 33 辆的 EB110 SS

限量甄选

当布加迪痴迷的进行着他最爱的事业的时候，总是被一种虔诚的信仰所左右，那便是对速度和品质的不懈追求。于是布加迪的生产到了一种不计成本的地步，也正因为如此，它成为了众人追求的超级跑车，尤其是那些限量版，更是顶级中的至尊。

在法国，创始人对布加迪品牌的建构起到了关键作用，从创始到 1957 年的第一次停产一共 47 年的时间，却只生产了大约8000 辆汽车。这些量产汽车多数为当时的社会名流和富豪购得用于收藏，它也是当今世界上保有量最多的收藏跑车之一。这些跑车往往散存于各地的汽车博物馆里，又或者某个富翁的私人车库最显赫的位置上。它们不仅代表了一段历史，更是布加迪这个百年品牌的见证者。

直到布加迪被意大利的金融家收购，当人们为它的第二次生命满怀期待的时候，却又因为经营问题导致破产。这个期间，有一款名为 EB110 的跑车成为了车市上的焦点。这是新厂家为了纪念创始人布加迪诞辰 110周年而特意推出的 EB110。它是当时最快，同时也是最昂贵的量产车之一。1995 年，在生产了 126 辆超跑级 550 马力的 EB110之后，布加迪公司再度关门歇业，留下了约 12 辆处于不同装配阶段的汽车被荒废在生产线上，直到后来该公司的债权人决定如何处置它们。虽然这款车并没有打算限量生产，却因为工厂的再次破产而成为了一段历史的证物，所以它们又被赋予了历史价值。据说，当时还有限量发行 33 辆的同款车型EB110 SS，作为 EB110 的升级版，动力更为强劲，车身更为轻盈，百公里加速时间仅为 3.2 秒，这在当时简直就是传说。

说到布加迪的重生，最重要的事件则是1997 年大众集团的收购了。从收购至今，随着布加迪声望的恢复与提升，布加迪也相应推出了多款限量版车型。其中最让人心动的则要数布加迪威航 16.4。如果买了此车，

车主签约之后会接受邀请前往法国，定制个人专属的颜色及其他个性化参数设计，在六个月的定制过程之后，新车随即进入长达六个月制作流程。从签约预定到个性定制，从精心制作到驾驶培训，一辆布加迪威航16.4从签约预定到交付车主需要约一年的时间。然而，全球300辆的限量目标又让这件狂野的艺术品不断地牵动人心。每一辆车的出厂和售出都标志着能够拥有它的人又少了一个，弥足珍贵可见一斑。

而在这款车不断成为各种车展的主角和焦点的时候，布加迪不失时机的推出了全球限量五辆的布加迪威航16.4 Pur Sang（纯血统）。其双色车身是以铝材和碳纤维为主要材料，采用精美手工工艺打造，不仅仅具

备美学意义上的优雅，还减轻了车身重量。银色车身裹着一身豪气，富贵像是被镶嵌进了车子里，据说该车在欧洲售价为140万欧元。当时，布加迪威龙 Pur Sang 在制造过程中还收集了100位布加迪威航顾客的意见，由于满意度过高而难以对新车做过多改进。恐怖的是，它的百公里加速度仅需2.5秒，而仅仅在一分钟内就能达到407公里的最高时速！

曾经的量产跑车速度之王，几度沉浮，已经失去了第一的宝座，可是只要布加迪还存在，它就注定不甘于第二的位置。果然，作为布加迪威航的终极版 Super Sport 登场了，全球限量30辆，其中万辆为橙黑配色速度纪录版，已经全部售完。终极版的价格

布加迪威航的终极超级运动版，全球限量 30 辆，其中五辆为橙黑配色速度纪录版。

不低于 195 万欧元。它是世界上马力最大，速度最快的量产车。与威航 16.4 相比，Super Sport 的马力提升至 1200 匹，重量减轻 50 公斤，使用了新的进气口设计，悬挂避震重新调校，全新的防倾杆及在赛车运动使用的复杂避震系统使其横向 G 值达到 1.4G，使 Super Sport 不仅仅成为马力最大的运动超跑，而且是操控性能最佳的运动超跑之一。Super Sport 的测试极速高达 434 公里 / 小时，出售版本的 Super Sport 将限速 415 公里 / 小时以保护轮胎。在德国技术检测中心和吉尼斯世界纪录的代表注视下，威航 Super Sport 在往返两次的试跑中，分别跑出了 427.933 公里 / 小时和 434.211 公里 / 小时，从而创造了平均 431 公里 / 小时的全新

世界速度纪录。事实上，这成绩甚至出乎了布加迪制造团队的意料。布加迪的总工程师沃尔夫冈·施莱佰博士表示："我们本来指望可以达到 425 公里 / 小时，可今天的情况很完美，超出了我们的预期。"

随着布加迪的不断成功，它也成为了一款世界级的超级跑车，为了打开富翁集聚地——中东地区的市场，布加迪在其百年庆典之际特意推出了三款特别版的超级跑车。名为 Sang d'Argent 和 Grand Sport Soleil de Nuit 的两款新车各限量一辆，而取名 Nocturne 的新车数量稍多，有五辆。总共七辆新车仅面向中东地区的客户销售。售价方面，Sang d'Argent（血钱）145 万欧元、Soleil de Nuit（夜晚的太阳）155 万欧元以

及数量最多但却最贵的 Nocturne（夜曲）
165 万欧元。

"夜曲"采用了抛光铝合金发动机罩、
镀锌边框的车窗以及纳米黑色镁金属涂层仪
表板和白色内饰的搭配。驾驶员右手中控区
域还采用了白金材料装饰。"血钱"车型采
用了整车银色的车身涂装，车门和前部空气
套件采用抛光铝合金，车轮则采用了 Grand
Sport 样式，车顶的进气口采用银质制成。
另外，"血钱"采用可进行定制的内饰，名
为 Havanna。"夜晚的太阳"则采用了抛光
铝合金和蓝黑色金属的车身外表，内饰则采
用了橘色的风格。想必这三款车必将在中东
市场掀起一股"布加迪热"。

BUGATTI

至尊私享

只有经典才会流传，也只有经典才能不
朽。一个是经典的跑车，一边又是不朽的奢
侈品大户，它们的交集注定是一份惊天动地
的传奇。

"布加迪威航·爱马仕"特别版
★ ☆ ★ ☆ ★
限量关键词：定制车　限量 24 台

早在 1920 年，埃托里·布加迪就请埃米
尔·爱马仕为首辆布加迪汽车定制了一套行
李箱，这是他们的首次合作。80 年后，他
们创建的品牌再续前缘——"布加迪威航·爱
马仕"特别版推出，售价高达 4500 万元人

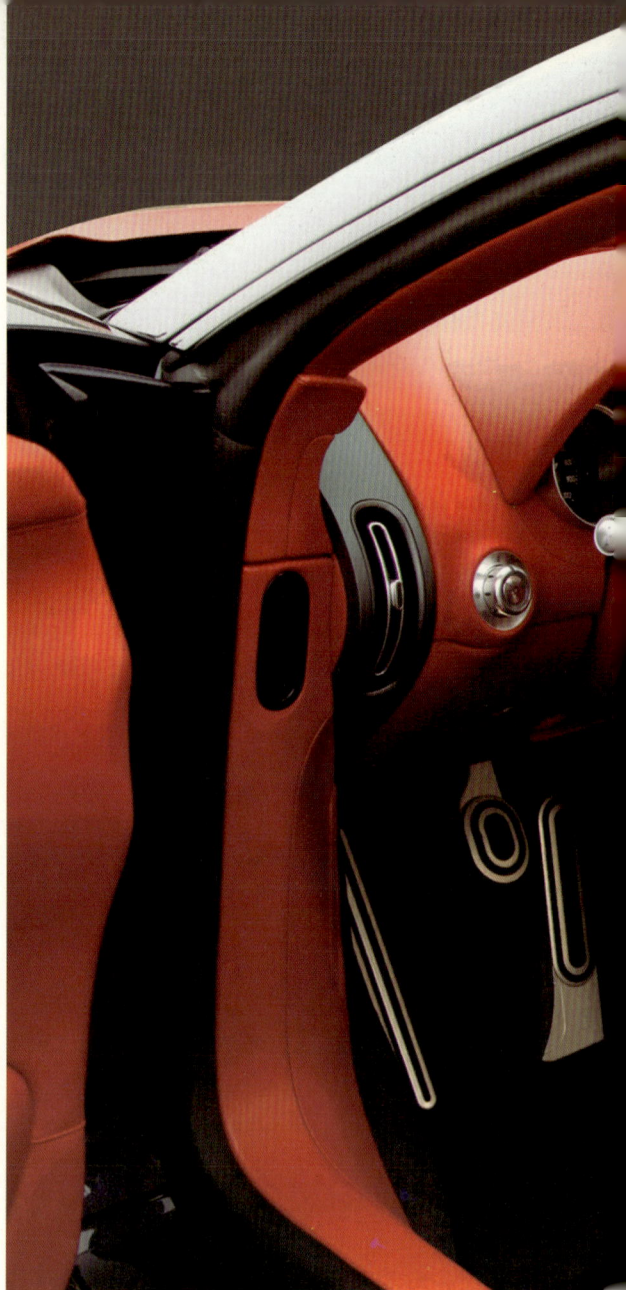

民币，全球限量 24 辆。这款跑车时速最高
可达 407 公里，百公里加速度仅需 2.5 秒。
它的魅力无人能挡，这在很大程度上要归功
于制造商在采用最精湛的赛车制造技术的同
时，又不忘顾及日常驾车的操作舒适感，两
者的完美结合可谓独一无二。

与布加迪威航 16.4 普通版相比，"布
加迪威航·爱马仕"特别版由布加迪提供技
术，由久负盛名的奢侈品品牌爱马仕提供内

饰及整车风格的设计。爱马仕的设计师加布里埃尔·佩兹尼为布加迪威航16.4重新诠释了双色车身设计，引擎盖的颜色一直延伸到驾驶室的内侧，然后在尾翼的水平高度上重现。内饰全部由手工打造，可以根据客户对颜色的需求进行不同的搭配，一个方向盘皮革的缝制就需要一个工匠花费十几个小时，一般车仪表板通常采用磨砂铝材质，但爱马仕特别版全部以小公牛皮包裹。

在关注细节、精益求精的同时，车内设计还始终遵守了精雅、极简的设计风格，从而体现出最早一批布加迪汽车的传统特色以及爱马仕家族最基本的设计原则。为了突显爱马仕的品位，该车采用了抛光铝合金轮胎，中央蝶形轮锁上烙有字母"H"，轮缘周围的通风孔设计则模仿了爱马仕马鞍线的典型样式，赋予了古老的布加迪跑车一种崭新的线条和姿态。

如果你告诉别人你将到埃尔布利去享用晚餐，相信他们的第一个反应一定是"不可能！你怎么可能订到位子？"是的，埃尔布利就是这样一家餐厅。

elBulli

最矜贵的晚餐
埃尔布利餐厅

★ ☆ ★ ☆ ★
限量关键词：世界上最难预订的餐厅

这里是距离巴塞罗那 160 公里的布拉瓦海岸，阳光铺满了地中海蔚蓝色的海面，矮墙后，一幢白色的小屋遗世独立，低调而又稍显孤僻。但是如果有一天，它成为你的目的地，那将代表着你实在是足够幸运，因为世界上最著名、最难订的餐厅正等待着你的光临。

埃尔布利餐厅只在每年的 4 月到 9 月间营业，而且前三个月的营业时间是从周三到周六，其余三个月是每天营业，统计下来，埃尔布利每年的营业时间只有 160 天左右。埃尔布利只设有 20 张餐桌，自 2002 年以来这里只做晚餐生意，并且每天只招待一批顾客，因此一年之中，能在此享用晚餐的人大

概只有 8000 名。可是埃尔布利每年的订座量可达数十万，所以无论你什么时候去预约，得到的答案都是全满。有人甚至说，想要到埃尔布利吃晚餐可能要等上 50 年。虽然有些夸张，但是提前一两年预约却是绝对必要的。另外，如果你用电子邮件向埃尔布利提交订餐申请，请千万要将邮件内容写得足够特别，因为西班牙人很喜欢引人入胜的小故事！

就是这样一家世界上最难预订的餐厅却连年被餐饮界权威杂志《餐馆》评为世界最佳餐馆，这其中到底存在着怎样的奥秘？它何以如此之"酷"？

埃尔布利的前身是 20 世纪 60 年代一对

埃尔布利餐厅外边的阳台

明亮、富有贵族感的大厅，精致的提花布面，厚软的沙发椅，红色天鹅绒窗帘，深色的木梁，这一切都给餐厅平添了一种传统氛围。

德国夫妇开设的海滩酒吧，埃尔布利是取自他们的斗牛犬的名字，所以埃尔布利餐厅也叫做"斗牛犬"餐厅。1984 年，极具创新思维的名厨费朗·阿德里亚入主餐厅。从 90 年代开始，阿德里亚尝试开发一些新菜式，并很快形成了前卫的"分子厨艺"理念。

在埃尔布利的厨房里，空气中尽管弥漫着厨房应有的香味，但眼前的画面会让你觉得这里更像一间"魔法实验室"。化学试管到处可见，干冰在不断冒着冷烟，两个厨子正聚精会神地制作一颗荧绿色的小囊球……当然，这里的一切均与魔术无关，而是地地道道的美食科学。他们用精密的科学仪器来处理食材，用分子来控制食物的质地、味道、口感，最终从本质上颠覆过去人们对食物的观感，把无法想象的东西带到眼前。有时候，餐厅会允许一些特殊客人，比如西班牙王室成员、政府首脑或社会名流，落座于设在厨房中的餐桌用餐。

埃尔布利从不提供详尽的菜单，每桌只有一份核心菜单，通常是厨房送来什么客人就吃什么，菜式和菜量将会依据具体的就餐人数来进行增减。这里的一餐动辄要吃五个多小时，在侍者的解说下，你将品尝到20至30道包含了170至200种食材的"菜肴"。它们的量常常只是一口或是一汤匙，单凭外观你可能永远不会猜到它们的口味和食材。例如，冷空气般的巧克力、丝线橄榄油、麻糬口感的铁板冷烧鲜奶。所以在埃尔布利，顾客们一般会事先说出自己的饮食禁忌，然后就将自己的味觉完全交出来，体会一场从未有过的新奇刺激。虽然会有一些不安，但这种不安也正是乐趣所在。于是也就不难理解有些客人为了来此一享美食，甘愿等上数月甚至不惜花费数万美元的旅费了。

埃尔布利在巴塞罗那设有专门的工作室，除了一个烹饪图书馆，那里还有一个配有真空浓缩器以及各类专业的营养分析和测试仪器的实验室，包括DNA分析。每年之所以停业半年，原因就是阿德里亚及其团队要闭关研究新的菜式。在5000项试验之后，20至50种新菜式会出现在来年的餐桌上。

"我们从未梦想过这么成功，一开始我们只是想走出模仿他人的窠臼，做 种有趣、有感情、不做作的料理而已。我始终认为文化和客人才是成就一家伟大餐厅的因素。"在主厨阿德里亚看来，埃尔布利的每一样东西都需要不断更新，而在过去15年的时间里，埃尔布利开发的新烹饪技术已经超过了过去一个世纪全世界的总和。

2010年1月，阿德里亚宣布了一个惊人的决定，埃尔布利将于2012到2013年休业并全心投入新菜式的研发，计划于2014年以全新形象复业。消息一出便引起了世界美食界的极大震动。我们不知道埃尔布利接下来会把我们带到哪里，但可以肯定的是，那将是一场绝对令人期待的美味之旅。

费朗·阿德里亚，一个置身于食材与科学之间的魔法师，他使埃尔布利变成了世界各地美食爱好者的朝圣地。

它被称作"皇帝的珠宝商",它的作品又有"珠宝商的皇帝"之誉。它是一个魔法师,让冰冷的玉石拥有了灵魂和哀乐喜怒,它更是一个造梦者,带给人们一段段光滑完美的梦境。这就是卡地亚,珠宝之王者。

Cartier

珠宝之王者

卡地亚

Cartier
关于卡地亚

它以华丽和尊雅号令天下,又以造型和气质的唯一性成为"珠宝之王",卡地亚的每一款造型都是独一无二的,所以在某款卡地亚销售之后,即使是上帝的要求,它也不会为你复制出一模一样的第二款。

19世纪中期的法国渐渐开始从王室动乱的满目疮痍里恢复到昔日的奢靡之中,珠宝这个王室的宠儿自然开始了大行其道的盛世传奇。而得到了马蒂尔德公主推荐的卡地亚更是平步青云,与王室的息息相关也给予了卡地亚王室的基因,奢华是理所当然的事情,精美绝伦是必须坚持的底线,卡地亚就这样开始了传奇奢华王国的

建构。这个珠宝界的贵族，成为了皇家御用的珠宝商，英国王室曾向卡地亚订购了27座王冠作为加冕之用，此外，西班牙、葡萄牙、罗马尼亚、埃及、法国奥尔良王子家族，摩洛哥王子以及阿尔及利亚皇室都委任卡地亚为御用珠宝商，难怪卡地亚被誉为"皇帝的珠宝商，珠宝商的皇帝"。

　　1847年，身为学徒的弗兰克斯·卡地亚从师傅手中接下了巴黎的珠宝店，叱咤风云的卡地亚由此开始了它的传奇之旅，经过半个世纪的发展，它已经成为了世界上顶级的珠宝商之一。从1856年开始，以马蒂尔德公主为代表的王室贵胄们开始成为卡地亚的常客，这也是卡地亚征服世界的传说的开始。随后拿破仑三世的皇后亲自登临这家珠宝店选购更是让卡地亚风光无限。就在爱德华七世登基的同一天，卡地亚的第二家分店也成立了。直到今天，卡地亚已经占据了所有爱好珠宝的人的心，成为了珠宝王国当之无愧的王者。

　　卡地亚是一个魔术师，让那些冰冷的宝石顿时有了喜怒哀乐，有了羞怯和温顺，有了威严与矫情。同时它又是一个驯兽师，它从一切活灵活现的动物世界里寻找创意的源泉，把灵性的动物变成了一件件举世无双的珍宝。当一只优雅的孔雀在你的面前开屏的时候，你千万要记住，那只是卡地亚的一款胸针而已。

温莎公爵夫人的火烈鸟胸针

Cartier
限量甄选

　　相信珠宝的人把珠宝视为糖果，用它来融化生活的固执和抵抗。一切言语都变得动听，或者没有语言也成为一种交谈。

　　人们要了解那些顶级的卡地亚珠宝，最好途径是通过观看那些电影中介绍上流社会的名媛所佩戴的饰品。好莱坞的神话、金发

如果说玛丽莲梦露将人类的优雅集于一生，那么这款项链就将世间的美丽集于一世。

美人玛丽莲·梦露就是卡地亚的推崇者，那些精美的珠宝为其演出增添了一份贵气的优雅。在1959年的著名喜剧《热情似火》中，一位男子将一条卡地亚首饰送给她作为定情之物。而在其后的《绅士喜爱金发女郎》中，她更是充满激情的演唱"卡地亚……"，喜爱之极溢于言表。

第27届奥斯卡影后格蕾丝·凯利和摩洛哥雷尼尔三世的联姻则是卡地亚连接荧幕和贵族的完美例子。1956年，地中海南岸举行了极为盛大的一次婚礼，而主角格蕾丝王妃佩戴的正是卡地亚制作的项链和皇冠，色

泽华丽的红宝石与绚丽的钻石交相辉映，成为了上个世纪最亮丽的风景。13年后，这位令人羡慕的王妃举行了庆祝40岁生日的"天蝎舞会"。而那天最为亮丽的风景却不是格蕾丝，而是伊丽莎白·泰勒。当晚的泰勒佩戴着影星查理·伯顿送给她的重达69.42克拉的美钻。它是有史以来第一颗售价超过100万美元的钻石，被命名为"泰勒－伯顿"。卡地亚纽约工作室将它制作成一串金项链，梨形切割的钻石犹如瀑布一般倾泻铺陈。那也是该钻石的首次亮相，为了保证其安全，当时动用了五名保镖。这也成为了当时娱乐圈

以及上流社会的焦点话题。

代表着坚韧、贵气的卡地亚让桀骜不驯的动物成为了不朽的神话。在庆祝品牌成立150周年之际，卡地亚特别推出了一款E-ternity蛇形高级珠宝项链，代表着一种驯服自然的野性美，贵派而不轻浮。镶嵌着两颗巨型祖母绿宝石，一颗205克拉，一颗206克拉，无论重量、品质都极为罕见，售价也达到了惊人的6700万美元。这两颗宝石都以阶梯形切割手法，把宝石的四个锐角都切割并磨成面，这样既可经受外部撞击的压力，保存宝石的完整性，同时也达到了最佳的观赏角度。

据说卡地亚家族传人去印度王公的皇宫做客时，受到当地色彩缤纷的鲜花水果以及玛瑙、珊瑚、红宝石、祖母绿等东方风韵材质的启发，开始打造以花和水果为主题的珠宝，这种鲜明的设计风格被称为"Tutti Frutti"，在意大利语里意指一种由各色水果制成的甜品"水果锦囊"。"Tutti Frutti"的制作工艺非常繁复，是卡地亚高级珠宝制作中工期最长的款式之一。这款流苏项链的代表作镶满蓝宝石、红宝石与祖母绿，在宝石上雕刻出叶片和水果的形状，色彩绚丽、生机盎然。

卡地亚越来越成为了一种世界级的现象，因而也越来越看重对世界文化的汲取，尤其是中国古代文化。由于受到中国"龙"文化的影响，卡地亚将中国古代传说中的龙的形象重新演绎，制作了一款龙手镯。这款

以水果为主题的"Tutti Frutti"项链是卡地亚流苏项链代表作

手镯由铂金、钻石、红宝石组成，创造出令人惊叹的法国式的中国艺术品。另外受到中国古代哲学的启发，卡地亚于1919年创作了一款"阴阳"项链。由一对球形的坠饰组成阴阳太极图案，每个坠饰上，黑色的缟玛瑙代表"阴"，满铺的圆形切割钻石代表"阳"，圆形切割的红宝石镶嵌在四个套爪中，鲜明的色彩与巧妙的设计，充满了独特的风韵。

当然了，卡地亚的每一款珠宝都是世界上独一无二的，悠长的品牌历史和精湛的技艺已经让它成为了人们钟爱和收藏的对象。这里只能做选择性的介绍了。

创意上。

在浪漫的法国，每个人都是诗人。然而其中最著名的诗人当属考多克（Cocteou），这位文学大师与卡地亚先生出于共同的浪漫情怀而成为挚友，卡地亚也从他的诗性语言中找到了不少创意和灵感，其中最著名的就是这款卡地亚三环钻戒。其实这是在一次晚会上发生的事情，当时的考多克正在与卡地亚交谈，他无意中说出："人类最重要的三种感情是爱情、亲情和友情，然而现在的珠宝却往往只代表其中的一种感情，把这三种隔离开了，我多么希望看到一款代表三种情谊的戒指。"正所谓言者无心，听者有意。卡地亚把这番话铭记于心，就在半年后，一款名叫"三环钻戒"的戒指被送到了考多克的家里。那一刻，这位文学大师热泪盈眶。

这款戒指分别以玫瑰金、白金和黄金打造而成，三环彼此交缠，冲击时代与潮流，展现个人风格及身份。三环紧密相连，静谧相依。白金代表友谊，是真诚，是单纯，是一份离别时淡淡的担忧交汇在重逢时那淡淡的喜悦；黄金代表亲情，是不离不弃，是相濡以沫，是一份身在异乡的乡愁，铭记那落叶归根的坚定；玫瑰金则代表爱情，是绚丽，是忠贞，是浪漫，是一份同甘共苦的相许和浪迹天涯的相随。

卡地亚三环戒指完美演绎了品牌精髓，让爱情犹如淳朴温柔的友情，让友情化成浓浓的亲情，又让亲情缠绵在深深的爱意之中。既是无名指的期待，也展现于无名指上

Cartier
至尊私享
❖

珠宝界的皇帝除了那令人嫉妒的工艺和让人疯狂的造型之外，还有它独享的历史，尤其是那些在卡地亚的发展长河中熠熠生辉的镇店之宝。

卡地亚三环戒指
★☆★☆★
限量关键词：卡地亚三环系列的开山之作 创意之源

它已成为世界上最具盛名的戒指之一，同时也是卡地亚的灵感源泉和品牌标记，后来打造的一系列的三环戒指都是建立在这一

的盟约，这是一款感性的作品，婉约的曲线散漫着一股贵气，又交织在三色的缅怀中。看着它，仿佛是某个模糊的生命进入到现实的生命中，友情？亲情？还是爱情？亦或者它代表所有。戴上它，又仿佛这种恍惚的生命体突然离开了躯体，让你惊醒的去铭记无名指上的约定。

卡地亚猎豹胸针

★★★★★
限量关键词：卡地亚镇店之宝

卡地亚猎豹胸针作为卡地亚的镇店之宝，实际上是为温莎公爵夫妇所有，而设计者则是卡地亚曾经的恋人——珍妮·杜桑。

1919年的春天，此时的卡地亚公司已经传到了44岁的约瑟夫·卡地亚的手里，已经风光无限的他最大的缺憾就是他的婚姻是由父母包办的，这份残缺的爱情犹如一个死结，一直纠缠着卡地亚。就在这一年，另一个奢侈品创始人香奈儿向他引荐了年仅24岁的珍妮·杜桑。然而正当卡地亚向珍妮炫耀完卡地亚公司的杰出作品之后，满以为会得到赞扬的，然而这位刚从大学毕业的设计师不屑一顾地问卡地亚："怎么办呢？我就是没有办法喜欢你那死气沉沉的珠宝。"

在香奈儿面前，卡地亚竭力保持着绅士风度，可是心里已经糗到了极点。他灵机一动，实际上是为了让珍妮在高手面前出丑，他对珍妮说："假如你参加卡地亚的设计大赛，能拿到由我颁发的奖项，那么你就来我的公司吧。"然而事实也正如卡地亚所假如的那样，卡地亚设计大赛的第一名就是这位珍妮小姐。她接过奖杯时悄声对约瑟夫说："先生，我的得奖再次证明我说过的话，卡地亚正在走下坡路。"

卡地亚是个能听进意见的人，尤其是事关公司利益方面。所以他放下架子，任命珍妮为珠宝设计师，珍妮主张珠宝设计回归自然，而不是人工的雕琢，所以她亲自前往非洲草原，而卡地亚居然也鬼使神差的一同去了。大自然的绮丽风光，也擦亮这两个人的爱的火花，然而卡地亚已经是有家庭的人了，所以回到法国之后，他们依旧是小心翼翼地过着情人的生活。然而纸总是包不住火

民女子辛普森夫人结婚，毅然宣布退位。为了表达自己的爱情，成为温莎公爵的他请卡地亚公司为公爵夫人设计首饰。这个重大的任务落到珍妮身上，温莎公爵"不爱江山爱美人"的爱情故事深深打动了她，也让她想到自己与约瑟夫之间绝望的爱。她想用一种全新的风格诠释这种爱。终于，和约瑟夫在美洲丛林遇险的情形浮现在珍妮脑海，她将自己的全部感情都融入设计中，设计出了猎豹胸针。接着，一个装有57件卡地亚首饰的珠宝盒被送到温莎公爵夫人手中，她被丈夫的爱感动得泪流满面。那件猎豹造型的胸针更让她爱不释手，一只镶满亮钻的白金小猎豹，怀抱着一颗重达18.29克拉的硕大枕形红宝石，祖母绿镶嵌的双眼闪着柔和又警觉的光。此后无论温莎公爵夫人随丈夫去哪里都爱佩戴着猎豹胸针。她哪里知道，这枚胸针暗藏着另一个女人悲凉的情感寄托。猎豹胸针从此成为卡地亚的经典标志，珍妮也因此一举成名。"猎豹"胸针几乎成为卡地亚的标志性产品，以猫科动物为造型的珠宝逐渐得到了成熟、智慧、优雅女性的钟爱。

猎豹胸针实际上成全了两种爱情，一种是温莎公爵夫妇之间的真爱，一种是卡地亚与珍妮的悲剧迷情。而它却如此瑰丽且永恒的成为独一无二的经典。

的，当卡地亚家族得知了这个消息之后，马上要求开除珍妮。在卡地亚的一再请求下，主要是因为考虑到珍妮的设计天分，公司还是留下了珍妮，可是两个人从此咫尺天涯。他们各自藏起了对彼此的感情，把一切都放在了工作上。

时间到了1936年12月，即位不到一年的英国国王爱德华八世为了跟离异两次的美国平

　　取名"曙光女神"，寄寓了一战后的意大利人对于光明与和平的美好憧憬，而它的诞生也确实为世界书写笔的历史翻开了崭新的一页。

将奢华进行到底

奥罗拉

关于奥罗拉

1919 年，当欧洲的土地上仍然到处弥漫着一战后的惶恐与不安的时候，一个光辉的名字却悄然照亮了整个亚平宁半岛。在意大利的都灵，纺织商人兹赛亚·力威成立了自己的书写笔公司——奥罗拉，意为"曙光女神"。事实上，奥罗拉是第一个真正意义上的意大利本土制笔品牌。1924 年，它打出了一个极为轰动的广告语："每支进口的墨水笔都代表着意大利损失的一块金币及意大利失业工人的一天，而奥罗拉是意大利本国的墨水笔。"

与一向中规中矩的美国品牌不同，文化底蕴深厚的欧洲在制笔方面总是显得灵气十足，这一点在奥罗拉的身上表现得尤为明显。其设计灵感多源自于意大利独有的文化特质，坚持以自己的方式记录意大利悠久历史中的重要历程，描绘文化之都的文明质感。实际上这也正是书写笔本身的意义所在：以人类指腹之力量，承载智慧，传递文明。一直以来，奥罗拉始终坚守着自己的民族个性与对品质的严苛要求，它的每一支笔也都是匠心独运。

如今，奥罗拉已经成为意大利首席制笔商，也是意大利十大家族企业之一，多年来获奖无数。在 20 世纪 40 年代，奥罗拉曾奉命为意大利王室专门设计制造一款配有很特别的斜体笔尖的书写笔，用以赠送在战争中的有功将官。1990 年奥罗拉将此经典之作重新设计发行，并于 1992 年获得意大利国立科学艺术博物馆颁发的美学工程奖。为迎合上个世纪 70 年代书写笔日渐时尚化的发展趋势，著名意大利设计大师马可·桑奴索特别为奥罗拉设计了一款名为 Hastil 的墨水笔，这款笔后来成为第一支在纽约现代艺术馆展出的书写工具。

限量甄选

限量发行的奥罗拉书写笔被当做一种真正的手工珠宝来生产，依托着意大利独有的文化基因，奥罗拉也酝酿出了自己独特的价值观：思想与文化永远是人类最宝贵的财富，永远值得人们顶礼膜拜。

人类的第一支书写笔可以追溯到4000年前古埃及人发明的芦苇笔，而从1809年英国颁发了第一批关于贮水笔的专利证书，到现在墨水笔已经成为了一种大众化的书写工具，人类告别"蘸水时代"的历史已经整整两个世纪。而今，像奥罗拉、万宝龙（德国）以及美国的派克、犀飞利、高仕这些老

牌欧美制笔商已经成为世界高端制笔市场上的绝对主力。

如今，书写笔的意义已经与客户的身份和地位画上了等号，因此奥罗拉近年来陆续推出了一些名贵的限量版书写笔，专供那些爱好孤品的收藏家们。它们的主题大多与意大利的著名历史人物以及文化传统相关，而且在同一主题下，奥罗拉通常会以不同的材质制作不同的笔款，其发行数量也从数十支到上千支不等。对奥罗拉而言，意大利的文化就是它汲取灵感的乐园，它力争让所有意大利人引以为傲的元素在自己的作品中得到最完美的诠释。

威尔第是意大利最负盛名的作曲家，他的《弄臣》、《游吟诗人》、《茶花女》等26部歌剧把意大利歌剧推向了一个新的历

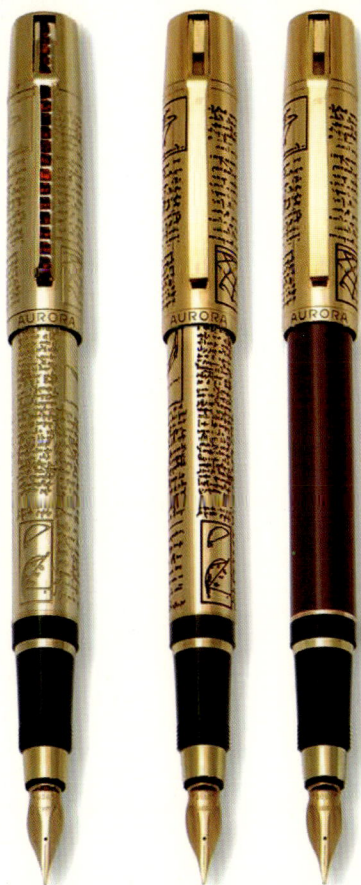

笔夹镶有多款红宝石的最新款奥罗拉限量版"达·芬奇"墨水笔，以及先前推出了两款同主题限量版墨水笔，笔身均刻有达·芬奇手稿。

史高峰，小仲马甚至说过："50年后，也许谁都记不起我的小说《茶花女》了，但威尔第的歌剧却使它成为不朽。"1901年1月27日，威尔第在米兰去世，享年87岁，有鉴于他的伟大成就，意大利政府为他举行国葬予以追悼。

2001年，在这位意大利著名作曲家逝世100周年之际，奥罗拉发行了限量99支的"威尔第歌剧"铂金笔，铂金的笔身上刻有精致的乐谱，笔帽上还镶嵌有一圈珍贵的戴比尔斯钻石。该笔为手工制作，笔尖和活塞式加水器及隐藏式储水罐是由奥罗拉独家设计的，每支笔上都有各自的编号，身价40余万元人民币。

对于意大利人来讲，最不能忘却的一个人就是他们永远的天才——达·芬奇，一位集画家、雕刻家、建筑师、工程师及科学家等多种角色于一身的艺术巨匠。1470年，年仅28岁的他协助老师韦罗基奥绘制《基督受洗》，虽然只画了一位跪在基督身旁的天使，但其功力明显超过了韦罗基奥，据传韦罗基奥为此不再作画。1503年至1507年，达·芬奇以一位银行家24岁的妻子为原型，创作了举世闻名的《蒙娜丽莎》。

其实对于达·芬奇来说，天才也有天才的遗憾。可能是上天赐予了他过多的天分，在他的艺术之路上也撒满了未完成作品的零章碎片，他在临终前甚至痛心地说过："我一生从未完成一项工作。"

为了纪念这位欧洲艺术史上最杰出的伟人之一，

2006 年，奥罗拉以已故梵蒂冈罗马教皇保罗二世为题材，制作了"教皇 PaPa"系列限量收藏笔。这位教皇是有史以来第一位公开承认天主教会过错的教皇，一生致力于和平事业。该款笔杆由渐变色大理石树脂制成，笔环上刻有 XXV I. Paulus II，笔帽上刻罗马教皇徽章。这款精品之作全球仅限量 99 支并特别预留了两支给中国收藏者，成为一时佳话。这一系列另外还有镀银笔帽、笔头镶有白玛瑙款式的墨水笔以及滚珠笔，各限量 1919 和 999 支。

奥罗拉早前曾经发行过笔杆上刻有达·芬奇部分手稿笔迹的"达·芬奇"系列限量版书写笔，分为枣红漆和镀金笔杆两款，各 1919 支。2009 年，达·芬奇的这段手稿被篆刻在了奥罗拉墨水笔的纯金笔杆上，奥罗拉还特别做了细节处理：接缝处可活动的笔夹上镶嵌有 19 颗珍贵的红宝石、设计成羽毛状的纯 18K 金锥形笔尖及其装有的杠杆式墨水充入装置。这款笔价值 190000 元人民币，全世界能得此瑰宝的人只有区区 99 位。

此外，意大利最受欢迎的文化重镇威尼斯、文艺复兴时期的艺术大师柴利尼、有史以来第一位公开承认天主教会过错的罗马教皇保罗二世等等，这些欧洲文化的符号和标志都是奥罗拉限量版笔款的主角。其实这也反映了奥罗拉所要表达的价值观：思想与文化永远是人类最宝贵的财富，永远值得人们

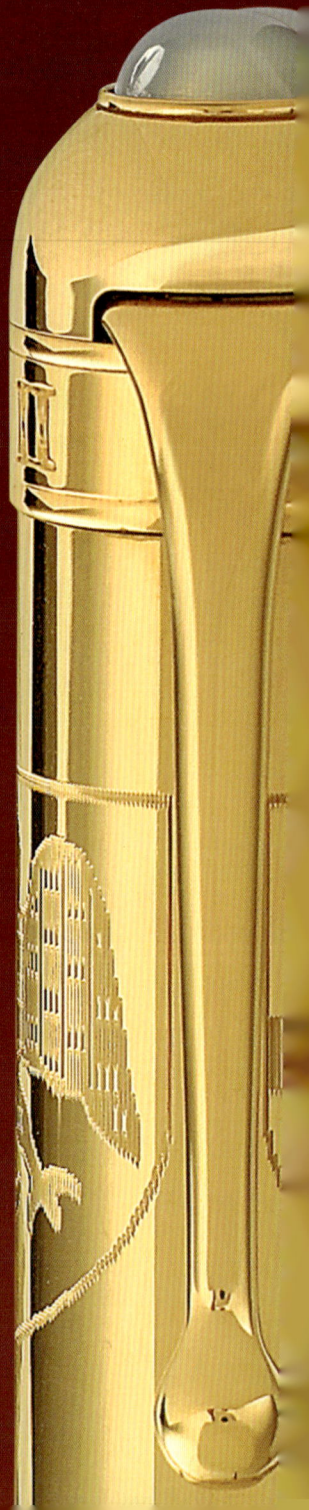

奥罗拉 85 周年纪念系列书写笔，包含了红色斑驳大理石树脂纯银笔身和珍珠母贝玫瑰金笔身两款，珍珠母贝玫瑰金笔身的这款墨水笔全球仅限量生产 99 支。

顶礼,膜拜。

除了意大利的人文主题，奥罗拉还曾以亚洲、欧洲和非洲大陆为主题，分别发行过限量各 7500 支的墨水笔，树脂笔杆的纹路分别采用了不同色系的大理石纹路设计，突显了各自的温润与野性之美，笔头分别镶有一颗珍贵的绿翡翠、蓝石英以及黑玛瑙，笔夹上镌刻着相应的大陆版图，镀金笔环上还带有独特的图腾标志。这款限量版中还都包括了 5500 支滚珠笔、2500 支自动铅笔和 999 支内嵌铅芯式素描笔，这应该是奥罗拉发行数量最多的限量版了。

2004 年，为了纪念品牌所走过的光荣的 85 年，奥罗拉发行了 85 周年纪念系列书写笔，这是其 75 周年和 80 周年纪念款的延续，包含了红色斑驳大理石树脂纯银笔身和珍珠母贝玫瑰金笔身两款设计，前者有墨水笔和滚珠笔两个型号，分别限量发行 1919 支和 999 支，笔夹上刻有 "85" 字样及雕花，笔尖和笔环为 925 纯银，底部刻有奥罗拉传统的花纹图案。珍珠母贝玫瑰金笔身的这款墨水笔全球仅限量生产 99 支，椭圆形笔头上镶有马赛克式图案，马赛克式标志由灰色珍珠母贝和红珊瑚贴片组成，透镜部分由水晶制成，极其珍贵。

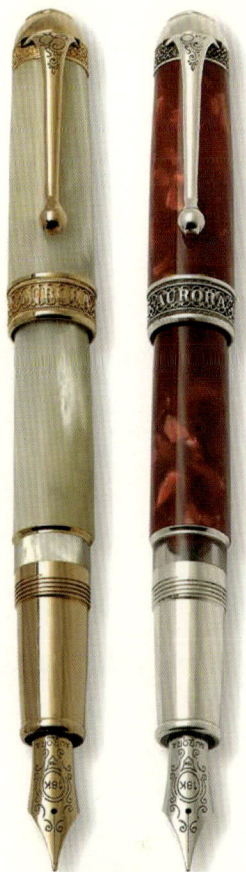

AURORA
至尊私享

1919 颗戴比尔斯钻石，900 万的身价再加上 85 年的历史积淀，造就了这款世界上最贵的书写笔。它每年只生产一支，对于绝大多数人来说，可能连见它一面都只能是一种奢望了吧。

奥罗拉诞辰 85 周年纪念钻石书写笔
★☆★☆★
限量关键词：每年只生产一支

奥罗拉有很多尊贵的客户：查尔斯王子，摩纳哥公主卡罗琳，丹麦王室……而在

价值 900 万元人民币的奥罗拉诞辰纪念钻石笔。由于制作工艺复杂，这款钻石笔每年只生产一支，俄罗斯富商和文莱王室已经将其中两支纳入囊中。

它限量版的买主当中，很多人选择了个性化定制。比如，由于比尔·盖茨是左撇子，奥罗拉特意为他制作了反偏斜型（左撇子专用）笔尖；在为教皇保罗二世定制的笔杆和笔帽上则手工绘有教堂和宫殿的图案。一直以来，限量版奥罗拉书写笔都被作为一种真正的手工珠宝来生产，在世界各地拥有众多忠实的追随者，以至于每一款限量版产品甚至要制造出两个版本，分别供应国内与国外，以防止意大利国内市场把限量产品全部订光。这就难怪《罗博报告》会将"王中之王"的褒奖授予奥罗拉。

为了庆祝品牌成立 85 周年，奥罗拉设计了一款价值 900 万元人民币的诞辰纪念钻石笔。这款堪称当今世界上最昂贵的书写工具的笔身由铂金制成，镶有 1919 颗戴比尔斯钻石（分为黑钻和白钻两款），寓意奥罗拉诞生于 1919 年。戴比尔斯是全球最大的钻石矿业公司，年产量占全球的一半以上，那句经典的"钻石恒久远，一颗永流传"的广告语就出自戴比尔斯之手，也正是它在 1939 年提出了全球衡量钻石的 4C 标准，即：即车工（Cut）、净度（Clarity）、色泽（Color）和克拉（Carat）。但是最终决定钻石价值的还是钻石之美，所以戴比尔斯钻石还必须另外具备三项特质：火光、生命力以及闪烁度。

这款诞辰纪念钻石笔的钻石总重量超过了 30 克拉，笔尖为 18K 白金镀铑处理，笔帽顶部镶嵌着一颗重达两克拉的天然钻石。

这款笔需要六位经验丰富的著名技师花费六个月的时间手工制作完成，其中仅镶嵌钻石这道工序就要花费三个月。这样的一款"笔中瑰宝"已经成为了 2006 年在意大利都灵落成的奥罗拉"符号与笔"博物馆的镇馆之宝。由于制作工艺复杂，这款钻石笔每年只生产一支，俄罗斯富商和文莱王室已经将其中两支纳入囊中。

蔚蓝的地中海赋予了意大利人取之不尽的灵感，也造就了奥罗拉这个融合了意大利传统文化与世界一流制笔工艺的光辉品牌。如今，90 年过去了，奥罗拉的精致和魅力已经成为了高端生活方式的一种象征，纯金的笔杆，镶钻的笔尖，嵌着红宝石的笔头，它的每一款作品都代表着制笔行业为追求艺术品质所迈出的坚定步履，撰写着世界高端制笔业的惊世传奇。

没有钻石水晶，也不用金丝银线，但我依然会让你穿上价值连城的西装。没错，这就是贺兰＆谢瑞能做到的事情。

寸缕寸金 织就奢华
贺兰 & 谢瑞

★ ☆ ★ ☆ ★
限量关键词：世界上最贵的面料

所谓"人靠衣装"，很多时候，一件衣服已经足以让人了解你的身份和品位。所以对于一个身家丰厚的富绅雅士来说，花3000英镑定制一套高档西装已经不是什么匪夷所思的事情了。但是如果有人告诉你这3000英镑只够买得起一码的面料，你需要花35000英镑才能穿上用这种布料定做的西装，可能你就要怀疑自己的耳朵了吧。其实，这样的事情就发生在贺兰＆谢瑞。

若论历史，贺兰＆谢瑞可以追溯到170多年以前。1836年，史蒂芬·乔治·贺兰和弗雷德里克·谢瑞在伦敦的邦德老街做起了专业的羊毛和丝织布料批发商，开始为世界上颇负盛名的裁缝和奢侈品牌提供最好的布料。1886年，贺兰＆谢瑞将产业迁往当时的羊毛商贸中心——"黄金广场"。而且，所有19世纪晚期在"黄金广场"有过一席之地的布料商中，贺兰＆谢瑞是留存至今的唯一一家。1982年，贺兰＆谢瑞入驻世界顶级服装定制圣地——萨维尔街。

现今，贺兰＆谢瑞与多美和世家宝并称为"面料三剑客"，它的特色在于它的产品线是所有顶级面料品牌中最全的一个，而且，从支数200的超级开司米到精纯绝伦的比库尼亚，贺兰＆谢瑞也从未间断过对于超精细、超豪华的天然织物纤维的研究。现在，这种世界上最贵的布料就是最好的见证，它源自南美洲除了烟叶以外的另一种著名的"经济作物"——小羊驼。

轻柔华贵的小羊驼绒素有"纤维上帝"之美誉，几百年前已为多国王室贵族所御用，而生产这种世界最贵面料的羊绒正是来

自南美安第斯山脉野生小羊驼中数量极少的一种。它们生活的地区海拔高达 3650~4800 米，每只羊大约每三年才能剪一次毛，每次只能产出大约 50 克。为了制造这批世界上无与伦比的布料，贺兰 & 谢瑞花了五年的时间在秘鲁和玻利维亚收集羊绒，运送回英国后又花了 18 个月的时间在气候和水源最适宜纺织的西约克郡将羊绒织成布料，其舒适程度和完美的质感已经完全超越了人们的想象，即便是行外人也能一眼看出它的与众不同。有了如此大的投入和上乘的品质，3000 英镑一码的价格似乎也就不足为怪了。

另外，贺兰 & 谢瑞现已织成的这种面料只能够制作 18 套西服，可供选择的颜色只有黑色、深蓝和原色。可想而知，这批名贵稀有、寸缕寸金的布料绝对不会像贺兰 & 谢瑞的其他顶级产品一样，被提供给《谍中谍》和《红磨坊》这样的好莱坞大片以及英国国家歌剧院以作定制之用，能买得起这种面料西服的人绝对非同寻常，据说摩洛哥王室就是首批定购者之一，并大有垄断之意。

衣着考究、谈吐优雅，英国人的绅士风度是举世公认的，200 年来，英国也始终保持着它在尖端纺织市场的传统地位。而对于贺兰 & 谢瑞来说，无论是优质还是高价，如何能够为主顾的品位和尊贵树立标杆，能够延续和代表英国式的优雅和精致，才是它要考虑的。

时间是狂妄而又冷血的，它肆无忌惮地去拥有一切，又自私地抛弃一切。得与失之间的抉择，是与非之间的界限，过去与未来的判断都在时间的河流里沉浮，也许只有一只低调而奢华的芝柏表才能让人想起今昔是何年。

GP
GIRARD-PERREGAUX

横跨三个世纪的时光之旅
芝柏

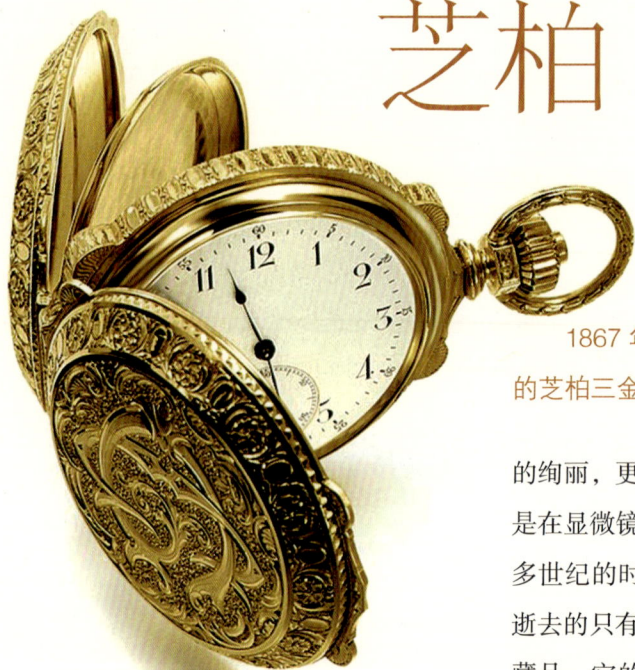

1867 年，在巴黎万国博览会上获金奖的芝柏三金桥陀飞轮怀表。

GP
GIRARD-PERREGAUX
关于芝柏

的绚丽，更别想从细微处去挑剔，它的细腻是在显微镜下锻炼出来的。已经坚持了两个多世纪的时光旅行，它从未想过停下脚步，逝去的只有时间自己，而它成了为人缅怀的藏品。它的地位来自于日内瓦的顶级工艺，更是那些顶级制表师长久传承的原创主义。

芝柏表创立于 1791 年瑞士边境的一个名叫拉桑迪坊的小镇，是世界上历史最悠久的钟表公司之一。在建厂的 200 多年里，芝柏制作出了无数钟表珍品，并成为今天举世推崇的世界顶级十大名表之一。芝柏表的两位创始人让·弗朗索瓦·包特和康斯坦·吉拉

谁都没有资格去怀疑它的历史，因为芝柏本身就是腕表的代名词，它的历史可以追溯到 1791 年前；谁也没有资格在它的面前称王称帝，因为它就是表中至尊。所以别想在气势上去压倒它，它的典雅是历史沉淀后

尔是公认的匠心独具的制表大师。1791 年，包特创立芝柏表。1800 年，他发明了世界首批超薄型怀表，完美地将缩小的复杂零件组合在一起，技艺之精湛令人叹为观止。1860 年，吉拉尔为芝柏表研究的三桥结构获得成功，并制作出了日后经典的三金桥陀飞轮怀表。陀飞轮设计的主要功能是抵消地心引力对机芯稳定性的影响，特别是在钟表处于垂直状态时发挥作用。1867 年，芝柏的三金桥陀飞轮怀表在巴黎万国博览会上获金奖。随后，这款表又赢得巴黎世界博览会金奖，被称为"表中的蒙娜丽莎"。

芝柏在 1880 年受德皇委托，为德国海军将领制造腕表，成为史上大规模生产腕表的第一家钟表制造商。到 20 世纪 30 年代初，芝柏表已横扫整个欧美，时尚人士趋之若鹜。1932 年，芝柏表在美国建立了分公司，市场进一步扩张。同时，它还是少数能够在二战中不停产的企业之一。1966 年，芝柏成功研制了世界第一枚高频机械表芯，其平衡摆轮每小时摆动 36000 次。1969 年，芝柏设计生产了一款石英机芯，振荡频率 32768 赫兹，被同业一致采纳作为标准。此刻，它成了典范，也成为瑞士第一家以大规模方式生产石英表的钟表制造者。

芝柏表现任总裁路易吉说过，创新能力加上令人钦羡的历史传承，使芝柏成为瑞士顶尖制表厂之一，但是所面对的将是不断创制细密精致钟表的永恒挑战。很明显，它爱上了这种挑战。它坚持着原创的信念，坚持手表制作，这既是智慧的结晶，也是对美学和技巧完美配合的追求；满足不同年代的品位和潮流之余，又无损传统素质及优点，叫人赏心悦目，始终如一。

不要问芝柏擅长什么，这是一个极愚蠢的问题，尽管它从不去卖弄它的历史，但不争的事实是：这是一段辉煌得让人眩晕的历史；是创意、传承，更是完美。

GP
GIRARD-PERREGAUX
限量甄选

作为钟表界最值得期待的完美主义者，芝柏的每一款钟表都是挑剔到了极点。作为钟表界的"蒙娜丽莎"，它的美更多的体现在对制表工艺零缺点的追求和对完美的无限崇尚。不管是顺境还是逆境，也不管是机遇还是危机，芝柏坚持着完美主义者最为伟大的傲气，在钟表界傲视群雄，尤其体现在它精美绝伦的限量版钟表上。

在20世纪60年代，芝柏表是屈指可数的几家拥有自己的研发团队的腕表制造商之一。1966年，它以自己的"Gyromatic"技术为基础推出了第一只高频机芯，这种机芯的运行极度精确。结果，瑞士纽沙特尔天文台1967年的精密计时器证书有73%都颁发给了芝柏。为了纪念这一段辉煌的时代，芝柏与另一大腕表品牌宝齐莱共同推出了全球限量仅88枚的"芝柏1966宝齐莱特别版"，把芝柏与宝齐莱的友好合作关系与那个辉煌年代推崇到极致的位置。作为两大超级腕表制造商，该款腕表更是精品中的精品。它搭载GP3300自动机械机芯，设计精致巧妙可从腕表的透明底盖一览无遗。想必拥有它的人就算没有了解那段历史，也能够通过它读出那段辉煌来。

除了这款之外，芝柏在2008年又推出了两款限量版腕表，同样是出于对这一辉煌

芝柏"1966 Full Calendar"铂金版，铂金表壳，直径40毫米，动力储存42小时，大三针、日期、星期、月份、月相性能显示，防水30米，鳄鱼皮表带，全球限量100只。

年代的缅怀。其中之一是"1966 钯金限量珍藏版",是敬献给喜爱芝柏工艺的消费者而特别设计,另一款则是首次推出的复杂性能款式"1966 Full Calendar 全日历"铂金表款,两款同样是兼具日用与收藏的表款。钯金是世界上最稀有的贵金属之一,世界上只有俄罗斯和南非等少数国家出产,每年总产量不到黄金的 5%,且硬度更胜于铂金,是近几年国际时尚流行的饰品材质;铂金则向来是表界采用限量制作表款的顶级材质之

一,很多创下国际腕表拍卖价格新高的表款也多以铂金材质制作。

作为一款世界级的顶级腕表,芝柏常常会选择一些富丽的国家与城市推出限量版。其中较为着名的有"WW.TC 世界时间纽约腕表"和"WW.TC SINCERE"。其中以黑色为主要色调的"WW.TC 世界时间纽约腕表"是对纽约的致礼之作。黑色陶瓷表壳,配合飞返计时和世界时间显示功能,其中纽约以红色作为点缀,在众多城市中最为突出;24 小时时圈以红白两色设计。这款拥有独立编号的时计表仅限量十只,只在芝柏表麦迪逊大道旗舰店发售。后者则是芝柏表

芝柏推出的限量版"WW.TC 世界时间纽约腕表"和"WW.TC SINCERE"。

为新加坡腕表零售商 Sincere Fine Watches 独家推出的限量 28 只的 DLC 涂层钛金属 "WW.TC 计时码表"。这种全黑的腕表把制表界与材料科学的精妙联系在一起。迷人的深色表面是对钛金属进行 DLC（仿钻结晶碳）处理得到的效果。这种低敏感性灰色金属具有极好的耐腐蚀和抗震能力，耐用和强度也是这款计时码表的特征，它可以同时显示分布在世界各地的 24 个不同城市的时间，当然也包括新加坡。

除了精美，芝柏还是一位爱心大使。以帮助尼加拉瓜穷人为使命的"美国尼加拉瓜基金会"（ANF）是该国历史上最成功的组织之一。为了支持 ANF 募集资金，GP 芝柏表制造了 40 只限量版时计表——"Virtus 1"万年历计时码表。该表出售后所得款项将全部捐赠给该基金会。

爱心带给人的是感动，速度带给人的则是激情。在芝柏的合作伙伴中最为著名的当属最具激情的法拉利了，当人们努力地在两种完美主义者之间寻找某种联系的时候，芝柏为庆祝法拉利 50 周年庆典之际，专门推出了一款名为"芝柏 F50"的万年历码表。由于当时法拉利专门推出了限量 349 辆的法拉利 F50，所以这款码表也特意限量 349 只，销售的对象也主要为 F50 的车主。芝柏会专门为每一只表特别镌刻与该车相同的引擎号码，同时在特有的表底盖上镌刻拥有者姓名。两种有着非凡美感与价值的品牌有了

一次激动人心的碰撞，产生的必定是极品。为了满足那些狂热的制表收藏家，芝柏专门推出了同型的第二系列，数量更少，仅 250 只，对象是那些"对于高度精致的产品具有敏锐而理智鉴赏力的人士"，以及世界各地芝柏表的收藏者。而此限量系列与第一系列的差别是仅在于表背印记的不同。

毫无疑问的是，芝柏绝对不是宝石与金

芝柏制造了限量 40 只的 "Virtus 1" 万年历计时码表，又于法拉利 50 周年庆典之际推出了限量 349 只的"芝柏F50"万年历码表。

"歌剧院二号"采用半镂空的方式，让人们在聆听它天籁之音的同时，还能观摩到它发声机械的美妙过程。"歌剧院三号"则将莫扎特和柴可夫斯基的经典曲目完美的镶嵌到了一个类似八音盒的机械滚筒里。精美之至，细腻之极。

属材料的堆砌，而是由芝柏表的设计师、工程师以及制表师一丝不苟地构想和呕心沥血地制造完成的。而最能代表芝柏精神的莫过于无与伦比的"歌剧院系列"，该系列至今共推出了三款，分别是："歌剧院一号"、"歌剧院二号"、"歌剧院三号"。歌剧作为集合多种艺术的表现形式，有着和芝柏精致绝伦的工艺一样高超的要求。以歌剧为名正是体现芝柏的精美与高超。超过数百件的精巧零件组合而成，环环相扣的齿轮、擒纵机构、音簧机制，仿如默契与技巧绝佳的管弦乐团演奏出的回旋于心灵之上的天籁之音；

精致的机芯雕工、抛光及敲槌律动、音乐盒机制的轮转又似是美术与舞蹈，让视觉美感跃然呈现。

芝柏"歌剧院一号"突破传统问表二槌响音性能，为全球第一只四锤音阶式三问表，其无与伦比的尊贵气质与悠扬的音阶式三问四锤音响铃远远领先于各品牌之问表性能，成为21世纪问表之尊。其设计灵感是源自举世闻名的英国"大本钟"铿锵优雅的乐声。以四个轻巧响槌"mi, do, re, sol"敲击出时、刻、分；悦耳迷人的铃声宛如天籁，真可媲美歌剧中高亢和谐的乐声，那是让人为之动容的赞叹，令人神往！透过清晰的双面镂空表面，可直接欣赏机械内部精细的镂雕、三金桥华丽的结构以及四个小巧钟锤来回摆荡运转。除了拥有前者的强大功能之外，"歌剧院二号"还做了一些特殊改造。为了让每一位收藏家可以直接欣赏四锤敲击的律动，特将四槌机制移至上方，让顶级收藏家透过九点钟的镂空设计，直接感受顶级问表响锤灵活摆动的敲击状，其艰巨精密的工程可想而知。

于 2003 年推出的"歌剧院三号"更是一件登峰造极之物。"歌剧三号"的心脏是一组迷你音乐盒，设有 20 个琴键和一个带有 150 枚手工装嵌钉齿的滚筒，并能以一个小型控制杆来转换音乐的选择。而在表壳左上方，配置有一个三阶段的控制杆，可以选择停止音乐，或在需要的时候启动旋律演奏，或者设定每小时自动奏出音乐旋律，提示时间的流逝。里面有极其精致细腻的音乐表，是全球首创内建有两首曲目（莫扎特的 A LITTLE NIGHT 和柴可夫司基的 NO GREAT LOVE）可自由选择的音乐表，并可由收藏家自行指定曲目量身订做。到目前为止，全世界出产没有超过五只，而售价高达 1400 万美元。

同年还推出了"Vintage 1994"典雅系列纪念表，这款是以 40 年代的著名款式为复制蓝本，采用手动上链小秒针设计，搭配当代流行的弧形玻璃，为保留其原设计的复古风貌，并没有印上现代芝柏的商标，限量发行 203 只。

2010 年芝柏也推出了几款限量版名表。新款三金桥镂空限量版"1966"系列计时秒表搭载精致的三金桥陀飞轮，组装需要惊人灵巧的手工将 72 个零件放入一公分的直径内，其总重仅 0.3 克，与一根天鹅羽毛相当，该表款全球限量发行 50 只。除此之外，为了"PLaureato 系列"诞生 35 周年以及芝柏石英表面世 40 周年之庆，芝柏表特别制作了"Laureato"石英表，以示纪念，全球限量发行 40 只。

芝柏 Vintage 1945 Tourbillion

　　它生来就是为了与最尊贵的劳斯莱斯 Hyperion 相匹配的，它生来就
显示出独一无二的尊崇。这只 2010 年才发布的超级腕表全球只有一只。

GP
GIRARD-PERREGAUX
至尊私享
❖❖❖

最极致的美是不可模仿的美，最顶级的魅力是无法复制的工艺，芝柏的王国里从不缺乏这样的典藏品。也许它并不是价位上的王者，可必定是地位上的全尊。

芝柏 Vintage 1945 Tourbillion
★ ★ ☆ ☆ ★
限量关键词：全球仅一只

也许它并不是世界上最贵的手表，但肯定是世界上地位最高的表，因为它是世界上最为高雅的劳斯莱斯的徽章—— 令人神魂颠倒的芝柏"Vintage 1945 Tourbillion"。

它生来就是为了与最尊贵的劳斯莱斯相匹配的，它生来就是独一无二的尊雅。这只2010 年才发布的超级腕表全球只有一只，并且只与那款世界上最贵的敞篷车劳斯莱斯Hyperion 相般配。

最豪华的轿车遇到最精美的计时器，那该是多么完美的邂逅。虽然身处的领域不同，不过他们都有着共同目标。在各自领域都有着杰出表现，彼此的相同之处就在于结合传统却能屡屡创新，以不可思议的美感打造出极为精密的机械作品。车与表之间，一直有着不少共通之处，自然也能够做到完美搭配。这就是这款豪华时计的序曲。

白金打造的完美线条，整个灵感是来自于1945 年的款式，以黄金打造的陀飞轮，更是格外令人注意。这样的设计最早是在

最有趣的地方就在于它能够随意拆卸，并且安装在 Hyperion 定制的仪表板上，在下车之前，可以将"Vintage 1945 Tourbillion"从车上拆下，戴在自己的手腕上，再次吸引众人目光。"Vintage 1945 Tourbillion"就像是一面能与劳斯莱斯 Hyperion 完美搭配的金牌，除了漂亮的设计与造型之外，定位珠机构的运用，也使得这款腕表能够在车上与表带上自由拆卸。让购买者能够在不同的场合，展示芝柏品牌令人骄傲的产品。

如此独特的作品，联结了豪华汽车与钟表。他注定不会被时间淘汰而能历久弥新，这便是高品质兼具艺术感的豪华腕表"Vintage 1945 Tourbillion"的完美呈现。

三金桥陀飞轮怀表复刻版

★ ☆ ★ ☆ ★

限量关键词：度身定制　独一无二

按照怀表主人的品位进行度身定制，这一非凡的创举将配合最精湛的制表业传统，创造出独一无二的绝世珍品。为了向瑞士高级制表业和品牌的伟大杰作致敬，芝柏表推出三金桥陀飞轮怀表的复刻版。这非凡的杰作是芝柏表对于由拉绍德封的制表师 Constant Girard-Perregaux 于 1860 年代开创的不朽传统的最新诠释。1884 年，他以一款带有三条整齐排列的平行箭头形桥板的机芯取得了专利。而这一彻底颠覆性的结构在 1889 年终于真正获得了世人的认可，这一代表作成为芝柏表的品牌标志，并在此后的

芝柏"Vintage 1945 Tourbillion"能够随意拆卸，并且安装在 Hyperion 定制的仪表板上

19 世纪所发展出来，其复杂却精准的程度，令人赞叹不已，这也符合该轿车的复古风格。表带采用的是象牙色的真皮材料，整个腕表的表身重量仅为 0.3 克，但却容纳了不少于 72 个零部件。整个表盘被 18 克拉的白金包围，而其背景色则采用的是与劳斯莱斯 Hyperion 车型车身颜色一样的浅蓝色。

许多年里，在国际展会中不断赢得各种奖项和赞誉，这款怀表在制表史上写下了浓墨重彩的一笔，不仅仅是因为它的造型之美，还因为它的机芯设计在美学及功能性上的独辟蹊径。

作为芝柏表品牌乃全瑞士高级钟表的标志，这款怀表的机芯不仅因其精妙绝伦的设计，更因其无与伦比的制造工艺而卓然出众。陀飞轮架采用七弦琴造型，这种造型从1880年代以来，一直在制表业界被公认为芝柏表品牌的专属标记。它的92个部件全部以最高的精度和最尖端的工艺技术精雕细琢地进行生产、修饰、装配和调整。按照19世纪高品质钟表的常规做法，这款怀表配备了 Guillaume 型双金属摆轮以平衡温度变化，从而确保了更高的走时精度。这一高度复杂的平衡过程要求细致入微的操作，才能令平衡摆轮的定位在温度发生任何变化的

三金桥陀飞轮
怀表复刻版

情况下都能达到理想状态。

这款时计出色的机械结构与它所彰显出的芝柏表传统之美交相辉映。在设计时采用了三条平行箭头形桥板的精确配置，精细的做工更是独一无二。精雕细琢贯穿于三金桥陀飞轮每个部件的打造过程中，哪怕是那些位于其他部件之后的隐秘部件，也同样进行一丝不苟地修饰，体现了高级钟表所特有的尊贵。

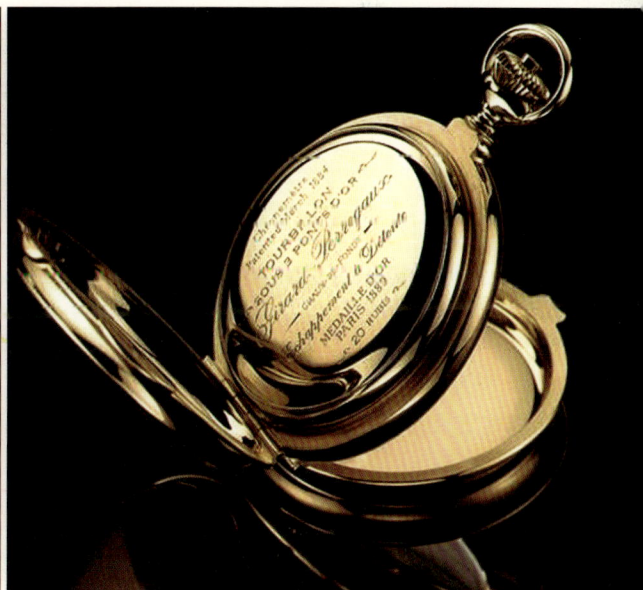

沃里结识爱马仕，一款终极豪华动力游艇横空出世。它就是 WHY，谜一样的名字，谜一样的身段。

WALLY

海平面上的移动宫殿
沃里

爱马仕豪华游艇
★ ☆ ★ ☆ ★
限量关键词：造价 1.6 亿美元 时尚、环保设计理念

爱马仕，奢侈品设计界的大腕儿，创立于 1837 年，早年以制造高级马具闻名于法国巴黎。"坚持自我、不随波逐流"是爱马仕多年来一直坚持的风格；而"追求真我，回归自然"正是爱马仕设计的终极目的；"让所有的产品至精至美、无可挑剔"是爱马仕的终极梦想。基于此，它被世界著名的游艇界巨头沃里一见钟情。

古希腊人称水星为爱马仕。而在希腊神话中，爱马仕是大神宙斯与神女玛亚之子——交通、运动之神。沃里作为水上豪华游艇的领跑者，与它溯源至深。冥冥之中，它们就是天造地设的一对，它们的结合也只有一个结果——完美，而这种完美在一艘游艇上得到极致表现。这艘游艇配备了高科技设施，结合现代化时尚设计，是一艘让奢侈

梦想成真并富含绿色概念的终极豪华游艇。这就是沃里爱马仕游艇（Wally-Hermès Yachts），简称 WHY！它将爱马仕和沃里两个品牌共同的特色——打破传统的创新理念完美释怀，为世人奉上了一场华丽的视觉盛宴。

还有什么比在海上拥有足够的空间更奢侈，是沃里这款终极水上"豪宅"让这种奢侈成为可能。沃里很大，大的如同一个岛。长 58 米，最大的宽度也达到了 38 米，总计 3400 平方米的面积，重 2400 吨，最高时速达 14 海里。沃里的制造团队汇集了一群来自设计、工程以及船只建筑界中的精英，他们的目标非常简单同时也相当明确，就是为了能给生活带去更多的新乐趣和新意义。

游艇内部设计简洁、大方，色调清新淡

雅，楼梯构造极富空间感，长条型的餐桌贯穿整个餐厅并延伸至整个空间，更有通体的玻璃门窗让航海视线更加清晰开阔；甲板部分的装饰与其使用的巨型船身相互辉映，整个船身被分成三层并大面积地使用露台设计，这样自然的光线就被巧妙地引入室内；另外，甲板上 25 米长的游泳池与 36 米长的沙滩设置，可以在享受日光浴的同时尽情欣赏明媚的海上美景……

宽敞的空间，私密的氛围并非沃里的全部内容，他在追求环保效应上所展现出来的非凡的优越性也是无与伦比的。

这艘环保型游艇，与大海和平地相生相息。不但带来了一种全新的海上生活方式，还提供了新型的能源管理方法：沃里使用了特殊的挪威海洋物探船船体，这使得他在开动时要比同等大小的船只耗能少，据统计，这种新式游艇每年可节约高达 200 吨的柴油，这足可以让他横渡大西洋来回四次而不需加油；沃里还使用了当下最为先进的柴油和电力混合的双动力推进系统，更在船身的表面设置了将近 900 平方米的光电面板，每天的太阳能发电量可达 500 千瓦，足可维持船上的供电所需。

WHY，展现了一种属于海上生活的艺术。在爱马仕与沃里两个品牌的相互交融下，这款沃里创造了独具一格的海上生活新体验。与这种独特生活对应的是不菲身价，1.6 亿美元的天价让有兴趣与有实力的买主屈指可数，因为"拥有"的成本是无穷无尽的，比如维修、升级和精心的照料。问世间几人能有幸成为他的主人呢？

看着它简洁而低调的蓝白车标，你却不由得联想到它并不低调的身价。对于沉稳又不失潇洒的名人雅士来说，也许它是最好的旅伴。

低调之中 尽显奢华

宝马

关于宝马

慕尼黑是德国巴伐利亚州的首府，也是欧洲最繁荣的城市之一，足球、啤酒节，还有充满了传奇色彩的茜茜公主，都让这个阿尔卑斯山脚下的古老城市变得越发令人心驰神往。慕尼黑的大部分建筑都很古朴，而在奥林匹克公园对面的一幢22层的现代建筑已然成了这里的重要地标，那是宝马的总部大楼，与之毗邻的是宝马博物馆，它的整个顶部外观成就了世界上最大、最醒目的宝马蓝白相间的车标。

宝马又称"BMW"，它是"巴伐利亚机械制造厂"的缩写，其前身是巴伐尼亚飞机制造厂（BFW），它成立于1916年3月7日并以制造流线型的双翼侦察机闻名于世，始创人是吉斯坦·奥托，其父是鼎鼎大名的四冲程内燃机的发明家尼古拉斯·奥托。1917年7月，奥托退休后公司便开始重组，正式名为BMW。作为一战的战败国，德国的飞机制造业由于遭到《凡尔赛条约》的抵制而受到重创，禁产五年。1922年，宝马研制了第一台摩托车发动机，1923年，第一部宝马摩托车问世，五年后的1928年，宝马收购了埃森那赫汽车厂并开始生产汽车，宝马315型、319型、320型等多款汽车（后两位数字往往反映其气缸容积）相继问世。二战期间，宝马325型和326型（四门房车）均被纳粹党征用在军事上，而所有民用的汽车都停止生产。

二战结束后，德国分裂成东西德两国，物资奇缺，汽车工业再受重创，宝马也开始经历着历史上最艰难的时期。1945年到1947年，宝马曾为一家美国公司做了三年的飞机发动机研发工作，1948年开始重建摩托车工厂。1952年10月，宝马终于再投产汽车，其性能广受好评。后来，宝马一度面临着被奔驰收购的窘境，但是在1959年，宝马700型跑车却力挽狂澜，近19万辆的销售佳绩使宝马重获新生。此后的半个世纪，这匹德国的"宝马良驹"又开始了跃世奔腾的年代，新的厂房以及收购计划不断成行，新的项目和车系不断问世，最终奠定了宝马在世界顶级汽车制造业的一席之地。

BMW 宝马

限量甄选

从风光无限的宝马 328 到如今自成一派的 SAV，走过了这跌宕起伏的 80 年，如今的宝马依然保留着最初的激情与执著，而天生的运动基因也注定它要开拓出一片自由驰骋的广袤天地。

由于受战争以及生产条件的影响，宝马在发展初期的产量只维持在一个相对较低的水平，某些车型的产量更是少之又少。这其实也是当时德国汽车界的一个普遍现象，所以当时生产的车如果能够留存到今天基本上都成了货真价实的"限量版"。

宝马 328 采用当时十分先进的管状框架底盘和独立前悬挂，有着轻量化和空气动力学特性的流线型车身，整车重量仅 830 公斤，最高时速可达 160 公里，这让它当仁不让地成为二战以前最快的量产车型。

宝马 328 系列可谓是二战前最伟大的一款运动车，曾于 1999 年入选"世纪之车"的前 25 名。从 1936 年到 1940 年，这款车只生产了 464 辆，但它却为宝马获得了 120 项胜利。如今，当时光流过 70 年，能留存下来的宝马 328 已经极其罕有，但其独特的魅力仍令众多车迷为之倾倒。

作为全球最大的古董车拍卖公司，加拿大的 RM 拍卖公司传出消息，一辆身世不凡的 1937 年产宝马 328 将被拍卖，该车的底盘编号为 85032，车身由威廉·梅尔霍费尔精心设计。1940 年，一辆宝马 328 曾在意大利布雷西亚 1000 英里耐力赛中夺冠，而被拍卖的这辆车成绩是第六名。二战后，这辆车作为战争赔款的一部分转移到前苏联政府并最终由米格战机之父阿尔乔姆·米高扬获得，后来米高扬的儿子一直驾驶这辆车，他在 1972 年用它同一位拉脱维亚商人交换了一辆全新的拉达汽车。

2001 年这辆车再次易主，新车主将它一路从里加开到慕尼黑宝马博物馆并进行了一次彻底的翻新。要知道，宝马博物馆自己的那辆宝马 328 也只是一台复制的概念车！关于该车最近两次的交易价格，外界一直不得而知，至于这次将要拍出的价码，内行人士甚至认为这辆凝结了宝马无数心血和历史的经典车将不会低于 200 万英镑。

现在，按照不同设计特点，宝马车系主要有 1 系、3 系、5 系、6 系、7 系、X 系、M 系等七大车系，具体车型涵盖四门轿车、双门轿跑车、敞篷轿跑车、高性能运动型多功能车（SAV）、全能轿跑

车（SAC）和运动型两厢轿车等。宝马车的型号通常会在其所属系别的后面加上大致排量，如：宝马 3 系的 325i、宝马 5 系的 520Li，后面的字母代表特定含义，如：i 代表汽油发动机，L 代表加长型。某些具体的车型还会根据配置的不同而衍生出典雅型、领先型、豪华型、行政型、时尚型、锋尚型等等，如：宝马 7 系的 730Li 就被分为领先型（92.8 万元人民币）和豪华型（101.8 万元人民币）。近年来，宝马各系的多款限量版也陆续面市。

目前，宝马 3 系占据了宝马总销量的 40%，2010 年，世界杯将全球的目光都聚到了南非，宝马 3 系也专门推出了一款名为"Dynamic"的特别版车型，限量生产 300 辆。主要基于宝马 320i、320d 和 335i 二款，共有三种颜色可供选择，包括"高山白"、"深海蓝"和"太空灰"。作为特别版车型，该车在侧后视镜罩、后扰流等处均采用了碳纤维配件，18 英寸的深色铬金属合金轮毂以及深色铬金属尾气排放管口均为该车的突出亮点。迎宾踏板上带有特别版车型的字样，其地板垫应用的是独特的品蓝色缝纫线。

X 系是宝马车系中的重量级成员，其开山之作 X5 是宝马的第一款四轮驱动汽车，该车于 1999 年底在美国上市并在 SUV 市场取得巨大成功，但是由于宝马认为 SUV 已经不足以形容 X5 在设计上的新取向，因此采用新叫法 SAV，即高性能运动型多功能车。2010 年，宝马专门推出了 X5 十周年纪念版珍藏车型，全球限量 2000 辆。它包含了宝马"X5 xDrive30i"豪华型和尊贵型（xDrive 即宝马的智能四驱系统）两个版本，车身颜色使用了仅在宝马个人定制车辆上使用的神秘灰金属漆，在车辆侧门、前车门迎宾踏板、方向盘等处均可见到十周年纪念等标志或金属铭牌。

宝马 SAV 家族后来又增加了 X1、X3 以及高效混合动力 ActiveHybrid X6（售价 216.8 万元人民币）。现在，宝马 X 系又开创出了全新的车型 SAC，即全能轿跑车，其中，宝马 X6 豪华型的售价为 105.5 万元人民币，而 X6 xDrive50i 豪华型的售价超过 190 万元人民币。2010 年为了广州亚运会的到来，宝马 X 系特别推出了 X6 xDrive35i 动感亚洲版，车身侧面加入了以"Dynamic Asia"为 Logo 的煅纹铝制外装组件，内饰配备了个性版胡桃木高级木饰的真皮方向盘以及个性版真皮仪表盘。整体配色方面，这款车更加灵活地提供了两套颜色搭配，深红宝石色个性版金属漆配米色内饰以及珍珠银个性版金属漆配马鞍棕内饰。这款车限量 100 辆，售价为 113.4 万元人民币。

2007 年，为了纪念 7 系问世 30 周年，宝马推出了全球限量 100 辆的"750Li"特别纪念版，车身漆分为个性版月光石色金属漆和个性版蓝晶黑金属漆两种，其中月光石色车型配有烟草棕色全美利奴真皮内饰、胡桃木内饰镶边和带烟草棕色线墨灰色大鹅绒脚垫；蓝晶黑色车型配有香槟色全美利奴真皮内饰、黑色钢琴漆内饰镶边和带香槟色线墨灰色天鹅绒脚垫。"BMW 7 Series 30th anniversary"（宝马 7 系 30 周年纪念）字样镌刻在前后排 iDrive 控制钮上，并在头枕处清晰可见。这款车的售价达到了 177.5 万元人民币。

2009 年，宝马 7 系和世界顶级钢琴品牌施坦威合作，推出了全球限量发售 150 辆的 7 系特别版。这款车搭载两款发动机，其中，新宝马"760Li 施坦威"全球限量版售价为 319.8 万元人民币，而新宝马"740Li

宝马 7 系 30 周年纪念版均为宝马 750Li 车型，装备宝马个性版车型独享之尊崇套装。

7 系是宝马的顶级豪华车型，它在 1977 年取代了新 6 系成为了宝马汽车的旗舰车型，它目前只生产四门轿车而且只在德国本土生产，它被誉为当之无愧的"领袖座驾"。宝马 7 系的特点是拥有加长的轴距和最宽大的内部空间，而且，其尖端的创新科技、卓越的驾驶动感和超凡的豪华舒适乘坐体验为豪华座驾树立了新标杆。

施坦威"全球限量版售价为人民币 179.8 万元人民币。

　　这款车的外观经过三层金属漆的手工打磨,外观质感可与施坦威钢琴漆面相媲美,整个工艺至少需要 35 个小时才可完成。在内饰方面,宝马设计师将施坦威的元素发挥到了极致,黑与白的强烈对比,前后座、门板、中控台、仪表板等部件的美利奴白金色全真皮,头枕和面板上镶嵌的施坦威金色品牌标志,地板上铺设的羔羊毛高级地毯,迎宾踏板上也有施坦威标志。乘坐其中,似乎整车都洋溢着来自维也纳的音乐气息。

　　20 世纪 70 年代,宝马成立了一个十分特殊的机构——赛车运动(Motorsport)。它的使命就是设计和改装出极高性能的高端车型以及满足客户的极端个性化需求。1978年,第一台带有"M"标志的宝马 M1 亮相巴黎国际车展,随后,M535i、M5、M6 以及 M roadster 等相继问世。对于全世界的宝马车迷来说,一部宝马 M 不仅仅代表了非凡的运动特性、专属性和高超的工艺,更意味着宝马对汽车以及运动精神的最高理解。在崇拜者的心目中,"M"早已上升为一种精神的图腾,寄托着宝马拥趸们的期待。

2010 年，为庆祝宝马 M3 诞生 25 周年，宝马在全球市场陆续推出了 M3 纪念车型。6 月中旬，美国市场创造了在 12 分钟内 30 辆宝马 M3 磨砂版灰色预订完毕的热销纪录。8 月底，专为中国市场量身定制的 30 台宝马 M3 25 周年限量珍藏版车也很快售罄，售价 12.5 万元人民币。

除了为人所熟知的十大车系，宝马还有一个专攻敞篷跑车的 Z 系。在 1987 年的法兰克福汽车展上，宝马发布了开发三年之久的双座敞篷跑车——Z1。之所以取名为 Z，是因为它以德语"Zukunft"的开头字母"Z"命名，Zukunft 译为"未来"。Z1 之后，宝马的所有双门敞篷运动型跑车都以字母"Z"开头，而于 2002 年问世的 Z4 是宝马的第一款硬顶敞篷跑车。为纪念宝马 328 当年在意大利 1000 公里耐力赛中的全面胜利，宝马 Z4 sDrive35is 推出了全球限量生产 99 辆的"Mille Miglia"特别版车型。这款限量版车型采用涂装亚光层面的金属漆，内部座椅和方向盘以红线缝制，挡把前部还有独特的"1000 MIGLIA"标识。

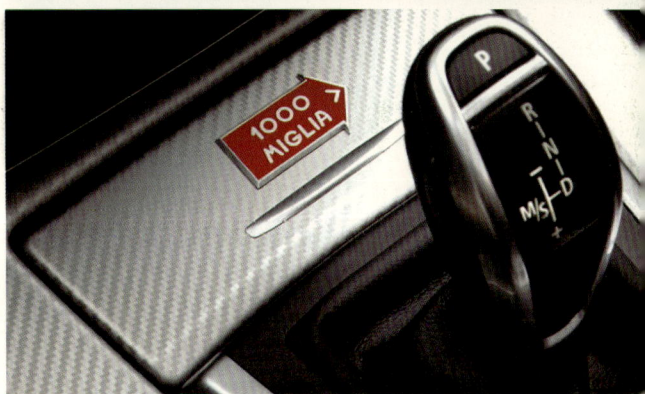

限量视界
宝马 X5 十周年纪念版的外部车身使用了神秘灰金属漆，换装 20 英寸的高档铝合金轮毂，内部大理石纹理装饰以及高档真皮座椅，各个细节均堪称完美。该纪念版车型全球限量 2000 台，其中有 500 台在中国市场发售。

至尊私享

M 系专注于将宝马的强大性能推向极致，开着它上路，或许弗兰克·威廉姆斯也会认为有人从他的车队中开走了一部 F1 吧。

宝马"M6 竞技"
★☆★☆★
限量关键词：高性能豪车

1983 年，在 6 系诞生六年之后，宝马推出该系豪华轿跑车的高性能版本——M6。它综合了 F1 科技，拥有 500 马力、V10 发动机、高转速、七速顺序式半自动变速箱，正如宝马官方所言——F1 的血液永远无法被掩盖。开着这样的车上路，弗兰克·威廉姆斯也许会认为有人从他的车队中开走了一部 F1 吧。

2009 年，宝马又推出了限量 100 辆的"M6 竞技"。与标准版的 M6 有所不同，该车从内到外都采用了很多独特的元素：冰灰色金属漆，黑色和浅灰色对比双色调的西班牙进口野生的美利奴羊皮内饰，特别定制的黑色地毯上印有"M6 competition"字样。另外，每一辆都镶嵌有一块独一无二的编号标牌。

30 年前，宝马 M1 公路版售价已经高达 113000 马克，当时一辆大众高尔夫 GTI 的价格仅仅是 15000 马克。如今，M 系依然是宝马家族中的贵族车型，售价基本都在百万以上，而限量版的"M6 竞技"的售价则达到了 250 万元人民币。

全新宝马 760Li 中国 60 周年庆典版
★ ☆ ★ ☆ ★
限量关键词：限量生产 60 辆

2009 年，在中国建国 60 周年之际，宝马为了致敬中国 60 年来所取得的伟大成就，特别针对中国市场限量推出 60 辆"全新宝马 760Li 中国 60 周年庆典版"豪华轿车。

全新宝马 760Li 中国 60 周年庆典版

该车型以全新宝马 760Li Individual 为基础，专为庆祝中华人民共和国成立 60 周年量身定做，其设计中融入了诸多的中国元素。除了车型中含有数字"60"，车身上的"中国60 年"的标识、车内 iDrive 旋钮上的篆书印章还有头枕、天鹅绒脚垫以及后车窗帘上精致的"中国结"图案都深刻契合了中国60 周年喜庆的氛围，可以说是意境天成、弥足珍贵。这款车的售价在 300 万元人民币左右。

德国是一个顽强执著的国度，而日耳曼人的坚强和执著似乎在宝马那里投下了最深的轮廓。而今，在经过了近百年的沧桑变

限量视界

为庆祝世博会在中国上海举办，宝马推出了"悦世版"四款车型：740Li、X5 xDrive35I、X1 xDrive25i 和 320i，总共限量 1244 辆，740Li 的售价近 150 万元人民币，除了尾部的"悦世版"土标识，"中国印"也出现在前后排乘客的头枕上。同时，iDrive 控制旋钮上还使用了世博会中国馆的设计师何镜堂专为 7 系设计的徽章。

幻、岁月沉浮之后，这匹巴伐利亚的烈驹依然有着令人难以抗拒的魅力，无论是狂野不羁还是潇洒俊逸，无论走到哪里，有它相伴的征途永远是最难得的享受。

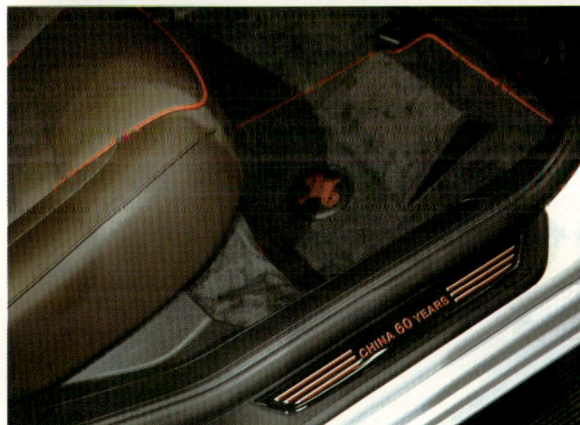

M1NT

富绅豪门的专属领地

M1NT俱乐部

★☆★☆★

限量关键词：面向富翁中的富翁

作为世界首家股东制的高级私人俱乐部，M1NT只为最尊贵、最有权力的新一代富豪们提供顶级奢华的服务，能够跻身其中，代表着你已进入世界精英财富圈的最高层。

在英文中，"Mint"有造币厂的意思，M1NT亿万富翁俱乐部的创始人阿利斯特·帕顿用阿拉伯数字1取代了MINT中的字母I而变为M1NT。对此，帕顿解释到：这是世界上第一家股东制的富豪私人俱乐部。

帕顿原本只是一个12岁就一天打几份工贴补家用的澳大利亚穷小子，18岁时进入银行业开始从事外汇交易。1999年，他集资到250000美元，创立了一家二氧化碳信贷与排放配额交易公司，即发达国家企业为发展中国家的一些旨在降低污染物排放的项目提供资金，作为交换，发达国家企业将获得"排放配额"从而可以继续排放温室气体。两年后，帕顿成功收购了全球40%的排放配额并以2500万澳元售出。然后他来到伦敦，但在一次和朋友外出时他们被一家会员制俱乐部拒之门外。这倒让他突发奇想，产生了自己建立一家别具特色的股东制俱乐部的概念。

2005年2月，27岁的帕顿在伦敦正式成立自己的高端私人俱乐部，它的目标群体完全只针对身家丰厚的商业富豪或者声名卓著的政要、皇室贵族以及明星。其实要得到他们的认可无疑是相当困难的，但帕顿却成功说服了250位股东会员买下了M1NT的50万份股份，这主要得益于帕顿此前曾担任过多位政要、金融界名人和国际官方组织的顾问。另外，帕顿还立下豪言，第二年会给予会员头年投资额的7%～10%作为额外的分红，实际上他们既是会员，更是投资者。而在2005年底，M1NT股份的净值就高达380亿英镑，在那串长长的会员名单上，数十位亿万富翁以及英国威廉王子、西德意志银行前负责人罗宾·桑德斯、英超球队切尔西俱乐部董事会主席巴克等都在其中。而对于其不断飙升的股价而言，这些名人似乎就是最好的宣传手段和刺激因素。

M1NT俱乐部的入会条件极为苛刻，富翁们只有在为俱乐部的发展大量投资后才能成为会员，投资规模可以在50000～500000美元之间。申请人还要留下指纹和个人信息并详细告知自己的各种情况，甚至包括收入多少、拥有几家银行信用卡等。此外，其他会员的介绍信也是必不可少的。然后由俱乐部管理者和其他股东决定是否为其发放会员卡。会员除了要有足够的经济实力，通常还必须具备一定的影响力，而要成为股东会员的要求就更加的严苛。所以，这个俱乐部其实是为富翁中的富翁开办的。

当然，高昂的会费也必然能使富豪们享受到顶级的尊贵服务。M1NT俱乐部有专门定制的游艇，甚至还拥有F1赛车，而且它与世界上其他的高级俱乐部以及餐厅和宾馆都有合作关系，除了安排社交和商业活动日程、私人包机和游艇之类的"常规"服务，甚至于想私人参观白金汉宫，想在"花花公子"庄园住一晚，想请碧昂斯这样的巨星来参加发布会……这些对M1NT俱乐部来说并不是天方夜谭。曾有一名欧洲股东需要一张在新加坡举行的高端私人聚会的入场券，

M1NT 俱乐部做到了。

作为 M1NT 的会员，还必须能不定期地到俱乐部消费并享受俱乐部的服务，当初贝克汉姆被拒之门外的原因就是他效力于西班牙球队，大部分时间不在英国，自然不能经常光顾俱乐部。当你在俱乐部喝完一杯饮料（可能价值 140 美元甚至更多）起身结账的时候，打印出的收据上除了 M1NT 的 Logo 以外，还会显示 M1NT 的净资产值和当日股价，上面不断跳升的数字也直接代表着会员将从中得到更多的红利，或者说"在这里你消费得越多，也就赚得越多"。

如今，M1NT 已经将自己的运作模式很好地"移植"到了香港，昙纳和上海，其中 2006 年在香港开幕的 M1NT 俱乐部的股价在第一年内就上涨了 80%，而坐落在价值 2000 万英镑的别墅花园里的 M1NT 戛纳俱乐部则聪明地选择了在 2007 年 5 月的戛纳电影节期间开幕，包括众多的好莱坞明星和导演在内的 1500 多人参与了这场盛会。

王子为了找到公主，就让所有的女子试穿了那只水晶鞋，可是只有最初的拥有者——灰姑娘才真正能合适地穿上，因为这是巫婆用魔法为她定做的。在现实中，被人称为"明星的鞋匠"的菲拉格慕同样有着巫婆一样精致如魔术般的手艺，在它的世界里"没有不合脚的鞋"。

Salvatore Ferragamo

定制的脚上玲珑
菲拉格慕

关于菲拉格慕

————◆◆————

意大利向来被认为是人们心目中鞋的天堂，而菲拉格慕是意大利鞋的最高圣地。不论是在佛罗伦萨的博物馆，还是在纽约的"大都会博物馆"，甚至是巴黎的"时装博物馆"内，都有菲拉格慕的经典鞋品的收藏。它是艺术和流行的最完美诠释者，是尊贵身份的象征，是时代的弄潮儿，是荣耀和成就感的最直观的满足物品。可是这个物品的最初却是一个身份卑微的鞋匠学徒开创的，他以一份天才的肆意妄为和一份爱好的倾情投入，再碰到一个充满激情的大脑，它是"神"的产物，正缘于此，菲拉格慕满足了全世界男女对鞋的挑剔。在菲拉格慕看来，只有鞋子去挑剔人的份了，因为每一款菲拉格慕鞋在全世界只会有一个主人。

对于鞋匠这种卑微的职业，做到了极致就是菲拉格慕。由于家境贫寒，年仅11岁的菲拉格慕就不得不去做鞋匠学徒。他无疑是最有天分的一位，所以13岁便有了自己的鞋店和助手，这个带着梦想生活的人开始了一个奢侈鞋业王国的建构。尤其是去往美国之后，以为好莱坞明星定制鞋而很快成为了流行的代名词，被人冠以"明星的鞋匠"的称谓。菲拉格慕的成功还在于他坚持在实用与优雅之间寻找最佳的结合点的原则，这也成为了菲拉格慕的品牌风格。不断壮大的菲拉格慕品牌朝着多元化的方向发展，在香

然在目。来自意大利的菲拉格慕定制鞋满足了最挑剔的苛求。

菲拉格慕变成了时尚界的领头人，它有超过 2 万种设计，并且注册了 350 项专利，所以当某一款菲拉格慕鞋被卖出去之后，不论来者是哪位名流政要，菲拉格慕也不会为其制作第二双。

Salvatore Ferragamo
限量甄选

在时间和质量日趋矛盾的时代，似乎机器生产带来了新的曙光。可是机器生产的另一个结果则是大众化，这又与人们追求的独一无二产生了矛盾。于是出现了那些追求完美和艺术的工匠，他们全然是手工和艺术的合体。菲拉格慕就是其中最为典型的代表，无论是制作还是选材，全部是由手工完成，全部是独一无二。他们爱上了并且执著于这项"把牛皮包裹到脚上"的艺术。没有机器的干扰，他们享受着安谧的手工艺术带来的美感，并且津津乐道它悠久的历史和文化的底蕴。

水、珠宝、腕表甚至太阳镜等方面都拥有了专属的品牌。然而最为人们心动的依然是大胆而新颖的设计，最为人所惦记的是那传承下来的精致而高超的手工制作工艺。

在一个成品鞋当道的时代里，几乎没人知道定制鞋是什么感觉了。那些精选法国小牛皮、鸵鸟皮和鳄鱼皮，历经印制、拉绒、绒面上漆，依照专业度量师为你采集的尺码数据，一针一线手工缝制在三层皮革构成的鞋底上，做成随你喜欢的软底鞋、系带鞋、浅口便鞋、巴尔摩罗花边鞋、甚至沙漠靴，每一处皮革的弯曲，都和你的脚弓、脚趾、脚面如此契合。翻过鞋底，你的名字缩写赫

定制皮鞋真正的价值是鞋匠无可取代的技术。量脚定做可以有百分之百的舒适度。而材质的选用与传统工法制作的皮鞋，应该要做到就算雨天也不会让脚部受到影响，并且透气干爽。这就好比住在冬暖夏凉的房子中，会让人有种穿上后不想脱下来的感觉。难怪当年的奥黛丽·赫本、玛丽莲·梦露、索

菲亚·罗兰都曾是它的拥护者。流畅的弧线，简洁的款式，不经意的细部处理，秉承一贯优雅风范、简约风格，流行元素的恰到好处，让女性足下生辉，充分展现女性的高雅内涵。

菲拉格慕被称作是"明星的鞋匠"，可是他的名气甚至大过了许多当红明星。这个优雅的男子有着超越于常人的远见，他把鞋的拥有者定位到名人的脚上。

一方面是他专为名人制作想象力丰富又质量上乘的鞋子，另一方面，慕名而来的名流也开始了有了定制的愿望，于是菲拉格慕与他

菲拉格慕的 Sofia 手袋加上优雅的粉红色蟒蛇皮。Varina Fun 平底鞋上的 Vara 蝴蝶结采用了施华洛世奇元素作点缀。太阳眼镜则配有粉红色施华洛世奇元素的 Gancino 标记,隐隐透露着贵气。

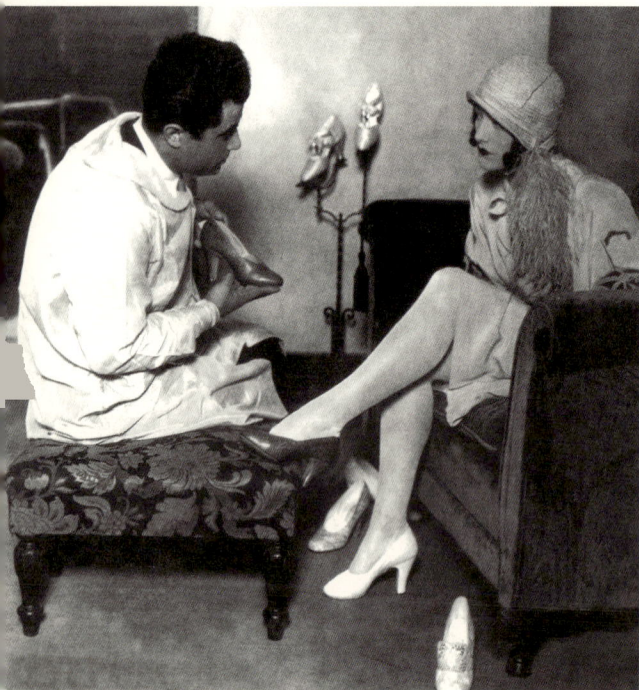

好莱坞黄金时代著名女影星琼·克劳馥1926年在好莱坞菲拉格慕鞋店中与制鞋师傅商议定制鞋。

们结下了一段传奇的"仙履奇缘"。奥黛丽·赫本、索菲亚·罗兰、玛丽莲·梦露、麦当娜、王菲等等大牌明星都是菲拉格慕的顾客，而最为菲拉格慕骄傲的则是菲拉格慕要求温莎公爵夫人脱下鞋子，让他亲自在夫人的脚上摸骨并为之专门定做了温莎公爵夫人的专用鞋。它似乎注定了为人所瞩目，注定了成为名流专属的点缀，注定了成为一种凌驾于典雅之上的贵族气质之鞋。

　　其中一款专门为玛丽莲·梦露设计的菲拉格慕镶红色水晶高跟鞋，于1999年的拍卖会上以42000美元在伦敦拍卖成交，现由菲拉格慕集团收藏。在《鞋之恋》巡回展中吸引最多"鞋痴"驻足欣赏，成为菲拉格慕的经典，每季都有好几种款式。

　　为了寻找到"永远合脚的鞋"的秘密，菲拉格慕专门进入了洛杉矶大学进修人体解剖学，他认为只有熟悉了人体的秘密才能找到"立足"的哲学。随之他提出了"人体的重量以垂直线的方向作用于足弓处"，同时还进修工程和数学课程，一个鞋匠学童俨然有了科学的大脑，加上他几十年来匍匐在鞋桌上制作的经验总结，他的手工真正的达到

了艺术的境界。

从品牌建立到如今的风靡全球，菲拉格慕的制鞋工艺达到了惊人的地步，一双鞋子需要经过 60 双手，120 多道工艺程序，以确保菲拉格慕式的手工内涵，所以它的完工更是需要定制者等上几个月甚至半年的时间。它追求的是品质和舒适度的最高境界，它代表的是流行和时尚的最前线，它带给你的是挑剔感和荣耀的最大满足。于是他的设计总能有登峰造极的锋芒。奥黛丽·赫本穿上了菲拉格慕更显优雅动人。一双双多彩的鞋已经成为文化与艺术的象征，它们不仅是菲拉格慕的个人体验，更早已变成一种优雅的生活方式。

名人的优雅很大程度来自于饰物的气质，而菲拉格慕明显有着这样的内涵。其中最著名的当属以尼龙丝穿成的"隐形"凉鞋，1947 年的这款鞋的设计使得菲拉格慕赢得了当年"时装界奥斯卡"之称的"Neiman Marcus Award"大奖，这也是该奖项第一次颁布给一位鞋匠。至此菲拉格慕变成了时尚界的领头人，他以鞋为荣，鞋也给他带来了无尽的荣耀，这便是传奇的"仙履奇缘"。

此外，在设计上，菲拉格慕紧随时代和潮流，例如为玛丽莲·梦露定制的高跟鞋就马上引发了时尚与流行的狂潮。同时它还追求历史感和文化底蕴上的创新，例如在1929年，当历史学家考察金字塔的时候，菲拉格慕马上推出了金字塔型的凉鞋。这些新鲜元素使得菲拉格慕成为了流行的代言人，它的每一次新作都会带来一次潮流的革新。而它的每一双鞋子都会完成一个独一无二的梦。

Salvatore Ferragamo
至尊私享
——◆3D◆——

菲拉格慕认为"所有的女人都是公主"，他中意"平凡的美丽"，也让软木、布匹等平凡的材料有了奢华的气质。

菲拉格慕凉鞋
★☆★☆★
限量关键词：独一无二　开创性

作为制鞋大师，菲拉格慕的天才除了在外形的创意构思上，还在于对制鞋材料的选取。20世纪30年代末期，当时的意大利处于法西斯政府的高压统治之下。众多行业陷入原材料短缺的困境，面对这种环境，菲拉格慕推出了软木跟。菲拉格慕先生采用撒丁岛软木创造出一种颠覆传统的鞋款，其超轻楔跟不仅穿着舒适，而且可以定制出各种各样新颖独特的款式。这款鞋一经面市便迅速走红，掀起了新一轮的时尚热潮。材料选取上的新意增强了菲拉格慕的生存能力，菲拉格慕却并没有因为独特的选材而肆意扩大规模，他坚持着一个伟大鞋匠的良心，只做最完美、独一无二的鞋，他拒绝了机器生产，拒绝了低价销售，他的坚持让菲拉格慕的品牌承受住了考验。

除了材料上的新意之外，这款鞋系手工打造，设计新颖而独特，并采用全新的皮革和鞋楦。每款作品均带有未来派画家 Lucio Venna 于 1930 年设计的菲拉格慕商标，并随附真品证书。菲拉格慕的创意使得这些平凡的材料有了高贵的气息，这也为以后的定制鞋的生产方向从奢靡的珠宝金属堆砌转到了更加重视创意和造型，开创了新时代。

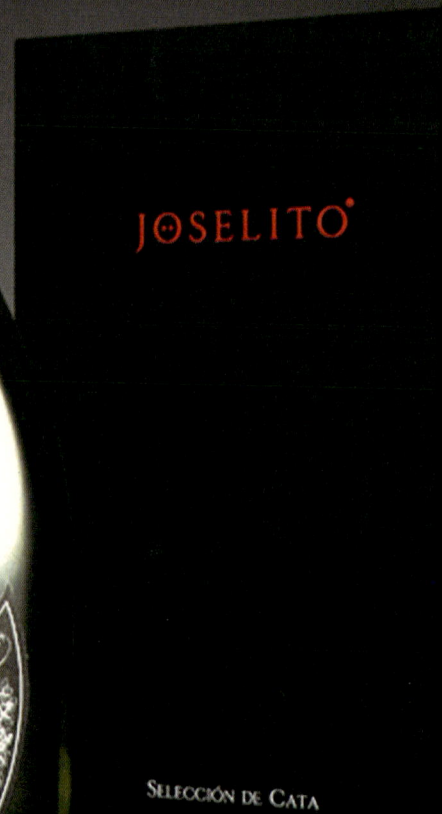

JOSELITO

SELECCIÓN DE CATA

1997 年，一桩持续数年的公案终于尘埃落定，根据国际法庭的最后裁决，世界上只有在法国香槟区出产的气泡葡萄酒才有资格称为香槟。但是，能让自己的名字配得上"香槟王"这个字眼的，唯有唐培里侬。

Dom Pérignon

永远的香槟之王
唐培里侬香槟王

Dom Pérignon
关于唐培里侬

巧合得很，唐培里侬香槟王的创始人唐·培里侬与钟爱香槟的法国"太阳王"路易十四有着同样的生卒年：1638–1715 年。

唐·培里侬是本笃会的一位修道士，他所在的郝特威勒修道院正位于香槟圣地埃佩尔涅。木笃会（一译本尼狄克派）是天主教隐修会之一，由贵族出身的意大利人本笃于公元 529 年所创，该会规定会士不可婚娶，不可有私财，一切服从长上，称此为"发三愿"。从 1668 年开始，唐·培里侬担任修道会酒窖的管理人。

精致的气泡是香槟的一大特征，但香槟

区并不是历史上第一个酿出气泡酒的地方，英国在 17 世纪后半期已经出现了相关记录。而且，酒中带有气泡在当时很容易造成酒瓶的迸裂，所以气泡酒多半是意外发生的"失败"之作，而非可以控制的刻意生产。唐培里侬原本也和其他酿酒师一样，不断寻找减少气泡的方法，但阴差阳错，一种泡沫丰富、口感极佳的香槟酒就在他手中诞生了。所以根据英国早期留下的一些关于"意图性地制造酒中气泡"的文字记载，他被认为是香槟的"发明者"，但是从严格意义上说，他并没有"发明"香槟，可是在提升香槟酿造方式方面，他绝对居功至伟。

香槟的历史可以分为"唐培里侬之前"和"唐培里侬之后"，从 1668–1715 年这 4

年时间里，唐·培里侬不断对酿酒技术进行创新和完善，分别采收不同果园的不同颜色的葡萄进行混合调配。而且在这之前，就算是白葡萄酒都会带有粉红色，正是经过他的研究，香槟才有了现有的色调。也正是他，首先开始用软木塞封存酒瓶并使用铁线加以固定。这些方法逐渐奠定了延续至今的"香槟程序"，而他的关于香槟酿制方法和技术的记录也被誉为"香槟圣经"。

1694年，唐·培里侬所在的修道院以创纪录的950旧法币卖出了不到400升的香槟，相当于当时红酒价格的五倍，这也使其成为了当时全法国最贵的酒。而在18世纪，唐培里侬香槟早已成为上流宴会上的必需品，成为优雅高贵的代名词。1789年法国大革命爆发后，唐·培里侬当年所在的修道院和葡萄园被充公，酩悦香槟趁机于拍卖会中斥巨金将其购入并辟为博物馆，修建了唐·培里侬铜像，那里如今已经成为香槟爱好者的朝圣地。不过由于"唐培里侬"的商标后来被另一家酒庄抢注了，直到1927年该酒庄庄主的女儿下嫁酩悦香槟的少东家保罗侯爵，这个注册商标作为一份嫁妆，这才终于到了酩悦名下。

1936年，酩悦香槟首次以"唐培里侬"的名字，推出了窖藏15年的1921年份顶级香槟，此后这个名字就一直作为酩悦的一个最具分量的镇牌之宝，重新开启了它的传奇与荣耀。

限量甄选

　　1694 年，唐·培里侬曾在一封写给客户的信中称赞自家的香槟为世界上最好的酒。事实上，相隔了 300 多年，唐培里侬香槟王所秉持的依然是那条既定的宗旨——酿造"绝世佳酿"。

　　世界上只有在法国香槟区出产的气泡葡萄酒才有资格称为香槟，但是现今香槟产量不到全球气泡酒总产量的 1/12，它在整个 18 世纪都还是产量稀少而且相当不稳定的"危险品"，每年只有几千瓶的产量，酒窖的工人们甚至要带着防护瓶子迸裂的铁面具。而且由于在瓶中发酵时需要添加酵母以产生二氧化碳气压，但是发酵后死去的酵母慢慢地积累在瓶了的壁上，形成很难排除到瓶子外面的恼人的酒渣。1818 年，凯歌香槟的酒窖主管发明了一种方法，在二次发酵之后，酒瓶要倒立在一个带孔的"A"形支架上，每天工人要将每个酒瓶转动 1/4 圈并改变酒瓶的倾斜角度，到结束时，酒瓶已经瓶口朝下，竖直立在"A"形支架上的孔中。然后，将酒瓶口部分冰冻，将瓶口打开，瓶子里面的压力就会把冻得像果冻塞了一样的沉淀物顶出来。当然这个过程免不了损失一点点葡萄酒，还要向瓶中补回去一部分甜酒，而这些甜酒的糖度就直接决定了香槟的糖度。后来，对于二次发酵过程的掌握以及更高质量玻璃瓶的导入终于使香槟酒窖成为

并非时时潜藏爆破危机的安全的工作环境。

　　法国香槟绝大部分都是采用不同年份的基酒混合调配而成，因而一般都不标示年份，只有在葡萄特别丰收时，酒商才考虑在标签上有所注明。所以每个酒厂极为注重调配的技巧，以求永远保持一个标准的品质而

　　澳洲出生的著名设计师马克·纽森与唐培里侬已经合作五年，2006 年，他首次以其著名的荧光绿主题，设计出限量 1000 个的"马克·纽森之唐培里侬"香槟瓶形状的冰桶，高度达到了 70 厘米。2010 年，马克·纽森又为唐培里侬设计了全新设计包装盒，定价为 2150 美元，内含一瓶唐培里侬 2000 年份香槟。

香槟王的瓶数一般都不予公开，最高数字估计在150000瓶左右，但是有些年份却又少得出奇，它只会出现在特定的场合或者是拍卖会上。

1961年，唐培里侬香槟王据说只出产了12瓶，只有在类似查尔斯和戴安娜的婚礼上才可能出现其中的一瓶——戴安娜出生于1961年。2004年12月，在英国的一场拍卖会上，那个曾经出现在婚礼上的唐培里侬酒瓶被一位收藏家以1050英镑高价购得。一直以来，它的年份香槟总是拍卖会上的耀眼明星。2004年，1921年份的唐培里侬香槟王就曾拍出超过20000美元的高价。所以，有幸品尝唐培里侬香槟王其实是一种莫大的殊荣和礼遇，1961年美国总统肯尼迪访问法国时，1949年份的唐培里侬就成为美国大使馆内设宴款待法国总统戴高乐的指定酒品。

Dom Pérignon
至尊私享

"香槟是喝下去唯一能让女人变得漂亮的一种酒。"这是法国国王路易十五的情妇蓬巴度夫人的一句名言。而玛丽莲·梦露则毫不吝惜她对唐培里侬的溢美之词，她说："这是我最喜欢的香槟，唐培里侬香槟王。"

唐培里侬粉红香槟
★☆★☆★
限量关键词：弥足珍贵

除了主打的年份香槟，唐培里侬还有一款更为罕见的重量级杰作——粉红（玫瑰）

长期取信于顾客，纵然不是丰年，香槟的品质也不受影响。通常，十年中平均只有三至四个丰年，而唐培里侬就只在这些最佳的年份里出产并且每款都有年份标示。它所用的葡萄全部是老藤上的饱满圆润的果粒并撷取第一轮葡萄汁酿制，然后它们需要在恒温酒窖陈放至少六到八年，待酒质完全成熟稳定后才出厂。因此每款唐培里侬香槟王均完整保存了该年份的特色，它的出产年份也成为了法国葡萄酒最佳年份的标志之一。

对于一般的香槟，五年便已成熟，过了十年就开始走下坡，唐培里侬却要十几年甚至是20至30年才能达到顶峰，这也是它被誉为"香槟王"的原因之一。而且唐培里侬

香槟。粉红香槟是许多香槟酒厂的炫技之作，需要将黑葡萄（黑比诺、莫尼耶比诺）的果皮以一定比例放入第一道葡萄汁，但它所酝酿出来的色泽也不见得全是粉色的，渐变的琥珀色、华贵的金黄色……主要依凭酿酒师的意愿和经验。唐培里侬香槟王第一款粉红香槟酿自于1959年，但直到现在，粉红香槟的产量仅占唐培里侬历史总产量的5%，它只采用指定葡萄园中向阳一面收获的葡萄来酿造，陈酿时间通常在八到十年甚至更长。

与一般香槟相比，粉红香槟在口感上更加活泼奔放，长久以来，它的稀有珍贵以及历久弥新的非凡活力使它成为世界上最昂贵的葡萄酒之一。在2008年美国纽约的一次拍卖会上，两瓶1959年份的唐培里侬粉红香槟以84700美元的天价成交。事实上这一批的唐培里侬粉红香槟只出产了360瓶，它们也从来没有在市面上销售过，而这样的天价也证明了唐培里侬粉红香槟所拥有的超凡收藏潜质。在唐培里侬的手中，粉红香槟犹如传世瑰宝，它稀有珍贵，个性鲜活，当之无愧地出现在全球各大最有声望的聚会和顶级尊贵场所。

唐培里侬至尊香槟

★ ☆ ☆ ★ ★

限量关键词：基本不在市面销售

唐培里侬香槟通常会先在酒窖内陈放六年，完成第一个窖藏阶段后才可移离酒窖推出市场。当中小部分的香槟会被保留，继续于酒窖进行第二阶段的陈放，使葡萄酒达到另一个境界成为顶级佳酿——唐培里侬至尊香槟。

至尊香槟可说是唐培里侬年份香槟中的顶级之作，需经过约12至16年方可陈年至另一理想的状态。每位唐培里侬酿酒师深知

卓越的香槟需要最大限度的耐心，陈酿期间，只要酵母还未被排出酒瓶外，香槟还是会继续进行曼妙悠长的进化，这个过程可持续超过 30 年，甚至 35 年，增强其错综复杂的风格。但能达到如此境界的香槟十分罕有，直至目前为止，只有不到 20 个年份的唐培里侬香槟王有幸被酿造成至尊香槟，每款均是限量出产，基本不做市面销售而只是提供给特别的客户或者拍卖会。

2008 年 5 月在香港举行的一场拍卖中，一组三瓶装（分别为 1966、1973 和 1976 年份）的唐培里侬至尊香槟以 726200 港币（约合 93260 美元）的价格成交，远远超过之前的估价。2010 年 5 月 21 日，还是在香港，一组首度面世的唐培里侬至尊粉红香槟以 133.1 万港元（约 17 万美元）成交，它们囊括了 1966、1978、1982、1985、1988 及 1906 六个稀有年份共 30 瓶，是由粉红香槟在酿成后继续在酒窖陈酿十年或以上而成的，而其 130 多万的成交价不但比预估价高出三成，而且也创造了香槟交易市场的一个神话纪录，据说买主为亚洲收藏家。

"香槟是喝下去唯一能让女人变得漂亮的一种酒。"这是法国国王路易十五的情妇蓬巴度夫人的一句名言。而玛丽莲·梦露则毫不吝惜她对唐培里侬的溢美之词，她说："这是我最喜欢的香槟，唐培里侬香槟王。"我们无法预言唐培里侬还将为自己赢得多少赞誉，但是可以肯定的是，只要有它的存在，香槟的世界就会充满魅力。

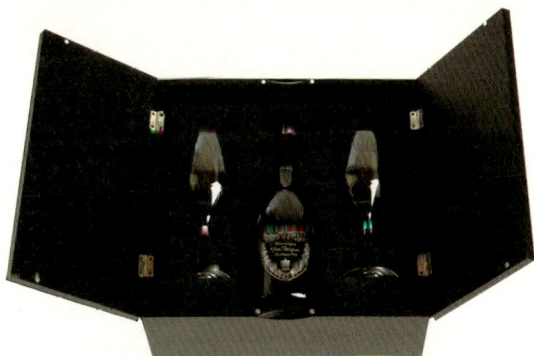

只用自己矿上的专有材料、只使用自己研制的 100000 种配方颜料、只选用自己培养出来的雕塑师和绘画师，这一切都注定了梅森瓷器的瓷中王者的地位。发展到今天，梅森这个名字已经不仅只是代表瓷器，同时也是德国宝贵的艺术精粹。

德国人的白色国宝
梅森瓷器

关于梅森

　　从德国萨克森州的首府德雷斯顿出发，沿易北河顺流而下 20 多公里便到达了梅森古镇。古镇很小，只有 20000 多名居民，但是镇上出产的"白色金子"却举世闻名，这

就是作为皇室瓷器代表的欧洲顶级瓷器——梅森。

　　瓷器本源于中国，至于什么时候传到欧洲众说不一，可以肯定的是，对于当时的欧洲人来说，瓷器简直就是神来之物，只有王室和贵族才买得起。据说，当年德国萨克森公国的奥古斯丁大帝曾经用自己的一队骑兵

带有阿拉伯风情的"一千零一夜"系列，整套瓷器售价约 100000 欧元。

瓷器与钟表的完美融合是梅森传承多年的珍贵技艺，2010年，梅森推出了限量十件的瓷器座钟，纪念品牌诞生300周年。

和波斯商人交换了48件中国瓷花瓶。但这位大帝似乎并不满足于把瓷器当艺术品收藏，他找来炼金师贝特格并将他软禁在德雷斯顿附近的埃布尔兹堡研制瓷器。

贝特格在1708年1月15日这一天烧出了真正的白瓷，那天也被认为是欧洲瓷器的诞生日。1710年，德国人将工厂迁往德雷斯顿近郊的梅森镇并成立梅森瓷器厂。于是，这个小镇渐渐成了后来的"欧洲景德镇"，这个品牌从某种意义上也揭开了欧洲的瓷器历史。

梅森瓷器的传统是只用自己矿上的专有材料、只使用自己研制的100000种配方颜料、只选用自己培养出来的雕塑师和绘画师。自诞生以来，梅森瓷器就一直是欧洲王室的特供品以及收藏家们的追捧之物。俄国女皇叶卡捷琳娜二世在1772至1774年间定制了大批梅森作品，奥匈帝国皇后茜茜公主曾收藏了上千件的梅森瓷器，如今这些瓷器的总价值达数千万欧元。梅森瓷器厂至今仍保存着自诞生以来的十几万个石膏模具以及数千种绘图样式，几乎随时都可以再生产出同二三百年前一模一样的产品。

自1710年以来，即使是二战期间，梅森瓷器厂从来没有停产一天。二战后，当时的苏联甚至想把梅森瓷器厂搬到自己国家并将其所有瓷器掠至列宁格勒，1958年归还。发展到今天，梅森瓷器已经不仅只是商品，同时也是德国宝贵的艺术精粹。

2010 年，梅森的限量版艺术系列中出现了限量 25 件的"香料船"。香料在中世纪的欧洲十分金贵，但是为了维持高价，交易商甚至简单地将其倒入海里。

⚔ MEISSEN
限量甄选

梅森瓷器的标志是两柄交叉的蓝剑，它每一件瓷器上都有这样的标志以及"梅森"字样。自 1710 年诞生以来，即使是二战期间，梅森瓷器厂从来没有停产一天。

梅森的产品包括雕塑、餐瓷、花瓶、烛台、座钟等各个形式，它一直坚持手工打造、手工绘制的特点，如果是制作一只上好的茶杯，需要整整 80 多道工序、126 天的时间。首先从 12 公里外的赛里茨矿山的白色泥团中提炼出 30% 的纯高岭土，然后与石英和其他原料混拌，在潮湿的拱顶地窖里要存放约三个月等待"成熟"。之后，由雕塑工人按照模型塑胚，干了以后放到 900℃的天然气炉子里烘烧，有釉底花色的杯子在烘烧后需要在釉液中浸泡并在 1400℃温度下进行第二次烘烧。茶杯上的花色可以根据顾客的愿望绘制，它们取自梅森独家研制的 100000 多种配方色料，那是梅森最珍视的秘密。第一次画上花饰后，杯子还要放在 900℃的炉子里烘烧，然后在边缘和把手上描金并进行再次烘烤，然后再将金色打光。加上最后的工序——质量检查，126 天，一天不多，一天不少。

梅森 2010 年艺术系列中限量 50 件的白雪花瓷壶

有了这样高超、严格的制作工艺，梅森自然成就了自己的风格，其经典的美学价值也一直深受欧洲王室和政要的青睐，拿破仑登基时的御用品"凡尔赛玫瑰"系列，如今的价格已经翻了不下几十倍。即使没有任何名人使用过，由海因兹·威尔纳于 1974 年手绘的一套"一千零一夜"的价值也超过 100000 欧元。这套瓷器上的人物姿态生动丰富，自然背景秀丽，完美地呈现了梅森独一无二的彩绘艺术，因而备受追捧。

近年以来，梅森每年会选择十几款极具艺术性和投资价值的瓷器，推出限量版艺术系列。该系列的每一款瓷器的发行量基本都在百件以内，从动物造型的面具、瓷偶到颇具亚洲风格的八角瓷罐；从高贵精致的杯盘碟盏到美轮美奂的座钟、细红瓷的瓷瓶，它们展现了梅森最精髓、最令人叹服的制作工艺，也将人们对于顶级瓷器的理解带到一个新的境界。

在 2010 年的艺术系列中，梅森推出了几款限量版的高级咖啡器具，其中有一款以花卉为主题，灵感源于著名自然学家、画家玛丽亚·茜比拉·梅里安和约翰·威廉·韦因曼的作品。作为历史上鲜有的女性动植物学家，梅里安是最早从事直接观察昆虫生态的专家之一，她本人还有着极高的绘画天赋，她的绘画作品也是最早将动植物结合起来绘制范本的著作。在俄国彼得大帝第二次前往荷兰时，他曾经一口气将她的 196 张水彩画收入囊中，德国后来还发行了印有她头像的邮票和纸币。

　　这套精美华丽的梅森咖啡瓷器包含了从咖啡壶、糖罐到杯碟在内的 22 件上等白瓷，每一件都手绘着包括栀金杏在内的颜色形态各异、娇艳欲滴的花朵，边缘部分滚有金边，极具美感。这套瓷器限量发行 25 套。

　　在 2010 年发行的艺术系列中，还出现了限量 50 件的白雪花瓷壶和限量 100 件的白雪花瓷罐。这两款白雪花瓷器的外部缀满了无数朵雪白的五瓣小花，花上都手绘有精致的花蕊，瓷壶上还嵌有花球以及分枝繁茂的金叶。这类瓷器的精美曾经让腓特烈大帝

梅森 2010 年艺术系列中限量版的高级咖啡器具，限量发行 25 套。

梅森 2010 年艺术系列中限量发行 25 件的高级咖啡壶和鹦鹉瓷偶。

也无法抗拒，1760 年他下令购买了六件白雪花花瓶。

　　经高温窑烧而产生的白瓷具有质地坚硬结实、色彩保持恒久等特点，质感也犹如光润的羊脂白玉，所以白瓷彩绘的表盘具有极高的艺术价值。目前，1998 年以来，梅森开始与同样堪称德国国粹的格拉苏蒂表

梅森 2010 年艺术系列中另一款限量 25 套的花卉茶具。

厂合作，专为其制作发行量极少的限量版白瓷表盘。

2008 年，两家联手制作了全球限量九套的"九龙壁"套表，每套九只，每只表盘上以珐琅彩绘着一条栩栩如生的龙以及梅森的蓝剑徽标。其灵感来源于中国紫禁城中建于清乾隆三十七年的九龙壁。目前中国有四座九龙壁，北京有两座，山西大同与江苏无锡各一座。

从 1910 年起，梅森瓷器每年固定推出一款限量版年度纪念瓷盘，这个传统现在已成为了世界陶瓷业备受关

注的一件盛事，这些限量版的珍藏品也是全球收藏家争相拥有的保值品之一。从 2004 到 2009 年这六年的主题全是音乐剧，像 2004 年的"威尼斯之夜"、2005 年的"蓝色华尔兹"、2006 年的"梦的婚礼"、2007 年的"蝙蝠之吻"全部取材于奥地利著名作曲家小约翰·施特劳斯的轻歌剧。

限量 25 件的装饰艺术风格的花瓶，出自梅森绘画大师埃米尔·保罗·邦纳之手。

限量 25 件的"海豚盖碗",其原型是昆德勒于 1770 年所创。

MEISSEN
至尊私享

梅森的瓷器博物馆是很多到德国东部的旅行者的必游之地。我们虽然无法亲历历史,但是透过这里超过 20000 件的珍品,历史的传承与厚重仍可见一斑。

梅森雄鸡

★☆★☆★

限量关键词:全球限量两件

"梅森雄鸡"是梅森雕塑大师昆德勒创作于 1732 年的杰作,也是梅森博物馆的经典藏品,仅存两件。

18 世纪 30 年代德国启蒙运动刚刚开始,这一时期德国社会的文化价值发生了重大变化。思想家借助希腊古典艺术,表达了他们对理想人性的渴求与期待,表达了他们对理想社会的憧憬和向往,而在艺术创作上则更多体现了对完整的、英雄的和美好的向往,对自由、伟大艺术的渴望,充满了反封建的意向。梅森的这两件作品在一定程度上体现了这一特点,昂扬饱满的雄鸡一直被赋予勇敢、积极、诚实的品质,是人们心中的吉祥之物。"梅森雄鸡"色彩斑斓,羽翼丰润,它引颈高歌的造型栩栩如生,充分展现出雄伟与不屈之势,在昆德勒的作品中堪称经典。

昆德勒被称为"欧洲瓷器之父",才华横溢的他一生都在梅森瓷器厂工作,不断设计和创作经典作品。无论是根据特定主题设计的雕塑瓷偶,还是反映时代潮流和风尚的作品,他都成就傲人。如今,梅森仍忠实地复制昆德勒的作品,让世人得以一窥大师创作的经典杰作。2006 年,为纪念昆德勒诞辰 300 周年,梅森特别推出全球限量 25 组的"戏梦人生"瓷偶对组,瓷偶底座描金标示着 2006 年、大师姓名缩写和限量编号,保证书上载明昆德勒诞辰 300 周年纪念限量作品,向大师致上最高的敬意。

欣赏宝玑的钟表就如同是在回顾现代钟表业的技术发展史，而它的精彩终于使人们发出了这样的感慨："宝玑似乎发明了一切，以后的任何技术与设计似乎都只是他的发明的变招而已。"

Breguet 关于宝玑

如果你在 2009 年的夏天到过卢浮宫，你很可能很幸运地赶上了一场跨越三个多月的"宝玑历史回顾展"，这是为了纪念宝玑表的创始人，有着"制表业爱迪生"美誉的制表大师——亚伯拉罕·路易·宝玑。

宝玑大师出生于瑞士名镇纳沙泰尔，十多岁时来到法国，而这座"盛产"英雄、启蒙思想的圣殿却同样成为了他实现梦想的天堂。宝玑从 17 岁起就在巴黎制造钟表，他的才华和能力也获得了国王路易十五的赏识。1775 年，他开设了自己的首家钟表店 Quaide Phorloge，这也就是宝玑表的前身。

从创立的第一天起，宝玑表就为自己立下宏愿——坚持"高贵完美的外形及持续于巅峰状态的启发与创作"。事实也的确如此。从世界上第一个避震装置到万年历再到大名鼎鼎的陀飞轮，宝玑的数十项伟大发明总能给世界制表业带来巨大的惊喜，而高雅的宝玑字、顶部镂空的宝玑针还有宝玑式钮索纹及宝玑式游丝等早已成为制表业中的专有名词，以至于后来有人做出了如下评价：宝玑似乎发明了一切，以后的任何技术与设计似乎都只是他的发明的变招而已。

作为一种必然，宝玑也拥有着一群最显赫的收藏者。1798 年 4 月，野心勃勃的拿破仑在出征埃及前的一个月专程造访宝玑并花 7000 法郎购买了三件产品：一只编号为178 的带日历和报时功能的打簧旅行钟；一块编号 38 的打簧怀表以及一块编号 216 的自动上链打簧表。

据统计，从 1798 开始，拿破仑家族向宝玑购买的贵重钟表多达 19 件，他送给妻子约瑟芬皇后的一块黄金珐琅怀表后来在佳士德拍出了 130 万美元的天价，远比预估价高出了七倍。

拿破仑的胞妹卡罗琳（即后来的那不勒斯皇后）也是宝玑的忠实主顾，她在 1808 到 1814 这短短六年里向宝玑定制了 34 只表，其中的一只鹅蛋型表款就是当今宝玑"那不勒斯"系列的前身。1815 年的滑铁卢一役，拿破仑与对手英国惠灵顿公爵所佩戴的竟然都是宝玑表。除了皇室权贵，像爱因斯坦、柴可夫斯基这样的科学和艺术领域的殿堂级人物也都对宝玑表情有独钟。

对于现代制表业来讲，宝玑表就像是一个内敛而又超凡的教父，身上有着匪夷所思、无穷无尽的创新和想象能力，将一个个令人仰望的神话写进了世界钟表的发展史，而它的完美也为世界制表业留下了一段段别样的传奇。

限量视界

为纪念品牌成立逾 200 年，宝玑特别限量生产了 300 套 "Souscription 3430"，每一套有一只万年历腕表和一只自动上链怀表，其中有 15 套为铂金制造，价值在百万元人民币以上，其余为黄金制造。

Breguet

限量甄选

两个多世纪以来，对于最高制表水平的超越与追求成就了它极高的威望，而目前不足 30000 只的年产量也使它成为了名副其实的稀罕珍品。如果没有殷实的财力，大概就只能望洋兴叹了。

宝玑表目前有"传承"、"经典"、"海军"、"传统"、"那不勒斯"以及 20 世纪 50 年代专为法国海军空战部队研制的 Type XX、XXI 等八大系列。自创始至今，宝玑所制作的每款钟表均附有独一无二的生产编号，可供收藏家确定其真伪与来历。1795 年，宝玑采用了一项防伪技术，即在表盘上蚀刻一个隐蔽签名，只在光线以斜角照射时才显现出来，这也是辨别宝玑表真伪的重要

标记。在十多年前，宝玑表的年产量还不到 4000 只，1999 年加入斯沃琪（Swatch）集团后产量虽有所上升，但是目前依然不足 30000 只，而它推出的限量版通常是为了向宝玑大师或者是某一项重要技术成就以及品牌成立周年致敬。

1995 年和 2000 年，为了纪念品牌诞生 220 周年和 225 周年，宝玑分别发行了限量 75 只的 3517BA 镂空腕表和限量 225 只的 1775 铂金纪念表。后者的设计灵感来自于马歇尔公爵于 1806 年定制、1813 年交货的编号 2121 怀表。它延续了当初的窑烤珐琅表盘，纯金底盖刻有"宝玑 225 周年 1775–2000"纪念字样。

1997 年，为纪念宝玑大师诞辰 250 周年，宝玑表推出了三只 3857 陀飞轮万年历腕表，月、秒以及星期均采用小表盘设计，

宝玑"那不勒斯"8958 Cammea 白金女士腕表

日期则采用了跳逆结构，左侧表盘部分刻有 1747 和 1997 字样。这款表在 2008 年的拍卖价格达到了 300 万元人民币。2003 年，适逢宝玑大师逝世 180 周年，宝玑表又在"经典"系列腕表基础上推出了全球限量七只的 5437 超薄铂金腕表，采用全手工制作，并带有三问报时、万年历以及月相盈亏等功能，价格在 180 万元人民币左右。

"陀飞轮"一词原意为旋转，法国 17 世纪著名哲学家笛卡尔曾将其作为形容行星绕太阳公转的名词，而 18 世纪的哲学家兼百科全书编纂人达朗贝尔则将其解释为重量物体围绕着单一轴心运转。对于宝玑大师来说，陀飞轮装置应该算是他一生中最伟大的

发明之一。

在陀飞轮装置诞生以前，因地心引力而导致的速度误差率一直是困扰制表业的一大难题。1801 年 6 月 26 日，宝玑大师为解决这一问题而耗时六年研制成功的一项旋转擒纵调速装置正式获得了专利权，这也就是后来的"陀飞轮"。它通过一个"笼框"使擒纵轮在发条驱使下围绕一片被固定的齿轮做每分钟 360° 的公转，从而将零件的方位差综合起来以抵消钟表在垂直放置时受到的地心引力作用。

1805 年，第一只装载着陀飞轮的钟表终于问世。据统计，宝玑大师在 1823 年去世之前一共完成了 35 只陀飞轮表，但如今

Breguet

2008 年，为纪念 1808 年的陀飞轮怀表问世
200 周年，宝玑推出了 1808 高复杂陀飞轮腕表，
售价在 775 万元人民币左右。

基本上都已下落不明。2000 年，斯沃琪集团在巴黎开放了宝玑博物馆并开始在世界各大拍卖会上寻找宝玑珍品，许多具有传奇色彩的宝玑表终于得以回归。2001 年 10 月，一只 1808 年生产的稀有陀飞轮怀表以 195 万瑞士法郎（约 1250 万元人民币）被宝玑博物馆寻回，这是宝玑大师制作的第二只陀飞轮怀表，也算得上目前世界上可追溯到的最古老的陀飞轮怀表。

2008 年，为纪念 1808 年的陀飞轮怀表问世 200 周年，宝玑推出了 1808 高复杂陀飞轮腕表，而它独特的半猎表形式也让宝玑迷们眼前一亮，外层表盖设有圆形中空，可以直接看见内层的小表盘，外层表盖上镶满 706 颗钻石，打开上盖就可以看见精美的陀飞轮。这款表基本上以定制形式出售，售价在 775 万元人民币左右。此前，宝玑还曾在凡尔赛宫举办了庆祝陀飞轮诞生 200 周年的大型活动并且推出了一款雕花揭盖、白瓷表盘的陀飞轮表，有玫瑰金和白金两款，各限量发行 28 只，盖内刻上独立的编号以及"来自凡尔赛的宝玑"字样。

但是若论将陀飞轮艺术发挥到极致的，还要首推宝玑"经典"高复杂系列于 2006 年推出的双旋转陀飞轮 5347 腕表。这款表的零部件多达 570 余个，耗费了宝玑五年多的研发时间又用上

整整三年时间完成雕磨及装嵌。它搭载两个陀飞轮，连结它们的横杆即小时指针，所以双陀飞轮在独立自转的同时作顺时针公转，表盘随之每 12 小时旋转一周，表背镂刻太阳系九大行星立体浮雕，令人惊叹。

这款表有玫瑰金及白金镶钻两款，2006 年在巴塞尔钟表展上首次亮相，当时由于工艺极为复杂，那些交了定金的买主直到 2008 年才拿到成品。现在这款表的年产量不超过十只，定价高达 300 万元人民币，宝玑还为它申请了三项专利。

2006 年宝玑推出的双旋转陀飞轮 5347 玫瑰金和铂金腕表。

得只有少数具备高超技艺与非凡耐心的制表大师才能对其进行装配和调校。所以三问表在复杂腕表的行列中一向地位颇高，如今很多名表精制三问表似乎也不是为了赚钱，而是为了"炫技"。其实早在1783年，宝玑大师就发明了自鸣钟表专用的打簧游丝。2009年，宝玑表将三问功能与钻表概念结合起来，在"经典"高复杂系列中推出了奢华至极的7639三问钻表。

由于钻石的坚硬与纯净能有效地减少声音振动时产生的能量损耗，从而提高了声音的响亮度并能够理想地将声音传递到表壳的

宝玑"经典"高复杂系列中奢华至极的7639三问钻表，身价高达600万元人民币。

与陀飞轮一样，三问报时功能也是机械制表工艺中一项极大挑战，它们与万年历一起被视为机械表的三大技术高峰。三问表的表壳边缘有按钮或拨柄，按下之后可以陆续听到三种不同音调的报时声音，它们响起几次就代表相应的时、刻、分。这种工艺是声学与动力学巧妙运用的成果，它需要在机芯有限的空间内加入报时用的打簧装置，有时为了音色悠扬还要装上更多的装置，很多零件甚至像头发丝一样细小，它的错综复杂使

范围以外。目前钻石传导设计已经介入到了扬声器技术领域，所以宝玑决定制作一款钻石腕表以确保三问表最佳的声学效果。这款 7639 三问钻表采用全 18K 白金打造，44.5 毫米的表壳上镶有 178 颗总重达 11.81 克拉的长方形切割钻石，而内部表盘上的钻石数量则达到了 392 颗，表扣部分镶钻 42 颗，表冠则镶着一颗重 0.46 克拉的钻石。此外，这款表的背面也是大有玄机，透过透明的蓝水晶底盖，以交响乐为主题的机芯夹板清晰可见，五线谱、长笛手、管乐演奏者和各种形态逼真的现代乐器再现了交响乐队的演奏盛况，与悦耳的三问报时功能正好相互呼应。与宝玑的大部分珠宝腕表一样，这件令人惊叹的珍品目前以定制为主，身价高达 600 万元人民币。

Breguet

至尊私享

————❖————

宝玑大师或许没有想到，两个多世纪以后，他亲手缔造的宝玑表会在后人的手中上演一出最华丽的归去来兮。这是后人对于宝玑大师献上的最高敬意，也是宝玑 235 年制表哲学的最高诠释。

宝玑 5 号复刻怀表

★☆☆☆★

限量关键词：全球五只

"唐格拉斯的腕表是一块宝玑杰作，昨天才小心翼翼地为它上链，它就在清晨 5 时 30 分悦耳地敲着报时。"这是出现在大仲马《基督山伯爵》中的一幕。巴尔扎克在他的小说《欧也妮·葛朗台》中写到："他掏出最优雅纤薄的宝玑表。啊！才 11 时！今天起早了。"同样，翻开普希金的《尤金·奥涅金》和约翰·福尔斯的《法国中尉的女人》，你仍然还会发现宝玑表的名字。这些文字塑造了从 19 世纪初期至今宝玑表的各种形象：美丽、精准、贵重、可靠，同时也暗暗勾勒

出人物的生活年代、品位与个性，能够拥有它的人，通常地位尊贵。

1794 年，由宝玑大师亲手制作的一只 5 号怀表被售予了圣米亚特伯爵。其实这只表从 1787 年便已经开始构思制作，但是由于 1789 年法国大革命的爆发，宝玑大师避居瑞士，此表的制作也就随之中断，直到 1792 年才重新开始，两年后终于制作完成。这只表具有 60 小时动力储存显示和月相显示，表壳为 18K 黄金且以手工篆刻麦粒图案，配有小秒盘、纵向刻度和月相显示窗。在今天看来，这款著名的怀表应该是动力储存多功能表的先驱了，其复杂的功能与古典的表盘设计也注定了它将成为一件极其珍贵的古董怀表。

机缘巧合，两个世纪之后，斯沃琪集团主席尼古拉斯·海耶克高价拍下这件稀世珍

复刻版的宝玑 5 号怀表由 130 名制表匠花费近两年的时间以纯手工制作完成，小秒盘、纵向刻度和月相显示窗等均保留与原版相同的设计，唯一改动是选择了一款现代擒纵结构以确保它的运行更加完美。这款复制版只有五只，而其 1500 万元人民币的身价也没有令收藏家们望而却步，刚一面世就几乎被欧洲王室如数收入囊中。

宝，而且他还与某位国家领导人立下赌约，要全真复制这款人们觊觎了 200 多年的名表。事实证明，宝玑做到了。在 130 名优秀的工匠历经两年多的拆解、分析和研究之后，五只全新的 5 号怀表诞生了，而现代制表技术对其作出的唯一改动是选择了一款现代擒纵结构以确保它的运行更加完美。这款表的价格约合 1500 万元人民币，前四只一

早已被欧洲权贵收入囊中，最后一只曾来到上海，仅定金就需要700万元人民币。

对于瑞士制表业来说，海耶克是一个英雄式的、甚至带有救世主意义的名字。1965年，精明的日本人发明了石英表，其实石英制表技术本来也是瑞士人开发的，但是固有的傲气与矜贵却让他们错过了机遇。与机械表相比，石英表除了极端便宜，而且走时极端精准，比任何昂贵、复杂、精细的机械表都准确。这给瑞士的制表业带来了一场毁灭性的巨大冲击，在20世纪70至80年代甚至可以用溃不成军来形容，从事这一行业的只剩下了15000人。

就在这时，海耶克重组了瑞士钟表业，他将当时两家重要的制表企业合并成立了斯沃琪集团，专门开发石英表。实际上，瑞士人可以复制日本的技术，但是日本人在历史上永远拼不过瑞士。于是斯沃琪开始迅速从日本人手中收复失地。最终，当石英表"泛滥成灾"的时候，人们也终于开始嫌弃它没有灵魂，开始怀念起机械表滴答作响的美妙音色。这时，海耶克又出资陆续收购了宝玑、宝珀、欧米茄、浪琴等多家企业，建构了一个具有由高到低完整市场架构的钟表集团。后来斯沃琪将旗下品牌分成"盛誉"、"高级"等七个级别，而最高一级所含的六个品牌的第一名就是宝玑，宝珀排名第二，欧米茄排在第六位。如今，在瑞士制表业年产的2500多万只腕表中，斯沃琪甚至可以占到七八成。

玛丽·安东尼怀表

★☆★☆★

限量关键词：镇牌之宝

玛丽·安东尼，这应该是每一个了解法国历史的人都耳熟能详的名字，15岁时，她嫁给了长她一岁的法国王储，即路易十五的孙子。1774年，路易十五由于天花暴毙，年轻的王储在睡梦中被推上了王座，成为了路易十六。当时的玛丽还未满20岁，她的美貌让整个法国为之倾倒，而她的奢侈无度却使她成为广受非议的"赤字夫人"、"吞噬了大半个国家的凶猛野兽"。

其实在政治上玛丽王后的表现似乎比优柔木讷、一心沉迷于制锁的路易十六更有主

见，法国大革命期间，一件装有她与路易十六联合国内外势力意图复辟和镇压革命的密函箱被搜出。罪证确凿，1793 年 1 月 21 日，路易十六在巴黎市中心的革命广场（今协和广场）被推上了断头台。具有戏剧性的是，作为法国历史上唯一一位被处死的君王，路易十六当年曾亲自参与了断头台的设计，而玛丽在十个月后也走上断头台，据说她还踩到了刽子手的脚，她甚至说了一句："对不起，我不是故意的。"如今，逝者已矣，所有法国人应该都已经宽恕她了吧。

玛丽王后可以说是宝玑表最忠实、最狂热的主顾之一，1783 年，她向宝玑提交了一份订单，要为路易十六制作一只集合了当时所有复杂功能的怀表，不计成本，也没有时限。还有一种说法认为这只表是一位爱慕玛丽王后已久的卫队队长为她定制的，这倒为它平添了一些浪漫的色彩。可是直到 44 年以后的 1827 年，宝玑大师与世长辞四年之后，这只集合了宝玑制表工艺最高精髓的名表才终于制作完成，具有万年历、天文时差、三问报时等诸多复杂功能。只是彼时，玛丽王后已然香消玉殒 30 多年。但是这只表已然成为宝玑以及世界制表业的一个神话，也是宝玑向 19 世纪的钟表业献上的一份至高无上的敬意。

1983 年，这款表中女王失窃于耶路撒冷博物馆。2005 年，宝玑集合了 12 位顶级制表师，决定根据自己保存的资料重新制作那只怀表，以待经典重生。而就在复制即将完成时，那批失窃藏品却忽然现身，原来的玛丽·安东尼怀表恰在其中。2007 年，复制工作顺利完工，全表使用了 823 个零件，为它打造专属展示盒的木材来自玛丽王后所居住的小提亚侬宫中的一棵她十分钟爱的橡树，木盒外观精确复制了小提亚侬宫的木地板图案，盒中还有玛丽王后 1785 年的一副著名的握有玫瑰的手部特写画像。现在，原版的玛丽怀表在瑞士巴塞尔展示，仅供瞻仰。即便有一天它真的因为某种原因被拿出来拍卖，业内人士估计其价值甚至有可能达到空前的上千万美元，就连复制版的价值至少也在百万美元以上，但宝玑目前仍没有将其定期量产的打算。

为了向这位尊贵的客人致敬，宝玑不但捐赠款项用以修缮小提亚侬宫，并特制了一批名贵的珠宝腕表，并以小提亚侬宫命名。宝玑后来还开发了直接以玛丽王后名字命名的"玛丽·安东尼 Fleurs"以及"玛丽·安东尼 Dentelle"系列珠宝腕表和首饰，它们延续了宝玑的贵族血统，更彰显着宝玑无与伦比的荣耀与辉煌。

不久前，海耶克以 260 万瑞士法郎（约 1700 万元人民币）的高价拍下了一份宝玑大师创作于 1818 至 1823 年间的珍贵手稿，其实这是宝玑表以自己的方式告慰先师，启励后辈。在过去的 235 年里，宝玑让我们真正领略到一个制表大师的风采和尊贵，而在以后，只要时间还在继续，相信来自于宝玑的惊喜和奇迹依然还会上演。

男人都有一个远征的梦，可以在遥远的地方看风景，恰逢那残阳如血，半边天的红光底下有一线被拉长的影子。然而这个坚韧的男人却又有一颗细腻的心，在远征的部落里，他十全十美，就好像这款莱泽曼 25 周年纪念版多功能刀。

LEATHERMAN

工具刀之王
莱泽曼

莱泽曼 25 周年纪念版 Del Rey 多功能刀具

★ ☆ ☆ ☆ ☆

限量关键词：周年纪念版　全球限量 25 套

莱泽曼是一个年轻的王者，相对于瑞士军刀的百年历史，那它只能算作是"豆蔻年华"。它是一个华丽的贵妇，既有华丽的雕饰和精细的做工，又有厚重的内涵和韵味。它还是一个男人的梦想，既是文武双全的勇士，也是恒久的兄弟盟约。从 1983 年建厂那年的销售仅 100 把，到如今在全球 100 多个国家销售，仅用了 25 年的时间，销售额就与瑞士军刀持平。推出的这款全球限量的纪念刀具，既是对这 25 年的缅怀，也是对未来的期待。如果将 100 年算作一句话的话，那么 25 年就是到一个逗号，甚至它还可能只是一个短语，然而，它一定是最重要的部分。25 年的承诺也许显得有点"小气"，但是 25 年敢为你保质的承诺却是如此大气："因使用中任何原因造成的刀具损害，将得到维护或更换，并且无论走到哪里，都不必有后顾之忧。"如今，这个 25 年的企业在美国军刀市场的份额占到了 54%，而那位百年历史的瑞士军刀才不到 14%。品质有时候是一种传说，有时候是一种承诺，而只要是用过的人都愿坚守这份执著。

25 年里，它去过太空，美国航天局将莱泽曼刀具作为航天员的随身必备物品。它也去过南极，自 1957 年以来，美国就在南极建站，开始极地考察。那里的平均气温是零下 43℃，最低的记录是零下 83℃。在这种与世隔绝的严酷条件下，许多极地人员都携带莱泽曼工具作为随身工具。"我的莱泽曼工具从不离身！"戴夫·费朗哥——一位美国极地计划的电脑工程师说到，"这儿几乎每个人都有莱泽曼工具。"它还修理过游艇，一次大风暴让一对驾驶游艇出游的夫妇面临死神的考验，最后他们灵机一动，拿起莱泽曼刀具撬开油箱并且修理好游艇才得以顺利逃脱。它甚至还做过外科手术，在美国国家公园郊游的美国人 Brian Ignaczak 还曾用莱泽曼取出了同伴喉咙里的

限量视界

　　创始人提姆·莱泽曼来到欧洲时，带着那一把铜军刀在身上。测绘的窘迫生活，加上汽车坏掉，这把铜刀对一位从事测量而且还得应付一辆破车的提姆来说，实在没有太大帮助。拥有工程师背景的提姆在八年间不断研发改良，终于在 1983 年，提姆·莱泽曼和斯蒂夫·柏苿纳创立了莱泽曼工具公司。如今，莱泽曼在工具钳和军刀市场中无论是销售、品质或创新上皆居于领导地位，不断地研究开发是莱泽曼的目标，追求完善是莱泽曼获得成功的原因。

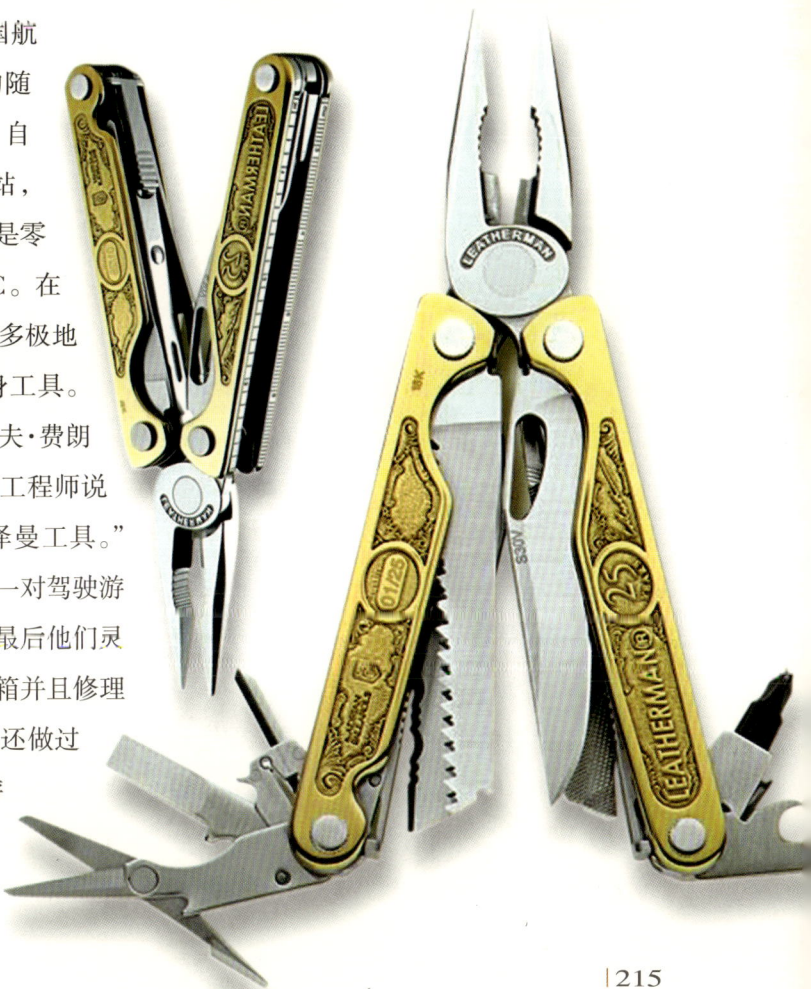

精美华丽的纹理在它表面游走，以一种逼人的贵气来侵扰我们的视觉，可它明明又是收敛的，它那至高无上的品质里藏着数不清的功能。

鱼骨头，而医生在最后检查这位同伴的喉咙时，极为惊讶地说："这是专业的医疗工具才能完成的。"这些只能算作是它 25 年的一点点骄傲。

25 年来，它一直坚持"质量为上"的原则。每款刀具都会经过 300 道工序来完成，这是它为人所信任和喜爱的保证。而刀口在经过使用超过 44000 次的测验依旧锋利如初，新加入的元素使得这款刀具在韧度和锋利度上超出了一般瑞士军刀的三倍。这个善于驾驭科技和梦想的侠客骤然有了"刀中

之王"的模样，把做梦的男人们带到了英雄的梦寐里。

这款名为"Del Rey"的莱泽曼 25 周年纪念版刀具是这 25 年的沉淀，是最呕心沥血之作。它几乎囊括了一个刀具所有的功能，并且极具创造力的安置在一款工具上，它就像一个万能的仆人，能够解决你几乎所有的困难，不管你是军人也好，家庭主妇也罢。同时它是由全球最著名的银匠艾德里安亲自打造完成，大师的手笔造就的自然是极品。

刀把使用安第斯山脉的 18K 纯金铸造，全球限量推出仅有的 25 套，并且在每一款上都会刻有公司创始人的名字和数字标签，收藏价值不可估量。而顶级收藏家 Akiane 还专门为这款刀具喷绘上了耶稣的图案，吉祥有时候是需要这么赤裸裸的祈求的。刀具的表面是人工抛光，豪华之气，让人倍感尊荣。另外锯齿刀使用时还有辨识功能，只要手指一碰就知道刀尖的位置，它还可以快速开启小刀，所以在夜间使用也是极其方便安全快捷的。

除了全面的功能和便捷的操作之外，莱泽曼纪念版刀具还是质量上乘之作。由 400 系列高碳不锈钢制成，并针对每一件工具，在钢材的含碳量和热处理上进行优化，由于莱泽曼工具在做工、耐用性和精密度的优势，成全了其在刀具领域的王者地位。

这款维多利亚式的刀具单价 40000 美元。和它的名字一样豪华的配置，和它的历史一样辉煌的绚烂色彩，和它的功能一样丰富的意义，这就是 25 周年纪念版 Del Rey 刀具。

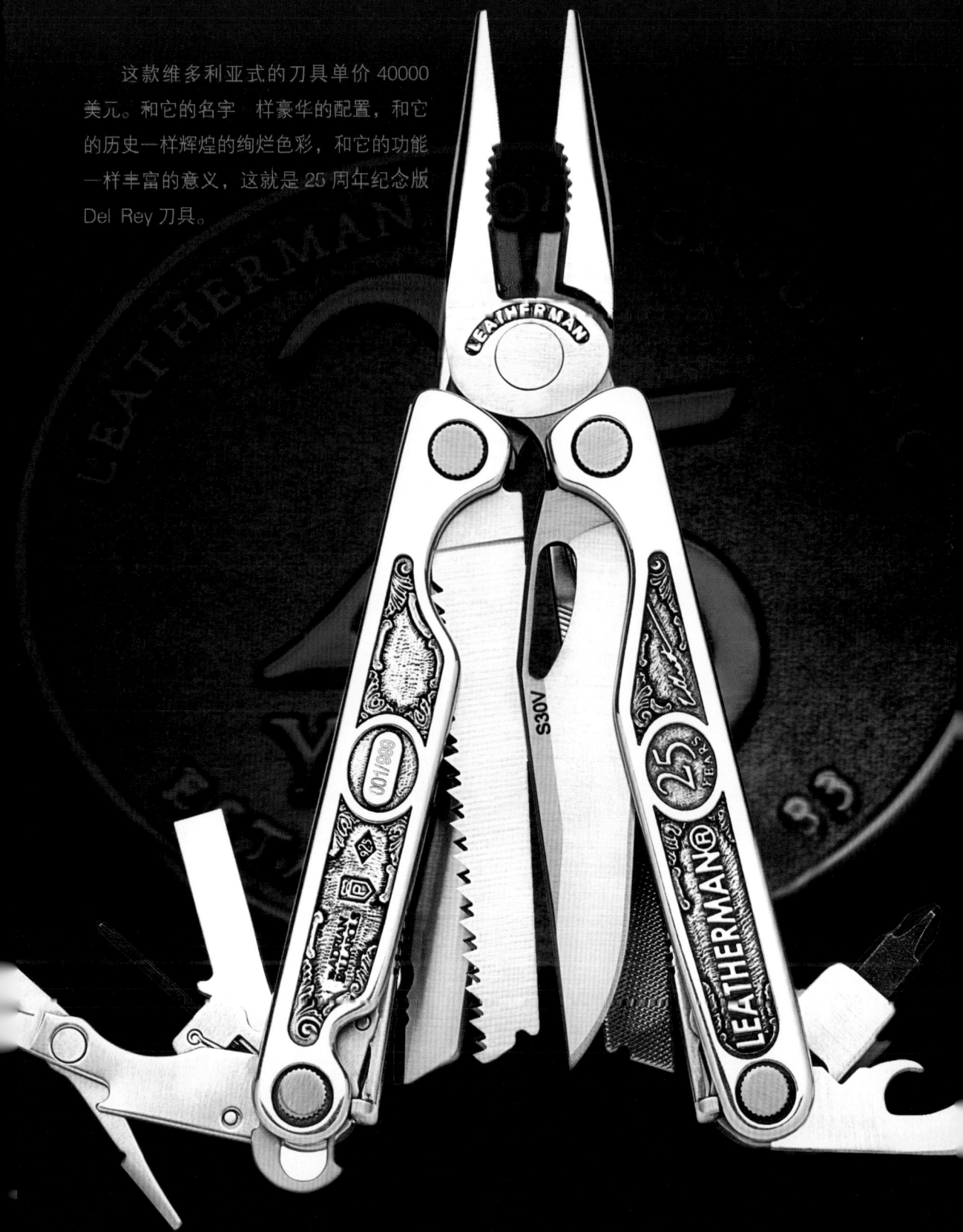

当绅士开始成为英国人自豪的称呼时，日不落帝国的霸气也从未被人淡忘过，就像这款最能代表英伦汽车的阿斯顿马丁One-77——既大气，又风度翩翩；既霸气，又绅士。

来自日不落帝国的奢华见解
阿斯顿马丁One-77

★ ☆ ★ ☆ ★

限量关键词：英伦跑车的代表　全球限量 77 辆

阿斯顿马丁车族从来就是一个传奇，90年的历史，却只生产了少之又少的 5000 辆跑车，这甚至比以高级轿车自居的宾利还要少。然而这些车就像是一个精确的秒表，从未停止过见证阿斯顿马丁的传奇，因为其中的 75% 依旧在使用中。虽说是售价高昂，可追求者依旧不断，但是阿斯顿马丁却从来没有为它的老板盈利过，甚至是依靠大财团的救济得以生存，所以它几经易手。然而这并没有影响到它的脾气——依旧只生产少之又少的高档跑车。

从维多利亚时期开始，大不列颠帝国代替西班牙成为了真正意义上的日不落帝国。这种霸气十足的称谓就像附着在了英吉利海峡的上空，从未消散。然而这几乎就是日不落帝国的脾气：带着尊严的活着，又自顾自

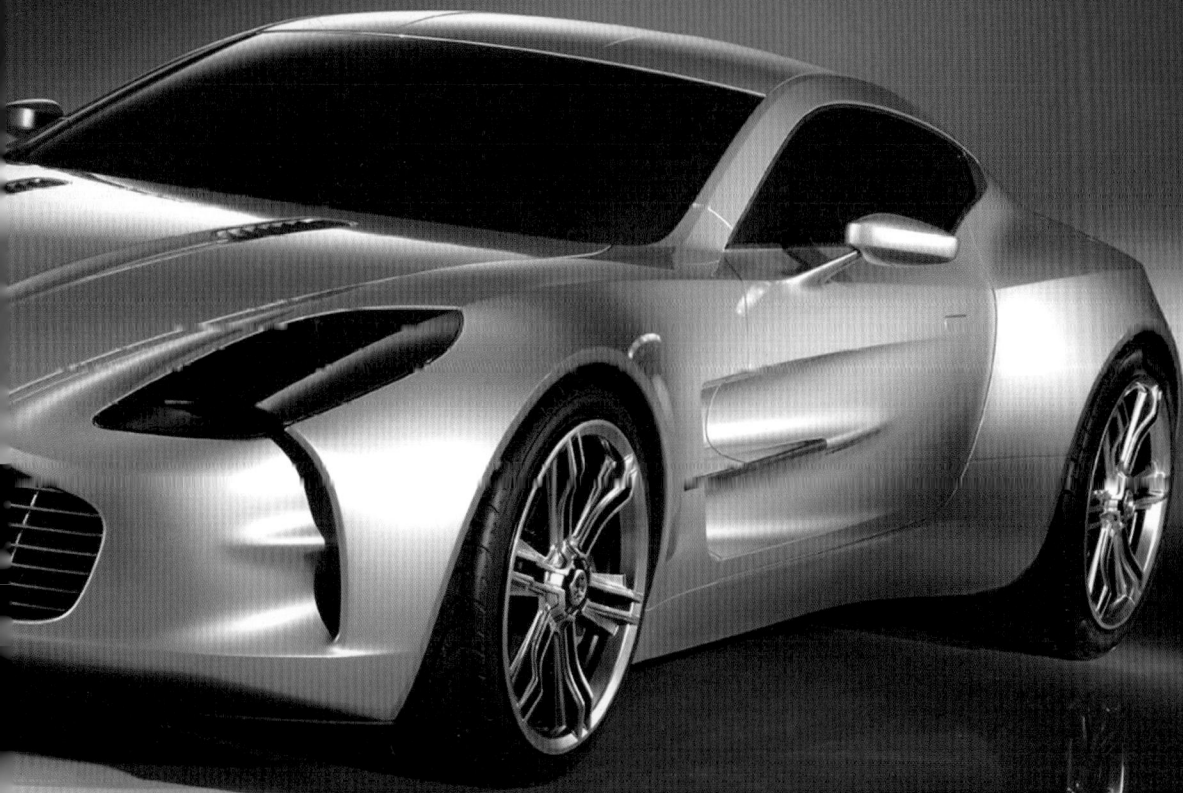

美丽。承载着这份豪气，神奇的阿斯顿马丁 One-77 诞生了。

仿佛是要进行一次百年的加冕仪式，阿斯顿马丁 One-77 把日不落帝国的霸气展现得一览无余。它是有车以来最贵的跑车之一，达到了惊人的 230 万美元，而引进国内，则可能是在 4000 万到 4500 万元人民币之间。远远超过了其他的一些速度机器或者超级跑车。这也让它有了更多的主动权，百万富翁只能欣赏，能够购买得起的往往是亿万富翁了。然而当它又宣布全球限量 77 辆的时候，几乎所有的选择权都落到了它的手里，无数的富翁只能接受擦肩而过的痛心了。有时候失去也是一种美好的回忆，而它必定是最美的回忆。

如果说布加迪威航在数年前还叫嚣是世界上最华丽的王者，那么在阿斯顿马丁 One-77 面前，不得不俯首称臣。阿斯顿马丁 One-77 就像是英吉利海峡上空的那一股日不落帝国的豪气，潇洒但是又不盲动，绅士的风度让它靓丽的造型看起来风度翩翩。它的车身覆盖件由手工加工的铝板组成，而其一体化的车身结构将由碳纤维制造，这使得它行动起来更是轻盈灵动，整车的重量不过 1500 公斤。轻巧的身体里面有一股强劲的动力，当然是它那霸气十足的发动机了。当然在速度上它还比不上布加迪威龙，但是豪爽的外在美和底蕴十足的内在美让它成为当之无愧的"华丽之王"。

用购买一架私人飞机的钱去买一辆汽车确实是一件奢侈的事情，但是阿斯顿马丁官方表示，购买 One-77 并不仅仅是购买一辆

ASTON MARTIN 阿斯顿马丁

车，而是购买一种经历和体验。每辆
One-77 的车主将被邀请到位于 Gaydon 的工
厂，可以与 One-77 的设计者和工程帅们面
对面，参与设计自己的汽车，以使自己的爱
车完全满足自己的要求。"对于我们的顾客
而言，这将是一款十分独特的车，"阿斯顿
马丁公司主席大卫·理查德说，"我们提供
客户化定制服务，每一辆车都是独一无二
的。"对于自己的主人，它是如此的言听计
从，难道这样的奢侈不值得吗？

只有亿万富翁才有资格准备购买，而大
部分也只能是想想而已，因为它只有 77 辆。
它坚持阿斯顿马丁跑车不变的信念，那就是
要做世界上最完美的跑车。但同时它也是世
界上内涵最深厚的跑车，兼顾有宾利的正派
英伦血统和劳斯莱斯的典雅气派，却又明显
与前两者区别开来。尽管贵气十足，可明显
活力无限，极具动感。还有设计团队精心设
计的时尚感，让这款车保守中又显得霸气十
足，典雅里又透露着一股子野性。无与伦比
的发动机配合着轻盈的车身，快意犹如那不
知倦怠的旋转着的车轮，又如耳边呼啸的
风，驾驶者还将何欲何求？

碳纤维的底盘，手工打造的铝质车身，
估计净重在 1500 公斤左右。强劲的 7.3
V12 发动机，百公里加速 3.5 秒，最高时速
超过 350 公里。这款全球限量 77 辆的超级
跑车在中国地区有五辆的配额，引进国内
售价超过 4000 万元人民币。

221

脚下踩着这样一辆"迷你宾利"去滑雪，绝对会吸引你身边所有人的眼球。当然，对于普通人来说，高达 10000 美元的售价也无疑为它贴上了奢侈品的标签。

B

雪原上的"迷你宾利"
"Supersports"滑雪板

★☆★☆★

限量关键词：单价 10000 美元

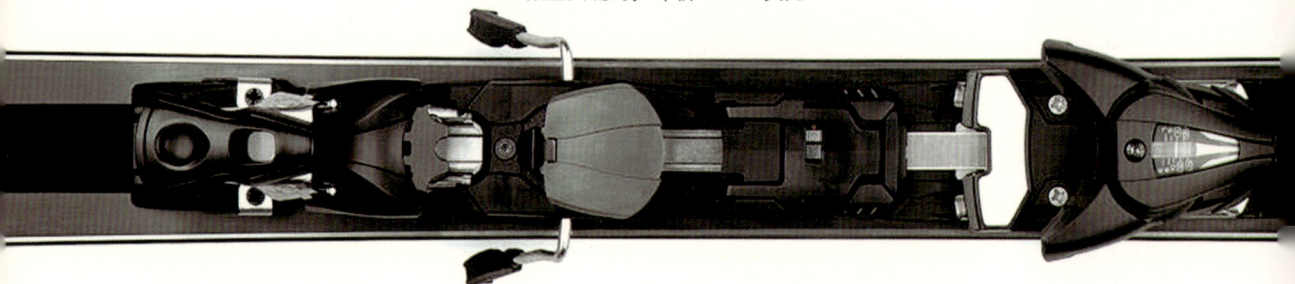

白雪皑皑的斯堪的纳维亚半岛是所有喜欢冬季运动项目的冒险家们的乐园，数千年前，人们就已经踩着简易滑雪板，在这浩瀚的雪原中任意驰骋。只是那时候，滑雪更多是出于生存的必要。如今，当滑雪已经成为了一种时尚的代名词，斯堪的纳维亚的魅力也变得更加难以抗拒。这里不单是滑雪爱好者心中的圣地，同时也出产世界上最优秀的滑雪用品。ZAI 是 2004 年创设于瑞士小镇迪森蒂斯的一家高端雪具生产商，几年来，它凭借自己在材质的选择、处理以及制作工艺上的国际级专业水准而闻名遐迩。日前，

它与英国知名的汽车制造公司宾利联手打造了一套超酷的"Supersports"滑雪板。一个是皇家御用，一个是时尚新贵，当这两个品牌携起手来，华丽之色可想而知。

对于宾利的车迷来讲，克鲁这个名字一定不会陌生，这个英国重镇是宾利的设计室所在地，"Supersports"滑雪板的设计就是在这里完成的，可以说它是专为宾利品牌量身定制的。按照设计，ZAI 担负起了全线手工制作的任务，它采用时下最先进的碳纤维 Zaiira 材质，内芯为天然橡胶，注有铬钢的碳纤维扭转部件和强化的热塑性复合材料，

其材质标准已达到国际顶级标准。

此外，ZAI 还首度使用了另一项新科技 ExoGrid 来打造宾利专属滑雪板，该项技术将碳纤维材质本身再导入钛元素，在提高稳定性的同时达到轻量化的效果。目前这项科技普遍应用于高尔夫球杆轴与高档的雪板袋上，是绝对的高端科技。

"Supersports" 是宾利欧陆的一款旗舰型号跑车，也是宾利的首款生物燃料车型，它将宾利的品牌推到了一个新的高度。现在，将这个名字赋予一套豪华的滑雪板，宾利的尊贵和奢华似乎得到了更加完美的诠释。

超酷的现代派流线造型、高强度的橡胶与碳纤维材质，如果你的脚下踩着这样一辆"迷你宾利"去滑雪，绝对会吸引你身边所有人的眼球。当然，对于普通人来说，高达 10000 美元的售价也无疑为它贴上了奢侈品的标签，这几乎相当于专业滑雪板的十倍甚至上百倍。即便高价的门槛你可以轻易跨越，你也不必兴奋太早，因为这款滑雪板只限量生产 250 对，它会不会成为你的囊中之物还要看你的运气。而对于一位乐于享受滑雪之趣的富豪来说，如果真能有幸得之，即便只是挂在墙上炫耀，相信已经是相当过瘾了。

除了滑雪板，宾利这次还同步推出了眼镜、墨水笔、腕表、钱夹等多款奢侈品，眼镜售价为 11500 美元，墨水笔的价格也在 6100 美元。要是把这次推出的奢侈品价格加在一起，可以买一部大众汽车了。

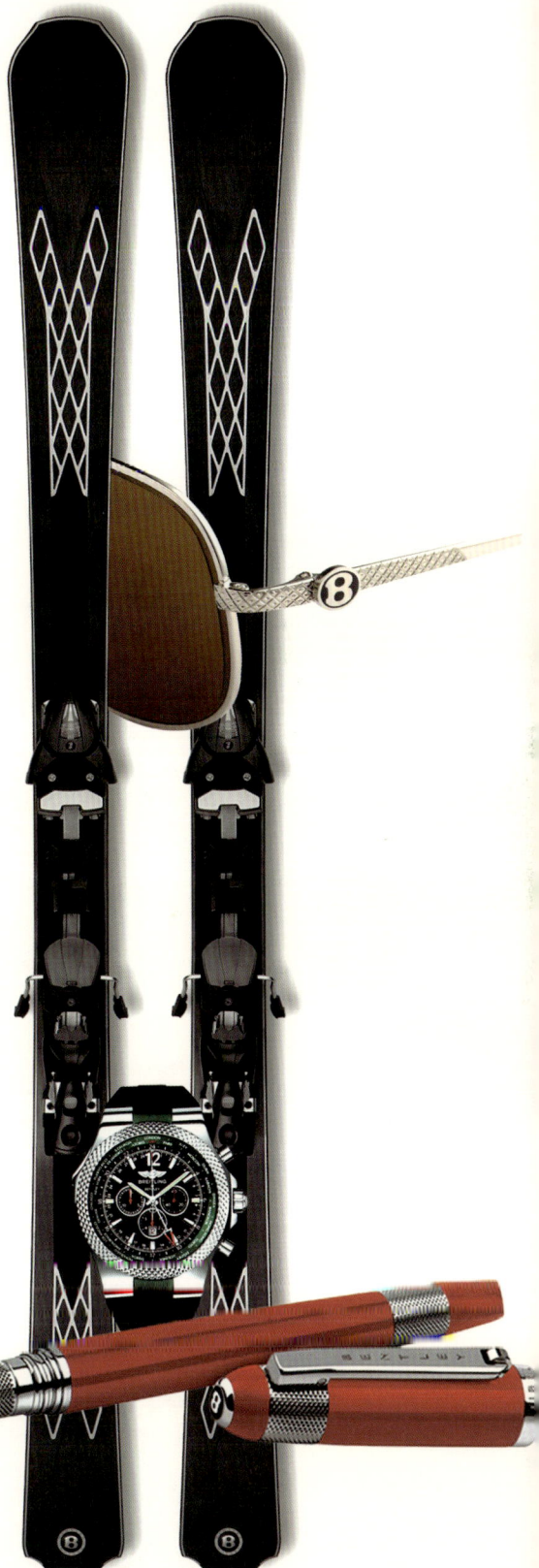

转眼间，迪拜从沉睡在波斯湾里的一个小村落摇身变成了阿联酋最富庶的城邦。如今，奇迹仍在这片神奇的土地上延续，只是，它更像是一个建筑师的天堂，不断将科幻世界里的神来之笔变成现实。

天空之城
迪拜旋转大楼

★☆★☆☆

限量关键词：世界上第一座旋转大楼

20世纪90年代，在其他中东国家还在为"石油王国"的光环沾沾自喜的时候，野心勃勃的迪拜人却开始热衷于建造世界第一：世界上第一个七星级酒店、世界上最大的人工岛、世界第一高楼……它们反复吸引着世人的眼球，也使迪拜渐渐成了奢华的同义词。这次，迪拜延续了它的一贯风格，建造了世界上第一座旋转摩天大楼。

80个楼层，高420米，如果要让这样一个庞然大物成为一个可以随意变换姿态的"变形金刚"，听起来绝对是一个神话。但是，天才建筑师大卫·费舍尔却敢让它变成现实。旋转大楼整体采用高韧度的特殊钢质构造，中心部分是一条巨大的混凝土中轴，每两个楼层之间都安装了风力涡轮机，徐徐吹来的沙漠之风会通过它们源源不断地转化为可用能源，为每一层的旋转提供动力。

按照设计，大楼的前70层将按照不同速度独立旋转，旋转周期介于一到六小时之间。这种旋转不会给身处其中的住户带来不适，也不会产生噪音纷扰，而豪华别墅以及买下整层楼的客户甚至还可以按照自己的意愿，通过电脑声控系统来控制楼层旋转，自由变换窗景和调整朝向，比如，早上在卧室迎接日出，晚上则在客厅里看见日落。在这里，车辆甚至可以通过电梯直接停放在自己的公寓中。不过，如费舍尔所说，住户也确实需要为此作出一些适应和调整，"从走出电梯的那一刻起，你便步入了运动中，你可能需要在不同的时间选择左右不同的方向，这样才能找得到自己的家门。"

对于一个现代派艺术的建筑来讲，如果不在环保上大做文章，那么这将是一个致命的缺憾。旋转大楼的基础能量是来自于79个风力涡轮机，所以不会给当地的能源问题带来压力。另外，它的楼顶上还安装了太阳能光电版、风力发电机等多种环保装置，利用海湾地区充沛的太阳能，实现能源全部自给，甚至为邻近的建筑物提供电力。

旋转大楼的另一亮点是它同时也是世界上第一座预制摩天大楼，即大楼90%的构件将在迪拜南方35公里的杰伯拉里港的工厂里"预制"，然后再运到迪拜并拼砌组装到中轴上，所以每层大楼仅仅需要七天就可以建成。相比于同等规模的正常摩天大楼，这种方式可以缩短30%的工期。

即便是成本上相对节约，但要建设这样一座建筑的总预算也达到了七亿美元。要想成为这里的业主，你的银行账户一定要做好足够的准备，而且还要把握好转瞬即逝的机会。据悉，整幢大楼一共设计有456个居住单元，除了私人公寓以及别墅外，还包括底层的购物中心、会议中心、休闲室、儿童保育中心、医疗健身中心以及户外水塘等。私人公寓的面积在90到370平方米之间，售价在300万美元到1200万美元之间不等，而十栋带有花园和游泳池的楼层别墅的面积则达到了1200平方米，售价约为3000万美元。相信以这样的价位，能享受这种旋转之趣的人，应该只有那些亿万富豪了吧。

在钢琴领域，只要是用"最好的"来做形容词的话，那么后面的对象一定是施坦威钢琴了。它有一股子骑士精神——虔诚而又追求极致，只不过，它的上帝是听觉。

追求完美听觉的钢琴盟主
施坦威钢琴

★ ☆ ★ ☆ ★

限量关键词：只为追求最美妙琴声的耳朵而生　全球限量 115 架

150 年前，当施坦威在他德国的家中厨房里制造出第一架钢琴时，施坦威的传奇便开始上演了。当你发现全世界有 90% 的顶级演奏会都在使用施坦威的时候，你就会明白，懂得聆听的人都懂得它的珍贵。著名音乐家鲁宾施坦说："施坦威就是施坦威，世界上没有任何东西可与之相仿。"这也是对施坦威奉行"制造最好的钢琴"宗旨的最高赞美。当鲁宾施坦使用施坦威钢琴在美国各地巡演的时候，人们惊叹了："一架钢琴改变了美国的文化风景线"。以至于少年的杜鲁门险些因为喜爱施坦威而立志去歌厅当一个演奏者。而 20 世纪 60 年代冷战期间，唯一能够销售给苏联的商品仅有施坦威。这个拥有 100 多项专利的公司日益成为钢琴文化的主导者，在美国 100 周年国庆的时候，施坦威就是台上的主角，而一百年后的今天，当施坦威公司再次将百年庆典的钢琴复制并且限量发行的时候，它已经不仅仅是一件乐器，而是一件文化艺术品。它就是"威廉·E·施坦威"限量版钢琴。

誓言可以宏大，唯有时间可以见证。施坦威限量钢琴就是见证了他们的誓言——"要做最好的钢琴"。这款精美绝伦的钢琴是 1876 年在费城举办的美国建国 100 周年的庆典上首次亮相的施坦威百年国庆纪念钢琴的复制作品。这件复制品证明了施坦威钢琴的誓言宗旨。它的确是做到了最好，一位使用过这款钢琴的音乐家指出："'威廉·E·施坦威'限量版钢琴是一架精美绝伦并蕴含

了悠久历史文化的钢琴，它不仅是维多利亚时期手工工艺的典范之作，更会成为深受家族珍爱的传家之宝，它无疑是我见过最激动人心的钢琴。"

如果说制造钢琴是对旋律的控诉，那么选择材料就是最严谨的证据。用来制作钢琴音板的北美云杉木，是采自北美纬度在 40~60 度之间的日照不充分且降水量极低的地区，因为这些木材会拥有极其密实的纹理，很少受外界温度湿度条件的影响，不易发生变动。这些昂贵的木料还需要经过经验丰富的德国师傅精心的挑选，不仅纹理需要方向一致以使声音毫无阻碍地传递，甚至连高、低音区每英寸的范围里所含的纹理数都有极其苛刻的规定，最后即使是如此昂贵的云杉木也只有 40% 够资格被用来制作音板。每架钢琴在出厂之前，需要将近三年的制作时间。

这是一个从材料到制作都挑剔到极致的艺术品。它把一颗追求完美音质的良心放在了旋律的法庭上，仲裁者是上帝的耳目，它比上帝还爱这种音质。此外，这款限量版钢琴的纯手工制作也是独一无二的，它需要 600 名工人手工操作，经过一年的时间才能制造一架钢琴，同时它也是唯一能够延续几代人的钢琴，因为它可以连续弹奏 80 年而音色不变，所以一架钢琴只有 90 年之后才需要略微的修复。这是任何其他钢琴难以做到的，这也是这款限量版钢琴的最大魅力之一。另外，每一架钢琴都拥有 19 世纪后期

这是专门为上海世博会文艺演出而打造的，当然是私人定制的宫殿级珍品，从琴身到琴凳整体镶嵌着画家齐白石的彩墨作品《孔雀》，这款天价艺术钢琴共花费了 800万元人民币，而创造出来的却是一件无价之宝。这台"和谐之声"用数十种原木表现齐老作品中孔雀的神韵，羽毛清晰可见，流水静而似动，山石错落有致，加上西方艺术家的色彩和手法，整个画面看起来流光溢彩，显示出了东西方文化的完美融合，展示了琴声和心声的独特魅力。

施坦威钢琴所使用的优雅的施坦威商标。细节之处亦体现在雕刻有雅致的蔓叶花样和施坦威标志的精致乐谱架，以及 12 枚世界上拥有施坦威钢琴的皇室家族的徽章。这是一种代表身份的荣耀，只有"威廉·E·施坦威"限量版钢琴的主人才能与之共享。

假若"得到"是一种圆满，那么这款全球限量 115 架的钢琴只会演奏"不完整的旋律"。据施坦威的销售人员透露："人们不购买施坦威的原因只有两种，一种是他们的生活目前不能负担这项费用，第二种是不喜欢施坦威。""至于第一种原因，那是比较诚实的顾客，来说明负担不起，因为不能直接说别人付不起。""而第二种则是一种爱面子的人说的违心话，不是不喜欢，而是因为买不着。"事实也的确是这样，这款不定售价的纪念版限量钢琴只向那些地位高贵的人销售，价格自然难以估量。而对于这样一件限量的艺术珍品，留给人们的大多只能是奢望了。

"威廉姆·E·施坦威"限量版钢琴让人们更深刻的懂得了音乐的魅力，来自它完美的音质和触感。这是一种来自高贵和儒雅的命令，让我们的灵魂安谧的聆听，在它面前，我们更深刻的领会了什么叫："沉默是金"。它用"和颜悦色"征服我们。它卓尔不群的外观风格，复古而尊雅的色泽，再配上施坦威特有的文化艺术品的灵魂，它不再只是一个发声的工具了，反倒是一个独特的艺术家，盯着它就仿佛听到了美妙的音乐。

兰博基尼的气场是黑色的，从一段不堪回首的愤怒开始，又以一个惊艳的姿态继续。像一个十足的坏蛋那样独来独往，却从不以踩躏这个世界为乐，怪诞、新奇，一切的不合理在这里都是理所当然。

来自未来世界的速度之王
兰博基尼

关于兰博基尼

在整个汽车王国里，兰博基尼是隐性的，它神秘地诞生，又神秘地存在，出人意料地推出一款又一款让人咋舌的超级跑车。怪诞、新奇，一切的不合理在它那里都是理所当然。它高高在上，呼吸着天空稀薄而专享的空气，吸引着地上景仰的目光。

1963 年的兰博基尼还是一位成功的拖拉机生产和销售商人，这样一位集合了机械与销售能力的天才人物是当时法拉利的超级崇拜者，他本人就拥有四辆法拉利跑车。一次偶然的机会，恩佐·法拉利坐上了兰博基

兰博基尼于 2009 年推出的一款限量版的名为 LP650-4 的无顶敞篷超级跑车，全球仅限量发售 50 辆。

尼开的一辆法拉利跑车，听着兰博基尼是如何赞美法拉利的优越性能。可是最后的时候，兰博基尼提到了法拉利的某个缺陷，一向以完美跑车自诩的恩佐·法拉利就说："用不着一个制造拖拉机的告诉我怎么制造跑车。"不欢而散是他们第一次碰面的结局，被偶像打击得灰头土脸的兰博基尼很快就变卖所有的家产，当然也包括他深爱的四辆法拉利，毅然建立起自己的跑车工厂，这就是兰博基尼跑车的创建始因。他甚至不择手段地挖走了法拉利公司的顶级工程师。而当兰

博基尼的作品问世后，它成了恶魔，但并非要蹂躏这个世界，只为尊严；它是撒旦，只因它走另外一类路线，像是来自未来世界。它是举世难得的艺术品，意大利最具声望的设计大师甘迪尼为其倾注一生的心血。每一个棱角、每一道线条都是如此完美，都在默默诠释兰博基尼近乎原始的美。没有多少人可以拥有它，因为它昂贵到无可想象的地步。

兰博基尼超级跑车，为挑战法拉利而来到人间，也许有一天出生时的使命会改变，

限量甄选

兰博基尼总是以颠覆人们想象的方式出现，它总是无意之间就把科幻电影里才有的情节搬到现实中来，但是当我们细细查阅之后才发现，原来是科幻电影"剽窃"了兰博基尼的鬼魅丽影。感慨成了一件奢侈的事情，因为它从不会在你的面前拿留很长时间。

1963 年 10 月 26 日，在意大利的都灵车展上，兰博基尼推出了第一款作品，那就是全球限量仅仅只有一辆的 350GTV。这款跑车以大胆前卫的造型成为当时展会的最大亮点，作为挑战法拉利的第一次公开宣战，350GTV 并不落下风。由从法拉利挖来的工程师设计的 V12 发动机最高可达 350 马力的强劲动力，时速可超过 280 公里。但是它最让人津津乐道的是它的外型：除了启闭式

但是其终生沿承不变的是其乖张荒诞与不合情理。如此一个特立独行的跑车品牌是数十年来世界车坛追逐与猎奇的焦点。公司的标志是一头浑身充满了力气，正准备向对手发动猛烈攻击的犟牛。据说兰博基尼本人就是这种不甘示弱的牛脾气，也体现了兰博基尼公司产品的特点，因为公司生产的汽车都是大功率、高速度的运动型跑车。车头和车尾上的商标省去了公司名，只剩下一头犟牛。

这个战无不胜的斗牛，丝毫不会逊于法拉利那批骏马。兰博基尼最能代表罗马2700 年的历史，七丘之城罗马建城于不易防守之地，扩张与攻击在最初的一刻就凝聚于血脉之中。它在疾驰之中的霸气，让对手只有"防守"的份了；而在急速之下的控制力，又多了一份隐忍与承担。兰博基尼生来就是法拉利的敌人，也注定就是世界所有超级跑车的强劲对手。

兰博基尼"Versace LP640"纪念版，搭配有一系列全新的兰博基尼－范思哲精品，全球限量发售 20 辆。

的车头、超帅的后窗挡风玻璃设计之外，最突出的特点是从车头开始，在前面引擎盖中间那道赫然的白色饰条，犹如一位帅气十足的明星极具创意的发型，同时在车头还有兰博基尼本人的亲笔签名和那头蛮牛的标志。据说，当地车迷得知该款车不再生产的时候，还举行过小规模的游行，可见其魅力之大。这款车已经被日本人收藏。

历史还没来得及被遗忘，现实却已经按捺不住了。兰博基尼于 2009 年再次推出一款名为 LP650-4 的限量版敞篷跑车，全球仅限量发售 50 辆。此车所搭载的 6.5 升 V12 发动机，最高功率为 650 马力，加速至百公里只需 3.4 秒，最高时速可达 330 公里。千万不要以为敞篷的它会多么张扬，其实它坚持惯有的隐性原则。车身采用深灰色

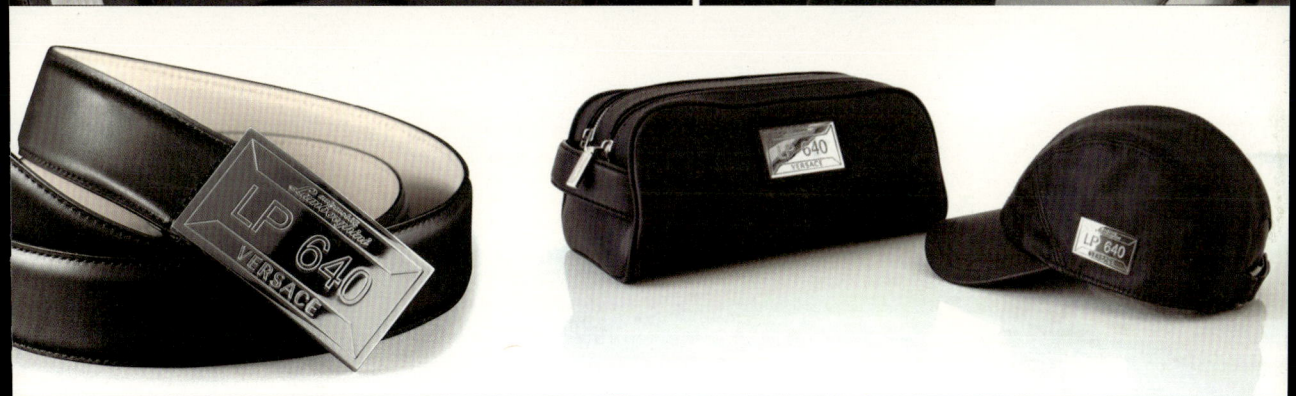

低调色度，橙色底边扰流套件。可是它还要坚持以往的霸气，采用无顶设计和透明发动机仓罩综合了盖拉多敞篷版和"Murcielago LP640"的特点，看起来颇有些专业赛车的味道。兰博基尼蝙蝠系列的标准造型也被赋予这款新车之上。

另外这款车为了呈现跑车的奢华，车身随处可见的 LP650-4 的黄色 Logo 表明了这款车的与众不同。这款新车的内饰同样允满了独特的气质，在整体绒状皮质内饰之中，黄色的换挡拨片以及中控台点缀显得分外亮丽，三幅运动方向盘与赛车仪表盘展示了这款车的运动属性。想必，这一定会让那些喜爱赛车运动的人痴迷。

给你一个想象的机会：当最时尚的饰物遇到最具想象力的跑车，结果会是什么？全

新的兰博基尼 · 范思哲 LP640 纪念版会告诉你答案。这款在米兰时装周上被揭晓的超级跑车，搭配有一系列全新的兰博基尼 – 范思哲精品，包括皮革箱包、范思哲 Murcielago 手套、驾车专用鞋、钥匙圈、帽子以及腰带等等。亮白色的外观展现了范思哲所要表达的希腊风情主题。内饰上，座椅采用了黑白皮革，超级柔软舒适。除此之外，仪表板、车门都包裹了皮革，并采用了手工刺绣，赞美是多余的，而惊叹是不自觉的。至于动力配置方面，该车搭载了众人熟悉的 6.5L V12 引擎，扭矩为 660 牛·米。

范思哲 LP640 纪念版全球限量发行 20 辆，标价高达 1480 万人民币。之所以称之为纪念版，是因为这款车是兰博基尼与豪华时装品牌大师范思哲合力打造的，车身侧下方有范思哲的"双 P"标志。与标准的 LP640 相比，其仅有的重大变动之处在于换上了一身耀眼的珍珠白外衣以及与之相匹配的蛋白色配件，贵气尽显。另外，Murcielago LP640 范思哲还配备了升级版的全时四轮驱动变速箱，而其所拥有的 eGear 自动驾驶系统在加速性能方面也得到了"猛烈"的改进。

在中国人的爱"弈牛"情结下，兰博基尼公司专门推出了"Murcielago LP 670-4 SuperVeloce"中国限量版，专为中国最具鉴赏力的超级跑车收藏家打造，全球限量发行十辆。这款拥有纯正意大利血统的中国版狂牛集成了非凡的技术性能、强悍的动力和刀锋般犀利的操控精确性，加速百公里仅需3.2秒，最高时速高达342公里/小时！中国限量版"LP 670-4 SuperVeloce"在外观设计上以青铜色作为基本色，寓意着中国古代雄伟的建筑以及坚不可摧的城墙石板，一条充满激情的金属橙巴漆饰带贯穿车身，从这款超级跑车中心切过，从轮毂内散发出夺目光芒，如同火山中迸发出的炙热能量。一眼看去，这款中国限量版"LP 670-4 SuperVeloce"就是中国力量以及永不妥协精神的最好诠释。而且车内铭牌将会镌刻上车主的姓名。这款融合了意大利超级跑车设计和中国传统风情元素于一身的机器猛兽一经发售，将迅速成为中国超级跑车收藏市场上炙手可热的顶级珍品。

作为一种想象力的产物，在外型的冲击

兰博基尼"Murcielago LP 670-4 SuperVeloce"中国限量版，专为中国最具鉴赏力的超级跑车收藏家打造，全球限量发售十辆。

力也许让人觉得它只是空有其表，或者是言不符实。那么新款的全球限量仅五辆的LP710则可以说是无言的证据。在继承了兰博基尼惯有的基因之外，它的时速最高可达360公里／小时，它是基于LP640改装而来。改装的大手笔主要体现在如何增强发动机"肺活量"方面。其中包括顺畅的进排气系统、高角度的凸轮轴、优化的缸盖和流速更高的三元催化装置。

针对这些基础设施，工程师倾力于改变引擎的软件控制系统。在所有这些因果的共同作用下，V型12缸的自然吸气发动机爆发出了710匹的最大马力以及700牛·米的扭矩。加速至百公里仅需3.2秒，加速至200公里则不会超过十秒。

你可千万不要以为它只是一个速度机器，其实它极为温顺，工程师精心设计的程序让操作更为便捷和安全。这个来自未来世界的速度之王只会以一种想象的方式存在，因为全球只有五辆。

Lamborghini 兰博基尼

至尊私享

兰博基尼每一款车对应西班牙历史上一头著名的斗牛。这头名叫"Reventon"的斗牛曾在 1943 年导致一位西班牙斗牛士的死亡。以牛的名字命名，是假借这头狂野的斗牛来赋予这款跑车以野性，它从不知道什么叫乖巧，速度给它的激情让它更具魅力。

兰博基尼 "Reventon"

★☆★☆★

限量关键词：全球限量 20 辆　售价 1400 万元人民币

兰博基尼公司一直奉行"只推出最好的一款跑车"的原则，所以它一直实行限量生产的方针。这款兰博基尼"Reventon"全球限量 20 辆，出厂价就超出了 140 万欧元，折合 1400 万元人民币。这不再是一个金钱的标准了，因为有钱也买不到。甚至连看都看不到，因为许多购买者仅仅是为了给自己欣赏或者收藏。如果说兰博基尼"Reventon"的速度是最快的，那么比这更快的则是订购者的行动了，因为在公司刚刚宣布开始订购，20 辆就顷刻抢订一空了。其中最为出名的车主就是"万人迷"贝克汉姆了，用他自己的话说："有这样一辆跑车接送我的妻子和孩子，的确是一件很拉风的事情。"

仿佛要印证"Reveton"这个名字所蕴含的那种狂暴不屈的性格一样，兰博基尼也为这款亲手驯养出来的野兽赋予了登峰造极的能力。从静止到百公里加速仅需 3.4 秒，这

这款由著名的德国 EDO 汽车改装公司和世界著名设计师克里斯蒂安合作的作品，可谓是性能和艺术的强强联合，在该车的改造期间，买家可以根据需要提出改装要求，使得这款车极具艺术性的同时保持独一无二的个性。其黝黑的皮肤预示着它不凡的性能，而疾驰中的魅影又叫人神魂颠倒。对于那些青睐时尚的人而言，克里斯蒂安就是旗帜，对于钟情速率的车迷来说，兰博基尼就是保证，谁也挡不住 LP710 的青史留名。

在量产跑车中是极为罕见的，最高时速可达 340 公里 / 小时。所以 "Reventon" 的后视镜成为了一种摆设，来自兰博基尼官方的解释是：在公路上行驶，没有哪一辆车能够超过 "Reventon"，所以我们的驾驶员只需看前面，无须后视。兰博基尼 "Reventon" 堪称是世界上 "量产车型中跑得最快的汽车车型之一"，然而就算是直接送到 F1 赛道，这款跑车也有足够的实力去和那些冠冕堂皇的速度机器一较高下，所以 "Reventon" 的车速是一般跑车难以企及的。正如开始所说的那样，它是唯一敢与战斗机一较高下的跑车。所以有美国车迷在其论坛上不无调侃的问："买兰博基尼 'Reventon' 送战斗机吗？"

兰博基尼 "Reventon" 采用航空技术的碳纤维材料，据说这是美国未来航天飞行器的主要构成。

兰博基尼"Reventon"成为世人瞩目的最重要的因素，除了速度，更重要的是它的外形。如果说未来世界是属于太空的话，那么"Reventon"真的就是来自了未来世界。全身采用航空技术的碳纤维材料，据说这是美国未来航天飞行器的主要构成。另外外形也是仿照 F22 战斗机设计，极具震撼的线条让整部"Reventon"看起来速度感十足，这也让"Reventon"成为了科幻电影中未来汽车的模板。除了这种颠覆想象力的造型，最值得一提的是它的油漆，这是一种称作"游艇灰"的高级车漆，并且申请了专利，任何厂商以及兰博基尼其他车型不得仿制。这也就意味着这种"游艇灰"的车漆只会出现在这 20 辆"Reventon"上。流畅的造型加上独特的车漆，站在兰博基尼"Reventon"的面前，就好像跟着它到了下一个世纪，可是当你转身的时候才明白，原来它来自未来的世界。

如果有一辆汽车敢于叫嚣的说：我要和战斗机比比加速度。那你一定会想，这肯定是科幻片里面的场景。然而当兰博基尼"Reventon"出现在你面前的时候，你才可能真正的意识到，这辆来自未来世界的速度之王，竟然真真实实的出现了。别以为这是英国电视节目《TOP GEAR》的创意，这可是兰博基尼自己的决定。

当一辆由兰博基尼官方驾驶员驾驶的兰博基尼"Reventon"跑车和一架"Panavia Tornado"战机在一条 3000 米长的跑道上做比赛准备的时候，谁也不敢相信这会是有意义的事情，最终兰博基尼"Reventon"的确是输掉了，可是在比赛的前大半段时间里，处于领先的竟一直是兰博基尼"Reventon"，只是到了最后阶段，当速度值达到 340 公里 / 小时，战斗机才超过了汽车。于是仅仅从加速度这个方面来说，兰博基尼"Reventon"是战胜了战斗机。不过谁会在乎胜负呢？这款限量 20 辆的超级跑车，它的每一个线条，每一个部件，每一个轮廓，都在汇聚最多人的奢望。在美国车迷论坛投票中，兰博基尼"Reventon"以绝对优势被评选为"最美的跑车"。

爱好珠宝的人，是在期待珠宝能像糖果一样溶解掉生活中的困境；而爱上积家的人，已经身不由己的忘记了时间。傲视群雄的积家坚持它最初的梦想，那是一抹缠绕在时间轴上永不褪色的奢华。

JAEGER-LECOULTRE

永不褪色的奢华
积家

关于积家

时间是狂妄而不安分的，它只给人两种选择，不是停下来就是流动。人们一边无奈于度日如年，又一边感叹时光如白驹过隙。然而在积家面前，它显然变得安分和乖巧起来，因为从事时间艺术的积家，只会给时间一个指示，那就是循规蹈矩。积家就是这样，既能驾驭时间，又能突破距离，时间在它面前变得如此具有张力，既能亘古流传，又可以被细致的放置在尺寸之间的精密零部件里。

18世纪以前的钟表世界完全被英法统治着，而纷争繁杂的战乱又使得许多的英法钟表大师逃到了瑞士侏罗山的深处——一个叫勒桑捷（Le Sentier）的地方。这个鲜为人知的小镇，蕴藏着光阴的故事。这些钟表大师掌握着一种神奇的艺术，他们能够重组时间！直到1883年，其中最突出的一位名叫安东尼·列古特，凭着过人的天赋，创立了一个傲人的瑞士钟表品牌，这就是积家表厂的前身。1900年，安东尼的子孙雅克·戴维·列古特（Jacques David LeCoultre）接掌家族事业，他更进一步地将积家推向全世界，与巴黎的钟表大师爱德蒙·积家（Edmond Jaeger）彼此携手合作。他们的友谊，还有彼此文化的兼容并蓄，催生了积家钟表（Jaeger – LeCoultre）这个品牌。这个名字既代表了钟表大师们追求完美钟表的梦想，又展示了他们对于时间艺术地执著。

自1833年成立迄今，积家已经获得了超过200项专利，创造出超过250款出色的机芯，成为了钟表历史上最具创造力和影响力的品牌之一。时至今日，近两个世纪已经过去了，积家钟表日益茁壮。目前积家有超过900名员工，是世界上规模最大的钟表厂之一。积家厂内分工达40种，并运用20种尖端科技，这里也被世人称赞为"名表山谷"。对于这样的荣耀，积家的回答是"唯有事必躬亲，才能生产最好的产品"，这也

积家 AMVOX2 Chronograph DBS

但是他的完美主义精神依然是今天的积家所追求的目标。积家的钟表不是冰冷的计时工具，它高雅的品质所呈现出来的是美感、热情与真实。

JAEGER-LECOULTRE
限量甄选

积家坚信时间就是一部不断运转着的机器，而作为制表者，就是应该让无形的时间变成可以窥见的钟表艺术品。于是创始人和他的后代们用毕生的精力致力于时间的艺术，他们坚定的认为："齿轮是一只好表的灵魂"，而钟表更应该是顶级手艺和高级材质的交集，每一款限量版积家都是积家哲学的代言人。

积家表厂在表坛称霸几个世纪后的今天，再次开发复杂性能的顶尖技术，推出一款名为"Gyrotoubillon I"的全球首只球形陀飞轮，再次将钟表美学推向更高的层次。该款表全球限量仅仅 77 只，特制的玻璃外壳让人可一眼望穿表盘，欣赏球体形陀飞轮内的摆轮与擒纵结构。这只陀飞轮略为倾斜，为陀飞轮设计之首见。同时陀飞轮外圈以极轻的铝合金制成，每 60 秒绕轴自转一周。内侧的装置以钛合金与铝合金制成，总共由 90 枚零件所组成，而总重仅为 0.336 克，表带则是由手工缝制鳄鱼皮完成，搭配 950 铂金折叠式表扣，奢华之气溢于言表。更值得赞赏的是表背配有透明的蓝宝石水

积家表推出全球第一只"球体形陀飞轮(Gyrotoubillon) I"，将钟表美学推向更高的层次。该款表全球限量仅仅 77 只。

让积家成为世界上钟表工艺遗产最多的表厂之一，同时也是钟表专利及发明最多的表厂之一。每件成品都是积家 170 年的见证，遵照传统工艺打造，并融入最先进的现代技术。为了呈现钟表的极致美感，积家钟表兼容了细腻典雅的巴黎风格，让悠久的工艺传统融合到巴黎上流社会的优雅中，同时也极大丰富了积家的内涵。

安东尼·列古特先生已经成为传奇了，

限量视界

　　当你看到 007 如此轻松的逃脱敌人的围追堵截的时候，你一定十分羡慕他手中的那把超强的汽车钥匙。积家似乎可以满足你的这一奢望，它与阿斯顿马丁公司合作，推出了一把售价高达 2.1 万英镑的车钥匙。这个昂贵的钥匙系统安装在一只腕表中，可以开启阿斯顿马丁豪华跑车。这款腕表的表面是个感应装置，如果车主按压手表上 8 点到 9 点之间的位置，汽车的车门将自动打开；按压相反的方向，车门将关闭并锁上；同时按压这两个位置，车灯闪光，让忘记停车位的你可以迅速地找到爱车。当然，得到这一钥匙的前提是，拥有这部阿斯顿马丁跑车。

晶，展现回跳式的闰年显示，无懈可击的美丽让人们的眼光难以挑剔。

　　欧洲人的美丽哲学遇到积家的完美哲学，产生的必然是宫殿级的完美之物，这就是"Master"系列三问腕表。为了展示出令人惊叹的高超技术，积家选择了四幅爱神维纳斯经典画像为主题，为该三问腕表的表盘进行珐琅彩绘装饰。我们都知道，珐琅作品是所有绘画艺术中最稀有且最珍贵的。此外，为了保证钟表完美的机械性能，珐琅彩绘师在进行操作时需极其精准，务求不超过最小几十分之一毫米的误差限制。而要完成一件如此细小的作品需要在连续数星期内的高度集中注意力，更需要耐心、细致以及灵活的指法，同时亦要耗费大量的时间，这样一个表盘的制作需要 80 至 150 个小时。

为了使这些举世闻名的杰作保持永恒之美，积家的艺术家们在工坊内通过一种先进的技术重新演绎出它们的精髓，为它们赋予内涵。事实上，通过珐琅的层层烧制，表现出一种富魔幻效果的深度和密度。只需要在光线下轻轻转动腕表，就可以发现丰富的色彩差异。色彩的细微差异通过珐琅的亮光层表露无遗。再加上三问表特有的悦耳响声与积家独特的报时工艺，四只精美而珐琅清晰的三问腕表无疑是美学史上的无价之宝。

积家可不仅仅是时间的记录者，同时它还是追求完美的典范。这四只诞生于 2008 年的精美限量版腕表的推出时间正值积家成立 175 周年庆之时，既是对公司创始人追求完美的精神的缅怀与敬意，又是对积家原创工艺的最高礼赞。

第一款是名为 "Master Minute Repeater" 的三问腕表。这款将制表工艺拓展到音乐与艺术境界的精品杰作，完全由积家制表师以巧手慧心打造而成，限量发行 175 只。积家推出的典藏款式是采用直径 44 毫米的玫瑰金表壳打造，机芯直接在镂空表盘上呈现，宛如舞台中央的主角，同时带来视觉与听觉

积家 Master Minute Repeater 三问腕表，以爱神维纳斯经典画像为主题的珐琅彩绘腕表。

的盛宴。正面清晰的 "1833" 字样，标示在与蓝宝石镜面焊接的镀金音簧上，缅怀之情与奢华之气交相呼应。

第二款名为 "八日动力储存镂空万年历腕表（Master Eight Days Perpetual SQ）"。在表厂明确的分工合作下，总共需要两个多月的细心琢磨，才能够完成一枚机芯。该款腕表在各种功能显示上同时实现了两项了不起的创新工艺：一是一目了然的众多功能显示；二是在兼顾功能显示所完成的镂空工

艺，这是众多顶级积家钟表大师呕心沥血的成果。为了不让刺眼的反光打扰眼前和谐运转的钟表世界，蓝宝石玻璃镜面采用防反光处理。限量发行 175 只，在保护表盘的镜面上标记有数字"1833"。

第三款名为"Master Grand Tourbillon"陀飞轮腕表，发行相对较多，限量发行 575 只。腕表直径 43 毫米的玫瑰金表壳中，配备亮眼出色的巧克力色放射状格纹表盘，内部机芯同样经过细腻考究的装饰。提供自动上链机芯动力来驱动陀飞轮精确运转的摆陀及轴承，完全是采用一整块的 22K 玫瑰金切削而成。质地轻如鸿毛的五级钛金陀飞轮框架，重量仅有 0.28 克，而且经过打磨修饰与喷砂处理。可双向调校的指针式日期显示，还具有积家独有的特殊功能：在每月日期从 15 日转换至 16 日时，指针会完成一次宽 30 度角的跳跃，又完全不会掩盖住陀飞轮的风采。这款表同样标记有典藏款的纪念数字"1833"。

第四款名为"Master Ultra Thin"，是积家 175 周年典藏系列的最后一款杰作，也是

Master Grand Tourbillon"陀飞轮腕表。纯手工打造而成，限量发行 175 只。

八日动力储存镂空万年历腕表，此表一目了然的众多功能显示的同时兼顾了镂空工艺，限量发行 175 只。

"Master Ultra Thin"超薄腕表。简约、内敛限量发行 575 只。

唯一的一款超薄型腕表。直径 38 毫米的表壳拥有更加流畅的线条，表耳与表圈光滑细腻，与饰有阳光四射雕纹的巧克力色表盘相得益彰。整体细致考究的配色，巧妙将纤薄的身形展露无遗，是极简主义中的巅峰之作。简约、内敛的 Dauphine 太子妃式指针用于指示时、分；透明蓝宝石水晶底盖则让精美机芯一览无遗。"1833"纪念字样就位于表盘的积家商标的正下方。腕表采用 18K 玫瑰金打造，限量发行 575 只。

在你意识和眼光还没有来得及返回的时候，其实早在 1937 年，积家表的制表工匠就为面世仅六年的 Reverso 系列研制了一个具有回拨日历、月、日及月相的款式，然而当时只停留于原型的阶段。直至 1991 年，积家表厂再次萌生起生产这样一个精密繁复的 Reverso 机芯的意念，而其成品就是为庆祝这个全世界最长寿的腕表系列诞生 60 周年，厂方所特意推出的限量发售 500 只的 Reverso 60 周年纪念版。这款纪念表一经出厂，迅即为收藏家罗致囊中。其特异之处，是可以从蓝宝石水晶表底透视纯 14K 金制作的 824 机芯，以及带有日历和能量储存显示及微细秒钟刻度，而且配置出色的银表盘。至于其表壳则首度采用大型的 Grande Taille Reverso 玫瑰金表壳，以彰显其特殊而繁复的个性。

作为钟表界的创意大师，积家总是给人更多的遐想。一个不需要电源，不要要电池，也不需要机械动力的空气钟——Atmos

积家惊世之作——积家 Extraordinaire 套装。这个完美工艺的宝物展现了设计者所要表达的："如果自然是最完美的杰作，那么积家就是最高超工艺的升华。"无数的宝石点缀其中，每一个轮廓都找到最自然的角度，每一次转弯都找到了最美的表现。整个套装由一款腕表，一个项链，一枚戒指和一对耳环组成，四个独立的作品又浑然一体，展现了积家热爱自由，追求天性的精神。

于 1928 年被积家工厂呈现了出来。它以空
气缩胀为能源，温度每改变 1℃便可运行 48
小时，它在正常温差条件下可行走 600 年。
每款空气钟的制作历时一个月，要经过数周
调校。这种空气钟后来成为瑞士政府馈赠国
宾的礼品。

作为钟表史上唯一从空气中汲取动力的
座钟，其象征意义同样重大。为了纪念这个
特别的日子，积家于 2008 年特别推出"At-
mos 561 by Marc Newson 空气钟"。它和谐
的外型充分展露简约设计的利落风格，既令
人惊喜、又拿捏得恰到好处。一向对空气钟
深深着迷的设计师迈克·纽森别出心裁地为
它换上一袭由巴卡拉制作的水晶气泡形钟
壳，以流畅的线条强调出座钟依赖空气运转
的特质，同时又不失前卫风格，堪称当代设
计中的经典之作。如此精湛的工艺品仅限量
发行 888 座。

聆听花开的声音，记录一朵花开的时
间。当浪漫的诗人用他丰富的想象力完成了
一次不可思议的生命体验的时候，积家 La
Rose 玫瑰腕表却要在现实中上演这份美丽。

积家 La Rose 玫瑰腕表

★☆★☆★

限量关键词：全球仅有一只　售价近 700 万人民币

当"花之王者"玫瑰盛开的时候，人们
不约而同的来到了恋爱的季节。卓尔不凡的
La Rose 玫瑰腕表唤起了积家宝石镶嵌专家
对于完美的向往，像是每个人心中追求最完
美的爱情一样真诚。这些有着"造梦者"之
称的宝石镶嵌专家，除了让超过 3000 颗珍
贵宝石所镶嵌的腕表拥有壮观造型之外，还
要营造出清新欲滴的朝露效果，他们在这款

腕表上耗费了超过 600 小时的时间。分分秒秒的把握，只为让腕表上的每一条弧线更具魅力，每一片花瓣各具美态。积家宝石镶嵌专家采用了古埃及时发明的"熔模铸造技术"，使得腕表的纤毫细节得以展现。山上花朵的每一个部分、每一条枝干及每一片花瓣均需要一个特别的铸模制成，因此这项工序耗时冗长，需要工匠付出持久的耐性。他们精选了数千颗珍贵宝石，借此塑造出每一朵花从花冠、花瓣以至枝干的细致形态和真实立体感，铸造成线条自然流畅、造型惊世骇俗的表中极品。当鉴赏者目睹这件作品的风采时，禁不住会为艺术大师们的细致、耐心以及非凡的创造力而感到窒息。

于是一朵姹紫嫣红的花朵在人们惊异的眼神面前盛开了，听，花开的声音，如此美妙。层层叠叠的花瓣，叶脉分明的美态，被积家表厂宝石镶嵌专家的传神之作——La Rose 玫瑰腕表展现的淋漓尽致。它明明是画中之物，却如此不讲道理的呈现；它明明是一堆宝石的堆砌，却又如此灵气十足，活灵活现。整只 La Rose 玫瑰腕表共镶有 3100 颗宝石（约重 75 克拉），其中包括 1480 颗粉红蓝宝石（约重 42.30 克拉）、130 颗红宝石（约重 1.20 克拉）以及 120 颗钻石（约重 1.50 克拉），枝干方面，则由 1370 颗沙弗莱石镶砌而成。高超的积家工艺大师用驾驭时间的秘诀去驾驭宝石，从此宝石与时间一起持久流长。在沿用享誉悠久的手工打磨宝石镶嵌技术之余，积家开发出"雪花

积家表厂宝石镶嵌专家的传神之作——La Rose 玫瑰腕表。

镶嵌"（Snow-Setting）和"宝石镶嵌"（Rock-Setting）这两项独特超凡的技术。至于前者，能够让细小的钻石互相紧贴，以优雅的姿态嵌于表壳之中；而后者，则发挥令宝石更显光彩的作用，优雅之余更多的是璀璨夺目。

除了非凡的宝石和登峰造极的工艺之外，它还是一个精美绝伦的计时器。它配备了积家顶级的 846 型机械式手动上链机芯，再配以精致的镀铑白金表壳，而上链表冠则巧妙地隐藏于表盘下，以保持腕表的瑰丽美感。当表盘被宝石所缠绕的时候，时间好像一直停留在珠光宝气里，仿佛在说："拥有了这款宝石腕表，你将拥有一种光彩圆润的生活。"

从皮箱到打火机，再到书写笔、皮带、珠宝、香水……走过了130余年的光荣岁月，都彭的世界似乎永远闪耀着一句不变的誓言："永远美不胜收，永远奢华考究。"

S.T. Dupont
PARIS

"有声有色"的极品火种
都彭

S.T. Dupont
关于都彭

都彭的创始人西蒙·都彭出生于法国萨瓦省一个磨坊家庭。1872年，带着年轻人特有的热情和理想，25岁的他在时尚华丽的巴黎开始了自己的创业之路。他汇集数名技艺精湛的工匠，成立了自己的皮具工坊，专门生产皮夹并为政府要员制作带有姓名字母缩写的手提公文箱。这个工坊这也就是都彭的前身，而都彭这个品牌很快就在讲究高贵典雅的巴黎时尚圈中声誉鹊起，并在短时间内成为卢浮宫百货公司的供货商。1884年，西蒙更被当时的时尚界推许为当代皮具设计大师。

20世纪20年代伊始，西蒙·都彭的两

个儿子安德鲁与吕西安推陈出新，开始为客户量身打造奢华考究的旅行箱。1947 年，都彭为尚未登基的英国伊丽莎白公主制作了一只蓝紫色的旅行箱，作为她的结婚贺礼，这也是该品牌的最后一件皮箱作品。一只都彭旅行箱究竟值多少钱？当时员工的答案是：一幢房屋的价钱。

第二次世界大战期间，面对原材料缺乏以及客户的流失，都彭从皮件转向贵金属制作，而在 20 世纪 60 年代打火机已经成为了地位和品味的象征，代表着一份成年的礼物。安德鲁从印度帕提亚拉土邦贵族的旅行箱中获得灵感，充分运用了自己在金银工艺上的精湛技艺，于 1941 年发明了首款铝制机身汽油打火机（Ligne1）并取得了专利权。20 世纪 50 年代，除了少数几个品牌的打火机以外，汽油打火机普遍避免不了漏油的问题，而且汽油的味道被认为会破坏烟草的味道。在 1952 年，都彭推出了全新的可调节式气体打火机，机身为黄铜镀金或镀银，还大量使用了中国漆，再刻上精致的图案和纹饰，做工极其考究。这种打火机在推出后取得了前所未有之成功，也是自这一年起，打火机成为了都彭的象征。

1977 年，都彭进入了有声时代，它的 Ligne2 打火机在掀开机盖的时候会发出"叮"的一声，清脆悦耳。这是安装在机盖内的一个金属块发出的，而且神奇的是，人们可以像调钢琴那样调整声音的频率。很快，这种"都彭式"声响被上流人士认定为尊贵的化身，都彭打火机也自然成了名流绅士所钟爱的精品，跻身法国顶级高档奢侈品行列。

1973 年，都彭又将自己的疆域扩展到了制笔领域，革命性地推出首款"经典"系列

高级原子笔。让·谷克多曾经说过："书写是一种爱的表现"，而都彭的每一支书写笔都可以称得上是一件真正的艺术品，时尚而又名贵。这些笔至少经过 150 道以上的工序和 200 多个测试，其中许多工序的精密程度可与外科手术媲美，比如扭索纹装饰、镂刻与雕刻等工艺，其笔尖也由专家手工制作，从抛光到测试，处处彰显着对于细节的关注与苛求。近年来，都彭还推出了结合 USB 记忆匙的"新经典"系列，以及外壳采用高精密注射成型金属与复合碳纤维技术并镀以钯金的"挑战（Défi）"系列。此前这种技术仅在航空工业领域用于制造零部件。

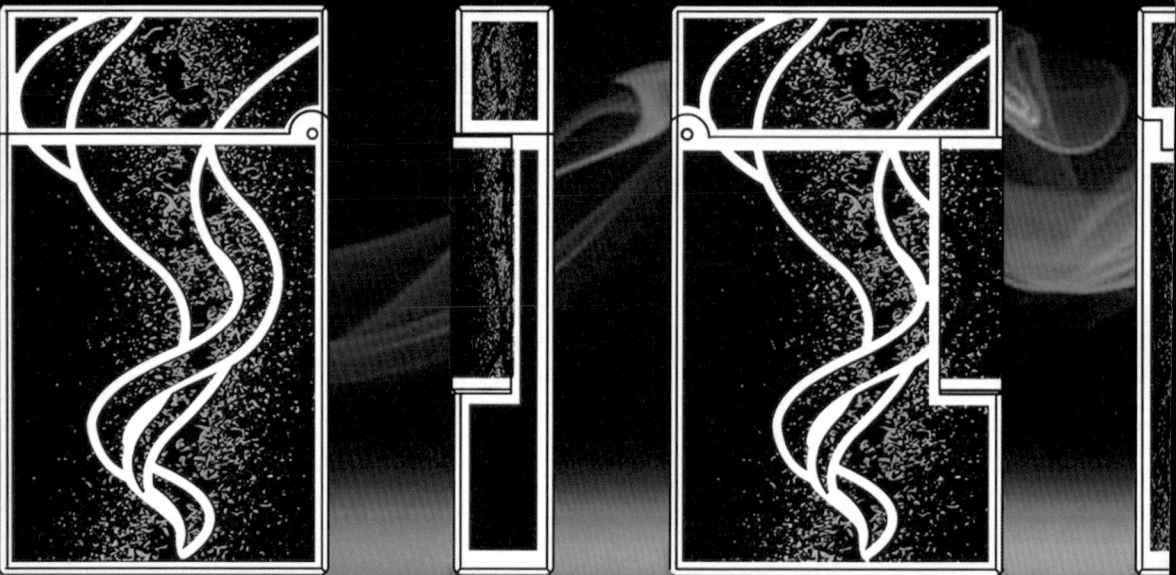

2011 年"经典"系列限量版墨水笔和打火机，致敬神话故事《阿拉灯神灯》。

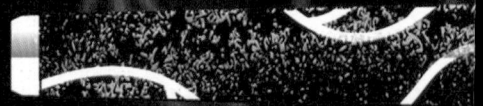

都彭墨水笔价格基本不会低于 4000 元人民币，某些特别打造的限量版甚至可以达到 60 万元，而打火机的售价也不会低于这个标准。而且，都彭如今依然没有舍弃自己的老本行——皮具，注入钻石粉末的鹿革公文包、中国漆钯金扣扣的皮带等，款款精致，价值不菲。

S.T.Dupont
限量甄选

在都彭，如果哪个打火机的点火声音不够清亮悦耳，绝对不能出厂。它颠覆了传统的点火方式，让点火的过程也成为一种艺术享受。也许，只有具有丰富想象力的法国人才能做到吧。

许多人都把美国视作打火机的诞生地，实际上，打火机是一位名叫阿尔弗雷德·丹希尔的英国青年发明的。一战时，前线士兵想抽烟却常常因为火柴受潮而无法点火。于是，在德国化学家贝莱纳的帮助下，丹希尔发明了一种由金属壳体和顶盖结构组成的打火机。但是大多数前线的烟民士兵还没来得及用上它，一战就已经结束。现在，打火机已经成为随处可见的普及品，但是如果你手里拿的是一个都彭漆艺打火机，那么它就要经过 600 道工序、300 个测试和超过 100 个工时才能。

漆艺可以说是都彭的一项拿手绝艺。1935 年，都彭原本是打算寻找一名镶贴金箔的"包金工匠"（artisan plaqueur），但在招聘启示中却误印为"漆艺工匠"（artisan laqueur）。机缘巧合下，都彭意外掌握了一项传承至今的独门绝活：于金属上运用中国漆艺。都彭的漆料主要来自日本和中国台湾，据说每棵漆树每年只能获得两公斤的汁液，而一旦采完汁液，树也就死了，7 年以后才能长出一棵成熟的漆树。树液于每年 6 月至 11 月间以小竹筒收集，运回法国后，漆液里要加入按秘方配置的颜料才能制出成色饱满的中国漆。在都彭公司只有极少的人知道这个绝密配方。这种漆在上漆时必须隔离尘埃及阳光，所以只能在晚间以湿布搭起帐篷进行。

由于产品各部分的组成和装配不同，目前，都彭打火机的 10 余个系列中只有 Ligne2 和 Gatsby 系列的打火机才拥有"叮"的特别声响。到了 20 世纪七八十年代，买主对打火机的精美外观的重视程度达到顶峰，都彭于是从 1989 年起，主要依托这两个有声系列，每年都推出包括打火机和墨水笔在内的一款或数款限量鉴赏版，20 年累积下来，已经推出不下 40 余款。这些珍藏品都是为了纪念特别盛事、重要人物或艺术运动而度身制造的，早期作品的增值幅度基本都不低于 50%。

1989 年为纪念法国大革命 200 周年，都彭推出了以法国国旗的蓝、白、红三色为主题的限量鉴赏版系列，包括两款打火机和一款书写笔，其中的打火机已经由当初的 400 美元升至现在的 3000 美元。此后，1991 年的纪念莫扎特逝世 200 周年、1992 年的纪念哥伦布发现美洲新大陆 500 周年限量版等，给世人带来了无限的惊喜。1995 年，都彭将水、火、土、风形象化，创制出以四款墨水笔为主的限量鉴赏版，每支笔的笔扣上均镶有两颗钻石，限量发行 200 套，价值已经由当初的 5000 美元升至如今的 10000 美元；1996 年，都彭限量发行两款名为"日月有约"的袋装打火机，各 2500 只，目前价值已经由当初的 600 美元升至 2000 美元。

20 世纪 60 年代，毕加索曾经在三只都彭打火机的黑色中国漆底上，为自己的儿子和妻子信手绘涂了可爱的简笔丑角形象，它们原本都是毕加索夫人的私人珍藏，后来她将其中一只赠与友人，而上面的牧神形象由于经常出现在毕加索的画作中，因此也被视为是画家的自画像。1998 年，都彭将其搬上了打火机，与世人一同

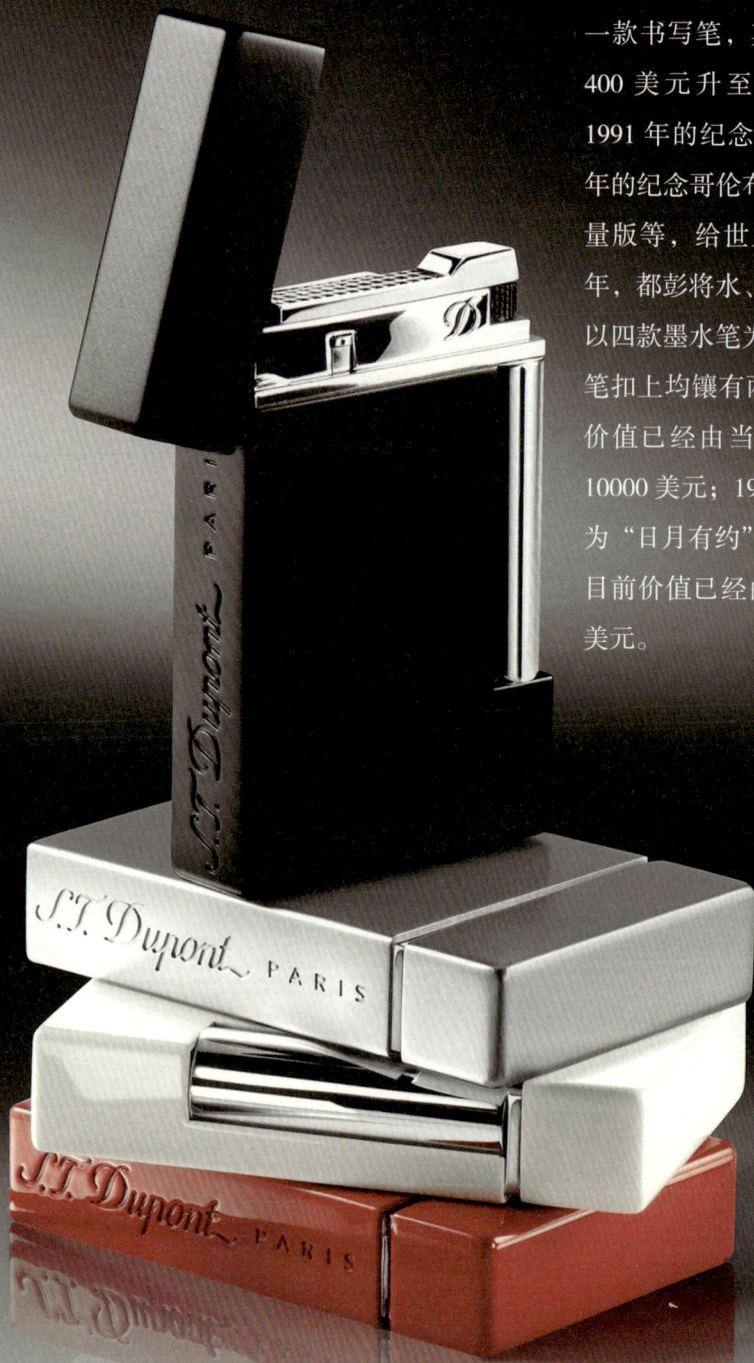

分享都彭背后的趣闻轶事。后来，从泰姬陵到自由女神，都彭限量版的精品系列总是花样频出，精美的工艺也令人叫绝。

2003 年可以说是都彭限量版面市最多的一年，一共六款。这一年，为庆祝"经典"系列书写笔问世 30 周年，都彭特别推出了两款高贵精美的原子笔和自动铅笔。其中纯金款限量 100 支，笔夹上镶嵌了 16 颗天然珍珠；铂金款限量 1000 只，笔夹上镶嵌了 9 颗天然珍珠。第二款是为庆祝拿破仑诞辰 200 周年，推出的镌刻有拿破仑肖像以及老鹰徽章的精品系列，它包括两款分别以铂金和黄金打造的 Ligne2 型漆艺打火机，另外还有两款采用相同材质打造的漆艺墨水笔，每一款均限量 1500 支。还是在这一年，都彭以铂金、绿松石以及三种颜色的中国漆，打造了地中海风情的"安达卢西亚"系列，它包含了 3000 支打火机、300 支桌面打火机以及各自限量 2500 支的墨水笔和原子笔。另外的 3 款分别是为纪念圣彼得堡创建 300 周年、致敬美国最受欢迎的当代画家雷诺·尼曼以及对建筑艺术影响至深的德国包豪斯学院而制作。

2004 年，都彭限量版的素材依旧是创意十足，安迪·沃荷、法老王以及名噪一时的"007"詹姆斯·邦德都被它请了出来。安迪·沃荷是 20 世纪现代波普艺术的中流砥柱之一，1962 年，他运用其标志性的丝网版

257

为题材，推出了三款限量版打火机以及六款书写笔。前两款打火机都是限量 1964 只，第三款限量 1986 只，它们的上面除了印有相应的肖像，还铭刻了安迪·沃荷的一句名言："在未来，每个人都可以闻名世界 15 分钟。"

在都彭流传着这样一句话："好的产品如同艺术品，永远被人欣赏"。几十年来，被誉为极品火种的都彭打火机一直秉承法国贵族式的尊贵格调，于经典与时尚之间，吐露奢侈气息。

"上海"限量版系列

★☆★☆★

限量关键词：献礼世博会

2005 年以来，都彭又不断以世界各地的知名建筑为主题，陆续发布了意大利的圣母百花大教堂、法国巴黎的凡尔赛宫和凡登广场以及美国纽约第五大道等经典系列。2009 年，都彭只推出了一款限量版，主题是 2010 世博会的举办地，中国的"海上之城"——上海。

十里洋场、歌舞升平，20 世纪 20 年代的上海滩洋溢着浓浓的文化气息和东方意蕴，而东西方文化的交融也使得当时的上海充满了现代化的时尚与奢华。都彭全新推出的上海限量版旨在向这座奢华城市致敬，它包括一款 Ligne2 打火机、一款"新经典"

以梦露及安迪·沃荷自画像为题材的都彭限量版打火机以及墨水笔，分别限量 1964 只、1986 只。

印刷摄影技巧，将图案移至画布，然后再饰以黄、红、黑等对比强烈，鲜艳夸张的色彩。在 20 世纪 60 年代，他以这种技法创作了经典的玛丽莲·梦露、伊丽莎白·泰勒等一系列肖像画，其中一幅伊丽莎白·泰勒的画像在 2007 年的拍卖价达到了 2.37 亿美元。这次，都彭以在安迪·沃荷作品中经常出现的梦露、猫王埃尔维斯以及他本人的自画像

"上海"限量版系列，限量发行 1088 套。法国总统萨科齐在参加 2010 年上海世界博览会开幕典礼期间，向主办方赠送的书写笔正是该款。

都彭"钻雨"系列打火机和墨水笔。

系列书写笔（可选择墨水笔或原子笔）、袖扣以及一条皮带。打火机和笔以波纹图案内嵌黄金来装饰，在最为深沉的黑色中国漆面上手工装饰金砂，并手工镶嵌有八颗太阳黄色水晶宝石，皮带和袖扣分别镶嵌六颗和四颗美钻。

"尊贵"系列

★☆☆★★
限量关键词：以万为计价单位

终生离不开奶酪和红酒的法国人有着极为丰富的想象力，但是，都彭的第二代继承人安德鲁与吕西安应该不会想到　1941 年 1

月 6 日，他们竟然为都彭的第一款打火机取得了专利。那一天，他们跟朋友分享了庆功的香槟。而在 60 年后，人们还在纪念着那个经典的时刻。在以纯金和钻石打造的"尊贵"系列中包括了两款以"香槟"和"玫瑰香槟"命名的 Ligne2 型打火机，前一款的售价超过 620000 元人民币，后一款的售价则接近 390000 元人民币。

"香槟"型采用 18K 白金材质，上面镶嵌 468 颗钻石，相应款式的墨水笔上镶嵌了 502 颗完美切割的钻石，售价达到了 598000 元人民币。"玫瑰香槟"型则以 18K 玫瑰金打造，上面镶嵌 93 颗钻石，相款式的墨水笔上则镶嵌了 125 颗明亮型切割钻石，售价为 364000 元人民币。这几款产品均是限量生产并带有独立编号。

　　"尊贵"系列的关键词是"高贵"，在这个系列里还有两款名为"钻雨"和"钻滴"的艺术珍品。"钻雨"打火机的 18K 白金镀铑机身上镶嵌了 1000 颗钻石（14.1 克拉），构造出唯美浪漫的钻雨形象，令人眩目。它售价近 500000 元人民币，限量发行 352 只，而同样限量 352 只的"钻雨"系列书写笔上镶嵌了 677 颗钻石（7.4 克拉），售价 55.77 万人民币。相比之下，限量 1952 只的"钻滴"系列就十分"亲民"了，打火机上镶嵌的 16 颗真钻（0.18 克拉）营造出了雨滴的晶莹美感，书写笔的笔夹也镶嵌了 24 颗钻石（0.26 克拉），它们的售价都在 25000 元人民币上下。

　　另外，"尊贵"系列还打造了两款经典的 18K 纯白金和纯黄金打火机，带有独立编号并在侧面镌有"尊贵"系列字样，售价都在 200000 元人民币以上。而两款纯黄金的墨水笔的身价也并不逊色，都在 150000 元人民币以上。

　　在都彭之前，很难想象打火机的价格能抵得上一辆中档汽车，但都彭确实做到了。都彭是男人的装饰品兼收藏品，灿烂的火花、清亮悦耳的脆响，象征着一如既往的高贵品位与非凡格调。面对这样一件"有声有色"的艺术品，相信世人永远都有珍藏它的理由。

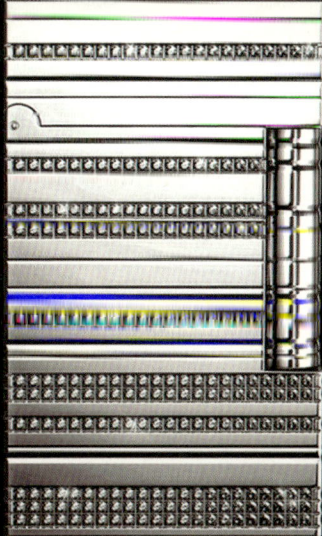

都彭"尊贵"系列之"香槟"型打火机和墨水笔。

都彭"尊贵"系列之"玫瑰香槟"型打火机和墨水笔。

一副架在鼻梁上的眼镜的价钱可以买一辆宾利汽车？这听起来似乎有些不可思议，但是，来自德国的珠宝眼镜品牌罗特斯却将这种奢侈持续了一百多年……

LOTOS

近在"眼前"的奢华
罗特斯眼镜

★☆★☆★

限量关键词：量身定制

作为一个古老的德国眼镜品牌，罗特斯集中了德国人谨慎精湛的优秀品质，从1872年诞生至今，这个拥有130多年历史的眼镜制造专家至今仍保持着纯手工制作的传统，为无数名流雅士打造了近在"眼前"的至尊高贵。

罗特斯的主打产品是珠宝眼镜并且一般只以订单形式生产，它的一款镶有44颗钻石的眼镜售价达到了 50 万欧元，堪比一辆豪华的宾利汽车。如此的眼前奢华，自然是极少数人才能够享受的，对于罗特斯的主顾而言，"为了奢侈而奢侈"绝对是一个最好的理由。

也许你还没有听过制作用时长达两年的镜框，但是在罗特斯，这却是再平常不过的事了。罗特斯会根据每一位用户的特点为他们量身定制属于他们自己的眼镜，即便是最简单的款式也要制作一个月左右的时间，无论是在选材还是在设计上，每一副罗特斯镜框基本都是独一无二的。

设计是罗特斯最具竞争力也最花费心血的步骤之一，也是其灵魂所在。从接下订单开始，罗特斯的设计师便开始采集顾客信息，发色、头发多少、眼窝深度、眉骨高矮、眉毛稀疏、脸型等全都要考虑在内。罗特斯的设计师会根据这些信息和顾客喜好、身份等个性要求完成设计。在眼镜开始制作前，客户需要预交不少于全款 30% 的定金。

罗特斯眼镜之所以天价，和它所采用的珍贵材质有着重要关系。每一副罗特斯的宝石镜框都是传统的金匠通过手工镶嵌制成，并且要在传统和现代的双重美感中寻求平衡。白水牛角镜框是罗特斯最有名的镜框之一，而它所选用的白水牛角仅产于德国南部，稀少而名贵，而且这种材质在做成镜框之前还要历经 130 道物理和化学工序。

一副最简单的罗特斯眼镜，单是抛光一条眼镜腿，大概就需要工匠仔仔细细地工作

三人以上。罗特斯眼镜的高价体现在每一个细节上，连最小的一颗螺丝钉都要上千人民币，因为它们是由铂金制成的。另外，罗特斯眼镜采用完全手工焊接、抛光，找不到任何焊接点，浑然天成，完美至极。

经过了如此纷繁复杂而专注精细的工序，如果将罗特斯眼镜放到 20 倍以上的放大镜下认真研究，会发现是每平方毫米罗特斯镜架的密度是其他眼镜的两到三倍。密度越大意味着越细腻，越有质感。罗特斯还有一项独门法宝，就是它专有的钻石切割和镶嵌技术，这是罗特斯的设计师和工匠们潜心研究数年所获得的绝艺，拿放大镜也很难看出其镶嵌的痕迹，好奇的人们喜欢将它称为"罗特斯的魔法"。

罗特斯没有价格相对低廉的外围产品，而且从不打折。当然，对罗特斯青睐有加的主顾们自然也都非富即贵，摩纳哥王室、日本政要、前苏联领导人戈尔巴乔夫等都对罗特斯眼镜极其钟爱。罗特斯眼镜的另一位著名客人是已故摇滚传奇人物"猫王"埃尔维斯·普雷斯利。他生前配戴的多副眼镜都是专门找罗特斯定制的。他去世后，罗特斯特意推出了怀旧款型来纪念他，其中镶嵌有钻石的黄金镜框最终以不可思议的价格出售。

罗特斯是为追求奢华品位的人量身定做的专属"视窗"，透过私人定制的罗特斯眼镜，看到的世界会不会与众不同呢？这其中的奥秘，或许只有真正拥有它的人才有机会了解吧。

Van Cleef & Arpels

名店林立的凡登广场被称为"巴黎珠宝箱"，而伫立在广场中心的立柱不仅成了梵克雅宝品牌标志的设计意象，也见证了它如何一点一滴地，绽放出自己独特的魅力。

Van Cleef & Arpels

绽放的珠宝箱

梵克雅宝

Van Cleef & Arpels
关于梵克雅宝

在世界高端珠宝品牌中，似乎只有梵克雅宝用了两个家族的姓氏为自己命名。1896年，宝石商的女儿艾斯特尔·雅宝嫁给了来自宝石加工世家的阿尔弗莱德·梵克。这两个家族结为亲家后，1906年阿尔弗莱德与连襟查尔斯携手合作，一同创立了自己的珠宝品牌——梵克雅宝。如今，在梵克雅宝的宣传画册上依然经常会出现艾斯特尔与阿尔弗莱德那张唯美的结婚照，而当世人每每提起梵克雅宝，就仿佛重温两个家族联姻的美好故事。

凡登广场素有"巴黎珠宝箱"之称，也是世界流行时尚的发源地。梵克雅宝的第一个店面就位于凡登广场22号，其品

牌标志的设计灵感源于广场中心的立柱，两侧分别是字母 VC 和 A。自 1938 年将其注册后，梵克雅宝的每件新作都会铭刻这一印记，寓意将品牌当初在此萌芽的创业精神永远延续下去。1939 年梵克雅宝将专卖店跨海开到了美国纽约的洛克菲勒中心，成为第一个进驻美洲大陆的欧洲奢华珠宝品牌，不久，其店址迁到了第五大道。

自诞生以来，梵克雅宝一直致力于改良珠宝的外观，完美展现宝石的原始光泽与明亮度，所以他们尽量避免以任何粗劣的镶嵌方式造成对珠宝的破坏。1933 年，梵克雅宝将自己发明的"隐秘式镶嵌法"进行了注册。相比于传统的镶嵌法，这种镶嵌法堪称是珠宝制作工艺上的伟大革命，它可以不用任何金属座或镶爪，使一颗颗细小的宝石以

"纺织"的形式镶嵌在非常精致的黄金或白金网格内。这些珍贵的红蓝宝石、钻石都是由珠宝大师精心筛选，然后依照它们各自的颜色、色泽清晰度与匀称程度，巧妙地安放在网格适当的位置上，其光泽充满韵律感。在结合了梵克雅宝独特的设计灵感后，宝石也像是被赋予了一种完全不同的外观。

除了隐秘式镶嵌技术，梵克雅宝还有一项可以载入史册的经典发明——百宝匣。它可以说是今天女士化妆盒的始祖，其中的每个格子都经过精心的设计，可轻松收纳口红、镜子、梳子、腕表等各种小物件。梵克雅宝的百宝匣通常采用白金打造，制作成长方形的样式，上面还装饰着可自由拆卸的珠宝，卸下来还可当做胸针或配戴在腰带上，极为精巧。

梵克雅宝一项可以载入史册的发明——百宝匣。

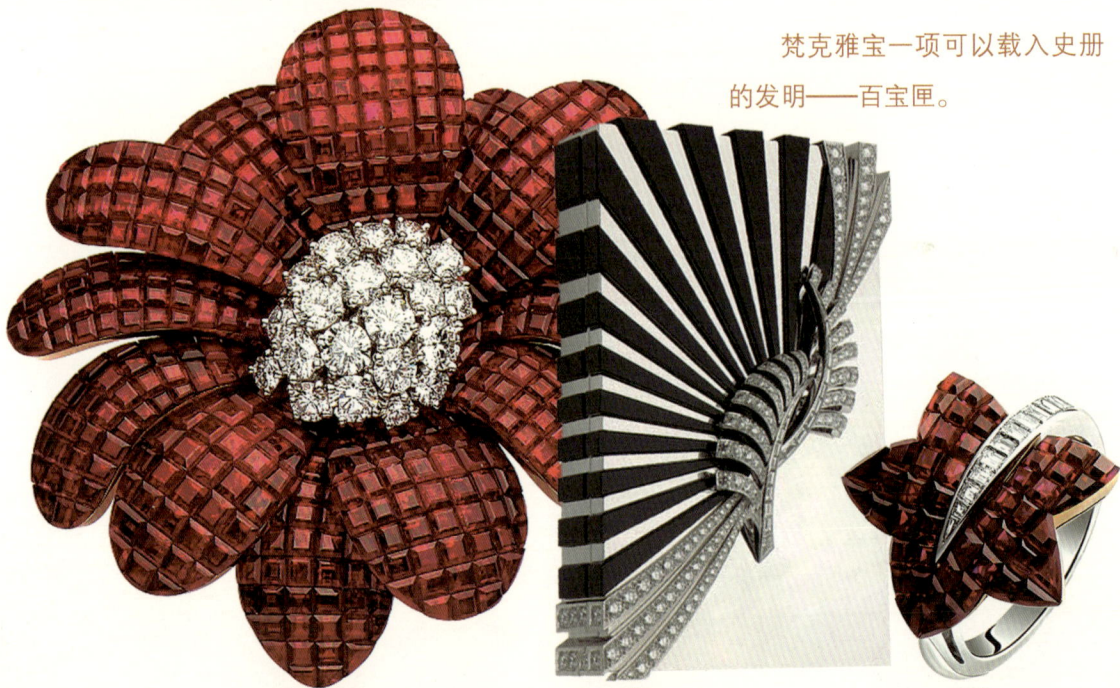

Van Cleef & Arpels
限量甄选

以"巴黎一天"为主题的诗意高复杂腕表，分为玫瑰金和白金两款，表盘每天转动一周，呈现出七组游走于巴黎风景名胜的人物剪影，展示着法国璀璨花都的迷人风情。这两款表的身价都超过 40 万元人民币。

精湛的工艺加之独树一帜的设计理念，使梵克雅宝尽染巴黎唯美浪漫的艺术气息，叫人无法无动于衷。从不爱江山爱美人的温莎公爵到传奇的摩纳哥王妃格蕾丝，再到美国的肯尼迪家族，梵克雅宝征服了无数名门卿贵的挑剔眼光，也成就了自己不朽的百年传奇。

定制珠宝一直是梵克雅宝最为自豪的强项，如其所言，"要想与众不同，除了定制，没有别的方法可以把你从别人的流水线上解救出来"。

除少数例外情况，梵克雅宝只收购切割宝石，每颗钻石均必备专业宝石协会核发的鉴定书，其他的宝石及半宝石则由专门的宝石机构加以评估鉴定，如瑞士宝石学协会、瑞士吉本林鉴定室等，以保证每颗宝石的来源可靠。同时，梵克雅宝又极具耐性，为了使用品质相当、色调一致的合适宝石打造一款或整套相得益彰的珠宝系列，梵克雅宝一贯安于长时间的等待。而购自梵克雅宝的每一件珠宝除了其原本的品质鉴定书外，亦会附有一张由品牌亲自签发的保证书，上面详细记载着产品购买日期及编号。

从设计的总体风格上看，梵克雅宝少了几分魅惑与张扬，但却多了许多欧洲人特别是法国人所追求的浪漫情怀与艺术质感，十分善于表达女性本身特有的温婉和细腻。失落的亚特兰蒂斯海洋文明、莎士比亚名著《仲夏夜之梦》、令人心驰神往的欧洲古典芭蕾……梵克雅宝结合人类文化瑰宝精心打造的数十款高级珠宝系列件件都是匠心独运，题材隽永，而高级定制珠宝就更是梵克雅宝的拿手绝活。如其所言："要想与众不同，除了定制，没有别的方法可以把你从别人的流水线上解救出来。"

梵克雅宝一直是摩纳哥王妃格蕾丝的钟情之物，当年雷尼尔三世送给格蕾丝的一套订婚珠宝正是委托梵克雅宝创作的，包括三圈项链、手链、耳环及一枚戒子。三个月后，梵克雅宝品牌荣获"摩纳哥公国指定供货商"的荣誉头衔。格蕾丝王妃婚后也曾多次在梵克雅宝定制珠宝，据说单是头冠就有十余件。1978年在女儿卡罗琳公主的婚礼上，格蕾丝所戴的铂金镶嵌梨形、榄形及圆形钻石（重77.34克拉）冠冕就是出自梵克雅宝之手。

格蕾丝当年的盛大婚礼被美国媒体大肆报道，而当时还没有成为美国第35任总统

的约翰·肯尼迪和夫人杰奎琳一起看了新闻报道后，肯尼迪皱起眉头说："与她结婚的，原本可能是我。"这当然只是一句玩笑，但是无独有偶，杰奎琳也是梵克雅宝的忠实粉丝，肯尼迪当年送给未婚妻的正是一枚梵克雅宝钻石及绿宝石订婚戒指。后来杰奎琳又购入梵克雅宝的数件精品之作，比如珊瑚珠宝、黄金丝编制而成的晚装手袋、一枚于1972年设计的金手镯以及参加法国总统戴高乐设于凡尔赛宫的舞会时所佩戴的"火焰"及"树叶"胸针等等。

在梵克雅宝令人叫绝的杰作中，不能不

提的是"拉链"设计，而这一设计的背后同样隐含着一段动人的爱情故事，其主人公便是"不爱江山爱美人"的温莎公爵。

温莎公爵一生为夫人定制了多件梵克雅宝珍品，包括两人订婚时的蓝宝石手镯，每一件都是独一无二的稀世佳作。公爵夫妇没有了嗣，按照其遗愿，他们个人都分别广捐赠了巴黎某研究院做癌症研究之用。1987年4月，一件1939年由梵克雅宝设计的钻石和红宝石的项链经苏富比拍卖会以390.5万瑞士法郎的高价被拍出。这件项链被温莎公爵起名为"我的威尔士"，是温莎公爵夫人最喜爱的珠宝之一，它见证了这段惊世骇俗的爱情，也代表了梵克雅宝最精湛的珠宝工艺。

1951年，梵克雅宝为公爵夫人制作了一款灵感来自时装拉链的作品，它以皮革取代贵金属材质，拉开时成为项链，合上则是手链。由于钻石的硬度极高，拉链在滑动时候的相互摩擦会留下刮痕而降低亮度。因此在制作拉链项链时还得加入防摩擦的设计，也就大幅增加了此款珠宝的工艺难度。其实这个构思是公爵夫人早在20世纪30年代就提出的，而当第一条镶满钻石、华丽夺目的拉链项链在1951年问世后马上成为了50年代举世瞩目的珠宝名作。此后，拉链的身影就反复出现在梵克雅宝的珠宝系列中，比如

后来的"巴黎一天"系列就包括了四种全新拉链款式。如今，梵克雅宝的拉链工艺已堪称登峰造极，件件价值连城。不但如此，梵克雅宝的作品一直是创意迭出，一枚别针甚至可以变化成手镯和腰带，奇妙无穷。

20世纪20年代，随着腕表逐渐成为人们生活的必需品，梵克雅宝也开始运用自己所有的想象力和艺术才华，将钟表变为最奢华的珠宝。20世纪30年代，梵克雅宝的锁型表在当时蔚然流行，而其灵感还是源自温莎公爵夫人。如今，梵克雅宝的男女表款已经发展到十大系列，其中相当一部分是配合其高级珠宝系列而衍生出来的。高级制表的

一大特点就在于尽管机芯隐匿不见，但是仍要像外部元件一样，每一个零件都要经过细心的抛光和修饰，这也是梵克雅宝始终不变的坚持，而且它的所有螺丝都要在火焰上经过"烤蓝"处理，边缘经过磨角，成就极致的美感。这些珠宝腕表虽然没有打出限量版的旗号，但其动辄百万的高价码足以让人望而却步，而它真正的限量版腕表则通常总会采取极具艺术美感的制作工艺，例如珐琅，缔造出令人惊艳的作品，

2010 年，梵克雅宝以娇小玲珑的蜂鸟为灵感，设计出了线条精炼、栩栩如生的彩绘珐琅表盘，每款限量八只。

梵克雅宝"午夜东方花园"陀飞轮铂金腕表，在珍贵宝石的烘托下，面盘上恬静神秘的东方园林通过两种珐琅技法呼之欲出。这款限量版铂金鳄鱼皮表带腕表，限量制作八只。

早在公元前 6 世纪，希腊和埃及的饰物中就已经出现了类似珐琅的玻璃马赛克。制作珐琅表盘需要极高的技巧，珐琅彩的结构极其不稳定，并且每上一次颜色就要进行一次 800 度以上的高温煅烧，其凝固后的成分也都不一样。因此所有的珐琅作品都是独一无二的，珐琅彩的调配也没有既定的秘方，珐琅艺师唯一的法门就是经验。

如今，这门工艺已经日渐失传，但是梵克雅宝却一直将它传承下来。早前，梵克雅宝已经有数款花园主题的限量版腕表问世，而在 2010 年，梵克雅宝又以象征蜕变更新的蝴蝶以及娇小玲珑的蜂鸟为灵感，分别设计了五款线条精炼、栩栩如生的彩绘珐琅表盘，每款限量八只，它们也成为了梵克雅宝"非凡表盘"系列的经典之作。另外，加州震撼人心的峡谷以及壮观的瀑布和崇山峻岭也被梵克雅搬上了表盘，生动表现着大自然的壮美与顽强，这几款腕表依然各自限量发行八只。而在与日本漆器创作大师箱濑先生的合作下，梵克雅宝以含蓄纯美和彩漆工艺，结合日本秀丽的樱花和流水等风景，推出了五款传统山水主题腕表，造就出各自八只的珍贵典藏。

Van Cleef & Arpels
至尊私享

在珠光宝气的世界里，梵克雅宝就像是一个充满魔力的魔法精灵，它只要轻挥手里的魔法棒，接下来，就是迎接世人的惊诧与既叹。

梵克雅宝"芭蕾系列"
★☆★☆★
限量关键词：艺术的极致之美

1961 年 2 月的一个早晨，一位穿戴稍显邋遢的男子站在纽约梵克雅宝的旗舰店外，对着橱窗内的珠宝出神。当店员将其误认成流浪汉正准备下逐客令时，梵克雅宝的第二代传人克劳德·雅宝却认出他是当代的芭蕾编舞大师乔治·巴兰钦。他对雅宝说："我每天都要从你们的橱窗前经过，这些神奇的宝石让我着迷不已。在我眼里它们已经超越了珠宝，每个都是动人的舞曲。绿宝石的高贵是为了福列（法国作曲家）而诞生的；红宝石的热情奔放是献给斯特拉文斯基（美籍俄罗斯作曲家）；而钻石的纯净无瑕是为柴可夫斯基量身定做的！"

其实梵克雅宝早在 1940 年就创作出首个以芭蕾舞蹈为主题的珠宝系列并引起极大轰动，而这场宛如电影情节的邂逅则让珠宝与舞蹈的跨界合作变得更加耀眼。但是梵克雅宝芭蕾系列的作品至今不足百件，一直是收藏家趋之若鹜的珍宝。2009 年 10 月 21 日，一枚梵克雅宝早年发表的芭蕾胸针经佳士德拍卖，以 42.2 万美元成交。

巴兰钦在 1967 年推出了三幕芭蕾舞剧《珠宝》，取材自祖母绿、红宝石与钻石的耀

梵克雅宝"诗意"复杂功能腕表系列之"午夜巴黎",梦幻般的蓝色星空表盘。

眼风华，并先后于纽约、芝加哥和巴黎的剧院上演。2007年，《珠宝》再次由伦敦皇家芭蕾舞团于皇家歌剧院公演，而梵克雅宝也以该剧为创意源头，将芭蕾舞者的跳跃、旋转等舞蹈动作融入珠宝创作，打造出兼具立体与律动感的"芭蕾珍品"系列。该系列是梵克雅宝最具代表性的作品之一，总价值近四亿。

"诗意"复杂功能系列腕表

★☆★☆★
限量关键词：诗意的惊世之作

一直以来，梵克雅宝的高级腕表都保持着极高的制作水准，在功能上包纳了万年历、陀飞轮等世界制表业的最高难度技术；在材质上，梵克雅宝极其钟爱珍珠母贝、砂金水晶这类极富艺术美感的材料，再加上精致的珐琅工艺以及梵克雅宝拿手的钻石镶嵌技术，它的每一件作品都是精雕细琢出来的艺术杰作。而"诗意"复杂功能系列就集合了艺术风格与时尚创意于一身，它不但度量时间，同时也体现了充满诗意的一面。

午夜给人的感觉总有一种说不出的唯美和浪漫，这也一直是梵克雅宝所倾心寻找的。梵克雅宝早前曾经以珍珠母贝和砂金水晶为材质，推出了各自限量100只的午夜陀飞轮"Nacre"和"Aventurine"腕表。怀珠牡蛎被称为"珍珠母"，而其斑驳粗糙的外壳下隐藏着半透明的内壳层，拥有珍珠般迷

人的色泽，可用于制造表盘。由于珍珠母贝在切割时容易碎裂，大多数的珠宝师都采用0.1毫米的厚度，但梵克雅宝的标准却在0.4~0.8毫米之间。

但是单凭材质似乎还不足以彰显梵克雅宝腕表的艺术品位。梵克雅宝的"仙女"女表可以把指针设计成仙女手中的魔法棒，而"蝴蝶"女表的指针则是两根飞舞的珐琅蝴蝶，表盘为缟玛瑙和黑色珍珠母贝，镶贴手工雕刻的白金和白色珍珠母贝树形嵌花，巧夺天工。不但如此，梵克雅宝通过其研发的转式表盘，采用砂金水晶材质，还可以将巴黎诗意的爱情故事以及浩渺变幻的星空统统搬上表盘，制造了"午夜巴黎"腕表梦幻般的蓝色星空表盘。优美的圆形弧线勾勒出一个个美丽的星座，表盘以365天为一个周期转动，中心随时显示出每天午夜时分巴黎上空点点繁星的精确位置。而"午夜摩纳哥"则是全世界仅此一只，特别为"2009'唯一'腕表拍卖会"所做。这个拍卖活动一直由摩纳哥格蕾丝王妃的儿子阿尔伯特亲王赞助，所得收益捐献给研究"杜兴氏肌营养不良症"的慈善机构。这款腕表背部设有揭盖加以保护，尤为值得一提的是，腕表的背盖内还有一幅手工金雕，以珐琅绘制出一幅旖旎的摩纳哥海岸风光。

一个世纪之前的一段美好姻缘开启了一个延续百年的不朽传奇，梵克雅宝的世界里也少不了经典和传奇，过去如此，相信将来是也一样。

白兰地标志着来自法兰西的浪漫与高雅，而有着数百年历史的苏格兰威士忌或许早已代言了英国式的绅士文化和高雅格调。但林林总总间，可以被奉为"单一麦芽威士忌的最高典范，其他酿酒商所必须跟随的标准"的，就只有麦卡伦。

The MACALLAN®

EST. 1824

最完美的英伦格调
麦卡伦威士忌

The MACALLAN
关于麦卡伦

　　这里是位于苏格兰东北部的麦卡伦庄园，美丽的斯佩河在一旁静静流过，葱茏的林木和一望无际的麦田间，一座修葺完好的白色城堡悄然而立，其上镌刻的"1700"昭示着它 300 余年的古老历史。这座城堡就是麦卡伦威士忌的精神家园——伊斯特·艾尔奇城堡，修建者是当时一位名叫约翰·格兰特的上校。

　　1824 年，一位名叫亚历山大·雷德的当地农场主获得了首批酿造威士忌的执照并租下了这座宅邸和周边 3 公顷土地建立了酒

厂。他参照附近的一座古老教堂将之命名为"麦卡伦"。自1847年雷德去世以后，麦卡伦庄园曾经数次易主，从詹姆斯·普里斯特、詹姆斯·戴维森到后来的詹姆斯·斯图亚特再到罗德里克·坎普等，他们为麦卡伦威士忌的声望和发展做出了巨大的贡献，如今一提到麦卡伦，很多人就会想到"单一麦芽威士忌中的劳斯莱斯"。实际上，这样的赞誉它绝对当之无愧。

作为一种传统的蒸馏酒，威士忌的酿造要经过发芽、发酵、蒸馏、陈年、勾兑、装瓶等诸多步骤，对于麦卡伦来说，每一步都有巧夺天工之处。首先，麦卡伦所选用的大麦是有一定比例的高淀粉低氮大麦，它产自麦卡伦庄园39公顷的农场以及周边的签约农庄，确保其新酿烈酒具有浓郁滑腻的特性。麦卡伦庄园毗邻林格姆溪和斯佩河的交汇处，它酿酒所用的水取自深藏于地下的泉水，自迄今已逾5.5亿年历史的"前寒武纪"岩涌溢而出，水质极为纯净柔和，所含矿物质和盐分尤其适合麦芽发酵所需。

大麦在经过浸泡和发芽后需要进行熏干和研磨，然后再进行发酵。在所有的威士忌中，只有苏格兰威士忌是使用当地的泥煤将发芽过的麦类或谷类熏干，因此也造就了它独特的烟熏风味。而在接下来的发酵过程中，威士忌厂通常会使用至少两种以上的酵母菌进行发酵，它们具体的种类及数量都被视为商业机密。此外，麦卡伦还添加了一种配方独特的膏质酵母——MSL。

随后的蒸馏过程麦卡伦采用的是最传统的小型铜质器具，可以促进甜酯的形成，减少硫化物等杂质。最重要的是，苏格兰威士忌需要经过二次蒸馏并将冷凝流出的酒舍去头尾，只留取中间最精华的"酒心"部分作为威士忌新酒。一般各个酒厂取"酒心"的比例多掌握在60%～70%之间，而麦卡伦只收集二次蒸馏后大约16%的酒液陈年，这

应该是所有威士忌酒厂中最奢侈的比例了。作为精华中的精华，它们也是麦卡伦口感饱满浓郁的首要原因。然后，这些"酒心"会被灌装进麦卡伦独家的雪莉酒桶并且开始"沉睡"，至于何时唤醒它们就是酿酒专家们要研究的学问了。麦卡伦的酒窖中大约存有50000个酒桶，它们之中有的可能要睡上半个世纪之久。

限量视界

全球限量 888 瓶的"麦卡伦 Cask 888 极品御藏"威士忌来自麦卡伦的首席酿酒师鲍勃·戴尔加诺精选的编号 888 的雪莉桶，装瓶时间为 2008 年 8 月 8 日，酒精浓度为 48.8%。其酒瓶是由水晶大师斯托泽尔亲手打造完成，瓶身上的麦卡伦 Cask 888 标志则是特别委托英格兰冠霖水晶以纯手工制成。此外，苏格兰木雕大师麦克·登普西特制的橡木吊牌正是源自 Cask 888 所汲自的橡木桶。

The **MACALLAN**
限量甄选

在由独特的小型烈酒蒸馏器收集到的酒液中，麦卡伦仅从中留取 16% 的精粹"酒心"。这是造就麦卡伦成为全世界最珍贵的威士忌的重要原因，也是麦卡伦威士忌的立足之本。

若论产地，苏格兰、爱尔兰、美国和加拿大都是威士忌的产出大户，但是其中最为人所津津乐道的还是苏格兰威士忌。芝华

忌，它还是以多家酒厂酿造的苏格兰威士忌调和而成，但其原料只有麦芽一种。至于最稀有的一种，当属由一家酒厂酿造且原料只有麦芽一种的"单一麦芽"威士忌，它的产量仅占苏格兰威士忌总产量的5%，香气浓郁、口感厚重，价格也最昂贵，麦卡伦就是这最为珍稀的一类。而作为将这种珍稀推向极致的极品佳酿，限量版形式发售的麦卡伦威士忌主要出自它的特别年份系列以及莱俪水晶系列。另外，供麦卡伦庄园游客中心专卖的特别限量版也是让全世界的威士忌收藏家们心驰神往的圣地。

单一麦芽威士忌的酒瓶上通常会有年代标示，代表其调配所用的基酒中的最短酒龄，例如曾被《罗博报告》评价为"世上最佳威士忌"的"麦卡伦18年"就是由酒龄至少在18年以上的纯麦威士忌调配而成。这类由多种不同年份的基酒勾兑而成的威士忌也是麦卡伦的主打酒款，而珍贵的"麦卡伦25年"和"麦卡伦30年"绝对是可供收藏的极品。与之相比，以既定年份为卖点的麦卡伦特别年份威士忌的地位则要更胜一筹，而来自精选原桶的"珍稀"特别年份威士忌就更加的弥足珍贵，发行量一般不足百瓶且为收藏者所惜售，所以它们出现的地方通常只是拍卖会。

2002年，一瓶1986年装瓶、酒龄长达60年的"麦卡伦1926年"在英国以20150英镑的高价被成功拍卖，创下了当时全球威士忌单瓶拍卖的历史最高价纪录。2007年

士、格兰菲迪、尊尼获加、百龄坛、麦卡伦都是其中的杰出代表。但并不是所有产自苏格兰的威士忌都可以叫做"苏格兰威士忌"。根据苏格兰威士忌协会的规定，经谷物麦芽发酵制成的威士忌只有在苏格兰酒厂的橡木桶中陈年三年以上且装瓶时体积酒精度在40%以上才能被称为"苏格兰威士忌"。

目前市面上的大部分苏格兰威士忌都属于"调和型"威士忌，即将多家酒厂酿造的苏格兰威士忌混合勾兑，其原料为麦芽和其他谷物。另外一种是"调和型麦芽"威士

12月14日，在纽约佳士得拍卖行，拍卖纪录再次被"麦卡伦1926年"以54000美元的成交价刷新，成为自美国取消禁酒令以来威士忌在美国的最高拍卖纪录。另外，与新中国同龄的双子包装"麦卡伦1949年"的身价至少也在20万人民币以上。麦卡伦特别年份系列跨越了从1926年以后的半个世纪，据统计，这40多款历经数十年积淀而成的珍贵威士忌总价值超过10亿英镑，这是其他酒厂所望尘莫及的。

对于麦卡伦来说，作为其历史的元年坐标，"1824"的意义自然毋庸赘言。于是，麦卡伦酿酒大师甄选处于酒品成熟期的橡木

限量视界

"莱俪I号50年"的瓶身形状与酒桶相似并蚀有精致纹理，借此向50年来用于陈化这款威士忌的西班牙雪莉桶致敬。此酒全球限量470瓶，绝大部分只在美国和英国本土销售，据说连瓶身都被炒到了6000美元。

"莱俪II号55年"着重于表现麦卡伦威士忌的天然特质，限量420瓶。

"莱俪57年"全球限量400瓶，瓶塞采用了类似于闻香锥的设计并且保留一个特殊比例的面积透明不作雾面处理，以致敬麦卡伦奢华的16%"酒心"。

"麦卡伦 1824 精选系列"中的三款，"精选橡木"、"威士忌酒厂精选"以及"庄园珍藏"。

酒桶所酿造的权威性威士忌，推出了"1824精选系列"。这个系列只通过旅游零售渠道进行销售，它包括性格各异的"精选橡木"、"威士忌酒厂精选"、"庄园珍藏"以及"1824限量版"。"1024限量版"每年的装瓶数量均不同，2009年仅有1824瓶。它使用的酒瓶是苏格兰银匠纯手工精心制作的水晶酒瓶，非常珍贵。

神奇的庄园以及精致的酿造过程造就了超高品质的麦卡伦威士忌。如果你有机会来到这里，绝对不能错过的地方就是麦卡伦庄园游客中心。这里储藏着种类繁多的优质麦卡伦威士忌，也只有在这里，你才能买到麦卡伦的某些独特限量酒款，它们是麦卡伦庄园送给游客的最珍贵的礼物。

流经麦卡伦庄园的斯佩河是世界著名的鲑鱼产区。为了维持鲑鱼产量，麦卡伦在游客中心发售了限量800瓶的"渔猎者之欢"，每售出一瓶就向鲑鱼产区捐赠一笔款项。2008年，麦卡伦顶级酿酒专家鲍勃·戴尔加诺特别选出了两桶色泽浓郁、口味独特的威士忌并以60.1%的原桶酒精浓度装瓶，制作了限量340瓶的"2008年酒桶精选"。也是在这一年，麦卡伦闲置30多年的二号厂房被重新启用。为

了以示庆贺，麦卡伦在2009年特别推出了限量1000瓶的"麦卡伦12年"。同年，酿酒大师鲍勃再次挑选出极品橡木酒桶，酿造了340瓶"2009年伊斯特·艾尔奇古堡橡木酒桶精选限量版"。这四款游客中心专卖的威士忌堪称是苏格兰威士忌中的极品，自然，价格基本上也都令人咋舌。

2009年，"麦卡伦1824精选系列"推出了限量1824瓶的麦卡伦"1824限量版"。

The MACALLAN
至尊私享

它是世间仅此一件的孤品，里面盛放着沉睡了 64 年的玉液琼浆，无论是谁，即便有幸得之，相信都未必舍得开启那枚小小的瓶塞吧。

麦卡伦 64 年
★☆★☆★
限量关键词：全球限量一瓶

麦卡伦一直追求威士忌最天然的本色，所以绝不会添加焦糖等人工原料，它之所以能够传达出其他威士忌无法比拟的醇厚口感以及深邃的色调，最大的秘密就是那些独特的雪莉酒桶。

麦卡伦是世界上唯一全线使用雪莉桶的威士忌酒厂，他们的酒桶全部从加拿大和美国高价定购。在西班牙，工匠们先将产自北部森林的古老橡树制成桶板，经过从西班牙北方再到西班牙南方的风干过程以后，再由查拉斯工场的工匠将木板手工制做成酒桶。

为了增添酒桶的风味，工人先将一些只是略经发酵的葡萄酒灌入桶中存放数月之后再倒空，然后灌入西班牙当地特产的白葡萄酒——雪莉酒。这种酒曾被莎士比亚比作"装在瓶子里的西班牙阳光"。雪莉酒将在桶中封酿最长 18 个月之后倒出，这时的桶才能被运到苏格兰酿造麦卡伦威士忌。其他在美国肯塔基州制作的酒桶则贮藏过优质波本酒，尘封酿制最长可达八年。使用这样的酒桶，可以在保留麦芽威士忌特色的同时，增加独特的果香，使威士忌的口感和色泽都更加完美。当然，这样的完美如果再配上华丽的水晶瓶，其奢华也将上升为一种艺术。

莱俪是有着百余年光荣历史的法国水晶奢侈品制造商。2010 年，适逢莱俪创始人雷纳·莱俪诞辰 150 周年，莱俪与麦卡伦联手打造了一款麦卡伦历史上年份最久远、数量最稀有的威士忌——"麦卡伦 64 年"，全球仅一瓶。

"麦卡伦 64 年"取自三个不同年份的雪莉酒桶，它们分别灌装于 1942 年、1945 年和 1946 年，里面倾注了酿酒师们 60 多年的伟大心血。它独一无二的"西雷佩迪"水晶酒瓶是莱俪采用古老的"脱蜡"法纯手工打造而成，瓶塞内部图案是作为麦卡伦标志的伊斯特·艾尔奇古堡。

2010 年 4 月，这款稀世珍宝从巴黎开始了为期数月的世界之旅，途径伦敦、莫斯科、上海、东京等城市，最后于 11 月 15 日抵达纽约的苏富比拍卖会，最终拍卖成交价为 46 万美元。而其拍卖的所有收益将捐赠给水资源慈善事业。

在自己的灵魂圣地伊斯特·艾尔奇庄园，使用斯佩河畔区最小巧的蒸馏器，只留取二次蒸馏后 16% 的酒心，灌入独家的雪莉橡木桶，凭借百年积淀的酿酒智慧，绝不添加人工原料，这是每一滴麦卡伦威士忌所承袭的六大标准。它的精致和上乘已经告诉我们：品鉴最美好事物是人生最应有的态度。

"麦卡伦 64 年"莱俪水晶装的容积为 15 升，此瓶酒精体积浓度为 42.5%。这瓶独一无二的威士忌创下了麦卡伦酒厂历史上的最高年份记录。在它"环游世界"期间，每到一座城市都拍卖它的一件样品并附有两个精美的水晶杯。

The MACALLAN in LALIQUE

它比法拉利还要尊贵，比兰博基尼更显壮野。桀骜不驯是它最大的特点，维谷华贵是它最显著的特征，它就是来自安第斯山脉的风——帕加尼超级跑车。

安第斯山脉的风
帕加尼

关于帕加尼

　　如果你还沉醉于法拉利那让人绷紧神经的速度，如果你还沉迷于兰博基尼那摄人魂魄的轮廓，如果你难以忘怀迈凯伦那令人舒心的驾驶感受，那么可以肯定地说：你还没来得及见识帕加尼。

　　1982 年，年仅 26 岁的阿根廷赛车设计师帕加尼（Horacio Pagani）仍默默无闻，但他是一个有着远大抱负的年轻人。他很快就遇到了生命中的贵人——五次荣获 F1 世界冠军的范吉奥。他告诫帕加尼说："若你想制造世界上最美的车，没有别的选择，一定要去意大利的摩德纳实现梦想。"听了他的建议，帕加尼直奔摩德纳城郊的超级跑车兰博基尼公司，从组装工人干起。后来他不仅参与了兰博基尼著名的 Diablo 跑车设计，更率先指出碳纤维将是未来造车科技中最重要的材料。

经过了十年的实践，加上他在赛车制造上的天分，帕加尼成立了自己的摩德纳设计工作室（Modena Design），并在范吉奥的鼎力相助下，顺利获得了奔驰最顶尖的发动机。本来他准备将设计出的新车命名为"帕加尼·范吉奥"，可惜车神范吉奥在车尚未问世时便过世，帕加尼不忍再用前辈名讳。1999 年新车正式推出时，他将其取名为 Zonda，即"安第斯山脉的风"。全球跑车市场中，帕加尼或许不像法拉利拥有超高人气，不过它们有一个共同点，那就是两家车厂同是位于意大利超级跑车故乡摩德纳。帕加尼不像一些昙花一现的跑车厂商，其财力雄厚，而且全手工打造的超级跑车，其完美素质足以媲美法拉利。帕加尼也许比不上兰博基尼所拥有的历史和超高的评价，不过两者也有一个共同点，那就是帕加尼最初就是兰博基尼的设计师之一，他让人见识了"青出于蓝而胜于蓝"，它继承了兰博基尼的狂野，甚至有过之而无不及。

帕加尼的生产者丝毫不会吝惜时间的耗费，他们更像是在加工艺术品，一件将会永久流传的宝物。纯手工的挑剔制作，让它的生产周期达到了惊人的九个月，而如果有某些特殊的要求，那么让订购者等上一年也是常有的事情，更让人吃惊的是，从 1999 年

帕加尼 Zonda Cinque 限量版跑车，全球限量 5 辆。

推出第一辆车开始，到 2004 年，帕加尼的总产量只有 40 辆！直到今天，其总产量也不过百余辆。所以你别期盼能够很快了解它，连见上一面都是一件奢侈的事情。它更可以很轻松地达到 300 公里的时速，在你面前驶过，可能就是在你恍惚的那一瞬间。

限量甄选

在外表上，它是狂野的，可是内饰上，它又精致到极限。当粗犷遇到含蓄，精致调到怠速，一切的激情都由帕加尼诠释了，而我们只需用心去感悟。

你曾幻想过拥有一台全手工打造，且有着热情的意大利血统、数量极少、内饰精美的限量版超级跑车吗？那么帕加尼 Zonda Cinque 无疑是最佳的选择。全球仅限量发售五辆、售价高达 110 万欧元的帕加尼 Zonda Cinque 不但是首款采用 Sequential 序列式波箱（带方向盘后方换档拨片）的 Zonda 民用版跑车，同时是首款以碳钛合金制造车身的帕加尼跑车。它的车身空气动力学设计堪称完美，新型尾翼及车底扰流设计可令车子在 300 公里的时速下产生 750 千克

帕加尼 Zonda Roadster F

下压力。车顶导风口（负责冷却引擎）及车身后方新增的导风管（冷却后轮刹车）则源自 Zonda R 赛车的设计理念，其由顶级避震公司 Ohlins 开发的钛合金悬挂系统可作出四种设置，每种设置可作十级细微调整。此外，Zonda Cinque 还装备有钛合金轮毂、四点式安全带，并有着独特的内饰设计及车身涂装；而且 Zonda Cinque 的重量比 Zonda F 还要轻 20 千克（净重 1210 千克）。也许这款双门超级跑车是你的梦想之物，可也只能是梦想之物，就算你足够富有，你也很难拥有它，因为它只有五辆。

事实上，仅限量发售五辆的帕加尼 Cinque 在正式发布前已被富豪们抢购一空，所以帕加尼随后又推出了 Cinque 敞篷版。和之前只推出五辆的双门限量版 Cinque 一样，这次的敞篷版 Cinque 也只限量生产五辆。敞篷版和双门版 Cinque 在本质上是一模一样的，都是使用碳钛合金制成的车架，只是在取消车顶之后车身上做了一定的修改和强化。强化之后，敞篷版 Cinque 的净重也是只有让人吃惊的 1210 千克。无论你是想在意大利托斯卡纳区的山路上享受驾驶乐趣，还是穿梭于佛罗伦萨及其他意大利的各大城市，甚至是想到德国的纽柏林赛道上挑战一下最快圈速，这辆 130 万欧元的限量版敞篷超跑绝对不会让你失望。全新开发并拥有多个驾驶模式的 Sequential 六前速序列式波箱，以及全可调式悬挂系统，让驾驶者可以从容面对日常的城市驾驶或赛道上的极速挑战。

既然提到了敞篷车，那么作为帕加尼最强劲的 Roadster F 无疑最有话语权。它是优美和强劲的合体，相信任何一个看它第一眼的人都会对它的外表难以忘怀，可是当你了解它的动力系统之后，你肯定又会对它的强劲感慨。全球限量仅仅 25 辆让它成为了极少数人的私享之物。由于使用了原装的碳纤维和布料质地的车顶（几秒钟内可放下），以及中心底盘，加上车身和内部结构对碳织物的使用，该车的总重 1229 千克。帕加尼 Zonda Roadster F 装备了 7.3 升奔驰 AMG V12 引擎，能够输出 650 马力，约合 781 牛·米的扭矩。除了在性能上的卓越之外，在驾驶感受上也超出了简单的速度机器的范畴。开阔的视野见证了这款跑车的魅力，而当你触碰到它的座椅或者是方向盘的时候，你的美妙感受又会油然而生——那是精致的

皮革或者顶级软皮材料以及碳纤维材料制成的。于是有评论家说：这不是一款跑车，而是一款精致的意大利珠宝。

以上几款限量车型都是帕加尼 Zonda 系列车型。在这个系列进入到生产周期的晚期，全新的 C9 系列推出之前，帕加尼公司专门为纪念意大利空军著名的三色箭表演队成立 50 周年，又推出了特别限量版车型——帕加尼 Zonda Tricolore。该车全球仅限量生产三辆，税前售价高达 130 万欧元。这被认为是帕加尼 Zonda 系列的最后一款车型。它采用了与帕加尼 Cinque 相同的车身设计，但蓝色车身和拉花则借鉴了三色箭表演队 MB-339 攻击 / 教练机上的涂装设计，并在引擎盖上方增加了一个类似战斗机垂直尾翼的翼片，车头也增加了 LED 行车灯。

特别工艺带来的蓝色车身颜色以及红白绿三色的拉花,将三色箭表演队的显著特点真实而又完美地表现出来。同时,高性能轮胎和强悍的刹车系统能够使它在 2.1 秒左右就可完成 100-0 公里 / 小时的减速过程。超强的性能佐证了帕加尼的品质宣言。

帕加尼 Zonda Tricolore

至尊私享

意大利的空气中弥漫着地中海的味道,那是空旷的海面吹来的自由的气息,如同意大利人帅直的性格里所具有的冒险精神,那也是一种魅力。土生土长的帕加尼超级跑车同样具有这样的血统,追求极致,追求飞速中的激情。最能代表意大利风情的莫过于帕加尼 Zonda R。

帕加尼 Zonda R
★ ☆ ☆ ★ ☆
限量关键词:限量十辆

以完美著称的 Zonda F 仍旧无法满足某些客户的特别要求:他们希望在日常的驾驶之外,在周末的时间,开着他们的 Zonda 到赛道上发挥一下引擎的极限。这个想法来自于一位美籍意大利人,一个速度狂热分子,同时也是三部 Zonda 的车主。他以这样的方式描述这项计划:"这个想法在我的脑海中存在许久了,不过我并不想把它赛车化。"是的,正如需求所期盼的那样,帕加尼 Zonda R 就是一款有着赛车性能的超级跑车。可以说,如果直接把帕加尼 Zonda R 送到 F1 赛道上,它也绝对不会比法拉利逊色分毫。

它精致的设备看起来像意大利钟表匠的手艺一样出众,而它所代表的品位又如同意大利珠宝一样夺人眼球。它代表着纯种的意大利跑车:其与众不同的个性,独特的碳纤维材料带来的独特手感,同时由奔驰提供的

V12 引擎能够发出高达 750 马力的超强动力。另外，帅气的外型设计是仿照 GT 赛车，使用了碳纤维的材质并加装了防滚笼，以提供最佳的车体刚性。油箱的部分使用了橡胶制的防爆油箱及四个供油渠，同样也使用了 GT 赛车的高速加油孔。为了提升行驶的稳定性，Zonda R 的轴距增加了 47 毫米。前后轴也经过重新设计，以配合铝合金悬挂系统。镁合金的轮毂和中心的大螺帽配合一个快速气动升降系统可以使换轮胎的工作既快又毫不费劲。同时，它的轮胎是由米其林（全球轮胎科技的领导者，也是众多赛车轮胎的主要生产商）专为帕加尼 Zonda R 量身打造的，完全符合这款超级跑车的赛车需求（虽然它不是真正的赛车）。

这款全球限量只有十辆的超级跑车，共花费了两年多的时间进行设计，从座椅上往车外观望，极为宽阔的视野绝对不失跑车风范。当你把手放在方向盘上的时候，感觉必定超出了你的预期，因为那是由融合了碳纤

维、软皮和亮铝的材料制成的豪华面料。为了配合强大的动力，Zonda R 的座椅能够针对驾驶人及乘客身材的差异，提供定制服务，使得即使在强大的侧向加速度下，驾驶人员及乘客仍可获得足够的支撑力。定制的 Hi-Fi 音响则是所有赛车中极为罕见的，它为驾乘者提供了高质量的聆听感受。数字化的仪表板显示出所有必要的数据，而车身各部位的感应器则可借由遥测技术传回计算机分析。

帕加尼 Zonda R 搭载 AMG 6.0 升 V12 双涡轮增压发动机，百公里加速 2.7 秒，最高车速超过 400 公里 / 小时。2010 年 6 月 30 日，Zonda R 在纽博格林跑道创造了量产车最快圈速 6 分 47 秒 5 的惊人成绩。

进取而极具吸引力的优美外观，使你能够很容易想到在海边驾驶它时那种无与伦比的舒畅。当地中海的风在你耳边呼啸而过的时候，你的满足感会油然而生。

自然万物都有相互交融的美态，犹如曼妙的舞姿和天籁之音的结合，自然而纯真。奥斯哥纳的水晶艺术亦如是，那是情感和意识的佳酿，生活与命运的礼赞，它将亚平宁厚重的历史和深邃的文化雕刻进每一盏水晶灯中，将意大利文艺复兴的金色记忆珍藏在曼妙的光线中，它既是经典水晶工艺的代表，更是人类艺术的瑰宝。

奥斯哥纳

OsgonA

绝代风华的水晶艺术
奥斯哥纳

★ ☆ ★ ☆ ★

限量关键词：世纪传承　手工工艺　专利水晶

传说中，水晶是黎明女神欧若拉的眼泪。每当东方的天际初现红晕的时候，她就带着柔美的光芒赶来了，她每天不停地赶路，像是恋上了前程，可是四季的变幻于她而言都是过眼云烟，她脚步轻盈，用轻缓的曲调去唤醒每一个沉睡的清晨，用神灵的博爱去温暖人间冷硬的寒冰。直到有一天，她遇上一个俊美的男子、英勇的特洛伊国王——提托诺斯而坠入爱河。恩爱甜蜜的感情终会开花结果，儿子奥斯哥纳的诞生成为了这个家庭最幸福的事情。生活的甜蜜让欧

若拉忘记了提托诺斯只是一个凡人，他的生命是有限的，很快就变得苍老了，于是欧若拉向宙斯祈求，希望以夫妇俩一生的忠诚和辛劳去换取爱人的永生。不料这个原是人间英雄的人物性情慢慢变了，失去了往日的进取精神，宙斯为了惩罚提托诺斯竟然将他变成了蟋蟀，甚至连奥斯哥纳也被遣送到了寒冷的朗伊尔城。可怜的欧若拉唯一的欣慰是每个清晨都可以听到丈夫演奏的小提琴曲，以及来自朗伊尔城的极光盛宴。

不幸的是，在地中海北岸温暖阳光下长

大的奥斯哥纳未能承受住天寒地冻的极地生活，竟然不久就离开了人世。悲痛欲绝的欧若拉日夜在地中海边哭泣，夜神同情她就用乌云布满了天空，风神可怜她便引来了飞鸟逗她欢颜，可这一切都于事无补，她每天悲伤地活着，泪流如注。善良的人们对欧若拉充满感激和同情，他们为奥斯哥纳修建了庙宇，并将他的灵位移到了地中海的北岸。每当欧若拉经过时，朗伊尔城的极光就会异常绚丽。欧若拉的滴滴眼泪化为了地中海的晨露，人们就收集晨露供奉在奥斯哥纳的庙宇中。每当夜幕降临时，都会有许多发光的星辰从庙宇中飞向东方，人们知道，那是奥斯哥纳在为妈妈照亮前程。某天朝阳升起后，人们惊喜地发现，庙宇前的晨露竟然变成了晶莹的水晶。人们被这对母子所感动，用这些水晶制作了许多美饰和一盏精美的水晶灯，世世代代供奉在庙宇里。

这原本是一个古罗马的神话。当历史的主角变成文艺复兴时期的艺术家时，他们决心将被教会禁锢了近千年的人们从神的世界里解脱出来。他们掘开了古罗马的遗迹，又从那些文物和神话中找回古罗马时期的辉煌文化。奥斯哥纳这个名字也再次被唤醒。这是一位宫廷艺术大师的杰作，他是艺术家佩鲁吉诺的学生，画家拉斐尔的同学，甚至因为他的水晶作品太过于显赫，而让他的名字埋没在历史中，人们只记得他将古罗马的博爱精神和皇室的贵族气息相融合，创立了对意大利水晶灯影响极深的水晶艺术，人们称之为奥斯哥纳风格。

或许是为了表达一种更为纯粹的感情，他们赋予了奥斯哥纳水晶灯更多的感性气息和更丰富的内涵。曼妙的身姿和雪纺般的光晕造就了它迷人的外表，再加上意大利得天独厚的人文和自然条件，比如巴洛克和洛可可式建筑的灵魂、曹奥尼音乐的思想，以及捷克、奥地利的优质水晶，因此，奥斯哥纳堂而皇之地成为欧洲水晶灯中的佼佼者，这个根植于意大利文化、传统和历史的顶级水晶品牌，无疑是这片融合了无限灵感的土地所孕育出的内涵丰富的瑰宝。它是意大利灵韵的继承者，又是施华洛世奇水晶的忠实信徒，更是几百年来的意大利传统灯饰工艺和优质水晶邂逅的爱情物语。

选择了奥斯哥纳水晶灯，就是选择了一种高贵优雅的生活方式。无论是纯洁中散发着冷艳之美的"夹臂奢华"系列，还是在宁静中透出优雅气质的"铜灯新古典"系列，或是跳跃中闪耀扬张扬神采的"五金简约"系列，无不流露出奥斯哥纳对生活品质的追求，对完美自我的追逐。

奥斯哥纳在大多数情况下会被视为收藏品，可当问起藏家收藏它的理由时，答案肯定是——人的情感。因为奥斯哥纳对于人的理解是极为透彻的，它知道光线对于我们生活的意义是何等的重要，甚至可以直接影响到一个人的生活态度。它可以为了与那台施坦威钢琴相配而放弃耀眼的光线；也可以为了与那瓶限量版的马爹利相融而选择保守；

不可以为了打破僵硬的室内线条而变得妩媚；更可以为了主人优雅的舞姿沦为"观众"。正如世界上没有两片相同的树叶，无论外观还是气质、使用感受，只有适合自己，物主才能得到幸福和满足。因此，每一盏奥斯哥纳都是独一无二的，为主人守护着一份幸福和荣耀。

时光荏苒，最严苛的创作标准依旧在奥斯哥纳内部代代相传。对卓越技艺和时尚风潮的不懈追求，工艺设计大师与资深技师间的精诚合作，不断续写着奥斯哥纳奢华的艺术篇章。如果说材质决定了一个灯饰品牌地位的话，那么工艺设计就是它的灵魂。对于奥斯哥纳而言，艺术设计永远不能独自凌驾于生活之外，这也意味着它总是以满足人们的完美生活体验为前提的，这或许正是奥斯哥纳坚守"简洁而不简单"这一黄金法则的真实写照。

为了完成特殊工艺的水晶切割，设计师为一个造型要独立设计三个星期，然后再耗时半年选取符合这一造型风格的水晶，了解和体验不同温度、切割点下水晶造就的迷人光线和异同点。正是这种追逐完美的精神使每一盏水晶灯的制作足以媲美一辆摩根汽车。一边是独一无二的水晶灯造型，一边是工艺大师们细致认真的表情，一边是水晶灯迷人的艺术痕迹和绚丽的光线……

风格对于一盏水晶灯而言，是其留给人的最直观的印象。水晶固然不朽，独特气质更能永世相传。如今，奥斯哥纳手工水晶灯

在造型上不再追求无比繁复、镶金镀银的宫廷风格，而是从古典的设计中提炼精髓，并与现代的审美相结合，开创了现代古典的新韵味。值得一提的还有它所强调的定制和限量销售的原则。作为意大利传统水晶制作工艺的继承者，奥斯哥纳不仅从水晶的生产包装一直到美学理念都是行业中的翘楚，同时对水晶的理解和后期的护理也有着一整套严密有效的体系。既坚持已有的工艺特色，只选取最优质的水晶原料，又从当前的时代出发，来汲取新鲜的设计元素，使奥斯哥纳更加符合当代生活的个性化和人性化。就这样，每一盏奥斯哥纳水晶灯的诞生都是最华丽绚烂的魔幻秀，将光与影的艺术糅合到水晶的魔法世界里，给酷爱生活的人们带来前所未有的感受。

去过米兰城的多斯切特酒店的人能在总统套房的客厅里看到美妙的奥斯哥纳，陪伴你的是公园里的鸽子和特制的鸡尾酒；如果有幸成为印度钢铁巨擘拉克希米·米塔尔的座上宾，那么在其肯辛顿王宫花园街的两处豪宅里也能看到奥斯哥纳的靓影，不远处便是戴安娜王妃的故居……无论是五百年前的意大利王宫，还是现代的顶级酒店或者私人豪宅，每一件奥斯哥纳水晶灯都凝聚着能工巧匠的智慧与文艺复兴的艺术气息。它是财富和品位的标杆。当你沉醉在一件美妙的奥斯哥纳作品中的时候，你可以感受到设计师们精湛的手工技艺和永不枯竭的热情，以及融入每一盏灯里那高贵的生命姿态。

世间绝大部分的奢华总是"内外兼修"的，既取悦自己，又秀出品位，就像是爱马仕的名包、百达翡丽的腕表、布加迪的豪车……但是有的时候，奢华其实可以很纯粹，完完全全只属于你一个人，就像如艺术品般完美精致的弗瑞特床品，用心营造最舒适、最华丽的温柔乡。

FRETTE

贵族尊享
弗瑞特床品

FRETTE
关于弗瑞特

在 19 世纪，包括里昂在内的法国东南部地区是世界纺织工业最发达的地区之一，而弗瑞特的诞生地正是法国东南部重镇格勒诺布尔。格勒诺布尔曾被人誉为"阿尔卑斯山的玫瑰"，除了举办过第十届冬奥会，这里还是法大文豪斯汤达的故乡。1860 年，埃德蒙德·弗瑞特和他的两位朋友亚历山大·佩瑞、查理斯·钱邦德开始在这里做起了定制高级家居织品的生意。

1865 年，弗瑞特汇集意大利最顶尖的织品工匠，在意大利蒙查开设了首家专卖店。1878 年，弗瑞特在蒙查织品展赢得第一座银牌，同年弗瑞特米兰店开幕。这家店在今天已经成为米兰名店街上拥有百年历史的著名精品店之一。在两位意大利人吉斯朋·麦基和卡罗·安东尼的合作经营下，弗瑞特迅速壮大并于 1881 年成为意大利王室玛格丽特女王的指定供应商。

弗瑞特有相当一部分业务是来自于定制，所以它在款式设计上一直保持着极高的水准。它早在 1886 年就着手制作了第一本产品型录，荟集品牌的经典花款设计以供客户选择。现在弗瑞特的每一个纺织样式或者蕾丝设计都受法律保护并仅供独家使用。弗瑞特所采用的原料全部是精选的上乘棉花、亚麻和真丝，而且大部分织物的染色过程从纱线就开始了。这里面还加入了弗瑞特的独

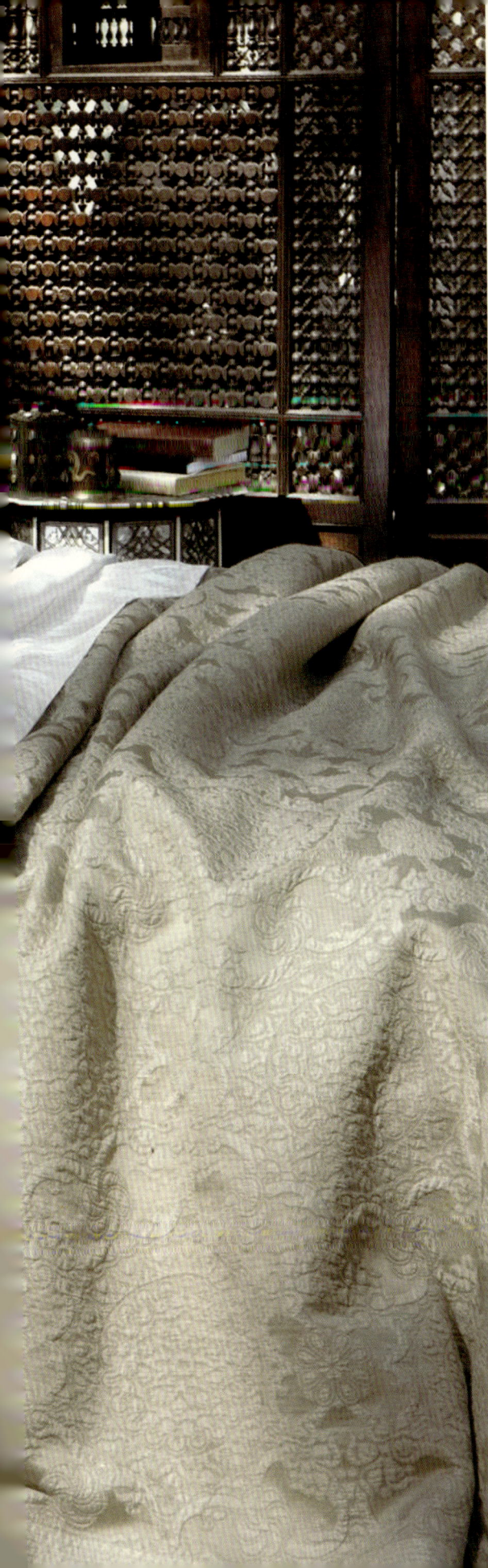

FRETTE 弗瑞特床品

家工艺，采用有机染料"阴丹士林"和一些活性染料，创造出的色彩更加鲜亮持久。

织物成形之后还要进行清洗、漂白、丝光处理、熨烫和上浆等一系列过程以使其光亮柔滑。意大利的丝光处理工艺在世界上极为先进，而弗瑞特则拥有一批全世界最好的工艺帅。

出众的设计、顶级的材料、精细的工艺最终缔造出了弗瑞特的奢华之风。现在，弗瑞特已经成为了意大利"国宝级"的奢华品牌，贵族的气派和尊贵深深嵌入了它的每一丝布缕。无论是像"泰坦尼克号"和"东方列车"这样已经成为历史的顶级邮轮、豪华专列，还是如今像伯瓷这样的世界顶级酒店，在这些奢华至极的地方总少不了弗瑞特织品的锦上添花。

FRETTE
限量甄选

生活的理想在于理想地生活，而当你面对的是弗瑞特的珍品，你也许会忽然发现，原来，理想的生活中竟然包含了这样一种难以抗拒的美好。

弗瑞特产品的色调大都比较高雅柔和，每一季也都会发布相关的主题，推出流行的色彩和图案。而它的第一款限量版是在2005年推出的"露西亚"系列。这款黑地金花的床品不仅色调华丽隆重，而且工艺了

得。由于它按照套件的实际大小进行独立提花，所以图案找不到任何拼接痕迹。它于当年获得了 ELLE 最佳设计奖，全球限量 1000 套。此后，弗瑞特每年在圣诞期间都会选择不同的主题推出一款全球限量的珍藏床品。2010 年，弗瑞特迈入了成立以来的第 150 个年头，为此，弗瑞特特别推出了 150 周年限量版床品，限量 500 套。

1886 年弗瑞特不仅制作了第一本产品型录，而且还发表了著名的《道德证书》宣言：只精选顶级材质，宣誓品牌对于上乘素材的追求与完美工艺的坚持。另外，1886 年也是弗瑞特在意大利以外的国家销售自己产品的开始。为纪念这个对品牌充满意义的年份，弗瑞特 150 周年限量版特别选取了 1886 年创刊型录中的首款寝饰图案作为复刻设计参考，同时结合意大利古典花卉线条意象，形成了三个半圆包围一个大圆的概念，这也隐含了三位品牌创始人守护弗瑞特的深刻寓意。

2010 年，弗瑞特特别推出了 150 周年限量版床品。它凝结了弗瑞特品牌 150 年悠久历史，采用独家水洗丝绵仿古技法，使材质在一松一紧间散发出具有幽冷光泽的粉砂金色。由丝线镶嵌成的花边在每个弧度处都与另一股丝线叠加晕染，呈现出明暗虚实的花朵枝蔓，仿佛在向人们诉说着遥远的过去。这套床品全球限量 500 套，身价达到了 40 万元人民币。

一般基本寝饰的纱织数通常介于 200 到 250 之间，只有纱织数在 600 以上，即在微小的一平方英寸（约 2.54 平方厘米）中置入 600 条经纬线，在国际上才能被认定为顶级寝饰。为呼应《道德证书》对于完美质量的坚持，弗瑞特 150 周年限量版选择了远优于顶级寝饰业界门坎的 1100 超高纱织数，平均每条经纬线的直径仅有 0.005 厘米，相当于人的头发丝的直径，而且弗瑞特向来以双股线进行梭织，所以织料的密度和质感更加与众不同。

纺织物以经线纬线交错组成凹凸花纹即为提花。早在古丝绸之路时，中国丝绸就以提花织造的方式名扬世界。但是现在意大利的丝织技术已经达到了极高的水准，而弗瑞特的这套 150 周年珍藏床品结合了珍贵的意大利原产双色纯丝与顶级埃及长绒棉，同时运用特殊的立体提花织技，打造出深刻立体，荡漾着流畅金粉丝光的提花印象，营造出超乎想象的脂滑触感，当然也表达了弗瑞特 150 周年丰富的历史意义以及无与伦比的制作工艺。

FRETTE
至尊私享

属于女王的时代虽然已经渐行渐远，但是生活的质感却始终触手可及。懂得宠爱自己，奢华的意义才会真正丰富起来。

2008 年"克里斯蒂娜"床品
★☆☆☆☆
限量关键词：全球限量发行 64 套

瑞典的克里斯蒂娜女王是欧洲 17 世纪的一个传奇，她 6 岁加冕，18 岁亲政，当政期间一手提携了意大利雕塑家贝尼尼，将法国哲学家笛卡尔奉为座上宾，购买了包括拉斐尔作品在内 600 余件艺术品，积极推动了欧洲艺术文化发展，因此被称为是 17 世纪欧洲最重要的艺术和文化赞助人之一。

后来由于改信天主教，克里斯蒂娜女王毅然退位，时年 28 岁。她终生未婚，退位

后经常女扮男装游历欧洲各国并在罗马度过了大部分的余生，至今，意大利人还把她生活在罗马的时代称之为"克里斯蒂娜的 17 世纪"。传言她一度试图成为那不勒斯的女王，但是由于仆人的出卖没有成功，后来那个仆人被她亲自处决在枫丹白露宫门前。克里丝蒂娜女王死后长眠于圣·彼得大教堂，历史上也只有四位女性能获此待遇。实际上，有人一直对克里丝蒂娜女王的性别问题存有质疑，她的尸骨甚至曾于 1965 年被挖掘出来加以研究，但是测试结果仍不确定。

2008 年，为纪念一位对欧洲的历史和文化产生重大影响的人物，弗瑞特发行了一款价值 60 万元人民币的限量版顶级床品并将其命名为"克里斯蒂娜"。这套床品所选用的原料是纤维直径比真丝还细 25% 的埃及长绒棉。

长绒棉原产南美，又称"海岛棉"，质地坚韧，富有蚕丝光泽而且染色效果极佳，但由于生长期较长且对种植环境的要求非常苛刻，目前世界上能够种植长绒棉的国家很少。其中最具盛名的就是享有"白金"美誉的埃及长绒棉。埃及夏季光照充足，降水稀少，土壤适宜且灌溉条件便利，这些得天独厚的优势保证了长绒棉具有极高的丝光度以及柔滑细密的质地，其价值甚至超过羊绒。

实际上，埃及长绒棉的年产量不足全球的 2%，价格则是同类产品的数倍，而且它的出口需要出具埃及棉花仲裁检测总局的证书，如发生合同争议还必须在埃及仲裁。但

这依然没有改变弗瑞特对它的情有独钟。由于颜色和质地差异大，埃及长绒棉分为六个全级和它们之间的五个半级，而弗瑞特的工艺师们只甄选最高级别的长绒棉，用以造就这套克里斯蒂娜床品如在云端的舒适感受。

这套克里斯蒂娜床品采用中国红与黑色的搭配，兼具古典与浪漫双重之美。当然，这一切都要归功于弗瑞特最优秀的技师团队缜密精微的织造技术与代代传承的欧洲纺织经验。即便如此，也需精工细作数月才能创作出一套克里斯蒂娜珍品。

除了床组九件套、限量五件式毛巾礼盒以外，这套床品还包括了一件珍稀长毛貂皮毯以及黑檀木包装盒，总价值近 60 万元人民币，全球限量发行 64 套。买家甚至可以指定绣织任何带有个人信仰或家族寓意的文字或图案。专属的烙印将使这套克里斯蒂娜床品最终成为独一无二的专属珍藏。

每一次定格都是一次纪念，每一个瞬间都是永久，它实现了人类视觉的延伸，也在漫漫的时间长河中，替我们铭记。

Leica

跨越时空的爱恋
徕卡

Leica 关于徕卡

它并不是相机生产的始祖，却几乎编写了整个相机的发展历史；它并不是功能最复杂的相机，却可以在所擅长的领域做到极致。正如一位手握徕卡相机的评论家所说：“每一次定格都是一次纪念，每一个瞬间都是永久，它实现了人类视觉的延伸，也在漫漫的时间长河中，替我们铭记。”

早在 1911 年，第一台徕卡相机就诞生了，但由于后来遇上“一战”而无法量产，导致了徕卡的辉煌时期推迟到了 20 世纪 20 至 50 年代，之后便一直雄踞世界相机王国的王座。

在 20 世纪 50 年代到 60 年代期间，莱卡相机已经相继研制出了 Ⅱ 型、Ⅲ 型相机，并同时开始转换研制 G 系列的 1G、2G、3G 相机。1954 年 M 系列开始生产，它是 G 系列的改良品，到目前为止，徕卡 M 系列仍在推出新产品。

徕卡在 1925 年上市时，便引发了相机技术的一场革命。引用徕卡历史研究学者亚历山德罗·帕西的话：“对许多传统摄影师而言，徕卡相机更像是按女士手提包尺寸设计的玩具。它的设计是如此简洁。数码怪物佳能和尼康的说明书比古代遗嘱少不了几行，而徕卡对入门者是那么友好，每当我拿起徕卡，它就像一只小狗，不停地乞求我快快带它去街上。”

徕卡似乎拥有相机应有的所有功能，但以当下的标准，它实际上又什么都没有。你得手动对焦，需要附加仪器进行测光。然而百年来，徕卡依然占据着难以撼动的地位：当 eBay 网和《Stuff》杂志在英国操名“有史以来最棒的坏意儿”时，Game Boy 排名第五，Sony 随身听排名第三，iPod 排名第二。第一名留给丁甚至连电池都不用的“老家伙”徕卡相机。

自从 1958 年就拥有徕卡的英国女王如果也订阅《Stuff》杂志的话，她一定会赞成这个结果的。因为英国女王的高贵与她的徕卡相机联系紧密，她手握徕卡相机准备拍照的形象曾出现在邮票上。作为相机最重要的使命，莫过于见证历史上最伟大的时刻。那张著名的切·格瓦拉的头像，以及时代广场的“胜利日之吻”都是徕卡的杰作。

它是一个孩童，浑身都充满了让人心动的灵性；它是一个男子汉，百年的时间冲不垮他坚毅的脊梁；可是它更像一位老人，一点点固执，一点点认真，要在每天晚上，听到那清脆的机械快门声才能安然入睡……

据说在英国，一些绅士就算并不去拍照，身上也常常挂着一台徕卡，因为他们愿意把它与身份联系起来。它拥有世界上最奇怪、最顽固的拥戴者，他们不再追求新功能、新款式，而是坚守徕卡简单低调的风格。时间终要成为往昔，短暂的一瞬却可以用一生来铭记，这就是徕卡相机带给整个人类的世纪传奇。

Leica
限量甄选
◀◆▶

　　有一种品质叫做回味，那是有着丰富历史的品牌才有的专享特权。徕卡带给人的满足感就是一种对时间的回味，百年来的点点滴滴都已经成为热爱摄影人士的珍贵记忆。而那些限量版更让珍贵的徕卡显得愈加璀璨夺目。

　　在 2003 年和 2009 年，徕卡与爱马仕两次合作，推出了两款限量版的徕卡爱马仕特别版。在 2003 年，两个都以手工制作闻名于世的奢侈品牌首度合作，推出了全球限量 500 台的徕卡 MP 版爱马仕相机。银色机身结合爱马仕上等的小牛皮，精致质感与杰出工艺，是品味的极致代表，当然售价习惯性的高达 7 万元人民币。在 2009 年圣诞节之际，两大品牌再次合作推出了限量版的徕卡 M7 版爱马仕相机，全球限量仅 200 台。这是一款传统的胶片照相机，采用了爱马仕的豪华牛皮和银铬合金。在一个数码相机充斥

市场的年代里，恐怕只有徕卡才有这般魅力和威信赏布胶片相机了。这款相机配备了特别制作的徕卡 Summilux-M 34 毫米 f/1.4 ASPH 广角镜头，还有银铬合金的胶卷转轴。有两种颜色可供选择，一种是棕色，还有一种是爱马仕的招牌色——橙色。每种颜色只有 100 台，每台相机都有一个编号，从 1 到 200。相机、说明书和其他配件都装在一个镶银边的盒子里。这款相机的单价更是超过了 10 万元人民币。

一向低调的出场方式，渐渐成了徕卡迷习以为常的事情。然而，这样一位显赫的贵

族还是推出了一款徕卡 M8 白色限量版。独有的白色皮革让徕卡 M8 白色限量版更加耐看。它继承了徕卡惯有的高品质工艺，采用真正的皮革来制作背带、压花以及徕卡标识，所有的金属部件也都镀成了银白色，并结合镜头达到了完美而整齐的白色风格。与一般的白色相机不同的还在于这款相机特殊的白漆，它比一般白漆更为耐磨耐用，这既是徕卡相机使用百年的品质保证，也可以避免难看的划痕或者掉漆等。该款相机全球限量仅为 275 台，单价高达 7 万元人民币。

作为最具品质保证的相机品牌，徕卡还受到了军队的宠爱。它曾在 1960 年为德国军队生产了徕卡 M 系列相机，所采用的橄榄绿漆面成了长兴不衰的颜色。徕卡在推出了经典的徕卡 M8.2 之后，也特意推出了一款橄榄绿漆面的特别版相机，名为："徕卡 M8.2 Safari"。该款限量版相机特别为摄影师和收藏家推出，以满足他们对独一无二、卓而不凡的需求。特别版徕卡 M8.2 有着迷人的手感和舒适的握持享受。顶盖刻有徕卡传统的手写体字样。除了相机外表的橄榄绿色，所有操作键均为银白色镀铬，与银色镜头完美匹配。其他的技术参数几乎与徕卡 M8.2 普通版别无二致。镜头秉承体积小巧、品质卓越的特点，保持了仅 180 克的轻巧重量。在背带上继续使用精致的优质棕色小牛皮，另一面采用防滑的猪皮，精工细作，品质卓越。这款相机全球限量 500 台，单价同样高达 7 万元人民币。

在中国摄影家协会成立 50 周年的 2006 年，"中国摄影家协会成立 50 周年纪念版"徕卡相机诞生，它包括纪念编号从"1956"到"2006"的徕卡 M 型相机 51 台、CM 型便携式相机 100 台。这是中国摄影家协会首次推出纪念版相机，毛主席手书的"中国摄影家协会"首次出现在相机上，而且还是有史以来第一款采用徕卡 M7 型为蓝本研发的纪念版相机，并且也是有史以来生产量最少的一款纪念版徕卡相机。徕卡本就是高档相机中的王者，这些限量版徕卡相机注定只是少数人手中的珍品。

徕卡一直有向著名摄影大师、科学泰斗和政治人物赠送相机的传统：从 1925 年起，就不定期地向他们赠送镌刻有特殊机身序号的相机。例如，1929 年，第 25000 号徕卡相机赠送给瑞典籍亚洲探险家斯文·赫定，1955 年，第 730000 号徕卡相机赠送给摄影大师亨利·卡蒂埃·布列松；1956 年，第 800000 号徕卡相机赠送给联邦德国首任

"徕卡 M8.2 Safari"。该款限量版相机有着迷人的手感和舒适的握持感，顶盖刻有徕卡传统的手写体字样，相机外表为橄榄绿色。这款相机全球限量 500 台。

总理康拉德·阿登纳；第 2500000 台徕卡相机则于 2000 年被赠送给时任捷克总统的瓦茨拉夫·哈韦尔……在这串显赫的名单中，我们可以很骄傲地看到，在 2006 年 1 月，德国徕卡相机公司将第 3008356 号徕卡 MP 型相机赠送给中国摄影家协会名誉会员、2003 年 10 月 15 至 16 日乘坐"神舟五号"载人飞船进入太空的第一位中国航天员杨利伟，以表彰其在发展人类空间探索事业、和平利用太空以及推动航天摄影方面做出的杰出贡献。相机背面刻有"Yang Liwei, 2003.10.15–2003.10.16"字样，这是第一台赠送给中国摄影家的刻字版徕卡相机。同时，香港同胞也向其赠送一台"徕卡 Summilux-M 1:1.4/35 毫米 ASPH"镜头。徕卡定制相机，一向只颁发给世界名人或在摄影领域有重大成就的摄影师，这次向我国航天英雄赠机，充分表达了徕卡公司对中国航天英雄的敬意。这不仅说明徕卡与中国的情缘，更表明了它在整个社会进步过程中，以影像记录历史、传承文化所发挥的"史官"作用。

徕卡相机的发明不仅促进了人类摄影历史的发展，也为推动人类社会的发展做出了巨大贡献，在摄影师的快门声中，无数重要的瞬间和平凡的人生被徕卡相机记录。时间更迭，但不变的是记忆。徕卡把影像留给了世界，也把记忆留给了世界。它追求极致，传承历史，所谓经典，正该如此。

Leica
至尊私享

对于徕卡迷来说，徕卡已不仅仅是一部记录美妙瞬间的理想工具，还是一种生于心底的倾慕和神往。它们记录世界，传承历史，优秀的品质和精益求精的精神更令其价值随着时间的推移而不断攀升。

徕卡 MP 中国 60 周年纪念版
★★★★★
限量关键词：纪念版相机　限量 61 台

　　1949 年至 2009 年，一个人类历史上简短的 60 年，却是中国历史上极其不平凡的 60 年。为纪念中华人民共和国成立 60 周年，德国徕卡公司推出了独具匠心的纪念版相机，全球限量 61 台。这款纪念版相机采用年份编号，从 1949 至 2009，共 61 台。

　　经典的徕卡 MP 造型让该款纪念版贴上了尊贵的标签，同时给机身"穿上"了 24K 金打造的喜庆"宫墙红"外衣，红衣辅以天安门图案与"中华人民共和国万岁"字样，显得华贵而不失庄重，气派而不失品位。喜庆的色彩散发着一种炫目的光泽，以一种无与伦比的娇贵身姿向世人展现最顶级的国庆礼赞。

　　独具匠心的设计驾驭着最高品质的工艺，正是德国徕卡公司对中国市场以及中国国庆的回馈和祝福。德国惯有的精密与高品质也使徕卡周身弥漫着强大的贵族气场。卓尔不群的徕卡积极地融入中国元素，用自己的方式为新中国成立 60 周年献礼。这更象征了中德之间真诚的友谊。正如中国前外交官联谊会会长吉佩定先生的评价："这是一种莫大的赞誉，是一个伟大民族对另一个伟大民族的赞美。"

　　此款相机无论从性能配置还是从外观细节打造上，都体现了徕卡对产品无微不至的用心。它已经逾越了相机的实质，而成为徕卡对新中国 60 年历程的赞誉。

它是上流社会最期待的宾客，尽管行事低调，却又每每带给世人超乎寻常的震撼。它就是运通百夫长黑金卡。这个当今世界的"卡中之王"，诠释着非比寻常的特权宣言。

特权王国的钥匙
运通百夫长黑金卡

★ ☆ ★ ☆ ★
限量关键词：身份　财富　地位

作为首富阶层的特权信用卡，运通百夫长黑金卡俨然是一种高贵身份的证明；而作为特权的象征，持卡者又是一位可以游走于任何顶级场所的富贵之人。运通公司从早期三个快递公司的合并到不断发展壮大，最终成为全球签账卡和信用卡的领导者，自始至终都走在信用卡发行的最前列。1958 年，运通公司就发布了第一张签账卡，当时申请这一业务的主要是经常出差的生意人。1984 年，运通公司又率先推出了全球第一张白金卡，其持有人为大企业家、政界名流、社会名流，在当时都是上流社会的佼佼者。直到1999 年，运通公司从这些白金卡持有者中选取了 1% 的顶级客户，为他们专门发行了

百夫长黑金卡。与一般的信用卡有额度限制不同，黑金卡是可以无限消费的。这些由运通公司精心选择的客户多数是各行各业的首富首贵之人，因而这张黑金卡也被赋予了最高的特权和身份标识。

高贵的身份是被人肯定的，所以是不需要也不能够申请的。与一般的信用卡相比，黑金卡是不能申请的，而是由运通公司主动与他们选中的客户进行联系，客户受邀请之后才能得到。"百夫长"得名于卡上印制的古罗马军官像。该卡持卡人每年最低消费额度为 250000 美元，且只有白金卡持卡人中 1% 的顶级客户才能获邀发卡。"百夫长黑金卡"十分低调却极度豪华，在美国运通的

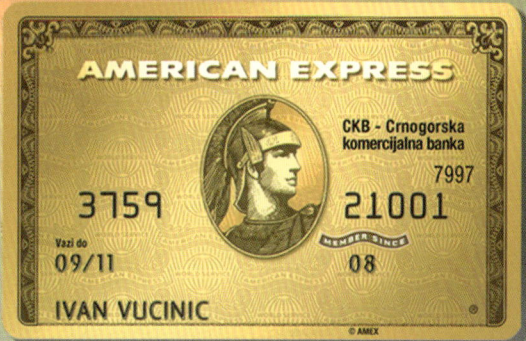

主页上，该卡难觅踪迹。虽然重量不及1盎司，这种由钛合金制作完成的卡片却足以让持卡人买下私人飞机、游艇、超级跑车等价值千万的商品。

该卡除一般黑金卡提供的特别服务外，还能满足一些独一无二的体验，比如在美国公开赛前跟老虎伍兹打一轮高尔夫，或为一名客户的儿子定制一辆与客户的宾利匹配的小型宾利车。还有一些未经证实的说法包括：让已经起飞的飞机返航，只因为持卡人需要回家取一件遗忘了的东西；让正在正常行驶的火车停下来，只为持卡人要提前横穿铁路；它还可以让你在深夜一个人在顶级商场购物，就算商场已经关门了也可以在很短的时间内为你营业；预订一架私人飞机是轻而易举的事情，而买到一张欧洲顶级足球赛事的VIP门票更是不值得一提。

有据可查的是美国运通银行香港区总裁刘月屏提到的，在2004年12月26日的南亚大海啸灾难后，便有香港黑金卡卡主要求

事件时，"有香港卡主托我们寻找在美国的亲人，我们将资料输入，刚巧卡主亲人在美国签账，预警即响起，我们第一时间通知到了香港卡主。"这些都反映了黑金卡持有者的确能够享受到非凡的服务。

有一种血级叫做不可思议，有一种现实叫难以想象。所以一位持卡富翁与他的朋友打赌说，只要一个电话打给运通就能将一种非洲羚羊手鼓送到。朋友笑道："这怎么可能，别忘了，现在我们可是在摩洛哥的游艇上。"这位富翁笑着拿起了电话，大约一个小时以后，这种手鼓就摆在了朋友的面前。难怪运通公司不无骄傲地打出了这样的广告语："出门时千万不要忘记带它，因为它几乎无所不能。"它就像是阿拉丁的神灯，随时满足持卡人的梦想。

人们把它当做身份与财富的象征，似乎每次拿出黑金卡的时候，额头上就会显现出"富翁"两个字来。可是此卡明显超出了富翁的能力范围，因为它的特权是财富难以购买的。也许你还记得《皇家赌场》里的邦德走进巴哈马度假村的时候，在没有任何预定的情况下，只是拿出一张黑色的卡片，马上就有专门的服务员为之准备了一套豪华房间。而那张黑色卡片正是运通百夫长黑金卡。它可以让持卡人得到全球顶级会所最高级的服务与接待，也可以为你专门设计独一无二的个人服务，包括私人助理、旅游安排、银行服务等。它是无阻挡的通行证，它是当之无愧的"卡中之王"。

运通寻找四名失踪亲人，运通当即派人为卡主寻人，但至今未有消息。刘月屏说："一名滞留布吉的卡主26日来电，不惜以100000美元包机，接载20名同行人士返港，我们即日为他们安排好了包机。"也有在港卡主要求协助其滞留布吉的朋友，公司立即将现金及机位送到卡主朋友手上。2004年，大海啸期间共收到30多名本地卡主求助，"九成的要求我们已办妥，唯独那一家四口，我们至今仍未寻回。"甚至在"911"

香烟就像是路途中的某一次艳遇，雪茄却更像是要你付出高昂代价的情人，唯有烟斗，才是你真正的妻子。作为烟斗中最为高贵的，登喜路烟斗则是在玩味时间，它让吞云吐雾变成了一种品位。

dunhill

斗室方寸 容纳万千
登喜路烟斗

它是唯一可以追溯历史的烟斗品牌，从 1893 的汽车制造商到 1910 年正式拥有自己的烟斗品牌，创始人艾尔弗雷德·登喜路的每一次亲力亲为，都像是在为自己的历史撰写一个传奇的故事。登喜路不仅只是一个制造烟斗的工厂，它也是一个将烟斗精致化，将烟斗变成艺术品的重要功臣。烟斗从美感到实用的苛刻，只为满足所有人的挑剔。有收藏家说登喜路就代表烟斗的历史，百年来的坚持，无人可比，辉煌的历史更是其他烟斗品牌望尘莫及。

dunhill
关于登喜路烟斗

时间从来不会挽留任何人，但是它懂得怀念。一百多年的历练，让登喜路烟斗不仅成了人们顶礼膜拜的神器，更是诠释了一种豁达的态度——斗室方寸，容纳万千。

早在 1904 年，艾尔弗雷德遇到一位顾客向他抱怨每当驾驶敞篷车抽烟斗时，由于气流过急，都使烟草很难保持正常燃烧。风

dunhill

力使烟草造成极大浪费，并且斗壁温度过高，简直是火星四起！因此常常烧坏烟斗。于是登喜路就亲自设计了一种新的防风型烟斗，这为烟斗业开创了一个新的历史。烟斗的一举成功大大坚定了艾尔弗雷德对烟斗开发与生产的信心。

在 1907 年，登喜路就开设了专门的烟斗店，只是那个时候的烟斗完全是由其他的厂商提供的。直到 1910 年，登喜路才有了自己的烟斗，在此后的九年里，所有的登喜路烟斗的斗部分都是由法国制造，然后运送到伦敦加工完成。之后，随着新机器的采用，登喜路很快获得了成功。时至今日，这个有着百年历史的烟斗品牌已经发展成了烟

脱落出来，这也就解释了为什么有些收藏者会偶然发现其收藏的登喜路烟斗的柄部会有个小洞，而应有的那个白色标记却不翼而飞了。

百年的坚持不懈成就了一个属于登喜路独有的品牌文化。它的座右铭是"产品一定要有用，一定要耐用，一定要好看，一定要性能可靠，一定要出类拔萃"，它从未为此刻满足，它知道行者无疆。在呼与吸之间，登喜路烟斗能带给你更多生活品味的享受与感悟：让吞吐成为一种自由的习惯，把对他人与对自己的尊重，视作对生命的信赖和宽容。

dunhill 限量甄选

英国前首相丘吉尔在其《二战回忆录》中写道："这是我一生中最值得纪念的一刻，左边坐着的是美国总统，右边则是苏俄的主人"，而当时坐在中间的他手里还有一个尊贵身份的象征——登喜路烟斗，使其男性魅力和绅士风度一览无余。而每半年一次的总裁亲自评级对于登喜路烟斗更像是一次荣誉的加冕。

登喜路烟斗的珍贵和稀少尤其体现在它的材质上。所有的登喜路都采用极为完美的石楠木为原料。无瑕疵的石楠木是非常少见的，因此非常的昂贵。很多烟斗师们在挑选优质的石楠木上投入了大量的金钱，但即便是这样，还是非常难保证他们一定会找到好

斗的代名词。它的商标则是一个白点，在20世纪20年代之初登喜路烟斗的白点商标都是用象牙制作的，但后来，许多像胶类的物质代替了象牙作为白点标记的原材料。原因在于象牙的使用存在着许多问题，除了象牙的获得饱受争议外，还因为象牙制品在一段时间后都会缩小，会从原来镶嵌的小孔中

的石楠木。而登喜路往往是花上比普通烟斗多五倍甚至十倍的时间，从一大块石楠木根上找寻一个完美的石楠木根瘤。完美的根瘤就像钻石一样珍贵而罕见，无瑕疵的根瘤比那些有缺陷的根瘤的价值要高出很多。这是登喜路烟斗的尊贵之源。除此之外，登喜路烟斗追求极致的完美，所有的烟斗最少要经历一百多道独立的工序，耗时达三个多月才能完成。

登喜路的烟斗中有一款名为"莳绘"系列的烟斗（莳绘：以淡雅而优美的表现形式，不拘泥于自然景象的描写，将其归纳为纹样，以比较自由的形式来表现绘画一般的

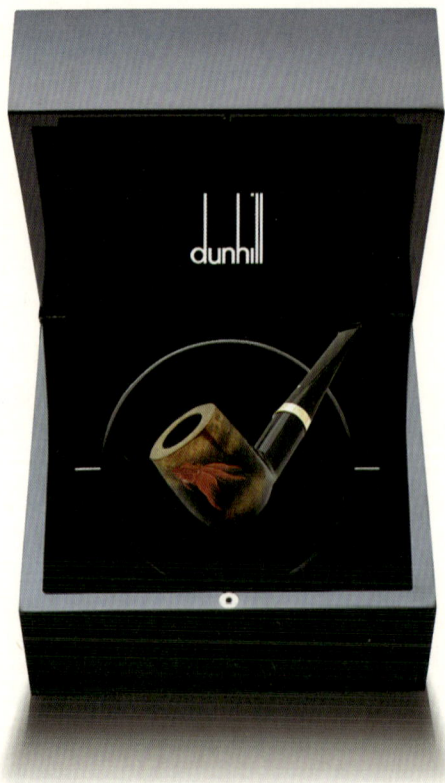

莳绘系列（Namiki）烟斗

效果。日本是这一技艺的领军者），虽然它昂贵无比并且极为罕见、稀少，但却不为大多数收藏家所追求，因为此款烟斗除了贵得难以接受之外，外表的莳绘会影响到人们判断石楠木的质地，这往往会引起一些收藏家的争议。然而面对这样的议论，登喜路公司给出的答复是："为有眼光的顾客提供独一无二、令人兴奋的精品。"每支莳绘烟斗都要经过150道手续，耗时九个月才能完成，采用金粉或银粉作画，相信独具慧眼的人们一眼就能看出其中的独特和创意。每支烟斗均为传统日式设计装饰，图案通常是大自然中具有象征意义的物体。

让精神随烟雾飘渺，让心绪如烟斗宁静。这是烟斗客对于登喜路烟斗的期待，它也从来没有让烟斗客们失望过。

D.R 是所有石楠木中最珍贵的材质，是石楠木自然老死而成，无论年份还是干燥程度都是最好的。登喜路将一般的烟斗纹路区分六个等级，以星的数量作为区分，D.R 烟斗则采用上、下、左、右、前、后共六个面作等级认定，即要求烟斗的每一个面都是完美无瑕的，绝不允许有一点点的缺陷，否则它是不允许刻上 D.R 标志的。据说该系列每年由现任总裁钦点，由他来决定烟斗上星星的数量。登喜路强调，纹路是不重要的，但并非所有登喜路烟斗都不讲究。D.R 是唯一讲究纹路的系列，也就是说，从材料的内涵和外貌上都有严格的要求，这也决定了登喜路 D.R 烟斗永远只会是普通烟斗客们遥

不可及的梦想。

一直以来，登喜路的 D.R 都是烟斗客的梦想之物，他们视它为人生的最高追求。其实二颗星的价格尚在可接受的范围，但若是 D.R 再加上金坏等装饰品，其价格就会高得离谱。

通常 D.R 用于 Root（"死根"）系列，但事实上，在 Amber Root（"琥珀色死根"系列）也有，但不同的是它是以火焰表示等级，最高等级为三个火焰。该系列颜色较重，与常见的浅色不同。另外还有罕见的 G 级及 H 级，因为难以窥见，所以对于它们的介绍也很少，被购买的烟斗很快就进入了收藏家的密室里，除了在顶级的拍卖会上偶尔出现之外，人们几乎永远都看不到它。

烟斗的实用价值也是烟斗价值的重要部分，其中石楠木散热效能的好与坏决定了烟斗的好与坏。D.R 的散热效果无庸置疑，另外值得一提的是登喜路的其他烟斗一定会有型号，但例外的是 D.R 是不标明型号的，仅仅只有星星的标志。

如果鲜艳属于上品，那么惊艳则属于令人咋舌的"雕刻斗"系列。它们几乎无法再看到，其珍贵的价值是所有收藏家梦寐以求的，甚至于大部分收藏家终身根本无法收藏到这个系列，价格几乎无从查知。在早期，登喜路也有超大的海泡石雕刻烟斗，但现在已不复见，其价格恐怕难以估计。现在的阳春型海泡石也不多见。其实登喜路的海泡石烟斗是选用最优质的材料，在土耳其制作完成再送回英国的。

除此之外，还有套装烟斗系列。它们往往是两支以上，最多不过七支。作为一系列之烟斗，一整组不见得会是同一年份完成，甚全一套中有年份相差几年之远。由此可见，登喜路所追求的"细活、慢工、精品"之苛刻与完美。

至尊私享

只要一个地方有时间在流淌，那么这个地方就会有登喜路烟斗的存在。它扮演的是一个证人的角色，时间需要它的证明才会更加精彩。尤其是那些顶级的登喜路烟斗，更是精彩无限。

登喜路 D.R　H 级烟斗
★☆★☆★
限量关键词：身份　数量　被赋予的意义

登喜路总裁会亲自给那些顶级的烟斗再次分级，从 A-G（A 代表一颗星，G 代表七颗星），级别则是通过烟斗上星星的数量来表示。星星越多，说明质量级别越高，价值当然也会越高。由于完工率极低，所以常常是每五年、甚至是十年才会出现一款 D.R F（六星）烟斗。那么最为极致的 D.R G 和 D.R H 则是几十年也难得一遇了，因此有关它们的介绍更接近于传说。

如果你对于手机的定义还是"一种必要的通讯工具",也许 GoldVish 会让你明白,手机已经可以为自己画上另外一个等号——珠宝。

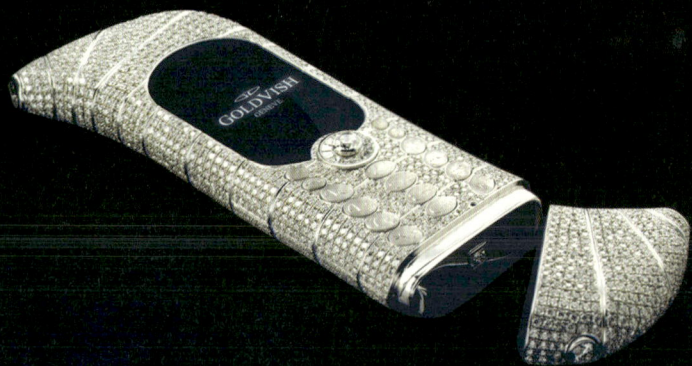

GOLDVISH
GENEVE

当奢华可以"掌握"
GoldVish "百万"手机

★☆★☆★

限量关键词:吉尼斯最贵手机记录

作为 20 世纪最重要的发明之一,手机自诞生之日起就开始以令人应接不暇的速度,飞快地进行着在功能和款式上的更新换代,人们也似乎习惯了一种功能越来越全面但是价格却越来越实惠的发展模式。但也有这样一种敢于"惊世骇俗"的手机,要在使用功能上超越它可能还比较容易,但是要超越它们的价格却堪比登天,它们的消费者绝不是普通大众甚至不是一般的富豪,而是身家以亿为计量单位的财富领袖。这就是 GoldVish 所信奉的哲学。

GoldVish 是来自瑞士的奢侈手机制造商,总部设于日内瓦,它的每部手机的所有零件均在瑞士手工打造,蕴含了瑞士传统制表业的工艺精髓，其手机起售价一般在18900 欧元。与众多老牌的通讯生产商相比，GoldVish 的成立时间只有短短的几年，但其总设计师伊曼纽尔·盖德一直秉承将尖端科技、现代珠宝艺术与时尚设计相融合的开放理念，其目标就是打造世界上最具个性、最尊贵的奢华手机。或许单从名字你就已经感受到了迎面而来的珠光宝气。

2006 年 9 月，在法国戛纳的"百万富翁展会"上，一位俄罗斯地产商以 100 万欧元的高价买下了 GoldVish 发布的一款名为"百万"的白金钻石手机，作为送给自己太太的礼物。这个令人望而却步的价格也使该手机得以收录到吉尼斯世界纪录，成了世界上售价最高的手机。

"百万"钻石手机包括了蓝牙传输、EDGE 网络、支持八倍变焦的 200 万像素摄像头、2GB 记忆卡甚至还具备不错的 MP3及娱乐等先进功能，可谓相当高端。但依据其设计师伊曼纽尔·盖德的描述，与其华丽的外表相比，这些就显得有些平淡无奇了。"百万"钻石手机近 200 克的机身全部采用18K 白金手工打造，表面镶满了 120 多克拉高纯度钻石，并且可以根据顾客需要进行雕刻处理。GoldVish 公司的 CEO 迈克尔·英伦对这款手机也有一个相当准确的概括：这是一件能够通讯的珠宝。

据悉，这款手机目前只以特别定制的形式生产，除了那位幸

运的俄罗斯富商的太太，目前全世界大概只有两个人拥有它，其中一位是来自香港的IT 富豪。与其 100 万欧元的身价相比，开价 310000 美元的宝诗龙"沃图眼镜蛇"甚至显得多少有些"悲哀"了。当然，假如你想"低调"一些，那么 GoldVish 还准备了"普通版"的钻石手机，外壳采用了 18K 金加真皮，并且除了可以自由选择真皮的颜色之外，钻石数量也有不同级别，其价格从18900 欧元到 120000 欧元不等。

对于奢侈品而言，诸如"世界最贵"这样的纪录永远面临着巨大的挑战，但是对于GoldVish 来说，给世界创造一个更大的惊喜将是永远不变的追求。

"百万"钻石手机采用 18K 白金材质，机身上镶有 120 多克拉的高纯度钻石，价格达到了惊人的 100 万欧元。即便如此，它却依然不乏买家，因为对于 GoldVish 这一类兼具实用性和奢华性的手机来说，后者应该更被买主所看重，因为它的身价就代表了其拥有者的身价。

透明的"躯体"散发着一股高雅的气息，仿佛是在说它早已明白了时间的历史。而精致的工艺又如同渗入骨子里的内涵，那就是时间。它被称作时间的纪念者，它就是昂文德帝落地钟。

ERWIN SATTLER
MÜNCHEN

时间纪念者
昂文德帝落地钟

★ ☆ ★ ☆ ★

限量关键词：年产量仅十只　定制收藏　百年老店品牌

昂文德帝（Erwin Sattler）制钟公司，是世界排名第一的德国百年老店，以制作优质高档的座钟而闻名于世，在时钟的王国里它和百达翡丽在腕表世界里的地位一样不可撼动。如同百达翡丽追求完美极致一样，昂文德帝公司也追求每一款座钟都是界内的至尊。所以它常常会耗费比一般工厂更多的时间去精益求精，虽然它的很多步骤在外人看来就是一种浪费，可是昂文德帝并不吝惜，再加上它

们百年来的手工工艺，造就出的必定是座钟里最奢华的神话。昂文德帝的工人不无骄傲地保证说："我们的每一款座钟都可以保证在一个月的时间里只有 1 秒的误差。"数控机床，高档的选材、精密的组装、严格的调试，几尽浪费的测试，保证每一只落地座钟都是业内至尊，加上是纯手工制作，15 个工作者，其中 7 位钟表师傅，每年只能生产出 650 个尺寸不同于市面上座钟的大钟。这样的厂

家世界上也只有 12 家。素有"生产的钟两百年质量不变"之称的昂文德帝从来不愧对这样的评价，其制作出的 Sattler 精密摆钟，每个月只有一秒的偏差！早在 1903 年，该公司当时的制表师海因里希·萨德勒尔就在德国皇家专利局申报了带有永久日期显示的钟表部件的台式钟。至今已有百年历史的昂文德帝自创了 13 种不同的大钟，所有的钟全是纯手工制作，当然，价值 800000 元人民币的这款"时间纪念者"也不例外。

这款限量版的 Columna Temporis 室内落地钟中文译名为"时间纪念者"，是昂文德帝精心打造的高端产品。与其说它是一只座钟，倒不如说它是一个艺术品。站立是一种风范，却又长于"心计"，珠光宝气是一种贵派的显露，却又在分秒之间"斤斤计较"。它于静中不失风华，低调里又饱含奢侈。800000 元人民币的售价让这款 Columna Temporis 落地钟成为世界上最贵的落地钟，年产十只，又让它多了一份神秘和高贵。这款"时间纪念者"的制作工艺十分复杂，从机芯到外部装饰全部是由工人手工制作，每年只生产十只，从来都不会屈服于市场和金钱，因为经典永远不会大批量产生，高贵如果多了，也会变得平庸。

"时间纪念者"落地钟往往是被皇室成员、名流富贾或者品味独特的私人收藏家所购得，所以你能偶然一窥其身影的地方，往往也只有在大使馆、慕尼黑博物馆等场所或者某个达官显贵的私人收藏室里。 那么，如此贵重的限量落地钟究竟有着什么样的魔力呢?

"时间纪念者"高足有 1.6 米,重达 100 千克。富有现代化气息的时尚外观设计是它最引人注目的特征。它最大的特点是所有高品质的功能部件都在完全透明的情况下清晰可见。吹制的无机玻璃穹顶,让视线的畅通无阻变为可能。

整个时钟通体透明,带给人一种纯洁高尚的视觉享受。昂贵的建构材料经过工艺大师的完美打造,再精密地被安置在矿物玻璃罩中(这个玻璃罩也是人工吹制而成的),

其完美程度令人惊叹!当然,赞叹的目光可以毫无阻碍地透过它,可是让目光逃离却显得异常困难。

在大多数人的印象中,落地钟都是布满了古典和苍老印记的风格,但"时间纪念者"落地钟的设计与我们平时所常见的红木座钟等,完全不一样,其艺术的造型和前卫的设计让人们领悟了什么才是真正的时尚,记录时间的并不是一定要和时间一样苍老。它还让你明白什么才是现代的时间建筑艺术,那是高贵,是时尚,是精准,更是品位。专有的时钟结构通过手工制作成了具有

极大吸引力的风景，他配备 Graham 擒纵系统、矿石擒纵叉并有 30 天的动能储备。透过玻璃可以直接观察到机芯的美妙运动，该机芯以及玻璃管牢稳地固定于重型不锈钢上，再由三个经过处理的金属支架支撑，让时间安稳地从这个优雅的时间建筑上流过。

这款"时间纪念者"的底座非常平整，有六个调整过的优良合金钢螺丝，还有让人印象深刻的黑色石质基座（由非洲花岗岩中有名的"Nero Assoluto"石制成）。一丝不苟的风格还可以从座钟的表盘来看：蓝钢指针让表面贵气尽显，令人着迷的还有正面的雕刻与镀银面盘，通过开放的擒纵系统可以看到其精密部件在其中闪耀。细节处的精致处理，带来的是高品质的视觉享受，使其镶金的红宝石、被螺钉固定的机芯、镀镍的金属套筒、5 毫米厚的黄铜 Logo 以及五个滑轮砝码盒的钨砝码轴承尽收眼底。

作为钟表界的贵族，"时间纪念者"是凸显个人身份、个性和气质的不二选择，无论是将它们当做家居用品还是收藏品，它们都象征着顶级和经典。有限的数量，让每一个"时间纪念者"在时间面前都显得雍容华贵，熠熠生辉，如同时间一样亘古长流。

它是最能代表大英帝国荣耀、权威与历史的文物，它是最能代表贵族身份与地位的符号，它早已逾越了财富界限，而成为车坛中最完美无瑕的至尊王者。它就是劳斯莱斯。

荣耀之巅的至尊王者
劳斯莱斯

关于劳斯莱斯

1904 年，一个磨坊主的儿子莱斯与贵族出身的劳斯在一次很偶然的机会相遇了。那天，劳斯坐着豪华包厢车前往曼彻斯特，而莱斯则驾驶着自己制作的手工汽车同样去往曼彻斯特。劳斯有足够的钱财，却为汽车工艺发愁；追求完美的莱斯有精巧的手艺，却为资金和销售烦忧。他们似乎注定成为彼此的需要。很快，在他们共同的朋友埃德蒙兹的介绍下，两人在一张餐巾纸上描绘了劳斯莱斯未来的蓝图。随后，一个汽车历史上举足轻重的神话开始了。从那一年开始，一半是天才，一半是贵族的劳斯莱斯诞生了。莱斯负责技术，劳斯负责销售。

劳斯莱斯汽车的最大特点是大量倚仗手工制作。在人工昂贵的英国，不难想象为何劳斯莱斯的价格会如此惊人。纯手工的顶级工艺和完善的定制服务使得一百年之内劳斯莱斯总共只生产了 11 万辆，并且绝对不会有任何两辆是相同的。当然所有的劳斯莱斯至少有两个部分是一样的，即车标和"飞天女神"雕像。劳斯莱斯的车标采用两个重叠在一起的字母"R"，这是劳斯（ROLLS）与莱斯（ROYCE）两人姓名的第一个字母，体现了两人融洽和谐的关系。双"R"车标镶嵌在发动机散热器格栅上部，与著名的"飞天女神"雕像相呼应。

"飞天女神"从 1911 年开始正式成为劳斯莱斯的车徽，据说它的启用典礼的隆重程度不亚于第一辆劳斯莱斯轿车下线。当时的总经理约翰逊撰文称："这是一位优雅无比的女神，她代表着人类的崇高理想和生活的华贵之魂，她将旅途视为至高无上的享受。"如今，"飞天女神"已经成为劳斯莱斯至尊荣耀的代名词。

有了品质保证之后，劳斯莱斯的荣耀更是体现在它的销售策略上。它把自己定位为专为少数人服务的豪华品牌，定位为专为少数人拥有的私享之物。从 1907 年的"劳斯莱斯银魅"开始，它的名字骤然显赫起来。在劳斯莱斯的车主档案中，我们可以找到一连串声名显赫的名字：英国女王伊丽莎白二世、美国前总统威尔逊、前苏联领导人列宁、新加坡前总统李光耀、希腊船王奥纳西

2010 年推出的"古思特白色限量版"

斯、诺贝尔、卓别林以及天王巨星迈克尔·杰克逊。它的高贵地位成了所有人的共识，它的荣耀却只有少数人可以亲近。

从出生起就注定高人一等的劳斯莱斯同样有着高人一等的品质。它的创建者莱斯曾经说过："车的价格会很快被人遗忘掉的，而车的品质却可以长久的存在。"自创始以来，超过 60% 的劳斯莱斯依然性能良好，这个百年品质的贵族坐骑绝对配得上"车王"的美名。

尤为重要的是，每一位想要购买劳斯莱斯的人都要提前进行申请，经资格审查后才能预订。一年后提车，而且规定黑色通常只能卖给总统、元首、皇室成员及有爵位者，

而银白色则可以销售给富有的大亨，当然，这些车主们必须是真正的贵族。难怪人们会说：只要贵族还存在，那么劳斯莱斯就永远不会消失。

然而劳斯莱斯尊贵的身份与深厚的底蕴却并没能挽救财政危机，劳斯莱斯公司于1971 年因亏损而导致破产，在英国政府的干预下，被迫一分为二。一家专门生产汽车，一家专门生产飞机的发动机，他们同时使用劳斯莱斯的名字和商标，命运却大为不同。劳斯莱斯发动机很快成为世界上的前三强发动机制造商，而劳斯莱斯汽车却鲜有作为，并于 1993 年被大众汽车收购，又于2003 年被卖给了宝马公司。历经繁华与沧

桑的劳斯莱斯却始终站在贵族的行列中，就算落魄了也不会泯灭，更不会妥协于平庸。

限量甄选

当有人问起劳斯莱斯的成功秘诀时，劳斯轻描淡写地说："只因为我们手工制作专注到了每一个细节上"。它无疑是英伦汽车的最杰出代表，而那些限量版的劳斯莱斯更是精品中的极致。

劳斯莱斯车头散热器的格栅制造完全是靠熟练工人手工完成的，不用任何丈量的工具。一台散热器格栅需要一个工人一整天时

间才能制造出来，然后还需要 5 个小时对它进行加工打磨。据统计，制作一个方向盘要 15 个小时，装配一辆车身需要 31 个小时，安装一台发动机要六天。正因为如此，它在装配线上每分钟只能移动 15 厘米。制作一辆四门车要两个半月，每一辆车都要经过 5000 英里的测试。所以一般订购劳斯莱斯的客户都需要耐心地等候半年以上，当然这还不包括内饰和车身颜色的定制时间。如此庞大的时间消耗只为一个顶级艺术品的打造。纯手工的劳斯莱斯将品位和品质做到了最完美。

在 2010 年的日内瓦车展上，瑞士奢华改装厂商 Mansory 推出了全球限量三辆的白

色劳斯莱斯改装车。这款名为"古思特白色限量版"的车型拥有独特的前保险杠、侧裙和后围，前翼子板上加开了一道通风口，后备箱盖上加装一片小尾翼，灵空性绝佳。此外还加装了视觉效果不错的 LED 日间行车灯。直径为 22 英寸的多辐式合金轮毂上，包裹的是邓禄普高性能轮胎。

在车内，"古思特白色限量版"采用皮革和 Alcantara 面料，并换装新的运动型方向盘，同时采用竹子作为装饰面板，给人以清新自然的感觉。除了别具一格的装饰之外，这款车从静止加速到 100 公里 / 小时只需 4.5 秒，最高车速为 290 公里 / 小时。在以高贵为格调的劳斯莱斯车系里，这样的运动型改装也是前所未有的。崇拜的人只能嫉妒地说它是魔鬼，而驾驶过的人无不肯定地说它是天使。

在劳斯莱斯传奇的发展史中，最尊贵的一款非劳斯莱斯幻影 IV 莫属了。从 1950 年到 1956 年，幻影 IV 一共才生产了 18 辆，而其所有的主人都是皇室成员或国家元首。似乎很少有人会公布它的售价，因为很少有人会买得起，当然也不会有人随便卖给你。

劳斯莱斯幻影 IV 无疑是劳斯莱斯历史上最显赫的君主，从英吉利海峡到伊朗王国的宫邸，所经之处，不是经历"臣民"的拥戴欢呼，就是经历元首阅兵仪式中的肃穆。包括西班牙、科威特等国家国王都为能拥有它而激动不已。任何华丽的形容

词都将会是对它的亵渎，劳斯莱斯幻影IV无疑是劳斯莱斯历史上最尊贵的传奇车型。

1953年6月2日，英国女王伊丽莎白二世在威斯敏斯特大教堂举行盛大的加冕典礼，座驾便是幻影IV。它是根据爱丁堡公爵的要求为英国女王制作的，它的设计满足了爱丁堡公爵所需的"一款更巨型、更有分量的仪仗专车"的要求，就连劳斯莱斯公司的传统标志"欢庆女神"也被"圣乔治勇斗恶龙"的雕像所取代。为了方便英女王在加冕大典上与民众打招呼，工程师对这辆幻影IV进行了独特的设计，将驾驶舱与座舱的大部分用硬式车顶遮盖，只有接近车尾的部分采用敞篷。这样的设计令女王十分满意，因为完全按英女王的喜好设计。由于深得女王的宠幸，该车至今仍存放在白金汉宫旁的车房里，宽大的车身尽显皇家雍容与尊贵。

为了使富有的客户能够拥有除通常选择之外的各种装饰和颜色，也为了让贵族的权限发挥到极致，劳斯莱斯专门为波斯湾地区的富人设计了一款幻影Bespoke Collection车型。该车仅在中东地区发行六辆。

由于几乎所有阿拉伯国家的酋长及其亲王驾驶的都是劳斯莱斯古斯特车型，因此劳斯莱斯特意为波斯湾地区专门发布了一款全新的"量身定制版（Bespoke Collection）"。

该车型系列的首辆车采用亚利桑那金黄与英国白的双色调喷漆，车内采用乳白与马鞍色的皮革，另外车内还配备有手工的丝绸地毯和珍珠母贝的镶嵌配饰，给人以豪华与贵派的绝妙体验。

当人们的感慨声还停留在对它的赞叹的时候，一个历史性的时刻又令所有人屏住了呼吸。在2007年的伦敦拍卖会上，世界上最老的并且至今还能驾驶的劳斯莱斯被送到

了现场。这辆双座敞篷劳斯莱斯汽车于1904年制造完成，敞篷的设计不禁让人联想起欧洲古老的皇家马车，宽敞舒适的双人座椅和考究车灯的雕饰颇显贵族气质。

此外，这部轿车还有其特殊的身份和辉煌的历史。它是查尔斯·劳斯和亨利·莱斯联手创建劳斯莱斯品牌之后生产的第四辆汽车，车牌号码为U4。

继1904年秋天在巴黎车展首次亮相之后，这辆轿车还在1905年2月伦敦奥林匹克汽车展上大展风采。令人叫绝的是，虽然已经103岁"高龄"，这部轿车各项性能依旧良好，可以正常行驶。

拍卖公司职员说："拍品编号 20154 的这辆劳斯莱斯汽车车况良好。买主只需开启汽化器，保证电池有电，转动手柄和方向盘，就可以把它开回家了。"最终它以 400 万英镑的天价成交。

如果说劳斯莱斯是车中王者的话，那么幻影 Phantom Black 限量版则是王者的信仰。这款全球限量仅 25 辆的豪华轿车，有着和它的称谓一样神秘的黑色外表，一份震慑魂魄的高贵不言而喻。另外，与其他幻影系列车一样，轮毂中央的"双 R"标识经过特殊处理，不会跟随车轮转动，而是一直保持与地面垂直的状态。在车内，顶级的黑色真皮随处可见，并且边缘经过贝壳式收边，更显做工精细。白蜡木饰板同样被漆成了黑色，并且纹路相当漂亮，保持了整体的和谐性。车门内侧的门把手等处经过了镀铬处理，散发出银色的光泽，犹如一件艺术品。同时，这 25 辆独特的 Phantom Black 也把劳斯莱斯令人印象深刻的优越性能以及动态特质，毫无保留地展示在所有人的面前。劳斯莱斯的销售与市场部负责人表示："Phantom Black 使用了很多特别定制的材料，是一辆超越任何对手的经典豪华车。"

超越经典似乎是劳斯莱斯在无意之间完成的壮举。当劳斯莱斯在业务上没有多少突破的时候，却无意之间进入到了加长版豪华轿车的行列。

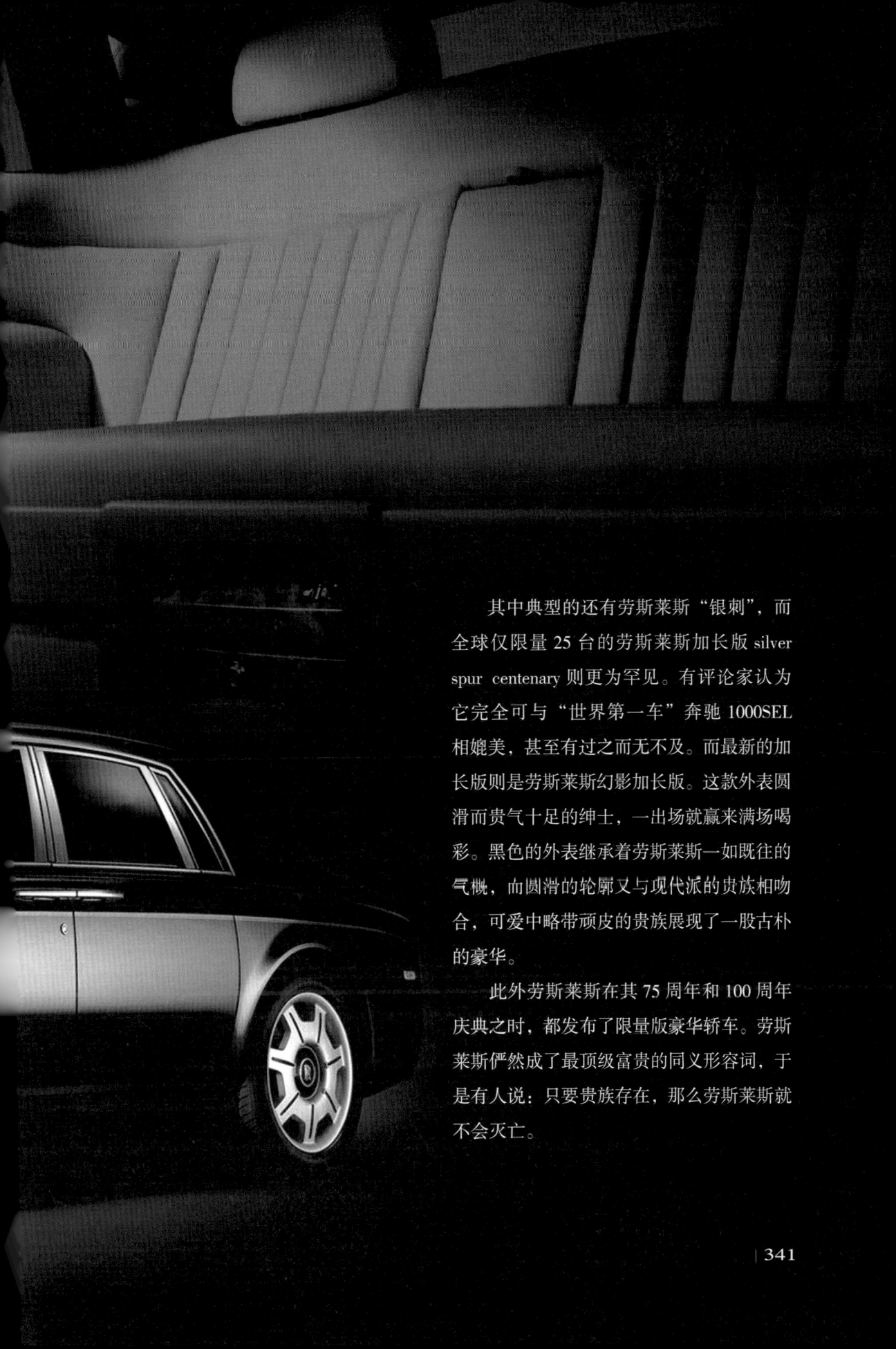

其中典型的还有劳斯莱斯"银刺"，而全球仅限量 25 台的劳斯莱斯加长版 silver spur centenary 则更为罕见。有评论家认为它完全可与"世界第一车"奔驰 1000SEL 相媲美，甚至有过之而无不及。而最新的加长版则是劳斯莱斯幻影加长版。这款外表圆滑而贵气十足的绅士，一出场就赢来满场喝彩。黑色的外表继承着劳斯莱斯一如既往的气概，而圆滑的轮廓又与现代派的贵族相吻合，可爱中略带顽皮的贵族展现了一股古朴的豪华。

　　此外劳斯莱斯在其 75 周年和 100 周年庆典之时，都发布了限量版豪华轿车。劳斯莱斯俨然成了最顶级富贵的同义形容词，于是有人说：只要贵族存在，那么劳斯莱斯就不会灭亡。

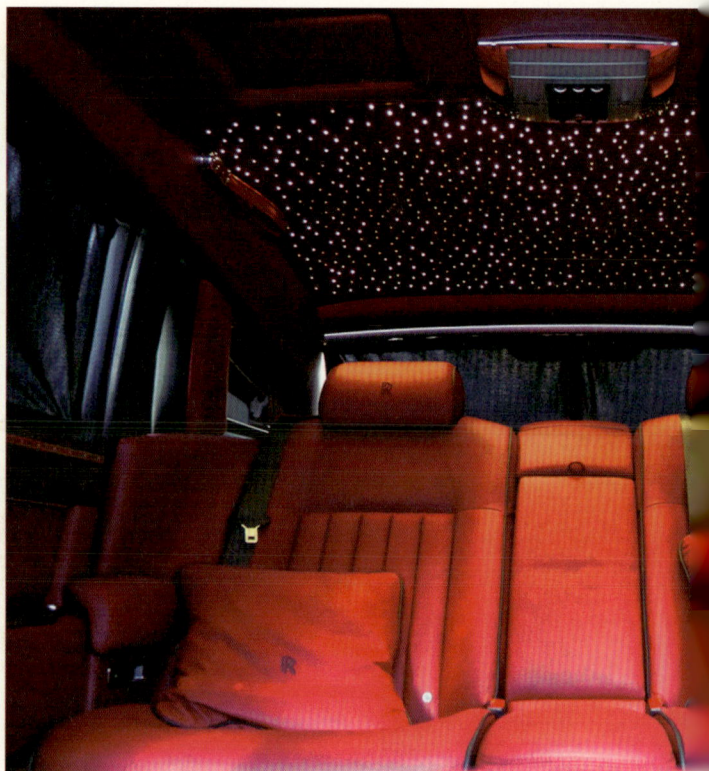

至尊私享

一个世纪的沉淀之后，一切荣华与富贵都将归于沉寂，然而劳斯莱斯除外。一个世纪的声名远扬，一个世纪的品质保障，一个世纪的全球贵族趋之若鹜，一个世纪的尊贵之人的情有独钟，成就了它的尊贵与显赫。

幻影元首级中国限量版

★ ☆ ★ ☆ ☆
限量关键词：劳斯莱斯的中国特别版

关于劳斯莱斯的传奇有许多种表达，最直接的莫过于说：这辆劳斯莱斯幻影元首级

LWB 限量版在时速近 100 公里时，最大噪声来自时钟。这辆劳斯莱斯幻影只属于中国，由于是专门针对中国客户而手工打造的，除了"飞天女神"车标采用黄金材质外，在内饰选料方面特意选择了中国寓意吉利的红色。

原本同门的宾利雅致 Mulliner 728 曾经创下 1188 万元人民币的国内汽车市场单车售价记录，但要想拥有一辆劳斯莱斯幻影元首级 LWB 则需要 1888 万元，并且还需要通过拍卖才能获得。这还没办法保证得到它，因为销售方还要检查购买者的身份，它是一个奢侈品，却并非有钱就能买到，它更像一种证书，只会颁发给既富又贵的人。

"如果把它看成是一件艺术品，它值2000万或许更高，因为世界著名艺术大师的绘画作品有不少都超过了2000万，但是绘画作品只能看，而劳斯莱斯不但能看而且能开动；但它绝非是世界上最好的汽车，如果硬要把它看成一辆汽车，它可能只值395英镑，可能会还少一点。"销售方如是说。该车轴距长度并非此前传言中所提到的3.9米，可以设想一下，3米有余的前后悬长在劳斯莱斯幻影元首级限量版上是何种视觉效果。失衡的车身比例？恐怕劳斯莱斯的工程师们不会答应。

劳斯莱斯幻影元首级 LWB 的车身长度相比普通版本劳斯莱斯幻影多出 110 厘米，

达到惊人的 6.94 米。当然，它的轴距也同样疯涨到 4.67 米，如此长度恐怕也是只有最尊贵之人才有的气魄。

当然，劳斯莱斯幻影元首级限量版的动力系统与普通版本一样，来自 6.75L 的 V12 汽油发动机。凭借这套动力系统劳斯莱斯幻影标准版本可在 5.9 秒内从静止加速至 100 公里 / 小时，极速被限制在 240 公里 / 小时。也许这样的加速度和最高速度都毫无优越性可言，然而它根本就无需速度，因为从骨子里散发出来的贵气和尊贵的内涵，在人们的视线面前缓缓移动，那才是对仰慕的眼神与仰望的心灵最美丽的恩赐。

当虔诚的基督徒在默念上帝慈悲的时候，凭空而过的一缕香气就满足了他们所有的愿望，这就是极具传奇色彩的克莱夫基斯汀香水。作为全世界最贵的香水，它挑起了嗅觉的终极诱惑。

流金液钻的终极诱惑
克莱夫基斯汀

关于克莱夫基斯汀

克莱夫基斯汀香水是一种来自气息的诱惑，一种看不见却最打动人心的存在，人们很容易被它的高贵和绚丽感染，它的名字意味着辉煌和美誉，它的气味又展现着奢华和雍容。因此它毫无争议地拿到了"世界上最贵香水品牌"的吉尼斯纪录。

克莱夫基斯汀公司的前身是伦敦的"王冠"香料店，这个早在 1872 年就已经出现的小店是由威廉·斯巴克斯·汤姆逊创建的。这个颇有心计的男人将客户锁定在了上流阶层。小小的店铺后来因为一款出色的香水变得热闹了起来。这款名为"花之精灵"香水以花为主要香料，深深地吸引了皇室贵族中的一部分成员。他还特制了一瓶送给女王，

并且由于香水味道大方，加上奢华的外瓶设计，得到女王的褒奖。女王特许其在标志上使用王冠图案，此后克莱夫基斯汀公司成为英国王室御用香水制造商。香水的平步青云让这个名不见经传的香水商标瞬间成了贵族的标志，聪明的创始人也因此名满英伦。

一个多世纪以来，王冠香料店共生产了大约 50 款不同的香水，但由于威廉的后辈们经营不善导致了严重的亏损，直到 1999 年公司被英国的贵族克莱夫·基斯汀收购才显现转机，遂改名为克莱夫基斯汀香水公司。克莱夫最初是一个成功的家居行业商人，主要销售高级厨房设备和负责室内装潢。在成功收购了"王冠"这一品牌不久，他又将传统的稀有原料和异域风情相结合，生产了一系列优雅精致的香水，并创立了克莱夫基斯汀香水公司。著名的"X"、

"1872"、"克莱夫基斯汀 1 号"均为它的作品，使它迅速成为贵族香水的代名词。

克莱夫基斯汀香水追逐完美香水的秉性始终如一，一个盛名就足以制造出香水王国最致命的诱惑，一缕香气就成功打造出一个时代的传奇，这也是当年那个"皇冠"香料店的初衷。

限量甄选

克莱夫基斯汀带着非常鲜明的"奢侈"印记，它的香水从诞生之日起就注定有着高贵的"基因"。名流富豪对它极其青睐，诸如汤姆·克鲁斯、贝克汉姆等各界大牌明星都是它的痴迷者。每年大约 1000 瓶的产量，更为这种奢华增添了不可限量的神秘。

克莱夫基斯汀旗下的最普通香水也要 2000 多美元。它的产品只在英国哈罗斯、纽约第五大道等地的专门出售奢侈品的百货公司出售，无论是被珠宝环绕的香水瓶，还是经过多道工序精致而成的香水，都流露出它的奢华气质。

2001 年，克莱夫推出极品香水"克莱夫基斯汀 1 号"，该款香水一面世就以其独特的魅力受到名流和富豪们的青睐。该香水用白色的檀香、印度茉莉、德国玫瑰等天然稀少的花种炼制而成。此外，复杂的合成方法也足以让它扬名立万，据说每一批香水都需要经过六个月的复杂合成，才能产生悠长精致的香味。"克莱夫基斯汀 1 号"还曾发行过 100 瓶的特别订购版，瓶颈处有交织字母，并按顾客要求改变瓶身形状。世界著名歌星埃尔顿·约翰和电影明星凯蒂·赫尔姆斯都是此款香水的痴迷者，由此可见克莱夫基斯汀香水的魅力。

现在的克莱夫基斯汀品牌旗下主要有三个系列："X"、"1872"和"克莱夫基斯汀1号"，其中"1872"是专为女性而设计的经典香水，以与品牌渊源甚深的王冠香料店成立的年份命名。香味则源自当年威廉赠予维多利亚女王那瓶香水的气味，其清雅的玫瑰香是由400多种名贵玫瑰花炼制而成，手工制造的水晶香水瓶上镶有一个24K金英国币的银圈，更显独特而尊贵。而以数百种茉莉花作主要材料研制而成的"X"女香以及选用小豆蔻、柑橘、姜等辛辣素的"X"男香，可产生吸引异性的神奇力量，在社会名流和贵族王室中颇受欢迎。

至尊私享

空气中一缕随风而过的味道，就会演绎出一段段传奇的故事，这就是"皇家尊严1号"赋予香水世界的终极诱惑。

"皇家尊严1号"限量版香水

★☆★☆★

限量关键词：售价申请尼斯世界纪录 数量仅有十瓶

空气中一缕随风而过的味道，就会演绎出一段段传奇的故事，这就是"皇家尊严1号"赋予香水世界的终极诱惑。

如果有一天，你看到一辆高级宾利轿车护送一瓶香水从你面前经过，千万不要以为这是在拍摄电影或者香水广告，如果你还看到那瓶香水旁边还附着一本《吉尼斯世界纪录》颁发的"世界上最贵的香水"的证书，你也千万不要怀疑你的眼睛，因为它的确存在，它就是由克莱夫基斯汀香水公司推出的"皇家尊严1号"限量版香水。这款香水全球只有十瓶，注定了只会被十位富足而幸运的人所拥有。虽然容量仅为500毫升，但是价值却高达215000美元，相当于一毫升香水3000元人民币。

"皇家尊严1号"就是"克莱夫基斯汀1号"的限量版。"克莱夫基斯汀1号"香水本身就极为珍贵，是由白色檀香、印度茉莉、德国玫瑰等共170种花精心提炼而成，这充分体现了克莱夫基斯汀香水将传统与异域风情结合的创新工艺。而这款限量版的"皇家尊严1号"在继承了其优良工艺之外，更是选用最珍贵的天然原料，从而形成了该款香水某种神奇的力量。其中一部分原料的价格甚至超过了黄金。由于十分稀少而限制了香水的产量，更使其成为只能被少数人享用的奢侈收藏。

水晶世家巴卡拉生产的香水瓶给了这款高贵的香水浓妆重抹的精彩一笔，相信出钱购买这款香水的人对它贵到极致的瓶子一定也同样垂青。1817年，巴卡拉就开始制作水晶制品，早期的巴卡拉香水瓶都能在拍卖会上拍得不菲的价格。从巴卡拉定制的这个香水瓶镶嵌有五克拉的钻石，瓶口是由昂贵的黄金制成的，因此，仅瓶子本身售价就要约23万美元。据说限量的十瓶香水，其中五瓶在伦敦哈罗斯奢侈品百货公司出售，另五瓶则陈列在纽约的伯格道夫·古德曼百货公司。

我们只选用最罕有、最珍贵的天然有
机植物研制香水，目标顾客也会锁定在一
些真正懂得生活品味的高消费族。

——维多利亚·基斯汀

"皇家尊严1号"的香调：
　　前味：莱姆果、白桃
　　中味：玫瑰、茉莉、依兰、绿色兰花
　　后味：香草、印度檀香

CLIVE CHRISTIAN

Clive Christian
KITCHEN & HOME

穿过精美的惠灵顿拱门，沿着海德公园浓茂的林阴路漫步而行，运气好的话可能还会赶上一场露天音乐会，然后去看看近在咫尺的白金汉宫、大不列颠自然历史博物馆，逛逛繁华的肯辛顿商业区，晚上还可以在泰晤士河边欣赏美丽的夜景……如果你住在"海德公园一号"，如此惬意的日常生活就再自然不过。

One Hyde Park

皇家园林中的隐逸与奢华

海德公园一号

★ ☆ ★ ☆ ★

限量关键词：全球最昂贵公寓

2010 年 8 月 11 日，英国《每日邮报》上出现了这样一则新闻：位于英国伦敦市中心海德公园旁的"海德公园一号"公寓以每平方米均价 64500 英镑的天价打破了 2008 年 6 月由伦敦贝尔格拉维亚"朗兹广场"创下的每平方米 47000 英镑的记录，其中面积最大的一套公寓的售价甚至达到了一亿英镑，堪称全球最昂贵公寓。

海德公园是英国最大的皇家公园，早前曾是威斯敏斯特教堂的一个大庄园，16 世纪时被亨利八世开辟为狩鹿场，1851 年维多利亚女王首次在这里举办伦敦国际博览会。除了东南角的惠灵顿拱门，公园东北角还有一个大理石凯旋门，那是 1851 年扩建白金汉宫时就近迁入的，每年国王生日时这里还要举行鸣放 41 响礼炮仪式。除了那座维多利亚女王为丈夫阿尔伯特所建的纪念碑，公园里最有名的应算是"演讲者之角"。作为英国民主制的历史象征，市民可在此演说任何有关国计民生的正当话题。园中林木繁盛，是伦敦最大的绿化地带，置身其中，喧嚣的城市仿佛于转瞬之间隐匿无踪。

"海德公园一号"与海德公园仅一墙之隔，另一侧就是骑士桥地铁口，地铁口对面是伦敦最繁华的商业区——肯辛顿，相邻不远是英国女王的官邸白金汉宫、大不列颠自然博物馆、泰晤士河。享尽这样的地利，"海德公园一号"均价 64500 英镑的售价也就成了一种必然。它由英国著名地产商人坎迪兄弟名下的房地产公司开发，社区总共包括四座住宅大厦，外墙体由防弹玻璃和钢结构组成，电梯和出入口设有虹膜扫描身份识别系统。社区的配套设施非常豪华，包括公共温泉、电影院和壁球场等，高端的空气净化系统也是公寓一大亮点。

住宅户型设计则由著名设计师理查德·罗杰斯亲自操刀。他是巴黎乔治·蓬皮杜国家艺术文化中心以及香港汇丰银行的设计者，也是美国新建世贸中心的主要设计者之一。社区整体采取一梯一户的设计，住户甚至可从一条地下专用通道进入近在咫尺的超豪华文华东方酒店，随时像到自家餐厅一

样，享受酒店 30 多位高级厨师精心烹制的美食。

为解决富豪住户们的居住安全问题，开发商特请英国皇家空军特种部队（SAS）设计了防守森严的高科技保安系统。每个比较大的住宅单位都有一个"紧急避难密室"，一旦有意外发生，业主可以在数秒之内躲进该室避难并赢得时间求救。而当住宅区一旦落成，一支由英国皇家空军特种部队新退伍的特种兵组成的安保队伍也将进驻社区进行

全天 24 小时安保，堪称"全球最贵最安全"的超级豪宅区。

是谁说"鱼与熊掌不可兼得"？是谁说身在繁华的都市就得放弃乡村的静谧？"海德公园一号"似乎找到了一个完美的平衡。当然，拥有如此奢华的顶级住宅注定只能成为绝大多数人梦想，它们是极少数超级富豪才能享受的特权。"海德公园一号"建有 80 套私人住宅，每套均价为 2000 万英镑，面积最小的一套为 93 平方米，售价约 6100 万人民币，大部分中等户型将在 3 亿人民币左右，而面积最大的一套 1858 平方米的公寓则达到一亿英镑。

尽管价格如此高昂，但是该楼盘的销售情况却依然十分的火爆，目前已经售出了大半以上。其中来自俄罗斯的买家大约占总数的 1/3，其他的购房者有 25% 是来自中东，英国人则占 20%，另外还有一些是来自美国的富豪。而且据英国《泰晤士报》报道，那套面积 1858 平方米的"楼王"已顺利售出，它位于该栋大厦的顶层，可以俯瞰海德公园的景观，内部设有一座高尔夫模拟训练装置以及一个酒窖，还聚集了来自世界各地的名画和古董。其买家据说是卡塔尔某政要，而他也是"海德公园一号"项目的投资商之一。

"海德公园一号"延续了皇家园林式的隐逸与奢华，也许在未知的某一天，这个奢华的神话终将会被打破，而我们现在要做的，就是拭目以待。

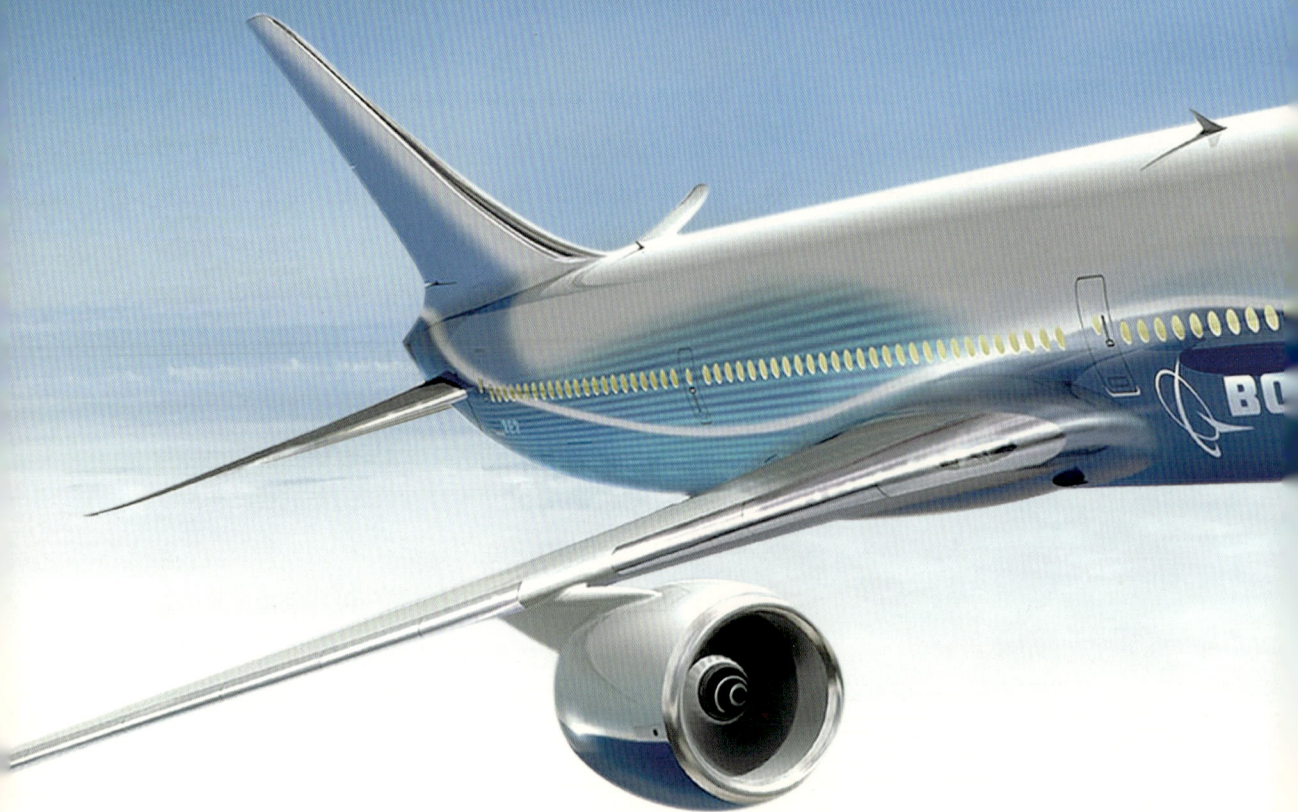

在航天领域里鲜有人能够撼动波音飞机的地位，而当身份需要一种自由而个性的表达时，它就降服了时间和距离，带来了因人而异的尊贵旅程。

BOEING

因人而异的旅程
波音私人飞机

为主，也有涉足民用飞机。直到 20 世纪 30 年代，由于战争的影响，波音公司开始研究轰炸机，著名的"空中堡垒"B-17 就是它的代表作。在随后的冷战和民用飞机的研究上，波音公司自始至终都走在航天业的最前列。

有一种性情叫做自由，有一种转身叫做华丽。20 世纪 60 年代以后，波音公司的主要业务由军用飞机转向商用飞机。1957 年在 KC-135 空中加油机的基础上研制成功的波音 707 是该公司的首架喷气式民用客机，共获得上千架订货。从此波音在喷气式商用飞机领域内便一发不可收拾，先后发展了波音 727、波音 737、波音 747、波音 757、波音 767 等一系列型号，逐步确立了全球主要商用飞机制造商的地位。其中，波音 737 是在全世界被广泛使用的中短程民航客机。

波音 747 一经问世就长期稳坐"世界上最大的远程民航客机"的头把交椅。1997 年，波音公司宣布，原波音公司与原麦克唐纳·道格拉斯公司（简称麦道公司）完成合并，新的波音公司正式营运。麦道公司曾经是美国最大的军用飞机生产商，著名的 F-4 "鬼怪"、F-15 "鹰"、C-17 军用运输机、DC 系列以及 MD 系列商用飞机就产自该公司。随着 1997 年波音对麦道的吞并，波音在民用飞机领域的传统优势因麦道系列飞机的加入而进一步加强，也使合并后的波音在民用航空领域拥有了 70 年的领先历史。

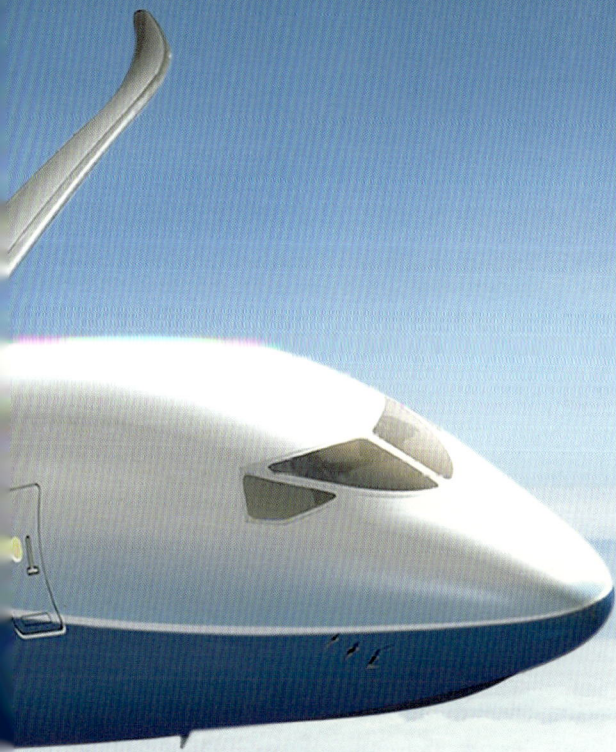

关于波音公司

距离是一种昂贵的成本，往往体现在时间和时机的耗费上。而波音公司的私人飞机则可以满足人们跨越时空的需求，演绎着贵族派的自由主义。在向往天空与自由的坐标系上，波音公司成了人类的原点。

波音公司成立于 1916 年 7 月 1 日，由威廉·爱德华·波音创建于美国芝加哥，并于 1917 年改名为"波音公司"，随后又更名为"联合飞机及空运公司"，并在政府法规要求下拆分成三个独立的公司：联合飞机公司（现联合技术公司）、波音飞机公司、联合航空公司。1961 年原波音飞机公司改名为波音公司。分分合合的波音公司在早期一直归政府尤其是军事部门指挥，以生产军用飞机

作为民用飞机，它却有着军用飞机的技术保证，作为军用飞机，它更是用事实做了最有力的证明。为满足用户的需求，波音始终致力于不断研发新产品，探索新技术。创立以来，波音一直在创造民用飞机新产品，为美国空军研制、生产、升极和改造飞机，制造能够将重达 14 吨载量送入轨道的运载火箭，以及通过先进的卫星网络改进通信状况，秉承着"优质与领先"的传统，精益求精、孜孜不倦地研发新技术和新发明。这种追求完美的企业精神也让它的飞机成为了众多富豪的梦想之物，同时私人飞机的兴起也带给了波音公司新的发展机遇。

限量甄选

当富贵变成了一种心情之后，有人选择珠宝来修饰，选择豪车来炫耀，选择豪宅来证明，可是只有选择了私人飞机的人，才真正的懂得，这种心情更需要飞翔。更多的情况下，私人飞机超出了交通工具的范畴，而成为一种身份的证明。当然有的时候，低调也是炫耀，在蓝天白云间自由飞翔时，连心情也都轻快了起来。

拥有私人飞机的人必定是大富大贵之人，这是无需解释的。而最受富人喜爱的则是波音 767 型私人飞机了。这是波音公司在民航机中首次采用两人驾驶制的宽体飞机，在一定程度上增加了飞机的安全性。波音

767 机身宽 5.03 米，比单通道飞机宽 1.2 米以上，这个宽度对客机来说适合采用舒适的双过道客舱布局，标准为一行七个座位按 2-3-2 式排列，且能适应当时已有的标准集装箱和货盘。另外，飞机还采用高效的涡轮风扇，使得这款飞机在很短的飞行距离内就可以起飞，对跑道的长度要求也相对低很多。这个机型的私人飞机主人包括世界首富比尔·盖茨、俄罗斯首富阿布拉莫维奇等，

在这些首富们的眼里，似乎只有波音 767 才能配得上他们的身价。

波音 767 在双发延程飞行上（ETOPS）表现突出。所谓 ETPOS 是指飞机在发生故障的情况下，依靠一台发动机所能达到安全降落点的时间。1985 年 5 月，美国联邦航空局（FAA）批准，波音 767 在远程飞行中距离备降机场最多可达 120 分钟飞行时间，即 120 分钟 ETOPS，1989 年 3 月，又率先

被美国联邦航空局批准 180 分钟ETOPS。这样，波音 767 就可以执飞更多的从美国出发的跨太平洋和跨大西洋航线，这是波音公司的实力使然。

飞翔的最大感受是自由，最大的顾忌自然是安全。波音公司的波音 737 则被誉为"最安全的飞机"之一。新一代 737 飞机在交付使用的头两年中的平均遣派可靠率为 99.7%，全球所有 737 机队的平均遣派可靠

率为 99.2%，这是业内最高记录。波音 737 机队的安全记录比全球喷气机机队平均记录高两倍，过去 10 年中生产的 737 飞机的安全记录比同期生产的其他机型平均记录好三倍。事实证明，737 飞机是最安全的飞机。2000 年 1 月，波音 737 成为历史上第一种累计安全飞行超过 1 亿小时的飞机。

正是由于其出众的安全性能，它成了众多的政界名流和娱乐界明星的私享之物。著名艺人周杰伦耗资 1 亿元人民币购买了一架波音 737，既成全了他便捷地参加各地活动的要求，又为他的巨星风采增色不少。而俄罗斯富豪克里莫夫更是耗资 5200 万美元精心订制了一架波音 737 飞机。

假如你还在为那轰鸣的飞机引擎声而对私人飞机有所忌讳的话，那么新型的波音 747-8 VIP 是不错的选择。当然，这是一件极为奢侈的事物，因为它的售价在 2.7 亿到 2.8 亿美元之间，这还不包括外部油漆、内部设施或设计费用，这些费用可达到 2000 万美元左右。要想彻底完成飞机内部与外部的设计和装饰，至少需要付出 3 亿美元左右。此外，还需考虑雇用飞行员以及飞机管理和保养的费用。

当然，这一切都是物有所值的，波音 747-8 VIP 的奢侈与豪华程度绝对可以超过很多顶级豪宅，螺旋梯、拱形天花板、壁挂电视、木质地板这些令人心情愉悦的设计可以说是应有尽有。宝马的美国设计团队工作室 Designworks 和意大利知名设计顾问公司 Giugiaro Design 等著名公司会与购买者一一商谈，敲定飞机的内部和外部设计。747-8 飞抵购买者选定的组装中心后，VIP 装备将在这里被一个个地安装到飞机上面。当然，都是尽力去满足客户的要求。

至尊私享

蓝天给予人类的所有梦想都被波音飞机给满足了，除此以外，它还提供给那些富贵之人更多的享受，那是人们在保持尊贵地位的同时不会遗忘的自由。这些专享的极品尤物，带着蔚蓝色的贵气，勾勒着最奢华的自由景象。

"空军一号"美国总统座机

★ ☆ ☆ ☆ ☆

限量关键词：身份

有人称它为"空中的白宫"，当然还有人说它是"空中的五角大楼"，甚至还有说是"飞行的椭圆形办公室"（美国总统办公室就是椭圆形的）。无论是怎样的说法，都只因它的完美和至高无上的权位。

有人说它是世界上最危险的飞机，因为总会有一些极端分子在打它的主意；也有人说它是世界上最安全的飞机，因为它有着超强的防护功能。其实，它更应该是这个世界上顶级的私人飞机，因为它的完美。它坚持着"总统能在地上做什么，在空中也照样可以"的原则设计。

首先来看看它豪华的配置吧。这架总统座机的内部，包含87座电话机、10台电脑、一架大得足以供应一个律师事务所的影印机、一台传真机，以及57架天线，几个座椅便有两架电话机。白色的电话供常规使用，而米黄色电话是过滤杂音的可视声音沟通系统，电话声音极为清晰。在机舱内部，有专人负责这些对外的通讯操作。只要拿起座椅旁的电话，接线员便会立刻回答。这些电讯设备能很快地连接到世界各地，给你想要联系的任何人，包括即使手边没有对方电话号码，接线员都会想尽办法帮你查询接通。据说整架飞机内部的电线总长度达到了3000公里，其精密和复杂程度可想而知。

作为最安全的飞机，"空军一号"可以说拥有世界上最先进的反导弹系统。空防人员坐在装有各种电子显示仪和屏幕的工作台前，可以监视专机四周的所有空间。一旦发现导弹袭击，他们会立即启动几套电子干扰系统，诱使导弹改变方向，从而确保"空军一号"的安全。此外，"空军一号"降落在跑道上滑行时，总统和代表团成员可以通过卫星电视观察机场欢迎群众的场面。专机停泊后，它可以成为总统和代表团的通讯指挥中心。"空军一号"机身上覆盖的厚装甲可以抵御核弹爆炸的冲击波；所有窗户上都安装着防弹玻璃；专机内还有一个自动弹射装置，遇到紧急情况可以自动启动。

通常在总统登机前，安全部门总要派出一队工作人员，检查并在飞机燃油上做好标记，以防有人破坏。另一队人员还要检查跑道，在总统登机或是下机时如有危险，这些人将立刻进行保卫。此外，每次"空军一号"起飞前，都有另一架飞机先行起飞，机上往往装载着总统的豪华防弹轿车和一大堆轻武器及弹药。当然，每次总统出门时，永远都会有一名军官帮他提着那个著名的"手提箱"，通过手提箱里的按钮装置，总统可在美国突然遭遇攻击时下令发射核弹还击。

把"空军一号"称作"空中飞行的白宫"，一点也不言过其实。它每天24小时都处于准备起飞状态；18名机组人员以及机上配备的最精密的仪器，使它能在任何时候、任何地方与白宫进行最紧密的联系；凡总统所需要的一切服务，它都可以提供。可以说，美国"空军一号"是世界上最精密、最安全、最具毁灭力的航空器。

目前使用的两架波音747-200B"空军一号"专机是里根总统订购的，由波音公司制造，它们均于1991年交付使用，造价4.1亿美元。这款波音747-200B型新机，专供总统私人使用。光是从2001年的9月份开始，这架飞机已搭载美国总统飞行了17万多公里的路程。

这架飞机有六层楼高，可搭载25名幕僚，有可容纳75名乘客的普通客机那样的宽敞空间，一次起飞可携带约2000份餐点。机舱大约有1000多平方米，有足够的地方，可以来回走动、睡眠、伸展身躯和用餐，完全和一个高级办公场所一样。如果遇到军事方面的紧急情况，这架"空军一号"会立刻从电磁雷达设备中获得保护，所有的电缆会立即停止传输数据讯息。

另外，一种质材特殊、不易识别的新型金属荧幕会覆盖住所有的窗子，使飞机本身不易被察觉追踪。这架飞机还有空中加油的能力，可持续飞行，而不必降落地面添加油料。只要总统一声令下，"空军一号"可载他前往任何地方，并给予最完善的服务。

神秘得难以接近的"空军一号"专机，事实上是两架一模一样的飞机，只要运载总统的主机飞到哪里，备用的副机就跟到哪

里。如果主机发生机械故障，总统可以随时换乘备用专机。这既可以保证总统的行程不因飞机缘故而改动，也可以在很大程度上迷惑敌对分子的破坏，也是总统安保措施的重要组成部分。所以连本·拉登的助理也不得不承认："在白宫袭击美国总统也比在空中袭击他的成功率更高。"

波音 787 豪华升级版
★☆★☆☆
限量关键词：空中飞翔的豪华"宫殿"

美国波音公司生产的波音 787 堪称"本世纪最先进客机"，而其中有一款专门面向"超级富豪"的"豪华升级版"波音 787 更是宫殿级的奢华，该客机每架造价约 1.6 亿美元。让人叹为观止的是，该机内部豪华套间、酒吧、游戏厅一应俱全，如同一个"飞行酒店"。

当世界各国的大亨名流依旧醉心于名车豪宅和小型私人飞机的时候，那些"超级富豪"们却把眼光瞄准了波音 787 的"豪华升级版"。据悉，波音 787 全称为"波音 787 梦想飞机"，无论在飞行距离、乘客舒适性和燃油效率方面，都做了重大改进。大小不等的奢华套间，对于习惯在空中飞行时被结实地捆在座位上的人来说，这简直就是一场革命。该机设计师安德鲁·威什称："我们的设计团队与德国汉莎航空服务公司的设计师们通力合作，目的就是向客户展示人类无穷无尽的想象力。"

这是一种超出人们想象力的奢华私人飞机。这种升级版的波音787客机能够同时为32名尊贵客人提供豪华套间，每套都拥有独立的豪华卫生间和双人卧室。此外，偌大的休息厅中摆满了高级沙发和桌子，位于正中央的墙壁上悬挂的是一台超大等离子高清电视。为了方便商务旅行者，客机还配备了可供十人开会的小会议厅、游戏厅和豪华影院。客人在工作、游戏之余，还可以到机上的豪华酒吧间小酌一番，里面各种名酒佳酿应有尽有。

波音商务飞机公司的总裁史蒂芬·希尔说："波音787豪华升级版飞机将提供全方位的舒适服务，宽大的内舱和高科技塑造了美丽的环境，满足客户的各种需求。无论你要一座空中宫殿还是一座空中商务办公室，亦或两者兼具，这种设计的可能性是无穷尽的。"他说："787豪华升级版飞机的客户可以不用停顿，一气飞到世界任何地方。在这种长距离飞行中，舒适的座舱环境十分重要，能让乘客感觉舒适。"

波音公司没有在波音787豪华升级版飞机内安装内饰，而是以所谓"绿色"条件来提供服务。也就是说，这种飞机没有内部装饰设备或者外部的装饰喷漆。客户将和有资质的设计师和内饰制作中心一起按照自己的想法来塑造内部环境。

定制的787-8型飞机的舱内空间为223.3平方米，能够飞行17760公里。定制的787-9型飞机舱内空间为256.6平方米，能够飞行18425公里。而特殊的材料和新型发动机使得它在长途飞行的过程中更具有省油和安全优势。

多功能的影视厅是飞机上最奢侈的设施之一，既可用作娱乐活动的场地，也可用作交际和棋牌游戏的场所。坐在宽敞的座位上，可以观看最新大片，同时感受令人震撼的立体声音响效果。机上的主卧室因为位于机舱尾部，具有最大的私密性。进卧室之前首先需经过客厅，厅内设有主人专用办公区和书柜，配有全套的通讯设施。主人房还有单独的卫生间。

它的历史和它的长度一样悠久且不容模仿，它的奢靡又和它的荣耀一样掀起了华丽的旋风。来自意大利的丽娃豪华游艇犹如一股奢华的风暴潮，豪迈尽显，轰鸣来袭。

Riva

—❖—

游艇中的王者风范
丽娃游艇

Riva
关于丽娃
—❖—

160 年的时间是一首隽永的诗，因为承载了太多的荣耀和期待，它成了沉甸甸的历史。它也是丽娃的历史，作为世界上最顶级的豪华游艇的代表，丽娃游艇既说出了人们对于豪华的理解，又诠释了人们说不出来的品位。

这个名叫皮耶罗·丽娃（Piero Riva）的木匠很快就创办了自己的造船厂，建造了第一批丽娃船；这是一批精美绝伦的、世人从未见过的艺术品！很快丽娃成了一个著名的、受人尊重的品牌。这还要归功于其儿子埃蒙斯托的精心经营，他不断进行技术创新，提高产品质量，并保持纯手工制作工艺。凭着敏锐的直觉，他首创将内燃机用于船上，由此丽娃开始建造大型轮船，承担湖上货物和人员的运输。

另一位继承者塞拉菲诺·丽娃（Serafino Riva）则推动改造升级了船厂产品，塑造了一个全新的丽娃品牌形象。经历了一次历史性的转变后，工厂开始由生产运输船向生产游艇转型。丽娃制造的快艇在20世纪二三十年代创造了很多的记录，并且在国内和国际比赛上屡获殊荣，这成了丽娃历史荣耀的起点。

20世纪50年代是卡罗·丽娃（Carlo Riva）和游艇的时代，丽娃品牌成了游艇优质、典雅、完美和地位的代名词。优质的原材料，完美的细节，百年的工艺技术，丽娃只服务于世界上最尊贵的客户。皇室，抑或顶级富豪，都不约而同地选择它作为身份的象征。丽娃的名字曾征服西班牙国王、约旦国王、意大利末代王储、摩纳哥王子等王公显贵。让它显赫的船东阵容亦不乏伊丽莎白·泰勒、肖恩·康纳利、乔治·克鲁尼、尼古拉斯·凯奇、布拉德·皮特、碧姬·芭泽等流光溢彩的国际大腕。选择了丽娃就等于选

1842年，在伊索湖畔，一场暴风给当地渔民带来了不可计数的损失。渔船大部分受损，渔夫失去了生活来源，一切都是那么的让人失望和沮丧。就在这时，一位熟练修理船只的木匠刚好从科莫湖移居到此地，凭借娴熟的技术，他修补了大部分的渔船，同时也赢得了当地人的尊重和钦佩。正是从那时开始了丽娃的历史，而这位木匠也从一个普通人变成了他命运的主宰者。

择了一种驰骋海天之间的自由，是独立，也是尊贵。

1969 年，由于与工会的矛盾陷入僵局，丽娃第三代传人卡尔罗·丽娃把船厂卖给了一家美国公司。1990 年，丽娃又被劳斯莱斯公司买入，不过到 1999 年，又被卖给英国一家投资银行。2000 年，意大利法拉帝集团收购丽娃，该品牌又重新回到意大利人手中，继续它伟大的事业。

丽娃，标榜时尚与极致魅力的游艇品牌，一直是席卷皇室、明星和顶级富商们的水上风暴。丽娃游艇是意大利传统手工艺与现代高端科技最完美的结合，它的每一款都是限量版。所以丽娃游艇绝对不会满足于某一种造型的完美，而是一个不断挑剔，又不断满足的精灵，它必将书写更多豪华游艇的精彩篇章。

Riva
限量甄选

它的每一款都是限量版。瑰丽的色彩，迷人的造型，精致的工艺，奢华的内饰，高雅的品位……它打造了一个专属于富人的私享之物，又无意之间为拥有者挂上了身份与品位的标签，并渐渐成为了一种生活方式的代表。

在丽娃公司辉煌的历史上，最具传奇色彩的莫过于那款经典的 Aquariva（"出水丽娃"）。如果将 Aquariva 与其他游艇并排停

泊，会显得那么的鹤立鸡群，如同一位高贵的公主来到喧嚣的街市，处处不经意地彰显其傲人的家族基因，她是大众的梦中情人，却命中注定只能为富有的极少数人专有。

在一群游艇中很容易找到 Aquariva，超高的高度让它分外显眼，金色艇身又再现了其历史的辉煌。它是传统优势和现代科技的完美结合，是最能体现丽娃产品精髓的一款。该游艇完美融合丽娃最引以为豪的木制

工艺和玻璃钢技术，长 10 米，宽 3 米，最高时速 42 节，秉承丽娃一贯风格，不仅完美延续了丽娃优雅传统，而且充满了最新的科技创意。

该游艇的设计灵感来源于海中的鲨鱼，刚柔相济，兼力量与流畅于一身。其著名的高质量艇身结构来自世界顶级的树脂，加之合理的船体结构与无人能及的渐变色彩，令 Aquariva 在林立的世界游艇品牌中脱颖而

出。它于 2001 年诞生，鲨鱼般优雅的身线、珍贵的木材、代代相传的工艺和不惜代价的细节注重，呈现在世人面前的是无比的舒适、可靠、性能及身份象征。

常有游艇厂家仿冒、借鉴 Aquariva 的外形设计，殊不知她的美、气质和内涵是无法复制的。Aquariva 被誉为"最精致的水上总统套房"。

Aquariva 的设计风格则是传承了 1960 年的 Aquarama 游艇，其柚木甲板唤起了人们对早期经典木制丽娃游艇的回忆，Aquariva 却并非她纯粹的复制品。这款由澳大利亚的设计师马克·纽森与法拉帝集团合作设计的限量版游艇，正因为傲视群雄的完美外形和易操作性深得欧美名人追捧，售价往往超过了 2 亿美元。

如果有人告诉你说，过去能够与未来相遇，请收起你的怀疑，然后注视由丽娃公司推出的 Aquariva。为纪念 Aquariva 的成功，丽娃在 Aquariva 的基础上特意打造唯一一个型号为 Aquariva Cento 的限量收藏版，受到全球客户大力追捧。该款游艇用于丽娃爱好者收藏使用，据说将会全部采用拍卖的形式出售，这是任何其他游艇不会采用的方式。全球发行量仅十艘，还未开始制作就已经被订购一空。唯一一艘已经造好的，是船号为"100"的收藏版，在 2006 年的英国伦敦举行的盛大展示和拍卖仪式中售出。拍卖一度惊动了英国王子查尔斯，最后在王子的主持下顺利完成。

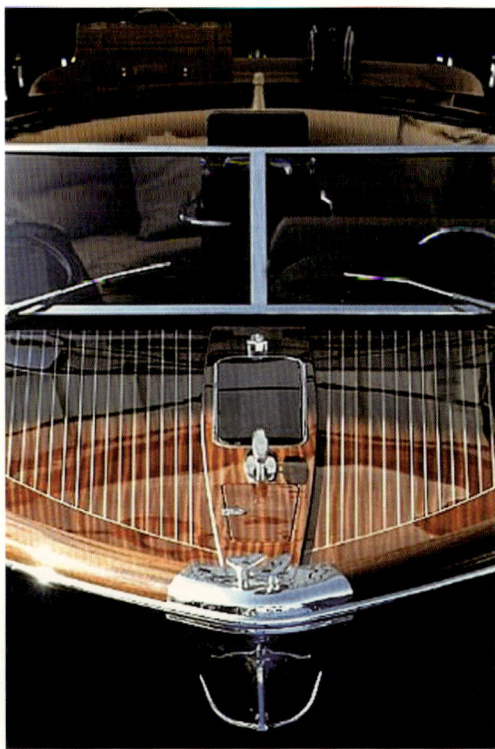

作为意大利奢侈产品的代表品牌，古弛携手丽娃，与 2000 年推出第一代 Aquariva 游艇的设计公司 Officina Italiana Design 合作，隆重推出由古弛创作总监弗里达·贾娜妮设计的独家订制的 "Aquariva by Gucci" 游艇。它是古弛用以庆祝其成立 90 周年的重头戏之一。

这项独特的合作企划由意大利两大设计品牌主理，旨在颂扬这个甜美生活的年代，凸显魅力典雅的态度与生活方式。古弛和丽娃在各自的创作领域里有着相近的历程，两者均以卓越的设计和工艺传统享誉国际。

该款游艇以时尚为主题，力图在整体设计和功能上达到独一无二的豪华和时尚。古弛设计者说："在过去数十年，经典的丽娃游艇无疑已成为意大利优雅细致风格的最佳演绎。它代表华丽的生活品味，唤起对甜美生活年代的回忆，使人陶醉于古弛及丽娃间

的奢华黄金岁月。因此，在古弛庆祝成立90周年之际，能透过 Aquariva by Gucci 颂扬古驰及古驰的伟大传统和价值，显得格外有意义。" 这也使得这艘强强合作的定制游艇格外引人关注。

作为订制游艇的杰出代表，古驰在构思 Aquariva 的设计时，以尊重意大利设计工作室（Officina Italiana Design）原创作的特色为指导思想。Aquariva by Gucci 外壳以纤维玻璃制造，呈古驰专有的亮白色。驾驶舱、甲板及连顶篷的舱口所用的桃木嵌件，均经过十次的涂漆和喷漆工序，使其拥有丽娃经典亮丽的色泽。座椅及顶层甲板上有防水纤维涂层，饰以经典古驰复古色印花；床垫用上柔丽的古驰白棉布。独特的游艇加工更包括船身浮线处饰有的古驰经典绿、红、绿饰带，与独特的绿水晶挡风玻璃配衬。另有一系列独家 Riva by Gucci 配饰，包括专门订

做的丝巾、手袋、鞋等等，打造出极具古驰特色的个人风格。

　　除了这些经典作品以外，作为高档游艇的领军人物，丽娃游艇从来都不会去做相同的游艇，设计者会根据买主的要求，对游艇作相应的改造。如此一位"高雅体贴"的贵族游艇制造商，无疑吸引了人类无数的瞻仰目光。值得推荐的还有被称作"旗舰女王"的 Athena 115（雅典娜），以及被称作"优雅公主"的 Duchessa 92（公爵夫人），尤其是后者，流线型线条匀称地衬出"公爵夫人"的轮廓，独一无二的设计彰显着丽娃一员的优雅。

　　在与丽娃技术部的合作下，玛乌罗·米凯利和他意大利设计工坊用手中的铅笔，再一次描绘出惹人喜爱的款型草图。这款杰作也使丽娃增加至 12 款型号。精致的内饰，以及由有着几十年经验的顶尖设计专家专门设计搭配的方案，会使最挑剔的顾客也找不出什么搭配不当的地方。

水面上的永恒之美，配以经典又引领时尚的内饰，丽娃的奢侈、高雅、与众不同的生活方式在 Aquariva 优雅高贵的品质中得以完美诠释。Aquariva 是一曲赞歌，更是结合代代相传的惊世技艺向全球奉献出的品位极致、巧夺天工的杰作，其美丽将注定历久弥新。

"马克·纽森号出水丽娃"游艇

★☆★☆★

限量关键词：限量　豪华游艇

来自澳大利亚的豪华游艇设计师马克·纽森与法拉帝集团以及意大利著名豪华游艇制造商丽娃合作设计了一款限量版游艇，全球限量发行 22 艘。这个全新的游艇名为"马克·纽森号出水丽娃"。船体是用一种仿木材料制成，这种材料是由石碳酸类混合物压制而成的纤维板，效果与木材相近。20 世纪初，这种材料开始被广泛的开发应用，作为玻璃纤维的前身，它的外观与质地都与木材相近，但是质地远比木材坚硬，并且有极强的耐腐蚀性。

为了在现代高新技术与丽娃优雅的传统之间寻求平衡，马克·纽森选用了电镀铝材料替代钢与镀铜，为游艇制造了更加光滑细腻的外皮，彰显优雅与贵派。

"我从儿时起就对设计着迷，创造力和意大利战后的一些设计都是我灵感的源泉。

这些设计师们可以为任何一种工业产品设计外形，从家具到汽车，他们的这种能力令人印象深刻。而我的设计生涯也受到意大利工匠们的很大影响，他们在许多设计领域都有杰出表现，而这种影响的结果有很多都体现在了我所设计的'马克·纽森号出水丽娃'中，而这个设计也是我与丽娃合作的第一个船舶设计项目。"设计者马克·纽森说道。

他的设计以 Aquariva 的前身，经典的出

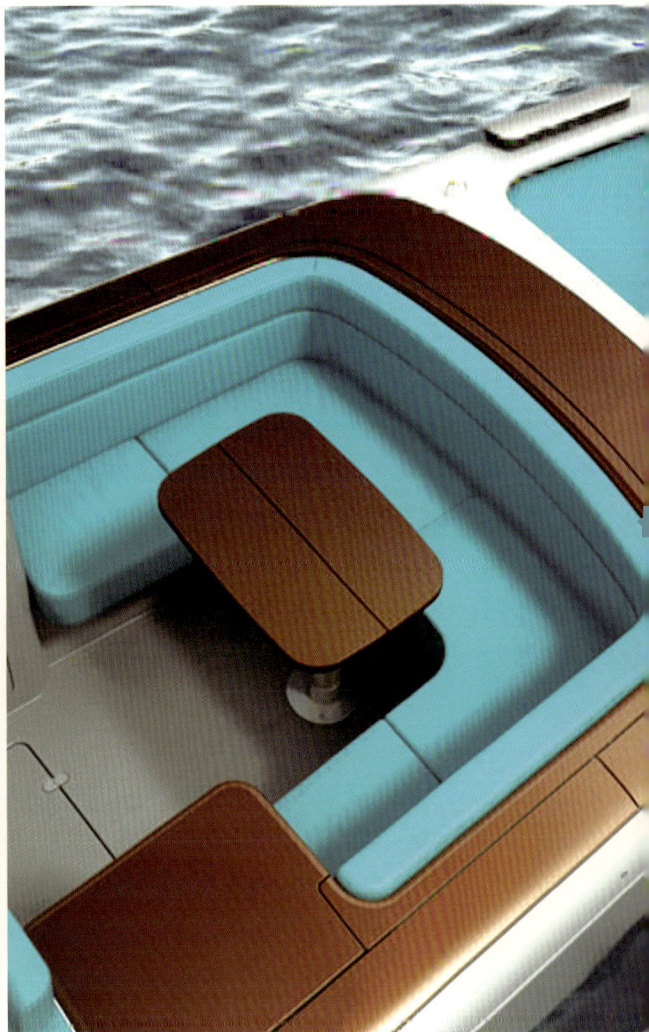

水拉玛（Aquarama）为设计依据。意大利设计研讨会（意大利设计工作室为丽娃提供了长达20年的独家设计）曾评价说："我们非常高兴马克·纽森能够选择我们在2001年创造的Aquariva来诠释他在游艇设计上的理念。他所诠释的是一个永恒的经典，并把历史与当代、传统与创新完美结合。"这艘游艇有许多特色，如运用了弧形层压挡风玻璃，船舱入口设计了双开门，还安装了船头推进器，运用了最新的电子传输技术并重新采用了驾驶舱与客舱座位分离系统。

那些期待最美生活的人们都会不由自主地爱上这款游艇。如果有足够的实力，谁会舍得抛弃与这位全球最高贵妩媚的宠儿相约逐浪的机会呢？

275 年的历史传承，宝珀奠定了自己圆形钟表艺术大师的楷模形象，它让自己的名字成了一种文化表征，以自己的全部身心打造着薪火相传的机械制表艺术。

BLANCPAIN

雕琢最久远的时光
宝珀

关于宝珀

横亘在瑞士、法国以及德国之间的侏罗山地区是世界上最负盛名的钟表产地。早在数百年前，灵巧的日内瓦制表匠们会在冬季打造出一只凝结自己无数心血的精致怀表，待到春暖花开时高价售出。1735 年，瑞士人贾汗·雅克·宝珀就在这里创立了自己的工作室，世界上第一个登记注册的制表品牌——宝珀也就此诞生，这也标志着瑞士钟表业由传统的匠人时代跨入品牌时代。

从钟表零件的制作开始，宝珀渐渐发展到整只怀表的制作。在 18 世纪末期，宝珀的第二代继承人大卫·路易·宝珀开始将钟表销往邻国。而在随后到来的法国大革命期间，制作精良的宝珀表成功地在动荡的环境中将自己的业务拓展至整个欧洲。

作为瑞士现存的历史最为悠久的钟表品牌，宝珀的地位有点像汽车工业中的奔驰，堪称绝对的元老，它的历史比江诗丹顿早了整整 20 年。而且尤为值得一提的是，宝珀在其 275 年的历史传承中从未生产过非圆形

在成立 270 周年时，宝珀推出了
透明陀飞轮腕表，它将陀飞轮、大窗
日历和动力储存显示融合在一起，且
表盘全透视。铂金版腕表全球仅限量
制作 27 只。

BLANCPAIN

的表，一心追求钟表最本真的原始形态。宝珀也从未生产过石英表，对于传统的机械制表工艺表达了极大的尊重。

更重要的是，在宝珀，你不会发现一点流水生产线的影子，它的每一只腕表的搭桥、表盘、齿轮等关键部件均以纯手工制作，每张订单只会交由一位制表师独立负责，他们甚至可以自由选择上班时间。从镶嵌、打磨、润饰到清洁，制表师都会在古旧的工作台上一丝不苟地亲力亲为，把超凡卓著的创作技巧融注其中，赋予作品最精巧的灵魂与生命。

宝珀表最大的特点是古朴含蓄，简约灵动，每只表的制造日期与制表师的姓名都有记录可查。70%的宝珀表都有100小时或以上的动力储备，40%的宝珀表还具有100米防水功能。通过对每个细节一丝不苟地苛求，宝珀凭借自己质朴而又高尚的智慧，成就着它追求完美时间艺术的高贵信仰，超然于潮流之上，缔造永恒的艺术珍品。

BLANCPAIN
限量甄选
❖❖❖

宝珀表的全球年产量只有8000只左右，矜贵的身价自然可想而知，对于收藏家来说，每一只宝珀表都是可遇而不可求的稀世珍宝。

怀表又称猎表，上部带有保护盖，而半猎表指的是不用翻盖便可以直接读时的怀

为纪念品牌成立270周年，宝珀推出八款超薄腕表的"时间礼赞"珍藏套装，限量制造八套。

表。这种设计据说是来源于一次法奥战争，因为当时战况激烈，脾气暴躁的拿破仑索性用利剑将怀表的上盖削去了一半，后来，拿破仑就专门找到宝珀定制了一款没有上盖的怀表。

其实不单是拿破仑，在漫长的275年的历史中，宝珀曾经给无数的王公贵族提供过专用钟表，但是它从来没有用重复历史和抱着传统不放来提醒人们对他的重视。据统计，宝珀曾经缔造了20多项世界纪录，从

厚度只有 1.71 毫米的超薄机芯到内部零件多达 700 多个的超复杂机芯，它们不但代表了瑞士复杂机械表的最高水准，其高度的实用性和稳定性也为瑞士制表业树立起了标杆。只是目前，宝珀表的年产量只有 8000 只左右，其中一些经典的限量款式就更是少之又少。

2005 年，为纪念品牌诞生 270 周年，宝珀推出包括了八款超薄腕表在内的"时间礼赞"珍藏套装，限量制造八套。这八款表全部采用罗马数字时标以及亚黑色表盘、铂金表壳与黑色鳄鱼皮表带，凸显出该系列的复古与纪念意味。它们在功能上集合了陀飞轮、三问、月相日历、时区、万年历、单按钮双秒追针计时等各项高复杂功能，并陈放于精工细作的黑檀木陈列柜中，总身价近 500 万元人民币。

另外，即便是没有打出限量版的旗号，诸如像三问表这样的炫技之作由于制作工艺极其复杂，面世量也极其稀少。三问表是钟

宝珀 2008 情人节限量版，全
球限量 99 只。为强调爱与美结合
的主题，此表特意在与月相显示重
叠的位置上添加了一个秒针小表
圈，红色爱心形状的秒针从美人的
容颜上走过，使佩戴它的分分秒秒
都成为浪漫爱情的见证。

表与声音美学的完美结合，按下按钮后，钟表将以不同音色、不同次数的鸣响开始分别代表时、刻、分的报时。通常制作这种表需要制表师花上三个月时间进行镶嵌及调校，完成后，制表师会为它们特别加上编号及签名为记。

目前，宝珀每年只有极少量的三问表面世，要送达顾客手上往往需时三年以上。而宝珀表的春宫三问表的年产量不足十只并且基本上每一只都独一无二，身价通常都在200万元人民币左右。

钟表行业自诞生起似乎就一直存在着严重的“性别歧视”，怀表时代自不待言，等到20世纪初腕表开始普及了，“重男轻女”的习惯依旧存在，而且人们对女式腕表的理解长期被珠宝表和石英表的概念所左右。

宝珀为女性设计的月相表

宝珀莲花、茶花、兰花“三花系列”

宝珀从20世纪30年代起就一直积极推动女表的研发，从结构纤巧的“贵妇鸟”到莲花、兰花、茶花“三花系列”，宝珀的概念总能让人眼前一亮，它也是世界制表史上第一个制作女式飞返时计的品牌。近年来，每年的情人节，宝珀都会推出限量版的纪念表款，它们的造型都十分优雅别致，深受女性追捧。宝珀2008情人节限量表与兰花系列并蒂而出，在全钢表壳的外圈精致地镶嵌了两圈共180颗紧密相连的钻石，18K白金材质与白色珍珠母贝表盘以及白鳄鱼皮表带相映成趣，全球限量99只。

2009年，宝珀巧妙融合了珍珠母贝的纯洁和红宝石的高雅，推出了全球限量99只的“情人节2009”女表。而在2010年，宝珀推出了它在历史上的首枚非正统圆形款

"情人节 2010"。这款表采用类似于西洋梨形表壳，表面以 500 颗钻石和粉红色宝石装点双色珍珠母贝表盘，只限量发行 14 只。

20 世纪 50 年代，瑞士的制表业进入一个新的发展阶段，机芯制造技术达到了一个新的高度，然而防水问题，特别是在深海中的防水问题仍无法得到很好的解决。1952 年，法国国防部委任波普·马鲁比尔船长和海军上尉克劳德·里弗阿德组建了一支特种部队。为了配合在恶劣的水下环境执行任务，这两位军官找到了宝珀并提供了一套非常严格的专业潜水数据，希望宝珀制造出能够完全胜任水下作业要求的腕表。1953 年，世界上第一只现代潜水表在宝珀手中诞生，防水能力可以达到 50 寻（约 91.45 米）并因此得名 "50 寻"。

这款表后来因一部反映海洋世界的纪录片《缄默的世界》而得到 1956 年戛纳电影节的嘉奖，而它的可靠和坚固很快也在多个国家的特种部队中获得认可并从此开创和奠定了潜水表领域的新标准。

2009 年，宝珀推出了全球限量 50 只、防水性能高达 300 米的新款 "50 寻" 腕表——"深海蓝"，白金结合蓝宝石水晶的表圈力图以深蓝色诠释主题，也象征着宝珀与大海的不解之缘。同年，宝珀推出了防水深度达 1000 米的全球限量一只的特别限量版，表壳采用钛金属材质，动力储存达到了 120 小时。

宝铂表的传奇经典 "50 寻" 潜水表——"深海蓝" 以来自深海神秘的深海蓝色为基调，醒目的数字刻度、时标和指针都涂上夜光漆，方便在黑暗的环境阅读时间，表圈同时有 15 分钟刻度标示，可用于倒数计时、精确掌握时间。特殊处理为微弧状的蓝宝石水晶镜面能缓解深海的水压影响，单向逆时针旋转的表圈则是宝铂表在 1953 年世界首创的设计，对潜水表的发展有其重要影响力。

BLANCPAIN
至尊私享
❈❖❈

整整 275 年，宝珀一直给予钟爱它的人们以极大的惊喜。275 已然不仅仅只是一个数字，它也是这位表坛巨匠开启下一扇时间之门的钥匙，引领宝珀迈向更辉煌的第三个百年。

宝珀 1735
★☆★☆★
限量关键词：全球限量 30 只

曾长期在瑞士生活的法国作家雨果对钟表王国有着这样的印象："瑞士人牧牛挤奶，生活在自由之中，历史长河激流奔涌，瑞士却终将永恒"。说起永恒和韧性，最接近这层意义的制表品牌当属宝珀。20 世纪 60 年代，一度风光无限的瑞士钟表业开始遭受"石英革命"的毁灭性冲击，廉价而又精准的石英表将瑞士人辛辛苦苦精心制作的高级钟表逼得退无可退、无人问津，传统机械工艺趋于沉寂。但实际上石英表只能算是一件工业制品，而一只好的机械表却是一件艺术品，具有薪火

限量视界
2009 年 5 月，宝珀冠名赞助了兰博基尼超级单一量产车大赛，并联手推出以兰博基尼顶级赛车 Super Trofeo 命名的新款腕表。这款表完全脱离了宝珀腕表的经典设计，采用了更时尚更年轻化的设计。碳钢化的表身，红边白字的"12"和"9"极为形象地营造出了跑牛般醒目的冲击力。

相传的永恒生命力。所以即便在风雨飘摇、朝不保夕的时候，宝珀也从未放弃对于机械表的信心，一直专注于打造完美的机械表，从未生产过一只石英表。

终于，瑞士制表业在 20 世纪 80 年代开始渐渐复苏，而宝珀在这一复苏过程中发挥了极其巨大的作用。1983 年，宝珀成功研制出全世界最纤小的兼备月亮盈亏、月份、日期及星期显示的自动机芯，此后也一直将月相表作为自己品牌的标志性元素。所以，宝珀成为了当时首位复兴月相的品牌，是公认的"现代月相之父"。

之后，宝珀又首先站出来复兴古典陀飞轮。1989 年，它发明了制表史上首枚可存储一星期动力的陀飞轮机芯，而在最近十几年间，独特的偏心陀飞轮设计、专业潜水陀飞轮腕表以及具备八天动力储备的超薄浮动陀飞轮也在宝珀陆续问世，每一款都让人惊叹不已。1991 年 12 月，为了纪念 1735 年制造的第一只表，宝珀推出了当时全世界最复杂的高级机械表——宝珀 1735。这款腕表的研发耗费了整整六年的时间，在厚度仅 14 毫米的表壳中结合了 740 个精密零件，最终具备世界制表业最经典的六项复杂机械功能：陀飞轮、二问、万年历、超薄自动上链芯、双追针计时以及月相盈亏。这款表全球限量生产 30 只，身价超过 600 万元人民币，据说每制作一只需要耗费一年半的时间，而且现在世界上仅有两位制表大师有此高超的技能。

宝珀 1735 腕表，全球限量 30 只。

宝珀全钻陀飞轮腕表

★ ☆ ☆ ☆ ☆

限量关键词：高级定制珠宝腕表

作为世界上最古老的制表品牌，如果没有高级定制珠宝腕表这项技艺，宝珀的奢华和尊贵仿佛就稍欠了一点火候。但是对于忠实的宝珀迷们来讲，这一点似乎无需担忧，因为你戴在手上的并不亚于一幢别墅或者一辆劳斯莱斯。

2008 年，宝珀推出了一款奢华的全钻腕表，它采用独特的无规律钻石镶嵌工艺，将 480 颗总重共达 58 克拉的长方形钻石镶嵌在了腕表的表盘、表圈、表壳、表耳以及表带之上。这种无规律排列镶嵌的难度非常高，每块钻石的大小以及排列都必须经过精确的设计和调整以安排到合适位置，而且表的传统圆弧外形也增加了钻石镶嵌的难度，

需要拥有精湛的钻石切割技术及无懈可击的镶嵌工艺才能使钻石与表盘完美贴合。

不仅如此，这款全钻手表还搭载了由 239 个零件组成的宝珀自制 Cal.25A 自动上链陀飞轮机芯，防水深度达到 100 米，完美展现了宝珀制作顶级珠宝及复杂腕表的强大实力。这款高级珠宝腕表以定制形式生产，身价达到 1500 万元人民币。

宝珀乾坤卡罗素腕表

★ ☆ ★ ☆ ★

限量关键词：全球仅此一只

2008 年 10 月 20 日，宝珀与北京故宫博物院的典藏腕表交接仪式在由奉先殿改建的钟表陈列馆举行。一只名为"宝珀乾坤卡

罗素"的特制腕表成了故宫博物院建院以来首只典藏的现代腕表，并享有自己专门的文物收藏编号。

1735年，宝珀创建了世界上第一间制表工坊，而同样是这一年，在遥远的东方，乾隆皇帝登基。宝珀之所以制作这只腕表，用意就是纪念这一惊人的巧合。这只腕表的制作耗时一年，在设计上吸收了大量的中华传统文化元素。

表盘以"太极"为主形，突显了乾坤阴阳的寓意。表的背面则铭刻着"1735"、

"乾隆"以及"BLANCPAIN"的字样并精心雕琢了故宫博物院的形象，周边更以古典精致的中华琉璃瓦为装饰。另外，这款表采用的是宝珀卡罗素 Cal.225 自动上弦机芯，包含 262 枚零件，能量储备达 100 小时，每一处细节、每一枚零件都能让人感受到宝珀的非凡工艺。

说到卡罗素，它的外形和功能都十分接近于陀飞轮，都是为了抵消地心引力造成的走时误差，但是陀飞轮对于零件的精密度要求极高，所以制作上非常不容易，价格也自然很高。1894年，在陀飞轮技术诞生整整100年以后，制表师邦尼克森在英国设计出另一款特殊擒纵结构并命名为卡罗素，它的加工精密度要求远低于陀飞轮，但旋转速度却慢了40倍，因此卡罗素在当时有着"穷人陀飞轮"的戏称。

2008年，宝珀首创的分钟式同轴卡罗素技术面世，它颠覆了人们的固有偏见，告诉人们卡罗素一样可以拥有一分钟一圈的完美速度。

"我们正为明天留下光辉的一页"。历经275年的岁月洗礼，宝珀创始人贾汗·雅克·宝珀的这句话却依然历久弥新，而宝珀表对于精湛制表技艺以及非凡创意的追求依然矢志不渝。准确而可靠的时计，既印证着岁月的流逝，也引领世界制表文明跨入新的历程。

"我们发明了汽车，并引导它一路前行。"能够发出如此豪言壮语的，大概也就只有梅赛德斯－奔驰了。它的诞生，记录了世界汽车的元年坐标，它的成长，见证了一个民族的骄傲与强大。

Mercedes-Benz

世界汽车历史的原点坐标

梅赛德斯 – 奔驰

关于梅赛德斯 – 奔驰

汽车巨擘、啤酒王国、哲学之乡，这样的三部曲应该是世人对于德国的整体解读吧。而在德国南部最迷人的大都会——斯图亚特，这三种文化却完美地融合在一起：这里有著名的斯图亚特啤酒节，这里是伟大哲人黑格尔的诞生地，这里还是德国汽车工业的"心脏"，奔驰、保时捷的总部就位于此处。但是能让自己的徽标高高耸立在斯图亚特火车站上的，却只有奔驰。

若论历史，汽车界恐怕没有一个品牌敢站出来和奔驰叫板。1883 年，身为机械工程师的卡尔·本茨与他的两位朋友在曼海姆创建了自己的公司并且开始研制可以取代马车的汽车。1886 年 1 月 29 日，他们制造出的世界首辆单缸发动机三轮汽车——"奔驰1 号"得到了德国皇家专利局授予的世界上第一个"汽车制造专利权"，那一天也被认为是世界汽车诞生日。

就在本茨为发明汽车绞尽脑汁的时候，世界汽车工业的另一位鼻祖——戈特利伯·戴姆勒也在做着同样的事情。恰巧也是在1886 年，戴姆勒与挚友威廉·迈巴赫通过将他们改造的汽油发动机安装在戴姆勒为妻子43 岁生日购买的马车上，创造了世界上最早的四轮汽车并完成了首驾。所以戴姆勒和本茨都被视为世界汽车工业的先驱，而1886 年则成为了世界汽车历史的元年。

1890 年，戴姆勒和迈巴赫成立了 DMG 汽车公司。实际上在此后 20 多年的时间里，DMG 与奔驰之间一直是竞争关系。

1899 年 3 月，一位名叫梅赛德斯的中年男子驾驶着 DMG 的凤凰汽车在法国尼斯汽车赛上获得了第三名，但事后人们才知道，他是奥匈帝国驻法国尼斯的领事，他的名字也不是梅赛德斯，而是埃米尔·耶利内克，梅赛德斯是他小女儿的名字。耶利内克从小就酷爱极速，据说他在 19 岁时甚至说服过一名火车司机在深夜跟他一起试验火车最高速度。后来，耶利内克成了 DMG 的重要销售商。

1900 年，DMG 全年只生产了 96 辆汽车，其中就包括了耶利内克与 DMG 达成的一笔 36 辆的订单，但当时耶利内克也对 DMG 提出一个要求，他希望以给他带来好运的"梅赛德斯"作为新产品的品牌名，DMG 方面欣然同意。1900 年 12 月 22 日，第一辆悬挂梅赛德斯标牌的 35 马力新车正式亮相，但是当时戴勒姆本人已然故去。1902 年，DMG 将"梅赛德斯"正式注册。有趣的是，耶利内克在 1903 年时竟然申请将自己的名字也改为了耶利内克·梅赛德斯。

在经过了初期的竞争与发展、一战后的经济衰退以及国外同行业产品的冲击之后，1926 年，DMG 与奔驰正式合并成戴姆勒 - 奔驰公司并将生产的汽车命名为梅赛德斯 - 奔驰。遗憾的是戴姆勒与本茨之间虽然仅相隔区区几十公里但却终生未曾见面。但是这两位先驱对于汽车制造业的热情和梦想，却为其后继者留下了最宝贵的财富和永不枯竭的发展动力。

限量甄选

从只出产过 36 辆的 SKK 到仅仅经过五年蜜月期就戛然而止的 SLR McLaren，梅赛德斯 - 奔驰似乎总能为世界汽车历史留下一些耐人寻味的经典和传奇。

梅赛德斯 - 奔驰的车标是一个简洁的三叉星。这来自于戴姆勒送给妻子的一张明信片，他在上面信手画了一颗三叉星并且写道："总有一天，这颗星会在我自己的工厂上空闪闪发光，象征着无限的繁荣。"事实证明，他的确兑现了自己的诺言。

在 120 余年的发展历程中，梅赛德斯 - 奔驰一直稳稳占据着汽车行业的领军位置。第一辆增压汽车、第一批大量生产的柴油轿车、第一辆装有氢气发生装置的燃料电池汽车……但是奔驰最精锐的创新精神还是体现

在主动和被动安全领域。现在被业界广泛采用的安全气囊、撞击缓冲区、防抱死制动系统等均由梅赛德斯－奔驰首创。由于制造技术的先进，可以说每一辆奔驰都是历久弥新的经典。

这是一辆 1929 年生产的奔驰 SKK 双坐跑车，它的第一位主人是英国私人收藏家乔治·米利亨。由于英德两国在"二战"中的敌对关系，当时很少有英国人愿意购买德国汽车，所以，另类的他仅以几百英镑就买下这辆奔驰 SKK。长期以来，这辆"不值钱"的奔驰一直被保存于米利亨在英格兰东部诺福克的私人农场里。实际上，奔驰公司一共也只生产过 36 辆 SKK。

2004 年 9 月，在米利亨去世后不久，这辆奔驰车在英国南部古德伍德举行的拍卖会上以 410 万英镑的天价被成功拍卖，升值达数百倍，成为了收藏界的神话。

德国的工业在"二战"中几乎遭到了毁灭性的打击，梅赛德斯－奔驰也因此一度停产，一直到了 1947 年才生产了战后的第一款车——170V。就是这款车帮助奔驰走出了战后的阴霾，它也是如今奔驰 E 级轿车的先祖。

梅赛德斯 - 奔驰的一大特点是车型十分丰富，B 级、C 级、CL 级、CLK 级、CLS 级，到 E 级、G 级、GL 级、GLK 级，再到 M 级、R 级、S 级、SL 级、SLK 级……它的十余个车系、数十种车型将运动车、轿跑车、敞篷跑车以至越野车统统囊括进来，而且几乎它的每一个车型都有经过改装的高性能版本——AMG，这也是奔驰限量版车型的主力阵营。

AMG 现在是奔驰旗下首屈一指的专业高性能改装公司，但是如果时间回溯到 20 世纪 60 年代，AMG 只是一个简单的车辆改装以及赛车引擎设计的手工作坊。据说当时有个顾客从德国基尔慕名开着自己的奔驰车来到 AMG 改装，结果他发现 AMG 在当地竟然鲜为人知。后来他在一间小小的车房门口询问 AMG 到底在哪里的时候，车库里的人告诉他："嘿，老兄，你眼前的就是 AMG!"最后，当那个顾客把车很艰难地塞进 AMG 的车库里时，甚至还在怀疑这真的就是 AMG 吗?

AMG 与梅赛德斯 - 奔驰的合作始于 1988 年，四年后正式并入奔驰。1993 年的 C36 AMG 是首款奔驰家族 AMG 汽车，目前，AMG 改装的车几乎覆盖了整个奔驰车系，它们联手打造出数款难得一见的高端车，包括经典的 CLS63 AMG、CL63 AMG 以及身价 300 余万人民币的 S65 AMG 等等。

值得强调的是，梅赛德斯 - 奔驰现今的绝大部分限量车款就出自 AMG 之手。C63

AMG 仅在澳洲限量发售 63 辆；作为奔驰旗舰车款的 SL65 AMG 升级款的黑系版本仅限产 350 辆，售价比标配的 SL65 还要贵 10 万英镑。而作为奔驰顶级越野车型的 C55 AMG 只限量生产 79 辆，纪念自 1979 年推出的奔驰 G55 车型。它们的身价基本都在二三百万以上，想要买到绝非易事。

2009 年 9 月，奔驰在法兰克福车展上正式发布超级跑车 SLS AMG。在梅赛德斯－奔驰的量产车中，这款车的定位与车价都极为高端。唯美复古的鸥翼式车门源自 1954 年举世闻名的 300 SL 鸥翼式车门双座跑车，其独树一帜的动感设计在当时立即成为全球津津乐道的风范翘楚。奔驰还曾于 2004 年特推出了限量 500 辆的 SL 50 周年纪念版跑车。而这次的 SLS AMG 除了在性能上做足文章，搭载排气量 6.2 升的 V8 自然进气发动机外，还完全是由 AMG 的资深技师手工打造，百公里加速仅需 3.8 秒，极速则可达 317 公里 / 小时。而且，SLS AMG 的外观共有九种颜色任客户选择。内饰设计也个性十足，巧夺天工的接线口和精致剪裁的皮革也有纯黑、经典红、沙滩色、陶瓷色和淡咖啡色五种颜色可供选择。该车只限量生产 20 辆。

2007 年，梅赛德斯－奔驰再出经典，穿上了阿玛尼制作的"新衣"。这一年，由意大利著名时装设计师乔治·阿玛尼亲自设计的阿玛尼版梅赛德斯－奔驰敞篷跑车正式投放市场，这是他首次参与汽车设计项目，他也成为该款车的第一个拥有者。与常规四座奔驰跑车不同，这款车的外部面漆为阿玛尼亚光砂粒色，并带有端庄的绿色阴影配合亮光黑色内饰，车顶涂层是为这款高级限量版系列专门开发的。在内部设计上，阿玛尼采用了 20 世纪中期常见但如今却很少使用的珍贵马鞍皮革 Cuoio，而黑色多功能

梅塞德斯－奔驰 CLK500 敞篷跑车最初亮相于 2003 年米兰时装周及 2004 年巴黎车展。它由意大利著名时装设计师乔治·阿玛尼亲自设计，每辆车上都有阿玛尼的个性化签名。

转向盘也包上了精美穿孔的皮革。为了将反射降至最低程度，车内金属装饰件都具有高品质的亚光外表。这款车在全球仅限量发售100辆，在欧洲市场上税前售价将近90000英镑。

汽车与腕表都是都市男性的心中挚爱，也是独到品位与身份的最佳象征。基于对高精度制作工艺和非凡品位追求的共鸣，一直以来梅赛德斯－奔驰与世界顶级钟表制造商都有着密切的跨界合作。瑞士的豪雅、万国以及德国的格拉苏蒂等制表公司都曾与梅赛德斯－奔驰携手缔造令人爱不释手的腕表精品。

2004年，为庆祝第一款SLR迈凯伦高性能豪华跑车问世，梅赛德斯－奔驰与豪雅表联手奉献了一款充满超级跑车味道的SLR计时码表。而在2006和2007年，双方再度合作，推出了两款各自限量发行3500只的SLR豪雅计时表，3500来自于SLR跑车的生产数量。

2005年，万国表（IWC）在庆祝"工程师"系列石英手表诞生50周年的同时发布了奔驰CLS 55 AMG IWC Ingenieur轿跑车以及万国Ingenieur AMG系列腕表。该腕表共有五款，其中限量版的万国"Ingenieur Automatik CLS 55 AMG"腕表只发行55只，专门为限量55辆的奔驰CLS 55 AMG IWC Ingenieur车主制作。它采用仪表盘式的表盘设计，搭配红色的秒针，表盘背部刻有AMG标识，防水深度120米。

2008年，奔驰与万国表再次携手，推出了限量200辆的"SL 63 AMG IWC Edition"敞篷跑车，车身只采用可什米尔白一种涂装，内饰采用褐色Nappa真皮。万国同时推出了与之相配的"Grosser Ingenieur"腕表，表带颜色和内饰皮饰的颜色一致。

至尊私享

虽然不会爆出动辄千万的骇人价码，但它也绝不是一般人轻易消受得起的。耀眼的三叉星熔铸了世界汽车先驱的光辉历史，难怪总统政要们总是对它青睐有加。

梅赛德斯 – 奔驰 SLR McLaren

★ ☆ ★ ☆ ★

限量关键词：绝对富豪 + 超级玩家

1998 年，戴姆勒 – 奔驰与美国克莱斯勒汽车公司合并组建了戴姆勒 – 克莱斯勒集团，成为全球第二大汽车生产商。虽然这个名字只存在了短短九年，但它却见证了奔驰历史上的又一段传奇：它掌握了麦凯伦 40% 的股份并联手研发了梅赛德斯 – 奔驰 SLR McLaren 系列豪华跑车。其实对于开展了半个多世纪的顶级汽车赛事 F1 来讲，奔驰一直以不断创新的科技和对汽车运动的深刻理解为其注入着源源不断的强大动力，而与麦凯伦的这次合作却让它得以将 FI 的精彩带到了赛场之外。

梅赛德斯 – 奔驰 SLR McLaren 被喻为"公路上的 F1"，它也是世界上少数功率突破 600 马力的豪车。自 2004 年实现投产以来，SLR 的总产量只有 3500 辆左右，订货之后可能还要等上两到三年。

五年中两者合作研发的 SLR 车系总共

有五个不同型号，前四款是双座车型 SLR McLaren、SLR722 McLaren 和其各自的公路版本，第五款是无挡风玻璃的超级跑车 SLR McLaren Stirling Moss。1955 年，英国传奇车手斯特宁·莫斯和队友驾驶奔驰 300 SLR 赛车在国际著名的 1000 英里耐力赛上取得冠军，722 是当时这部赛车的比赛号码，同时也是它的出发时间，即早上 7:22。这些豪车的身价基本都在五六百万美元以上，其消费者绝对是"富豪＋玩家"的狠角色。周杰伦就拥有一辆 722S。2009 年，奔驰 SLR McLaren 家族的最后一款——SLR McLaren Stirling Moss 亮相底特律车展。这款车只限量生产 75 辆，是为了纪念传奇车手——斯特宁·莫

斯，配有一片镌有斯特宁·莫斯亲笔签名的铝合金铭牌。拉风的是这款车在最大速度达到 350 公里／小时的情况下却没有前挡风玻璃，也许只有奔驰敢于将如此开放的设计与如此非凡的速度合二为一。

至于放弃与迈凯伦合作的原因，有人认为是 2007 年曾轰动一时的"间谍门事件"导致了奔驰对于迈凯伦的信任危机，但更为主流的说法是没有任何力量可以让奔驰永远为他人"做嫁衣"。

若论高价，梅赛德斯－奔驰也许永远不会像布加迪、柯尼塞格那样，动辄就爆出令人瞠目结舌的价码，但作为世界汽车发展史的原点坐标，奔驰的每一枚三叉星都熔铸了世界汽车运动所走过的全部历史，它们也永远都在为汽车制造业树立更先进的标杆，这样的历久弥新正是梅赛德斯－奔驰的魅力所在。

千万不要以为水晶的意义就只能是一件摆设或一件装饰品，有些时候，它也可以很"实用"，比如，一张美轮美奂的水晶床。

K. MOOI

最奢华的梦乡
卡曼莱"晶钻"睡床

★☆★☆★

限量关键词：吉尼斯最贵床品记录

如果是一栋别墅，300万元人民币的身价自然是在情理之中，但是如果有人告诉你这300万只等于一张床，相信多少会让你觉得有些不可思议吧。2009年10月15日，在上海"百分百"室内设计展上，源自法国的高级床具及床上用品品牌——卡曼莱，展出了一款镶有82万颗施华洛世奇水晶元素的限量版豪华睡床，而其高达300万元人民币的售价也成功创造了一项新的吉尼斯世界纪录。

法兰西是一个善于从高品质生活中获取灵感的民族，这个特点在卡曼莱这里得到了印证与传承。卡曼莱创立于2000年，创始人是法国人本瓦·帕内特。在成立之初，卡曼莱只接受特别定做的订单，2002年，它在巴黎开设了自己的第一家专卖店。

可能是源于法国人性情中所特有的浪漫与细腻，卡曼莱一直以最精细的手工、最优质的物料以及最具时尚品味的设计著称，用心打造最富生命质感和优雅格调的居室家具。因此它在高端床具市场一直享有盛誉，这也难怪它会成为像阿玛尼、路

易·威登、迪奥这样国际性奢侈品牌的首选合作伙伴，为它们提供包括陈列柜、店面家具以及专业顾问指导。

可能是领悟到单纯的功能性家具很难给世人留下深刻的印象，2009 年，一贯代表欧洲流行趋势的卡曼莱携手施华洛世奇，共同推出了华丽的卡曼莱"晶钻"系列，其中限量 20 套的水晶睡床绝对会让你心生赞叹：原来时尚与奢华的融合竟可以如此完美！

卡曼莱限量版"晶钻"睡床采用独特的高靠背设计，贵气十足，优雅的弧形线条则勾勒出了欧式的浪漫与雍容。最引人注目的是，卡曼莱的工艺师们耗时数月，在床的高大靠背以及旁边的床头柜上镶满了 82 万颗璀璨夺目的施华洛世奇水晶元素。这些水晶全部是在奥地利精心打磨而成，纯净的材质以及精细的切割技术使其拥有极强的发光度

和最大范围的光线分布，可令整个卧室光芒四溢，给人的感官带来极大享受。

璀璨夺目的施华洛世奇水晶总是闪耀着迷人的贵族气息，它的时尚和华丽注定了这款睡床价值不菲——300 万元人民币的身价确实缔造了一个居室家具的传奇。想一想，每一天都在水晶般的世界里入梦和醒来，那样的奢华或许本身就是一个美好的梦。而且，这款睡床全球仅限量制作 20 套，对于世界上绝大部分人包括绝大部分的富豪来说，比起真正拥有它，似乎做一个那样的梦来得更加"实在"。

卡曼莱限量版"晶钻"睡床是现今世界上使用最多水晶元素的睡床，对卡曼莱来说具有标志性的意义，它的创造力与超前性是对卡曼莱的最高赞赏与肯定。

如果说卡地亚珠宝是贵族精神的表率，那么蒂芙尼珠宝就是唯美主义的领袖。它在一个高贵的世界里闪耀着魅力的光线，优雅与奢华是它的平仄，浪漫与情调是它的韵脚，它就是蒂芙尼，最具唯美情调的珠宝诗人。

TIFFANY & CO.

唯美主义的珠宝诗人
蒂芙尼

TIFFANY & CO.
关于蒂芙尼

　　它用璀璨的宝石点亮生命中的每一段辉煌，它用唯美的心点缀最美丽的心情。它既是此生矢志不渝的见证者，又是魅力人生无限的传承与延续。来自纽约的蒂芙尼珠宝总是能给人最美妙的精神满足。

　　1837年，一位名叫查尔斯·蒂芙尼的年轻人贷款1000美元与他的朋友约翰·杨在纽约市百老汇大街259号开设了一家小店。这个磨坊主的儿子显然不想再在磨坊里庸碌一生，可是他毕竟只是一个磨坊主的儿子，所以在纽约开设一家小店已经是掏空家财，店铺以销售文具和时尚商品为主。就在开业的当天，小店的销售额仅为4.98美元。然而到1902年，蒂芙尼去世，留下的遗产数额高达3500万美元。而当年的那家小店已经成了全美国首屈一指的高档珠宝行——蒂芙尼珠宝首饰公司，名声足以与"珠宝皇帝"

蒂芙尼设计师让·史隆伯杰
设计的羽毛项链

卡地亚相媲美。19 世纪末，蒂芙尼的顾客里包括了英国维多利亚女王、意大利国王和丹麦、比利时、希腊及美国等地众多名声显赫的人物。

　　天才的蒂芙尼有着过人的眼光与远见，当得知美国穿越大西洋的电报电缆中有一根因破损需要更换时，就毅然买下了这根电缆。当人们还在惊异的目光中猜测这根电缆到底会被派上什么用场时，它已被截成 5 厘米长的小段，出现在蒂芙尼商店里作为历史纪念品出售了。当他购得一批法国皇室珠宝，其中包括属于欧仁妮皇后的那颗珍奇的鲜黄色钻石时，别人以为他会转手卖个好价钱，但是他并没有急于出手，而是从容地在纽约举办了一个展示会，从全球各地蜂拥而至急了一睹这件稀世珍宝风采的参观者身上狠赚了一把。

　　如果你以为他只是一个要小聪明的投机者，那么你肯定又错了。早期的蒂芙尼一直收购欧洲贵族手中的宝石，加上天才的创造力与对钻石与生俱来的领悟能力，他很快成了当地的钻石名家。然而，蒂芙尼也是以银制品著名的。1851 年，蒂芙尼推出了设计精美的银器，引起了人们的广泛关注。它率先使用的 925 银也成为美国银制品的标准。1867 年，在巴黎世界博览会上，蒂芙尼凭借精美的银器成为美国第一个获得博览会大奖的品牌。

"二战"期间，蒂芙尼把总店搬到了名店云集的纽约第五大街，开始了其钻石珠宝饰品的飞速发展时期。随着奥黛丽·赫本主演的影片《蒂凡尼的早餐》风靡全球，蒂芙尼的名声也传遍了全世界，分店也相继在世界各大城市开张了。在蒂芙尼创建 150 周年之际，蒂芙尼在纽约证券交易所上市，那一年，美国自然历史博物馆、大都会博物馆和波士顿艺术品博物馆都分别举办了蒂芙尼银器与珠宝回顾展。世界级博物馆为一个珠宝品牌进行巡展，这也是珠宝历史上罕见的盛事。它是美国设计的象征，是当之无愧的"钻石之王"。

170 多年过去了，今天的蒂芙尼更加注重珠宝的内涵与品位，在工艺与创意上也更加出色。在漫长的岁月里，蒂芙尼已经成为

蒂芙尼著名的"Tiffany Setting"订婚钻戒，从诞生的那天起，就成为世界各地情侣的首选。

世界上首屈一指的珠宝品牌，其纯银器皿、瓷器、水晶和手表等方面的工艺和设计也享誉国际。世界各国博物馆和收藏家纷纷把蒂芙尼的大师级作品视为珍藏。正如接班人路易斯·蒂芙尼所说："我们靠珠宝和艺术赚钱，而艺术价值是永存的。"这或许就是蒂芙尼的精髓所在吧！

TIFFANY & CO.
限量甄选

珠宝给人的诱惑多数在于三个要素，一是宝石，二是造型与工艺，三是这个品牌所营造的品位。而蒂芙尼在坚持使用顶级宝石的同时还强调：一件珠宝的艺术价值往往体现在材质之外，只有珠宝不再是稀世宝石的简单堆砌而充满文化张力时，才能拥有传世的意义。所以每一款蒂芙尼珠宝都是如此的优雅，拥有独一无二的魅力。

在蒂芙尼的理念中，璀璨是它的首选，因为璀璨与心动有着某种不谋而合的交点。蒂芙尼在 1886 年独创了闻名于世的"蒂芙尼镶嵌法"，以六爪镶嵌半颗钻石制作订婚戒指，将钻石高高托在指环之，让光线全方位折射，使美钻放射出璀璨的光华。"六爪镶嵌法"也成为了国际戒指标准镶嵌法。其代表作品就是著名的"Tiffany Setting"订婚钻戒。

它的美无疑是摄人心魂的，也必然是见证人生中最美妙时刻的最佳选择。它是第一

极致奢华的胸针，由 107 克拉淡黄色钻石和 23 克拉梨形无瑕美钻上下辉映，总重 80 克拉的鹅卵形及梨形钻石四周环绕。

1999 年是独创六爪镶嵌法后的第 114 个年头，蒂芙尼又推出最新款订婚钻戒 Lucida。这个词的拉丁文意思就是"银河里的星星"。其完美的钻石切割法把钻石的四角切割得更宽，且在钻石冠部作分层切割，衬托钻石冠高度的同时更具层次感。同时蒂芙尼采用专利的枕形切割，用其独一无二的魅力完美捕捉美妙的订婚时刻。该款婚戒的钻石呈方形，线条简单迷人，内外均散发出璀璨的光芒，流光溢彩。

这种新颖的镶嵌设计是蒂芙尼已经获得专利的原创工艺，堪称融和前卫与经典的珠宝绝技。全新的理念加上娴熟的工艺，一曲对经典的缅怀之歌诞生了，它更是对人们美好爱情的最高礼赞。其后，以钻石著称的蒂芙尼也没有在钻石这个领域止步。其全新的 Blue Book "华贵珠宝"系列中有一款名为 Majestic 的项链，这件惊艳之作传承了

款将钻石镶嵌进铂金的钻戒，这也符合其凸显宝石的一贯风格。自 1886 年问世以来，它便成为了订婚钻戒中最完美的符号，甚至成了订婚戒指的楷模，被誉为"世界上最受推崇的订婚钻戒"。时至今日，这款订婚戒指仍然是浪漫爱情的最佳见证。

蒂芙尼订婚钻戒系列

TIFFANY & CO.

蒂芙尼全新 2010-2011 年度 Blue Book "华贵珠宝" 系列的手工艺设计再现了自然奇迹，更是珠宝界的艺术珍品。它们从久负盛名的蒂芙尼蓝色礼盒 (Tiffany Blue Box) 中华丽现身，令全世界为之倾倒。

蒂芙尼一贯追求的卓越品质。铂金镶嵌于工切割的圆形和梨形钻石围绕着一枚 30.31 克拉、净度为 IF（内部无杂质）级的钻石吊坠，使得项链与女性优雅的颈项曲线完美契合，星光熠熠，彰显奢华气质。顶级的切割技术造就了这颗钻石无与伦比的光华和魅力。与中间的可拆卸大钻石相互映衬的是 300 余颗圆形或梨形钻石，使整件作品总重达到 84 克拉。从设计到成形，这款项链共花费了 715 个小时。这种尽情地挥洒时间以换取完美宝物的做法，正是蒂芙尼的坚持。

爱情的可贵常常被用宝石来标注。蒂芙尼的珠宝师跑遍千山万水只为寻找顶级的宝石，以期能够打造出魅力惑人的传世之宝。其在挑选钻石方面远远严于其他珠宝品牌，只有 2% 的宝石符合蒂芙尼的钻石定级标准，随后这些钻石要按最苛刻的标准进行切割，以得到最闪亮、最璀璨的完美钻石。

蒂芙尼历史上最著名的珠宝大师之一乔治·坤斯为蒂芙尼的伟业立下了汗马功劳。他是一位极具冒险精神宝石专家，踏遍千山万水找寻人类梦寐以求的稀有宝石。为此，

蒂芙尼设计师让·史隆伯杰结合旋转叶片
和 18K 金铂设计的 Fleurage 钻石项链。花和叶
的独特设计华丽优雅且自然流畅。

蒂芙尼海蓝宝石胸针以 109.73
克拉、祖母绿形切割的海蓝宝石配
以铂金镶钻蝴蝶结制成，光芒四射，
是蒂芙尼彩色宝石的典型杰作。

蒂芙尼公司专门推出了以坤斯名字命名的紫锂辉石戒指。紫锂辉石于 1902 年被发现，由于含有锰而呈现出薰衣草的淡紫色。1968 年，蒂芙尼又相继引进了坦桑石，并使之成为全球顶级宝石的巅峰至尊。要知道，当年的电影《泰坦尼克号》女主角掉入大西洋的宝石"海洋之心"就是坦桑石。这种宝石只在坦桑尼亚的乞力马扎罗山脚下的一个矿区才有出产，并且由于常常与其他石块混合在一起而很难被发现。深邃的蓝色宝石犹如一道妩媚的光线，能勾起每个人内心最深处的欲望，蒂芙尼让它成了最完美的艺术品。坦桑蓝也被认为是最具魅力的宝石之光，而坦桑石也被誉为"21 世纪的宝石"。

限量视界

在诺基亚 VERTU 的耀眼钻石引起全球哗然的时候，日本的夏普公司牵手蒂芙尼推出了全球限量仅十部的夏普手机 823SH 蒂芙尼限量版。

以夏普 823SH 为原型生产的这款手机，外壳由白金制造，镶嵌有 400 个 20 克拉以上宝石，售价高达 1000 万日元，而且仅限十部，一经展出就已经被订购一空。夏普 823SH 还提供了多种款式供客户选择，一切选择都尽显奢华，一切奢华都只属于仅有的十个人去选择。

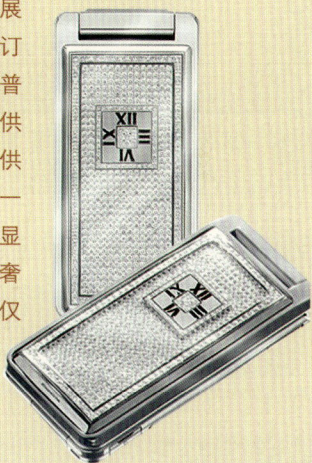

蒂芙尼胸针的创意来自 19 世纪的蒂芙尼鸟形创意，珍贵宝石镶嵌在贵金属底座之上，加以亮漆的装饰，显得栩栩如生，生气十足。

传说加勒比海盗将海蓝宝石作为护身符，认为蓝宝石可以捕捉海上飘荡的灵魂，以保佑自身。蒂芙尼也推出过一款海蓝宝石胸针，这是蒂芙尼最引以为傲的一款胸针。这款胸针以 109.73 克拉、祖母绿形切割的海蓝宝石配以铂金镶钻蝴蝶结制成，光芒四射，是蒂芙尼彩色宝石的典型杰作。

以奢华为基础的蒂芙尼除了要求工艺大师们在自然中寻找最顶级的宝石之外，还从大自然中汲取灵感，其中的"鸟形胸针"就是其中最出彩的部分。华丽的色彩与鸟儿跃动的身形相得益彰，宝石的光泽又与自然之灵性相互融合。

除了精湛的工艺与出色的造型，蒂芙尼在其他方面表现得同样出色。其中最有荣誉感的要数"国会勋章"。美国于1917年至1942年间颁发的最高军事荣誉勋章——国会勋章，就是由蒂芙尼设计完成，因此又被称为"蒂芙尼十字勋章"，至今仍然是最珍贵的美国荣誉勋章。最有权威的则要数美国内战结束之后，蒂芙尼专门为当时的将军谢尔曼打造的仪式用剑。最有人气的无疑是美国职业橄榄球的冠军奖杯。从1967年起，"超级碗（Super Bowl）"就是众多运动员心目中最高的荣誉。最典雅的无疑是1968年受约翰逊总统及其夫人的邀请，蒂芙尼专门为其打造了一套白宫瓷器。形形色色的创意，各行各业的最高荣耀集于一身，这就是传奇的蒂芙尼。

女人对于蒂芙尼钻石的喜爱有一种说不清道不明的情愫，同样喜爱蒂芙尼的影星玛丽莲·梦露就曾在电影中唱道："手上的一吻多么令人陶醉，可是只有蒂芙尼钻石才是女人最好的朋友。"

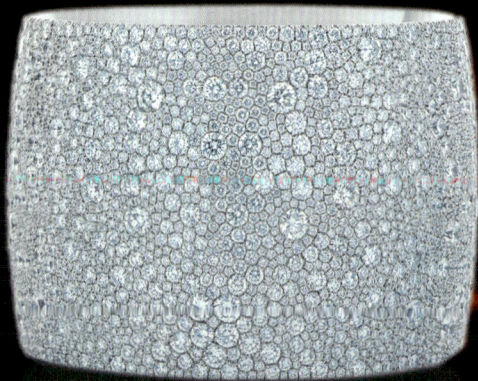

以1000美金的贷款就敢在纽约立足，这恐怕是最荒谬的开端。然而天才总是有办法得到上帝的青睐，年轻的蒂芙尼无疑就是这样一位天才。而这个传奇的故事，需要从一颗世界级的钻石说起，它就是"蒂芙尼黄钻"。

蒂芙尼黄钻（Tiffany Diamond）

★ ☆ ★ ☆ ★

限量关键词：世界上最大的黄钻　蒂芙尼镇店之宝

在19世纪，钻石是欧洲贵族的上帝，也是专属于他们的奴隶，其他阶层或者国家是很难拥有的。这个时候，蒂芙尼凭借着他敏锐的眼光，竭力在欧洲贵族那里收购顶级钻石，加上极具天分的工艺，一批蒂芙尼钻戒俘虏了美国上流社会的心。蒂芙尼也被许以"钻石之王"的美名。然而，当时信心满满的蒂芙尼始终未能踏出国门，因为人们认为在美国成功的宝石，最多不过是"欧洲贵族淘汰下来的东西"。他知道，要想成为世界级的品牌，需要一件真正属于蒂芙尼自己的世界级宝石。

很快，机遇就出现了。1877年，人们在南非的金伯利钻石矿挖掘出一颗重达287.42克拉的黄钻。第二年，蒂芙尼便花费了18000美金购得（这在当时可是一个天文数字）。当人们还以为他将会充分利用这个偌大的宝物的时候，他居然为了选择最美的

部分，面要将其中带有瑕疵或者影响整体美感的部分切掉。最后，工匠们竟然能将这枚287.42克拉的钻石切割成一枚82个切割面的钻石成品（大多数明亮式切割钻石仅有58个切割面，面越多，钻石就越璀璨夺目，工艺要求也更高）。切除之后的宝石重为128.54克拉，相比较而言，几乎去掉了一半。然而这份割舍之后得到的却是世界上最美丽的钻石作品。

这枚宝石代表了蒂芙尼传奇般的光辉与竟洁，之后它被命名为"蒂芙尼黄钻"。异常闪耀的宝钻也很快成了蒂芙尼走向高端的助推器。蒂芙尼还专门为这件作品设计了两款底座，一个是缎带项链，也就是奥黛丽·赫本在《蒂芙尼早餐》中佩戴的那款经典项链，另外一个就是"石上鸟"。当优雅的奥黛丽·赫本佩戴上那款精美绝伦的项链时，人们无不被她的美所折服，那是最美丽的黄钻与天使相遇了。随着该电影在世界各地公映，蒂芙尼的经典品牌形象——"优雅、奢华与璀璨"也随之深入人心。似乎只有一枚蒂芙尼宝钻才能为完美的爱情标注完美的符号。

另一款经典作品名为"石上鸟"。此作品因为一只小鸟立于这颗宝石之上，因而被命名为"石上鸟"。黄钻石上的鸟用黄金和白金制成，小鸟的眼睛也是用名贵的红宝石制成。

也许设计者是想用珍贵的宝石与代表高超工艺的鸟的造型来诠释蒂芙尼在宝石与工艺上的优势。当然，这颗"钻石之王"绝不会标价的，作为蒂芙尼的镇店之宝，它是名副其实的"无价之宝"。随着蒂芙尼在世界各地的发展壮大，蒂芙尼黄钻的光芒也将更加璀璨。

抢眼的丝绒和古朴的实木纹理仿佛记录下了时间流淌的痕迹，如山势般起伏的靠背及弯曲的扶手让线条更柔美了，布面典雅的皱褶加上大气贵派的造型，处处都在流露着伯瓦西家具的巧思与内涵。

来自皇室的权势徽章
伯瓦西定制家具

★☆★☆★

限量关键词：私人定制　皇室御用家具

伯瓦西是一枚来自皇室的权势徽章，它要让所有的虔诚都放在它身上，它要所有的眼光都聚集在它身上。每一件作品都是一段历史的沉淀，每一次沉淀都在诠释皇室的威严，其尊雅融合着精致，大气交汇着奢华，它满足了贵妇人的苛刻，也经受住了宫廷权贵的挑剔。

它是高贵之人的私人专享，是一个专注的艺术家。当大批量工业生产和高科技盛喧于世之际，伯瓦西选择了古老的家具手工制作技艺，体现出不懈追求艺术和创意的坚定选择，保证每一件产品的每一个部位都有其独特的艺术性和创造性。因此每一件作品都是独一无二的，每一个细节都是呕心沥血的。伯瓦西家具被誉为"现代的古典艺术品，未来的古董收藏品"。

伯瓦西的创始人最初经营着一家手工制造家具的小店，凭借着无与伦比的工艺和设计，他成为了宫廷的宠儿。数百年为皇室成员精心打造家具的经历，让伯瓦西的工艺达到了炉火纯青的地步，加上皇室的荣耀，使伯瓦西发展成为意大利古典家具行业的领导品牌。它被称作是"世界第一古典奢华家居品牌"。王菲就曾经购买了伯瓦西 COCO 系列的卧房组合。俄罗斯总理普京也曾将其作为生日礼物送给夫人。

它就像是午后的细语，观摩它仿佛置身于荣耀之巅。伯瓦西家具的极致尊雅，秘密就在于它的手工技艺。它长于色彩搭配和用料，其奢华贵气的表现来自对面料的用心选择搭配。透过设计师对色彩的充分运用以及明亮的对比，伯瓦西的布面家饰永远是最亮眼的。其加工技术更是赢得世界各地客户信赖的法宝。在它的家具系列中最能够体现其极致手艺的是金箔修饰、浮雕及镶嵌工艺手法。伯瓦西将源自于希腊神话中的狮子头像作为企业的标志，作为权势与尊贵的象征，来彰显伯瓦西家具的王者风范。

在选材上，伯瓦西做到了极致。为使家具坚固耐用，它会根据木材的不同年龄，选择使用天然的，不同的，具备顶级质量的布料、大理石、皮料、水晶玻璃以及其他原料，如木料通常选用世代相传的传统木料：桃木、胡桃木、橡木、樱桃木根。同时伯瓦西家具是可以经受住时间考验的，绝不开裂的艺术品。制作者将精选的珍贵木材放置在露天场所，任凭风吹日晒，等到快干的时候，又定时定量地给木材浇水。经过这样费时的工序之后，木材才被允许进入加工坊。

伯瓦西的每一件家具都使用天然的染料上色，对于光泽度要求较高的家具，皆对其进行14道清洁上蜡的步骤。精细的家具细

到伯瓦西的踪影：意大利总理及罗马教皇以及世界各大银行集团的办公室，甚至欧洲、北美或远东地区的五星级旅馆、重要王室成员的住宅……皆有伯瓦西的家具。

另外，值得一提的是，伯瓦西在1979年接下制作东方快车（Orient Express）餐车及俱乐部装潢的任务，工匠们的高超工艺，使得昔日大量出现于杂志和电影中的场景重现，让乘客恍若隔世般置身于历史上那趟著名的横穿欧洲大陆的传奇列车之中。

伯瓦西总是追求永恒，追求对时间的挽留。伯瓦西对古典家具的一贯看法是：经过长时间的酝酿，一张舒适的沙发，就像是一瓶美酒，而沙发只是表像，时间的文化才是永恒。

节处则会使用羊毛布沾着蜂蜡一层一层涂抹，磨出古朴的色泽，如此才能制造出近似古董的成品。加上完成最后的加工手续，上布套或弹簧，其家具的制作过程总共需要12至25位工匠来执行，生产一件家具的工作天数约需60至120天左右。然而在选材和工艺上的无比挑剔，丝毫不会影响到它的功能。伯瓦西家具的尺寸和功用非常适应现代生活的使用和规格要求。根据需要，伯瓦西可量身订做不同尺寸、不同功用的产品，使其家具的功用与典雅高贵被完美地统一于现代生活之中。

今日，在全世界各处重要地点都可以见

无论是哪个领域，常常是极少数的人占用较多的资源。从生活到游乐，他们用金钱和特殊地位构建一种大众望尘莫及的生活方式。奥古斯塔俱乐部就是这样一个顶级组织，它建立了一种精神意义上的尊贵，因而更加让人神往。

高尔夫王国的圣地

奥古斯塔俱乐部

★☆★☆★

限量关键词：身份　会员数量

LEADERS

HOLE	1	2	3	4	5	6	7	8	9	10	11	12	13	14	15	16	17	18
PAR	4	5	4	3	4	3	4	5	4	4	4	3	5	4	5	3	4	4

THRU 9

这个已经有着 80 年历史的俱乐部，自始至终保持着仅有 300 名会员的规模。他们包括了美国政界和商界的高级精英老虎伍兹也不过是荣誉会员（不属于那 300 名会员），而小布什也是等待了四年才被允许成为正式会员，比尔·盖茨更是等了十年，原因是审批委员会认为他"对高尔夫的理解不够，浑身的铜臭味"……它是高尔夫王国的荣誉之巅，雄踞奢华高尔夫俱乐部之冠。在全世界高尔夫球迷和球手的眼中，奥古斯塔就是这个高尔夫王国的最高殿堂。所以，某位球手某一天能够站在奥古斯塔俱乐部草地上的第一个洞前挥杆击球，便意味着他梦想的实现。所以，即使作为全球最顶尖的高尔夫球手，宁可缺席任何其他的赛事，也不愿失去在奥古斯塔露脸的机会。

奥古斯塔之所以具有如此之高的门槛，最重要的原因除了其会员都是政要名流之外，还在于名人赛的举办方式。这是唯一一个由俱乐部会员自己筹措资金举办的顶级赛事，所以在整个赛场，除了奥古斯塔和名人赛的标识之外，你几乎看不到任何的赞助商商标。但是这也丝毫没有影响到奥古斯塔成为四大赛事中奖金最高、水准最高的赛事，然而它又是最纯粹的高尔夫赛事，不带丝毫的商业气息。世界上只有两种人才被允许进入奥古斯塔，一类是全球仅有的 300 名会员和受邀参加名人赛的球手，另一类则是只有每年 4 月的第二个星期才能去观赏名人赛的球迷。当然这样的赛事，门票也是极为有限的，所以一张练习赛门票的价格会被炒到 400 美元，而正式比赛的门票更是炒到了令人惊讶的 10000 美元，就算有钱，也是很难买到的。因为这是唯一不是会员的人可以接触奥古斯塔的方法。

成为奥古斯塔的会员，需要会员的推荐才能取得申请资格，之后需要经过审查委员会的严格审定才被列入候选名单，而候选名单上的人必须是在正式会员退出或者去世后才有替补的资格。而且俱乐部还有着明显的选择倾向——只选择男性会员。除了会员之外，就是名人赛的参赛选手了。奥古斯塔对选手的选择也是有着苛刻的条件的，比如其中的一条就是：在五年之内的其他三项赛事（美国有四大顶级高尔夫赛事，奥古斯塔是其中之一）上取得冠军的选手才有参赛资格，这就保证了比赛水准也是美国四大赛事之首。

令人瞠目的还有对观赏球迷和媒体的严格筛选，它是唯一一个不允许记者进入安全绳以内进行拍摄的赛事。而对于球迷，除了手持门票之外，还必须严格遵守俱乐部的规定，否则就会被永久的定为不受欢迎者，也就是说他将不可能再进入球场了。所以当其中一位不知死活的人制造了 11 张假证被抓之后，竟被处以 30 年的监禁，这在美国可是超过了杀人放火的判罚。

从 1933 年建成至今，奥古斯塔俱乐部一直坚持创始人的初衷——只为最高端的球手提供最安静的切磋球技的地方。所以它实行非常私人化的管理，仅仅在名人赛期间的一个星期内对外适度开放，其余时间则始终对外紧闭，只给会员专享。警卫已经把可以进入的会员熟记于心，所以那些仅仅拿着会员证的亲戚朋友也很难以逃脱被询问的命运。在入口处的大牌子上写着："奥古斯塔国家高尔夫俱乐部，仅准会员入内"，所以当美国总统奥巴马先生驱车经过俱乐部门口的时候，也只有站在门口观望的份儿了。绝对私享，绝对高贵的享受，80 年不变的宗旨，坚持着奥古斯塔最初的风格。

除了私人进入之外，这里还是度假的胜地。坐落于气候宜人的佐治亚州，区内纯洁不受污染的水流超过 100 英里，同时由电脑控制的草地温度，使这里的花朵可以按照管理者的愿望准时开放。这里还是世界上少有的一切球洞依靠天然地形建造的球场，极少量的人工痕迹是奥古斯塔区别于其他球场的重要标志。

高尔夫世界中最难打和最出名的三个洞都在这里：第 11 洞、第 12 洞和第 13 洞合在一起就是有名的"阿门之角"。美国高尔夫作家荷伯·瓦伦文德称之为"阿门角"，认为只有通过向上帝祈祷才能使球平安打过，这里是"战略要地"，参赛者只要在这三洞顺利完成，基本上就离冠军不远了。

一个喧嚣的世界里，突然腾升起一股烟雾来，那是繁杂中的灵魂最安然的小憩，犹如宗教仪式般给人神秘的力量。吞吐之间的悠然，全归于指缝间的一支雪茄上，那便是特立尼达雪茄，犹如神秘的第十一根手指。

神秘的第十一根手指
特立尼达雪茄

关于特立尼达

"如果这个世界还有什么让我们更接近天堂的话，那无疑就是特立尼达雪茄了。"这是著名的《雪茄客》杂志对特立尼达品质和地位的评价。虽然它不是最贵的雪茄，但它是最完美的雪茄。没有任何一种雪茄能够达到它的程度，纵然想接近也是一种挑战，连科伊巴都不例外。它绝对不以哗众取宠的炒作来使自己成为儒雅之客的谈资，而是偏爱低调的奢华，自顾自美丽的神秘。它无疑是市场上最难见到的雪茄，因为作为一种国礼，它所秉持的品位往往超出了一支雪茄的涵义，更是一种宫殿级的艺术品，一件博物馆级的收藏品。有人说它是"卷制的黄金"，还有人说它是上帝神秘的私享之物。特立尼

每个卷烟师的产品常以每50支雪茄捆成一捆，其中的样品经常被质检队伍抽出来，质量监督师会用手检查每支产品的重量和做工，检测长度、形状、周长及外表，最重要的是这些雪茄的重量。如果将一捆50支雪茄量重，优秀的雪茄卷烟师造出一捆50支雪茄的重量会误差少于一克。如重量误差大大，这些雪茄将会被退回给卷烟师返工。

　　品评雪茄的工作一般由六名品烟师（品烟师每六个月接受一次严格考核）组成的小组来完成。他们得评出雪茄的品质，如芳香、燃烧状况、抽吸是否通畅等。不同的雪茄其测试项目的重点也不一样，如对于粗大雪茄，最重要的是评判它抽起来口感的好坏，但对于细长的雪茄，抽吸顺畅是最重要的。每一类型的雪茄都有自己的标准。

达雪茄的独白是：奢华不是炫耀，不是虚荣，不是盲目崇拜；奢华是一种演绎，是一份抉择，也是一种生活态度，一份追求最高心境的共鸣。

可是谁都找不到它的来历，它的历史和它震撼的品质一样神秘。它是雪茄界的传奇，也是最神秘的传说。没有人知道它为何高贵，却没有人不臣服于它的贵气奢华。人们只知道它出自古巴著名的埃尔拉吉托雪茄厂，这个雪茄厂还承担雪茄之王——科伊巴雪茄的生产加工任务，其质量无庸置疑。好奇的人们努力从历史中找到了一些证据。传说哥伦布的船员在探索古巴时发现了雪茄。哥伦布将这些"黄金叶子"带回了西班牙，西班牙的塞维利亚后来成为雪茄制造业的中心，并且被人们看作是现代雪茄的发源地。一开始，西班牙从古巴进口原材料并自己制造雪茄。1821 年西班牙允许古巴制造雪茄，

特立尼达雪茄

首脑的独家礼物。这是一种专门为卡斯特罗设计的雪茄，作为一种礼物，只赠给重要的客人，除了他，其他古巴高级官员只能赠送科伊巴雪茄，因此更增加了这种雪茄的神秘性和尊贵。从1998年起，少量的特立尼达雪茄也开始在国际市场上贩售，每盒24支装，与一般的25支装有所不同，但也有一种是50支装。这种先有名声，然后再以名声走俏的销售方式也与特立尼达的神秘性息息相关。当它走下"圣坛"，现身世界雪茄客面前的时候，前所未有的追捧自然是预料之中的事情了。

限量甄选

每种令人沉醉和迷恋的生活方式，都一定会有其魅力所在，雪茄也是如此。雪茄对于男人总有一种神秘的牵引。当生活不经意间变成了一种束缚，当人们的灵魂跟着喧闹的世界变得狂乱不安的时候，一种奢华的纵容或许是此刻的最佳选择，那就是一支顶级的雪茄。马克·吐温说："假如在天堂不能抽雪茄，我才不要去呢。"而最接近天堂的雪茄则是特立尼达。

古巴的"哈瓦那"与"雪茄"有着某种天然的联系，因为就算是个毫无常识的人，也知道最好的雪茄都在哈瓦那。而特立尼达则是哈瓦那最杰出的代表之一，尤其是那些限量生产的特立尼达雪茄。这些雪茄在最初只有少数的政要才能有幸获得，若干年之

从此古巴雪茄便诞生了。为了回报西班牙的友好姿态，古巴人每年都会将一盒最好的雪茄送给西班牙国王。这些雪茄就是传说中的特立尼达雪茄。用古巴最好的雪茄作为赠送给西班牙国王的国礼，可见人们对特立尼达的认同程度之高。

不过，关于特立尼达雪茄的来历至今仍是一个谜。传闻古巴领导人卡斯特罗在此品牌创立之后，将其替代科伊巴作为致赠各国

后，才会突然出现在某个顶级拍卖会上。隐藏起来时，人们为之缅怀，而再次出现，人们一点都不吝惜喝彩。1997 年 11 月 16 日，在英国伦敦克里斯蒂拍卖行，一位亚洲顾客以每支 9890 英镑的天价购买了 25 支由古巴埃尔拉吉托雪茄厂生产的特立尼达雪茄。这笔交易用直白的价码说明了特立尼达雪茄在雪茄界的地位。

可是盛名之下，最重要的事情是要做到"名副其实"。作为古巴哈瓦那雪茄的代表，从种植烟草开始的 222 道工序中，只有一道和金属有关，那就是切割雪茄的雪茄刀。切开一支机器卷制的雪茄，茄衣里的茄心是碎叶做的；而切开一支手工卷制的雪茄，看到的则是书页一样的茄心，因为那是由一整张茄叶卷成的。此外，手制雪茄还有一个非常有诱惑力的宣传语：全世界没有两支完全一样的雪茄。

来自世界知名的埃尔拉吉托雪茄厂的著名卷烟师亚伊迪·阿马多·莫拉莱斯曾说："特立

一度坚持单一尺寸的国礼特立尼达雪茄曾在 2001 年限量推出了罗波斯特特别版，并且把雪茄盒制作成古巴农舍的模样，而雪茄盒的精美绝伦在很大程度上也会成为众多雪茄爱好者的收藏目标。但金玉其表的同时，想必人们更为在乎的应该还是无与伦比的特立尼达雪茄。

尼达雪茄由世界上最高级的烟叶组成，它所能带给人们的享受绝非一般雪茄品牌所能替代得了的，特立尼达雪茄是真真正正的雪茄。它所代表的不仅仅是尊贵，还代表一种最时尚的生活方式。"她还"炫耀"道："我的手非常巧，所以真正开始欣赏我的工作了。只需摸一下，我就知道雪茄是卷松了还是卷紧了，重要的是要做得非常干净，这样才能看起来非常漂亮。"莫拉莱斯的技巧和经验使她能卷制多种雪茄，当然也包括特立尼达雪茄。

她一直认为，虽然全世界的雪茄大多数都是在工厂里生产的，但是只有用手工制作出来的雪茄才是真正的雪茄。因此，特立尼达雪茄这一全部由卷烟工人用手卷制出的雪茄品牌能成为那些有钱的知名人士的心头之好，也就不足为奇了。

说到其顶级的烟叶，不得不提古巴独特的自然条件了。古巴整座海岛本身便是一个天然的保湿盒，其独特的泥土，明媚的阳光，以及富足的雨水形成了烟叶的最佳生长气候。而特立尼达使用的更是世代以烟叶种

植为生的家族种植园的烟叶，同时在选择上史是花费大量时间以选取最佳烟叶。所以它的口感更为纯正，香气也更为出色，以至于一些资深烟客信誓旦旦地说"只要让我闻到香气，我就一定能够分辨出特立尼达来。"

至尊私享

拥有这款雪茄的人多数是不舍得点燃它的，就算少数会经不起诱惑，那么他们必定会认识到：它的奢华，只能永远地溜走了，仅存于记忆中。

"特立尼达 Fundadores"卡斯特罗签名雪茄

★☆★☆★

限量关键词：身份　数量　被赋予的意义

"特立尼达 Fundadores"雪茄于 1991 年推出，直到 1998 年 2 月 20 日，在古巴哈瓦那 Libre 酒店（即卡斯特罗革命前的希尔顿酒店）的宴会餐上才被正式介绍给世人。在此之前，它始终是一支很神秘的雪茄，很多雪茄书都会提到它，但人们始终无法拼出一个完整的形象。Fundadores 的意思是"成立者"，作为古巴政府外交中的国礼伴品，其外表优雅大方，最为显著的特点则是这款雪茄只有一种尺寸。由于结构均衡，在点燃后烟雾笼罩的两小时里，其中的辣甜滋味会尽情漫游在烟客的舌尖。

1994 年 10 月，美国的《雪茄客》杂志负责人 Marvin R.Shanken（马文·谢安肯），就曾在巴黎罗兰餐厅举办了一场盛大的"世纪晚宴"，邀请各界名流共享特立尼达雪茄。很多雪茄报刊的文章都提到这场晚宴，但年份几乎各不相同。可见虽然人们很关注它的存在，却很难有机会去揭开它的神秘面纱，窥其真容。

当时来自世界上 160 多位高贵宾客参加了"世纪晚宴"，"特立尼达 Fundadores"雪茄更是得到了卡斯特罗的亲笔签名，使其价值倍增。

当晚一共提供了该款雪茄 14 盒，每盒 50 支，每盒均有卡斯特罗的亲笔签名，主要用于拍卖，所得的款项，作为古巴救济金。在场的所有嘉宾品尝之后，都一致认为特立尼达雪茄是品质绝顶的雪茄。最为难得的还在于这是难得一见的卡斯特罗签名雪茄。卡斯特罗作为狂热茄迷之一，其签名也给予了这款雪茄品质上的保证。

在一次古巴的雪茄节上，据说六盒卡斯特罗签名雪茄的拍卖成交价竟高达 700000 美元，当然，这些拍卖款全部用于古巴的科教文卫事业。

在古巴领导人卡斯特罗极富传奇色彩的人生中，最不可或缺的无疑是雪茄。大家常能从电视上看见手持雪茄，谈笑风生的卡斯特罗，也常能从报刊上看见口叼雪茄，用沉思的眼神望着你的卡斯特罗。在微微的蓝色烟雾中，尽显他的机敏与睿智。

烛光底下的美味，红酒杯前的红颜。浪漫与品位如果只有一个交点的话，那就是法国葡萄酒。耶稣在最后的晚餐中说："面包是我的肉，葡萄酒是我的血"，所以在西方国家，葡萄酒被看做是上帝的礼物。而全世界最好的葡萄酒就在举世公认的葡萄酒王国——法国波尔多。

上帝的礼物
1961年份波尔多庄园酒

关于波尔多葡萄酒

浪漫的法国人在烛光晚餐中所渲染的气氛，每次都需要美味的葡萄酒来烘托。上帝似乎也格外眷顾这个国度，赐予它最适合葡萄生长的土壤、气候，以及追求极致美味的酿酒师。在这里有一句名言，"红酒是酿酒师的孩子"。法国明文规定酒农不能在葡萄生长过程中对葡萄秧浇水，而且施肥的次数愈少，愈能卖出好价钱。人工的痕迹愈少，愈能说明这种"上帝的礼物"的珍贵。

两千多年的酿造历史使得这里到处可以看到葡萄酒中的精品。同时，这些得到恩宠的味觉精灵从葡萄种植到酿造装瓶的一系列过程都必须在同一个庄园中完成，才能被称为真正的庄园酒。庄园往往具有各自的庄园历史文化，以及特定的品位和风格。由于庄园规模和人员有限，所以，酿造的顶级葡萄酒数量也是十分有限的。

波尔多地区古朴原始，土壤由陨石构成，全球独有。与世隔绝的土地，却有着两千多年的酿酒历史，它是世界上第一片法定的葡萄酒园区，被列为世界文化遗产。在波尔多纵横十万公顷的葡萄园上，遍布大小酒庄9000多个，出产的葡萄酒各具风格，纵是一街之隔，风味亦截然不同，这也是波尔多红酒令人着迷的原因之一。

1961年可以说是20世纪60年代乃至于整个20世纪波尔多的经典年份之一，出

产集中而且这一时期的波尔多红酒细腻平衡。这一年春季的早霜对于葡萄发芽有一些影响，春季的低温和降雨也影响葡萄的开花与授粉的进行，这也相应地降低了葡萄的产量，起到"自然剪枝"的作用。7月份开始了持续有度的降雨，而8月份天气开始变得干旱，9月收成时又是温暖而光照充足。这些都帮助葡萄获得了非常完美的成熟度，也使得这一年的葡萄酒成为了无限诱惑却少之又少的藏品。世界首席葡萄酒大师称赞道："1961年的波尔多葡萄酒几乎有着无尽的陈年能力。"其中最著名的当数1961年的白马堡红酒、1961年份拉图堡红酒以及1961年份帕图斯红酒。

限量甄选

命运总是一个公平的主子，给了你打击，就会在其他的地方弥补你的损失。

1961年的波尔多遭遇了百年一遇的低温灾害，使得葡萄的产量极低，据统计，这场灾害使得1961年的波尔多法定产区的红酒产量只有5500万公升。低温之后，天气突然又变成了连续数月的大晴天，特别是整个8月份和9月份，不仅炎热，而且降雨量非常少，是1929到1985之间最干旱的夏季。由于特殊的气候条件，使得庄园酒更为珍贵和稀少。当时最为盛名的八大酒庄对这一年的葡萄酒也是存量极少。所以只要是产于1961年份的波尔多葡萄酒，出现的最大几率只能是在拍卖会上。

奥比昂酒庄又称"红颜容"酒庄，创园于1525年。早就已经成为名庄的红颜容，其城堡可称得上是波尔多酒庄城堡中最浪漫、优美和典雅的一座，所以她的酒标上一直用此建筑物作为商标图案。

1660年的法国国王就用它来招待宾客，

而曾经的波尔多地区长官则用它作为女儿出嫁的礼物。在 2009 年的佳士得拍卖会上，一瓶 1961 年份的奥比昂红酒售价高达 213000 元人民币。按照品酒师的话说："这一年份的奥比昂是最适合与红颜共饮的典型淡雅型美女酒。她年轻时清纯可爱，淡雅芳香，平宜近人，颜色不太深。中度陈年后，她既有少女的可爱，又具备成熟女人的魅力。成熟后，她热情大方，集烟草味、焦糖味、黑草莓味、咖啡味和少许松露味于身，气质逼人，而橡木的香味则向你暗送秋波，酒体尽显软弱无力的媚态。"

除了红颜带来的魅惑之外，白马区（Cheval Blanc）的葡萄酒则是带来神秘的诱惑。相传当年亨利四世经常在白马庄园所在的位置下马休息，后来在这里建立了一个专供旅客休息的客栈。为纪念这位王者和他徽章上的独角白马，后来人们就把客栈命名为"白马"。随着历史的流变，客栈演变成葡萄园，白马的名字也一直流传。

在电影《龙凤斗》中，主演刘德华和郑秀文在酒铺里偷了一瓶天价酒，那就是1961年的白马酒。无独有偶，获得过奥斯卡"最佳改编剧本奖"的电影——《杯酒人生》中也出现了同一酒款。电影最后出现了这样的一幕：主人公迈尔斯珍藏的1961年的白马，原本打算在结婚10周年时开启。由此可见，对于白马的认可已经成为了共识，如果再确定一个绝佳的年份，那就请你记住：1961年。

至尊私享

明明是上帝不经意间犯下的错误，却传奇般的成为了拉图堡红酒系列的经典之作。于是我们不无调侃地赞叹道：这可是上帝犯下的一个美丽的错误啊！

1961年份拉图堡红酒

★☆★☆★

限量关键词：存世稀少　特殊年份红酒

拉图堡早在18世纪就成为欧洲最具名望的酒庄，所出产的红酒受到了法国、英国王室和贵族们的极大欢迎。在当时，很多贵族与达官贵人都热衷于波尔多几个著名酒庄的红酒，拉图堡就是其中之一。

一般而言，拉图堡比木桐堡、拉斐堡与玛歌堡需要更长的醇化期，丰富的丹宁使它最少需要窖藏10至15年方可度过"青涩期"，才能开瓶享用。成熟后的拉图堡有极丰富的层次感，丰满而细腻。而在最好的年份则需50年甚至更长时间的等待，因为其超强的生命力，人们甚至将拉图堡比喻成可以陪你度过一生的葡萄酒。

波尔多是法国最著名的葡萄酒产区，而拉图堡则是波尔多地区最著名的酒庄，因为它有最为独特的土壤——第四纪冰川融化侵蚀壤。它还拥有最尊贵的血统——传统红酒家族Segur流传了近三个世纪的血统。它几乎成了法国人心目中的国宝，能够购买到一瓶拉图堡红酒本身就是一件值得庆祝的事情，更别说饮用了。

拉图堡红酒的醇化期一般需要10至15年，成品红酒刚劲浑厚。有行家评价拉图堡红酒是红酒中的"男低音"。1961年被很多人认为是20世纪拉图堡红酒的最佳年份。1961年份的拉图堡红酒也是当年五大酒庄中唯一从Robrt Parker手上获得100分评价的传奇好酒，而且1961年也被视为是1945年到1982年之间最精彩的红酒年份。为何出现这种现象呢？因为，除了同样具备地利、人和的条件之外，这一年同时出现了天时条件。

所谓的天时，就是上帝犯下的一个美丽的错误：1961年的波尔多地区出现了炎热且异常干旱的极端天气，使得葡萄花开得特

别早，比平时早了半个月，但之后却碰上严重的霜害，使得大部分的葡萄芽和花，以及发芽早的葡萄枝干都被冻伤，完全长不出葡萄。经过 5 月的霜害之后，波尔多又再次出现连续数月的极端高温天气，特别是整个 8 月到 9 月底前，不仅炎热，而且降雨量非常低，是 1929 到 1985 之间最干旱的夏季。

由于霜害配上干热的天气，让少量存活的葡萄得到了充分的养分和光照，很容易就完全成熟。最后酿成了酒质浓稠，而且甜熟的奇特红酒，不仅新酒好喝，长久储存还有着迷人的丰富酒香。成为红酒客们竞相追逐的极品。

这种异常的气候，使得 1961 年拉图堡酒庄出产的红酒产量极低，全地区产量也仅有几百瓶，留存下来的更是少之又少。2008 年 11 月 29 日，香港佳士得葡萄酒拍卖会上，最高价拍品正是一箱（12 瓶、750 毫升）1961 年份单瓶装的拉图堡红酒，成交价高达 132 万港元！次高价的拍品是另一箱（9 瓶、750 毫升）1961 年份单瓶装的拉图红酒，以 120 万港元的天价成交！还有一组 6 瓶 1961 年份双瓶装的拉图堡成交价为 96 万港币，且非常具有收藏与升值潜力。不论是对资深的红酒迷，还是收藏家，都极具诱惑力。

明明是上帝不经意间犯下的错误，却又传奇般地成为了拉图堡红酒系列的经典之作，我们有理由这样认为：这可是上帝犯下的一个美丽的错误。

1961 年份帕图斯红酒

★☆★☆☆

限量关键词：存世稀少　特殊年份红酒

如果拉图堡红酒是天神犯下的美丽错误，那么帕图斯就是上帝遗失在人间的珍宝。同样是出生在波尔多地区的珍品红酒品牌，帕图斯却明显朴实了许多。它没有豪华的庄园，取而代之的是一间古老的农舍；它也没有浮华的商标，而是采用耶稣第一门徒圣彼德（Saint Peter）的画像。他手持一把天堂之门的钥匙——相传耶稣赋予他决定人死后上天堂还是下地狱的权利。这个酒标的含义是不是想告诉人们：喝一杯帕图斯红酒，就像上了天堂一样？

它的确是一种能把人带至天堂的美味佳酿。1961 年份的帕图斯成了美国《葡萄酒观察家》杂志 1999 年 1 月发布的"20 世纪的 12 瓶梦幻之酒"之一。除了数量少之外，此酒的名贵还在于其独特的生产过程。在橡木桶陈酿期间，帕图斯每三个月要进行一次"换桶"，将酒移置到不同材质的新橡木桶中，轮流吸收新橡木桶的单宁和芳香物质，使得酒的骨架更为坚实、香味更加丰富和深厚。正是这种不计辛劳的繁琐过程，才使得1961 年份的帕图斯成为顶级帕图斯的代表，受到无数名人雅客的追捧。

为了保证红酒的质量，酒庄要求葡萄在全部熟透却没有过熟的情况下采摘。采摘的时间严格规定在下午，为的是等上午的阳光把雨露晒干。如果阳光不足没有充分去掉雨露，他们会动用直升机在庄园上空把雾水吹干了再进行采摘。这种吹毛求疵的态度也让帕图斯成了当之无愧的"红酒之王"。

曼联主帅弗格森爵士在接受曼彻斯特 Key103 电台采访时透露说："我家餐桌边总是摆着葡萄酒，我喜欢红酒，但是必须是真正的好酒。我在曼联第一次赢得联赛冠军的时候，就开了一瓶 1961 年的帕图斯。"在他溢于言表的兴奋中，既可以看到他对那次夺冠的重视，也说明了 1961 年份的帕图斯有着何其重要的地位。

在莫斯科的利兹·卡尔酒店的酒单上，就有一瓶 1961 年份的帕图斯，标价 68000 万美元，约合人民币 500000 元，差不多是一辆奔驰 E200K 或者是宝马 520I、凯迪拉克 CTS3.6L 的价格。可以发现，红酒只能享用几个小时，而一辆车可以开上好几十年，然后最大的区别是，一辆车只能开上几十年。而享用 1961 年份的帕图斯几个小时，就会一辈子铭记它的美味。

"好的红酒是一种艺术，一种追求，一段可以回味的历史。如果人们是出于对这门艺术的喜爱而追寻我的酒，我会很开心！如果只是因为腰包里有钱，要我的酒来摆门面，我会很伤心。帕图斯不是专属富人的红酒，不是因为有钱，就可以喝到好的红酒。"帕图斯庄园的主人克里斯蒂安·穆埃克斯如是说。用半个世纪沉淀，用几分钟呈现，用几分钟交融，然后就魂牵梦绕了一辈子，这就是一生才能喝到一次的红酒。

280万美元，不是一幢豪宅，也不是一部超级跑车，而是一张印有赫努斯·沃格内半身像的八成新棒球卡。如此高的身价，相信连沃格内本人都始料未及吧。

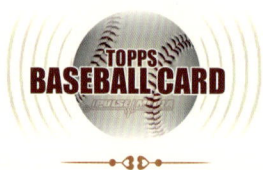

棒球卡中的圣杯
T-206 沃格内棒球卡

★ ☆ ★ ☆ ★
限量关键词：保存完好的不足十张

看过美剧《越狱》的人可能还记得，小偷特维尔被捕入狱是因为盗取了一张价值连城的棒球卡，那是美国烟草公司在1909年发行的一张T-206棒球明星卡，卡上的人物是美国棒球史上最伟大的球员之一——赫努斯·沃格内。也许当时你会觉得这样的理由多少有些怪诞，但是如果你知道一张近乎完好的T-206沃格内棒球卡在2007年以280万美元的身价创下了一项新的世界记录，就不会觉得奇怪了。

球星卡的历史由来已久。早在1886年，

为了增加卖点，美国的一些烟草制造商制作了早期的球星卡做为香烟的赠品附在烟盒中。由于反响不错，糖果和玩具制造商也开始效仿并逐渐将这种卡片演变成了美国的一种特有民俗。如今，收藏球星卡已经从年轻人的业余爱好发展成了每年营业额上亿美元的庞大产业。当然若论身价，有"棒球卡中的蒙娜丽莎"之称的T-206沃格内棒球卡绝对当仁不让。

沃格内是美国棒球界最伟大的球员之一，他在18年的比赛生涯中连续17个赛季

棒球卡的由来大概要追溯到□□年前。在 120 多年前，第一家专门生产球员卡的厂商是美国的托普（Topps）□□□□如今全球最大球员卡制造商则是美国的亚德狄克（Upper Deck）公司。

打击率在三成以上，拿过八次打击王、五次盗垒王，他也是在 1936 年首批入选棒球名人堂的五人之一。而该卡的价值除了沃格内本身的不朽成就外，还要归因于它的数量稀少以及传奇色彩。

T-206 是美国球星卡历史上发行规模最大的套卡之一，它的 500 多个种类集合了包括沃格内在内的所有优秀棒球手。但是据估算，当时面世的沃格内卡片却只有不到 200 张，其中原因存在着多种不同的版本。较为普遍的一种说法是沃格内对此极为反对，他本人不吸烟，他也不希望印有他形象的这张

张卡的印版在发行早期被损毁了。事实如何至今仍众说纷纭，但结果是这张卡被取消了，留存至今的估计不到 60 张，保存稍好的不到十张，所以身价自然不菲。

T-206 沃格内棒球卡开始受到高度关注是在 1991 年。当时的美国国家冰球联盟洛杉矶国王队的明星"冰球皇帝"韦恩·格瑞斯基与老板布鲁斯·迈克内尔都认为该卡拥有极佳的增值潜力，因此在拍卖会中联手以破天荒的 451000 万美元的高价买下一张保存几近完好的沃格内棒球卡。在迈克内尔破产后，格瑞斯基买下了另一半的所有权。1996 年，此卡以 640000 美元易主。五年后，这张卡被放在拍卖网站 eBay 上竞标，成交价高达 110 万美元，而且得标方还必须另外支付 160000 美元的手续费。2007 年 2 月，这张棒球卡转手的价格飙升到 235 万美元，买主为加利福尼亚一位不愿透露姓名的私人收藏家。七个月后，这张卡经 SCP 拍卖会以 280 万美元的价格成交，而买主的身份却是个秘密。2008 年，另一张五成新的 T-206 沃格内棒球卡被阿肯色州的纪念品收藏家约翰·罗格斯以 160 万美元收入囊中。

目前，沃格内当年同美国肯塔基州路易斯维尔市队签订的一份合约价值 2000 美元，但他的棒球卡的身价却可能达到前者的 1400 倍，就算保存质量最不好的也价值 100000 美元。稀少的存世量以及无数的传说使这张 T-206 沃格内棒球卡成了一个经典的美式神话。

卡片成为鼓励孩子们购买香烟的理由，于是很快让烟草公司叫停了印有他形象的卡片。

但也有人说沃格内本人吸烟，在此之前他并不反对自己的形象出现在香烟及相关产品上，他是因为单纯的肖像权补偿问题与烟草公司和卡片设计方闹翻。还有说法认为这

超级跑车的世界少不了对于速度的痴迷与疯狂，但是能将这种疯狂演绎到底，且仅用上区区十几年的光阴就让有着百年历史积淀的保时捷和布加迪心存敬畏的，恐怕只有柯尼塞格了。

极速玩家
柯尼赛格

关于柯尼塞格

若论历史，它的成立时间只有短短十余年；若论规模，它的全职员工只有数十人；若论产量，它每年只生产不到 20 辆汽车。这就是柯尼塞格，一家成立于 1994 年的瑞典汽车小厂。

它是"极速 400 公里俱乐部"的骨灰级玩家；它所生产的车平均售价为 110 万欧元；它的销售从不依赖于铺天盖地的广告宣传。这也是柯尼塞格，一家敢与布加迪以及兰博基尼 PK 的超级跑车生产商。

柯尼塞格的创始人是瑞典赛车工程界的元老级人物——克里斯蒂安·冯·柯尼赛格。1994 年，他召集了数位瑞典当地最顶尖的工程师（其中有不少具有航空工程背景），同时联合了瑞典一些专业的赛车零部件供应商和相关学术单位，在瑞典南部的安格赫尔摩附近成立了一家袖珍的跑车车厂，其宗旨就是以类似 F1 赛车的技术理念，制造时速超过 400 公里的超级跑车。

如今，时速表上 420 公里的刻度早已说明了柯尼塞格作为一种"珍稀猛兽"的巨大成功，它所走过的十几年也标榜了超级豪华跑车历史上几近疯狂的高性能主义。

柯尼赛格

Koenigsegg

限量甄选

◄◆►

不足 20 台的年产量，曾经的量产公路车最快速度纪录……柯尼塞格不但成功缔造了世界汽车制造业的一个奇迹，也将稀有与高端之间的平衡哲学演绎到了极致。

"柯尼塞格"有"刀锋"之意，而世人第一次领略到它的锋芒应该是在它成立三年以后的 1997 年戛纳影展上。当时，柯尼塞格的第一辆原型车——"幽灵 CC"一经亮相便引起了极大轰动。实际上，"幽灵 CC"的研制只花费了短短的一年半的时间而已，其余的时间基本上是在做各种性能上的测试。2000 年，拥有 655 马力的柯尼塞格第一辆量产车原型也完成了测试。两年后，随着被命名为"CC 8S"的第一辆柯尼赛格超级跑车正式交付车主，一个属于柯尼塞格的时代也正式拉开了帷幕。

2004 年 3 月，柯尼赛格在日内瓦车展中展出了 CC 车系的高性能版本——柯尼塞格 CCR。它使用了大量赛车技术与材料，动力输出高达 806 马力。2005 年 2 月 28 日，著名的意大利试车手罗利士·毕可其驾驶一辆橘色的柯尼塞格 CCR 在意大利纳多测试赛道上跑出了 387.87 公里 / 小时的极速值，打破了由迈凯伦 F1 保持了七年之久的量产公路车速度纪录，并获得了金氏世界纪录认证。但根据柯尼赛格的说法，环状测试赛道使柯尼塞格 CCR 的引擎转速尚未达到理论上的最大马力输出点，所以它其实还有机会跑出更好的成绩。

在外观上，CCR 和 CC 8S 很相似，都属于双座型中置引擎跑车，均采用剪刀门设计，最特别的是 CCR 的尾部有一个原本属于瑞典皇家空军第一中队的"幽灵"标志。其由来还有一段渊源。科尼赛格曾于 1995 年迁入位于瑞典南部欧洛夫斯特隆的工厂，但 2003 年的一场意外火灾将这里付之一炬，柯尼塞格于是提早搬迁到位于安格赫尔摩郊外的一处新厂房，而那里正是瑞典一处旧空军基地。沿用"幽灵"徽标不仅仅是向勇敢的瑞典英雄表达敬意，更寓意着科尼塞格的跑车拥有与高性能战斗机一样的强大能力。

由于柯尼塞格每款车从制造到装配都包含着大量的纯手工劳动，加上极高的性能以及昂贵的原料，所以价格十分惊人。2006 年公布的柯尼塞格 CCR 售价为 590000 美元。而在 2008 年的日内瓦车展上，柯尼塞格推出了 CCX 的高性能版本——CCX Edi-

tion。这款车只限量生产 14 辆，税前定价已经达到了 133 万欧元。

以 CCR 为蓝本，柯尼塞格又陆续推出了 CCX、CCXR、CCGT 以及 Agera 等车型，但自实现量产以来，它的年产量只有 15 到 20 辆。它也从不需要大量轰炸式厂告宣传，不需要海量的车迷，只需少数身家殷实的铁杆粉丝即可，因为只有他们才能够消受得起柯尼塞格惊人的天价。

至尊私享

柯尼塞格的身上到处洋溢着一种现代派的疯狂气息，而其 4700 万的惊天售价也足以让人们重新认识一下的"烧钱"的定义。

柯尼塞格 CCXR 是由 CCX 发展而来的世界上第一辆绿色超跑，它使用 E85 和

E100 生物燃料以及正常的 98 号高辛烷值汽油（欧洲）为燃料。使用 E85 生物燃料驱动时，其输出功率为惊人的 1018 马力，百公里加速仅需 3.2 秒，极速则轻松突破 400 公里 / 小时。而仅限量生产六辆的高性能版本 CCXR Edition 则将百公里加速时长减少到 2.9 秒，极速高达 417 公里 / 小时，一般的跑车都将被它轻而易举甩在身后，而其税前售价也高达 150 万欧元。

2009 年，柯尼塞格发布了 CCXR 的全

新车型 CCXR Trevita，它延续了 CCXR Edition 的大部分技术参数，车身部分采用其独创的碳纤维钻石编织技术，双层式尾翼设计与普通 CCXR 截然不同。这款车全球仅限量生产三辆，这使其成了柯尼塞格家族最为稀有的版本之一。其高贵的血统注定了它不会便宜，官方给出的售价为 150 万欧元，而中国市场的售价则达到了 4700 万元人民币，一辆奔驰 S 级的超级跑车或许还不到它的一个零头。看来柯尼塞格似乎已经摸透了富豪们的心理，只要东西好，什么价格也许都无所谓了。

2009 年下半年，美国通用汽车公司的破产重组几乎促成了柯尼塞格对通用旗下瑞士萨博汽车公司的收购，尽管最后未能成行，但从中也不难预见柯尼塞格已经开始了"圈地"的计划。

我们不敢肯定柯尼塞格究竟何时才会告别严格量产的时代，只能希望它不会让望眼欲穿的车迷们等待太久。

　　对它而言，量化的财富只是入门的第一个台阶，高贵和尊荣才是真正的敲门砖。它的"矜持"可以让一个亿万富豪等待八年，它的神秘可以让所有的媒体望洋兴叹。它是一片真正的"私人领海"，一片铭刻着超级富豪头衔的独享领地。

PRIVATSEA

最神秘的"百名榜"

私人领海俱乐部

限量关键词；以个人名义申请入会至少要等八年

　　私人领海俱乐部是由希腊船业巨贾拉特西斯家族创立的，集团掌门人斯皮罗·拉特西斯是希腊的船业大亨、石油巨头和大银行家，目前总资产预计已高达 24 亿英镑。斯皮罗本人就是一个行事低调、喜爱隐世生活的富翁，或许这也是他创立私人领海俱乐部的初衷。

　　私人领海俱乐部也被誉为"终极富豪俱乐部"，会员名额只限 100 个，可以入会者只有王室贵族、元首政要、商界巨擘以及国际巨星，总之是非富即贵。而它的入会制度简直可以用苛刻来形容，无论你是富可敌国的超级富豪还是身家过亿的当红明星，都必须经过严格的甄选。俱乐部不仅要了解申请者的富有程度，并且还要知道他们的财富来源，一旦涉及犯罪背景或者不良嗜好，将统统被拒之门外。通常情况下，由于手续的繁琐以及程序的复杂，以个人名义申请入会至

PRIVATSEA 私人领海俱乐部

还将为你提供专用海港。同时，全球最豪华的酒店、马球场和乡间俱乐部等也会为你打开大门。比如与英国温莎城堡毗邻的"御林军马球俱乐部"，这个欧洲最尊贵、最高尚的运动场地也能让你自如出入。

这样的一个富豪俱乐部，入会费的高昂自然可想而知。私人领海俱乐部的会员分成四个级别，会员费介乎 10 万英镑至 80 万英镑不等。

由于是顶级富豪的私人会所，所以私人领海俱乐部的重要工作不仅仅是保证客人享受到顶级服务，还有一流的保密工作，保证会员资料受到严格的保护，也绝对没有记者和狗仔队的身影。所以这个俱乐部虽然已经存在多年却一直鲜为人知，直到 2006 年才被英国的媒体挖出来。这也为上流社会的聚会提供了谈资，他们甚至以猜想谁是这个俱乐部的会员为趣。

即便如此，英国媒体还是挖到了几名会员的名字，他们分别是摩纳哥亲王阿尔伯特二世、瑞士伯爵表老板依芙·伯爵以及摩纳哥地产大鳄维克托·帕斯特。他们都是俱乐部的一级会员。

目前虽不知道英国工室成员是否也入了会，但长期以来拉特西斯家族与英国工室一直往来甚密，查尔斯更是拉特西斯家族的座上宾，经常受邀乘着 120 多米长的"亚历山大"号超豪华游艇出海游玩。另外，酷爱游艇出了名的老牌影星肖恩·康纳利也极有可能是该俱乐部的会员。

少要等待八年。透过这样的门槛，什么是真正的高贵早已经不言而喻。

私人领海俱乐部以顶级游艇、尊贵的马球会和乡村俱乐部为支点，如果成了该俱乐部的会员，你不但可以挑选租用包括"亚历山大"号在内的 20 艘皇宫般的豪华游艇，体验船上的迷你潜艇、直升机、水上摩托车和录音工作室，乘着它到地中海、加勒比海及美国的顶级度假村享受休闲时光，俱乐部

能够将美味与粪便联系起来的，整个世界恐怕只有麝香猫咖啡才有这种能力了；能够让爱好咖啡的人"此生无憾"的，恐怕再没有比麝香猫咖啡更合适的了。

尴尬的味蕾诱惑
麝香猫咖啡

★ ☆ ★ ☆ ★

限量关键词：最贵的咖啡   非人类生产   产量极低

没有人知道它的起源，因为这实在是一件尴尬的事情。它被称作"有屎以来最香的大便"，与这个不文雅的称谓不同的则是它独特而令人神魂颠倒的味蕾诱惑了。早期的印度尼西亚的咖啡农民视专吃成熟咖啡果的麝香猫为死敌，但不知从哪个时候开始，有人想到在麝香猫的粪便中挑出咖啡豆来制作风味独特的咖啡。在各地咖啡专家亲口品尝后的赞美之词中，麝香猫咖啡一跃成为世界上最贵的咖啡，曾经的贵族——蓝山咖啡也不得不俯首称臣。盛名之下，引起了全球范围的麝香猫咖啡热。

于是，麝香猫也不再被印尼人当做死敌，反倒是把麝香猫咖啡视为上帝馈赠的礼物。当地农民每到咖啡豆成熟季节，每天都花很多时间在森林内收集麝香猫的粪便。因为每年的产量都不固定，唯一的共同点就是产量极低。要知道它的售价每磅（约454克）高达800美元。换句话说，要想喝一杯

麝香猫咖啡，就需要准备50美元，并且需要前往美国或者日本的专门的咖啡店。据说，现在只有为数极少的几家五星级酒店的菜单上才有它的名字。可见，它成了并不是有钱就能喝到的奢侈品。

最先把麝香猫咖啡引进美国的蒙塔纳斯公司曾说，当初听到这种体内发酵咖啡的时候，还只是当做业界笑话，并未当真。后来在《国家地理》杂志看到麝香猫咖啡的特别报道之后，才对它产生兴趣，且整整花了七年时间才找到稳定的供货来源，开始少量引进到美国。如今，麝香猫咖啡在美国还只能算是试喝阶段，而在日本已经成了一种高贵品位的象征。

麝香猫喜欢挑选咖啡树中最成熟香甜、饱满多汁的咖啡果实当做食物，而经过它的消化系统，咖啡果实被消化掉的只是果实外表的果肉，那坚硬无比的咖啡原豆随后会被麝香猫的消化系统原封不动地排出体外。这样的消化过程，让咖啡豆产生了无与伦比的神奇变化，风味趋于独特，味道特别香醇，丰富圆润的香醇口感也是其他咖啡豆所无法比拟的。这是由于麝香猫的消化系统破坏了咖啡豆中的蛋白质，让由蛋白质产生的咖啡苦味少了许多，反而增加了这种咖啡豆的圆润口感。

麝香猫的性器官附近有一个腺体，分泌乳白色油脂，这种油脂一直是香水业珍贵的原料，连莎士比亚的剧作《李尔王》中也有这样的对白："请给我一点麝香猫的香油，刺激我的灵感。"另外一些学者也说，"这种咖啡独一无二，是印尼的特产。喝到它，这就像在石头中找到了钻石。"

如今的市场上已经出现了许多"沽名钓誉"者，它们或者是打着麝香猫咖啡之名，行兜售廉价咖啡之实；或是采用人工烘炒的咖啡豆，再掺进各种香料。更有甚者进行人工养殖麝香猫，然后给它们喂食咖啡豆。虽然这样的做法能够得到更多的咖啡，然而，由于喂食的咖啡豆远远不及麝香猫自行选择的优质，并且是人工喂养，使得麝香猫改变了原始的杂食习性，导致最终形成的咖啡在口感和质量上都会比自然情况下的麝香猫咖啡低。同时，由于印尼人口的不断增长，当地人还大规模猎食麝香猫，这也导致了咖啡产量的急剧减少。也许，在不久的将来，麝香猫咖啡就只能是曾经的美好回忆了。

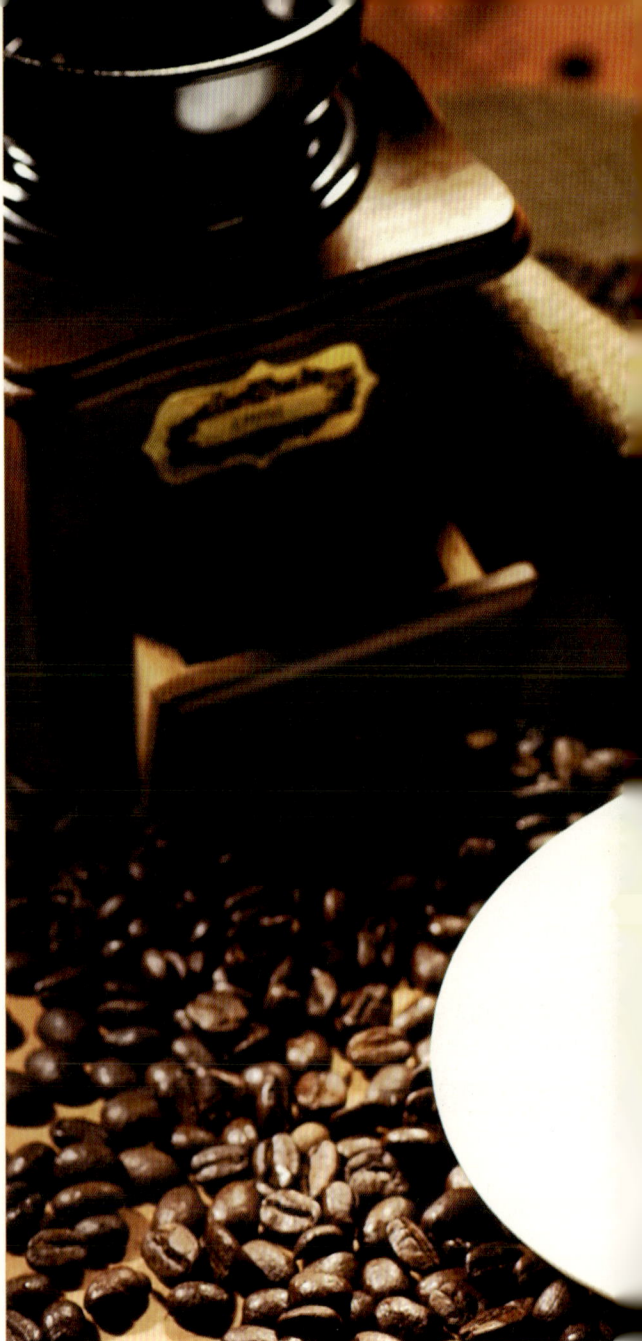

麝香猫咖啡以"味纯"著称，并且它的香味较一般咖啡容易流失。为保持风味，咖啡豆都要独立包装，再注入氮气防止咖啡豆氧化，制作工序更是繁复而且严谨。如果要享受麝香猫咖啡的真味，千万不要在咖啡里加糖或奶，建议使用塞风壶，加入 160~180 毫升的纯净水，倒入 17 克咖啡粉，待水滚

开上升后以平竹片将隆起的咖啡粉轻轻往下压，切记不可搅拌，合则咖啡会变得苦、酸、涩。水温规定为 96℃，沸腾约 1 分 45 秒 ~2 分钟迅速移开火源并同时以冷湿布反复擦拭玻璃瓶使其急速降温，冲泡好的咖啡将呈现大量的金黄色绵细泡沫，如此即可达到最极致的风味。以一般的冲泡方式，有人说麝香猫咖啡可以泡上 2~3 次。但以上冲泡方式由于经长时间沸腾，其成品被视为精华之最，所以不建议同泡。

经过一番精心的泡制之后，就是最期待的"品"了。真正由麝香猫咖啡泡制出的咖啡会散发出类似蜜糖与巧克力的香味，无需添加糖及奶精即有香甜、滑润的浓郁口感，而水的质地也已被咖啡圆润丰厚的质地充分地包覆。因此刚入口时舌尖几乎感觉不到水

的质感，不苦、不酸、不涩，却多了儿分奶香味，且入胃后不会引起胃部不适，即使放冷了，口感依然甘醇。

品尝完此咖啡后，杯中、口中和空气中仍旧会留有甜甜的奶香味。麝香猫咖啡是独具丰厚质感且有深度的咖啡，绝对堪称咖啡界中独一无二的极品。

这种从粪便中走来的味蕾诱惑，多少有些让人尴尬的因素，所以争议也很多。首先体现在味觉上。据说品尝过这种咖啡的专家，对于其味道的品评有着两个极端的态度，一种形容该咖啡是"人间极品"，味道非比寻常，难以用语言文字来形容："带点土腥，略带呛味和内脏味，在嘴里久久不去，直到最后一滴。"而另一种评价则认为："难以下咽，完全是噱头，不值得花钱买臭咖啡。"

另外一个争议就是在心理上，毕竟它是从粪便中挑选出来的。曾经在一次品尝会上，众多名流在未被告知实情的情况下仔细品味着麝香猫咖啡的每一种芬芳，并试图以华丽的辞藻来形容自己的感官反应。然而，当人们了解到这种饮料的由来后，却不约而同地感到了胃部的不适。

对于该咖啡味觉反应的大相径庭，专家给出了解答：印尼咖啡本身就带有泥土味和中药味，稠度也高居各洲咖啡之冠，但是麝香猫咖啡中的

土腥味和稠度则更胜一筹，尤其稠度几乎接近糖浆，香味很特殊。

所以如果你原本就不喜欢印尼咖啡的味道，那么可以肯定，你会更讨厌麝香猫咖啡；但倘若你喜欢印尼陈年咖啡豆或印度风渍豆的土腥味，可能会无比痴迷于麝香猫咖啡。所以对此咖啡味觉上的分歧可谓是仁者见仁，智者见智。

另外，麝香猫咖啡的销售人员建议购买者说：如果你想用这种咖啡来招待客人，要么永远不要告诉他真相，要么事先说清楚咖啡的来历，让他自己决定喝还是不喝，以免他反应过度。

罗曼尼·康帝是酒中的奇女子，妩媚又淡然，用绝妙的味道去扯动神经，让人心动却不知源于何时，归于何处。

ROMANÉE-CONTI

❖∙❖

神遗留人间的珍馐
罗曼尼·康帝

关于罗曼尼·康帝

❖∙❖

罗曼尼·康帝酒园是法国最古老的葡萄酒园之一，最早可追溯到公元 900 年前。大约在公元 12 世纪，该园从望族的土地，辗转落入圣·德农修道院之手，在往后四百年中，这座葡萄园的所有酿酒，皆为教会的私有产业，只有神父与修士才得以享用。直至 1631 年，该园才由伦堡家族购得，并正式改名为罗曼尼庄园（Romanee）。家族数代的用心传承和精心照料，让该园成了勃艮第地区最著名的葡萄园。

时间很快就到了 1760 年，伦堡家族决定将该园易手。当时参与竞标的主要人物为法王路易十五的情妇——蓬巴杜夫人和有"酒痴"称号的康帝公爵（Louis-Francois de Conti）。原本就为死对头的两人，竟同时看上这座葡萄园，内斗一触即发。后来，康帝公爵以 8000 英镑的高价标得该园，同时也让该园成为勃艮第最贵的葡萄园，知名度更是大大提高。康帝公爵为了炫耀这场胜利，将罗曼尼酒园改名为"罗曼尼·康帝"。此举让蓬巴杜夫人甚为恼怒，于是离间公爵与王室的关系，使公爵愤而退隐，沉潜在自己的"战利品"——康帝酒庄之中。在波尔多地区有五个并驾齐驱的酒庄，那是波尔多的名片，而对于勃艮第地区来说，罗曼尼·康帝就是该地区唯一高高在上的帝王。近千年来，罗曼尼·康帝红酒从来只在这片范围极小的园区内生产，她像是一位尊雅的闺中秀丽，微微一笑便倾国倾城。

她是酒中的女子，妩媚而诱惑，又有着恬淡的性情，就像康帝公爵一样的爱生活不

爱权力。对于罗曼尼·康帝红酒，著名评酒师帕克曾经说，"罗曼尼·康帝是百万富翁喝的酒，但只有亿万富翁才能喝得到"。由此可见罗曼尼·康帝的受欢迎程度，其多层次气味的变化、高雅与使得神秘的品质令人称赞不已。

由于园区生产有限，而名声却随着悠久的历史和品质而远播四方，使得每年有限的几千瓶红酒往往像是出土文物般珍贵，被人们精心照顾之后，推到红酒的最高级殿堂上。收藏也好，品味也罢，每年只带给全世界仅有的限量奢华。

ROMANÉE-CONTI
限量甄选

有着数百年历史的罗曼尼·康帝酒庄一直在流传一个传说：一种为神创造的葡萄酒，在他们的酒窖里被发现了。人们一直都能听到它的大名，可那也只是偶尔在佳士得的拍卖会上才能偶遇。它就像是一位蒙着面纱的女子，却又掩瑜着神秘，亲近过她的人都在惊呼："这是上帝制造的"。而制造她的人异口同声地说："这是神遗留在人间的东西"。它的名字和它的庄园一样低调，可是它的声誉却和它的味道一样美妙；它的数量和它的身影一样难觅其踪，可是它的价值却和它的香气一样难以估量。它被称作是"世界红酒之王"，一种神秘、高雅而又尊贵的美丽。

黑比诺葡萄：黑比诺是非常难栽种的葡萄品种，皮薄、有个性，而且早熟。不像卡本内（可种在任何地方），甚至不需照顾便能长得很好。黑比诺需要定期及细心的照料。事实上，它仅能生长在地球上极少数有凉爽气候的特殊角落，而且只有兼具耐心与知识的果农才能种出黑比诺葡萄最纤细大最优雅的特质。

罗曼尼·康帝酒庄的葡萄园总面积只有1.8公顷，甚至都不及巴黎协和广场的一半，却是少见的不受玷污的圣地。这里种植着世界上最珍贵的，最难栽培的黑比诺葡萄，它们可以享受到最佳的光照和水源。这些葡萄树平均树龄已经超过五十年。葡萄的产量极低，一共也就能产4500升，大致相当于三株树龄超过五十年的黑比诺葡萄树才能酿造出一瓶顶级的罗曼尼·康帝葡萄酒。所以低调的罗曼尼酒庄的年产量一般都是在6000瓶左右，有的年份只有4000多瓶。所以它从来不提限量销售，因为它只限量出产。

也许超低的产量还只是让你略微的感慨，那么想必在你亲近它之后，你才会真正的震撼。到目前为止，康帝酒庄依然沿袭着18世纪的耕作方法和酿造工艺，比如犁耕、有机堆肥、人工采摘、人工踩皮榨汁等等。他们和法国惯有的观点保持着一致，都认为："红酒是上帝的礼物"，而越接近自然越能体现"上帝的礼物"的珍贵。这也是康帝庄园一直坚持的，也是红酒中最高级别的礼遇。它高贵的身份像是从凡尔赛宫里走出的贵妇人，而当年的罗曼尼·康帝红酒就是进贡给宫廷的，而其他人，哪怕是出再高的价钱，它也绝对不会属于你。

如果数量和身份还仅仅是把你震撼住了，那么它的香味肯定会再次让你迷失。罗

曼尼·康帝将黑比诺葡萄的各种迷人特质完美地呈现出来：馥郁持久的香气，精致醇厚，单宁细腻而有力，平衡而又凝缩，丝绒般的质地柔滑优雅。它有多层气味的变化，像是娇艳的女子婀娜多姿的舞姿，你靠近它，它掩面而行，你看着它，它微微一笑。这是一种变幻莫测的香气。曾有酿酒师富有诗意地称赞道："有即将凋谢的玫瑰花的香气，令人流连忘返，只能说是上帝遗留在人间的东西。"当你放下酒杯，过了一段时间之后，你会不自觉地回味，一场梦寐，却为何唇齿留香？

几百年过去了，如今罗曼尼·康帝酒庄仍保留着手工业操作，酒庄里的人们对葡萄酒所倾注的这种甚至有些执拗的人文传统，都毫无疑问的融入了那些泛着红色光泽的美酒中。以至于一代文学大师乔治·莫尔在他的传世名作《我的死去了的回忆》中这样描述："那是我迄今唯一能想得出来的让我一辈子安宁的地方，唯美的境界里有着我生命的唯美归宿。"只有大自然的洗礼才是对葡萄树最好的呵护。红酒酿造者们都信奉：好葡萄酒是种出来的。也就是说，红酒好坏的先决条件是产地，没有合适的环境和得天独厚的自然条件，名贵的葡萄品种就难以生存；没有品质优异的酿酒葡萄原料，酿造顶级的红酒也就无从谈起。

酿酒师奥贝尔·维兰对罗曼尼·康帝庄园的管理极其严格，因为土壤对于葡萄的生长十分重要的。科多尔省多为山地，很多葡萄

园均在山坡上，罗曼尼·康帝酒园也是如此，一旦遭遇连绵的阴雨天气，葡萄园中的土壤很容易被冲刷坡下向去，而造成土壤的流失。因此一旦经过连绵的雨季后，罗曼尼·康帝酒园的工人们经常拿着铁锹和铁桶，把冲走的土壤搬回到园中，甚至从附近拉·塔切庄园中借土。此外，罗曼尼·康帝庄园葡萄的栽种护理方面完全采用手工作业，不使用任何化学杀虫剂。每年在葡萄成熟的季节，罗曼尼·康帝庄园就禁止任何参观访问活动，谢绝闲杂人等入园。葡萄成熟时，熟练的葡萄工人手提小竹篮，小心地将完全成熟葡萄串采下，立即送到酿酒房，然后经过严格的人工筛选，才能够酿酒。罗曼尼·康帝酒在酿造的时候不用现在广泛使用的恒温不锈钢发酵罐，而是在开盖的木桶中发酵。发酵过程中，每天将表层的葡萄用气

压的机器压入酒液，以释放出更多的成分，再经过橡木桶的存放才算结束。

这样一款品质极佳，内涵丰富的顶级葡萄酒，最让人难以忍受的应该是它的标价了。现在即便是一瓶贮存一年左右的罗曼尼·康帝新酒也要 2500 美元以上，经过几年的可能就会涨到 5000 美元以上，而一瓶 1991 年份的罗曼尼·康帝则达到了 12 万元人民币。这样的价格甚至超过了同等重量的黄金。另外一瓶 1992 年份（当年的产量仅有 4800 瓶）的罗曼尼·康帝红酒在中国仅有三瓶，单价已经超过了 30 万元人民币。

这个有着甜椒和玫瑰混合香味，充满无限诱惑的味觉精灵，让人很难相信居然是由教士首创的！也许，只有那些不问凡间俗事的人，才真正懂得超凡的美味。这更证明了，这是上帝的旨意。

直到目前，罗曼尼·康帝依然沿袭 18 世纪的耕作方法和酿造工艺，比如犁耕、有机堆肥、人工踩皮榨汁等。罗曼尼·康帝具有十分变化莫测的香气。现任园主兼酿酒师奥贝尔·维兰曾形容它：带有即将凋谢的玫瑰花香味，使人流连忘返，仿佛是谪仙飞往天际时"遗留于人间的东西"。而且，当某个千万富翁一旦得到它，哪肯轻易出手？起码得放上十几年、几十年！

ROMANÉE-CONTI
至尊私享

也许是因为上帝在这一年发现遗失的东西落在罗曼尼·康帝的酒窖里，所以在 1945 年，先是有战火烧到了庄园里，随后庄园又接连遇到百年不遇的冰雹打击，整个酒庄几乎到了毁灭的地步。可是，上帝明显忘记了一件事情，那就是人类已经习惯了对罗曼尼·康帝的朝拜。

1945 年份罗曼尼·康帝
★☆★☆★
限量关键词：当年只出产 600 瓶　存世已屈指可数

在 1945 年，整个康帝酒庄全年只出产了 600 瓶罗曼尼·康帝葡萄酒。它们的价格已经难以估量，因为世界上已经很难看到他们的身影。

在同一年，由于春天的冰雹以及护理人员的缺乏，庄园里的葡萄树遭到了致命的打击。于是康帝酒庄只好从附近的葡萄园里引进葡萄树。在接下来的六年时间里，为了保证康帝葡萄酒的质量和名誉，酒庄决定这六年里不出产葡萄酒。所以当你在市面发现了 1946 年到 1951 年间出产的罗曼尼·康帝，那毫无疑问是冒牌货。

在这几年里，康帝酒庄准备了新的橡木桶，它们需要经过了三年的风干，特殊烘烤之后才被允许使用。经过庄园主人的精心修复和照顾，加上酿酒师的传统工艺，康帝葡萄酒又重新达到了以往的品质，再次成为葡萄酒爱好者的梦想之物。而每一年的新酒一旦面世，就会被瞬间预订一空。当这些买主领走了红酒之后，你以后也许就看不到它们了，因为大多数都会被珍藏起来，你只能期盼在哪一次的拍卖会上和它偶遇了。据说在 2007 年的佳士得拍卖会上，一支 1945 年的罗曼尼·康帝成交价竟达了惊人的 140000 美元。

当然，红酒贵的不是年份，而是质量。所以罗曼尼·康帝可能不是拍卖价最高的红酒，却一定是出厂时售价最高的红酒。

罗曼尼·康帝酒庄重要年份红酒主要有以下几种：

2002：产量约 6100 瓶。精致的光晕，和常见染料完全不同的亮黑，美妙的花香，细致自然，清澈的质地，轻盈的外观，没有一丝新橡木桶的痕迹，葡萄很好的成熟度已明显展示出来（好于2001年份）；草莓般柔软的味道，悠长的回味，是个极为优雅的年份！葡萄采收时间为9月21日。

1998：产量约5600瓶。美妙的颜色，保持着紫红的色调；花香和辛香的融合，优雅愉悦；口中显现出惊人的流动性和和谐。红果和樱桃气息，丰富细腻的单宁。这款酒的精巧和存在，对我们来说是一种惊喜！葡萄采收时间为9月24日。

1992：产量约4800瓶。石榴红的光晕，层次明显；典型的罗曼尼·康帝的香气，甜椒和玫瑰花瓣的气息；轻巧和谐，口中感觉强度较收敛；这款酒的酸度要比1995年份

高点，回味也比1995年份短点，但还是具有相同的神韵。葡萄采收时间为10月2日。

1987：产量约6000瓶。有少许的沉淀，醒了约30分钟左右，会呈现通透清浅的橘褐色泽；主导的干蘑菇气息，融合着泥土和皮革的味道，还有松露以及笋干的香气，口感干净清晰，有很好的复杂性，而且富有变化，持久；中等酒体，细腻如丝绒般的单宁，温柔却有力地在口中撑起了独特中等的矩形"空间"。前中后段的力度持续贯穿，但又不失温文尔雅的气度，很好的平衡，适当酸度带来的活跃口感，回味悠长，酸度略微凸现。这是一款逐渐进入顶峰期的罗曼·尼康帝，很好地体现了上等布根地典型特质和罗曼尼·康帝作为顶尖酒园的实力。

1952：产量约5760瓶。深色泛出些许黄色；美妙的香气，紫罗兰、麝香、灌木、香子兰果实和烟熏的气息，夜丘产区典型的上等佳酿！入口依旧佳酿风范，展现出野性的一面，有着野禽味道；作为葡萄园重建后年轻葡萄藤出产的第一批酒，已经出色地显露和继承了罗曼尼·康帝的风格和水准！葡萄采收时间为9月29日。

1945：产量约600瓶。深邃的颜色，令人赞叹的东方香料的气息，透出李子和异域浆果的芳香，口中果香充盈，持续极长，以辛香收尾，完美地平衡。是布根地百年难遇的完美佳酿。由于春天的冰雹和战争，这年仅产600瓶，品质却是极品佳酿！葡萄采收时间为10月2日。

私人飞机是属于超级富豪们的"烧钱"工具，对于他们而言，能够换来便捷舒适的直飞享受，就应该说是物有所值的，甚至物超所值。

BOMBARDIER

❈

空中最奢华的"行宫"
庞巴迪"环球快车"

想知道比尔·盖茨乘坐的是什么私人飞机吗？答案是庞巴迪"环球快车"，比尔·盖茨有两架私人飞机都出自这种机型。

1907年，约瑟夫·阿尔芒·庞巴迪出生于加拿大魁北克省的瓦尔库尔，他是个害羞而又执著的机械师，一直想制造一部可以

"浮"在雪地上的车辆。1937年，他在自己的小修车店里制造了第一部机动雪橇。五年后，庞巴迪已经成立了自己的公司并开始大量生产适用于积雪地形交通运输所需要的履带式车辆。

20世纪七八十年代，已经成功上市的

庞巴迪公司先是得到了蒙特利尔地铁系统车辆的合同，庞巴迪现在的总部就位于蒙特利尔，1986年又以12亿美元的价格收购了加拿大一家大型喷气式飞机制造厂，开始领军加拿大航空制造业。庞巴迪如今49%的业务为铁路运输，包括火车、地铁和轻轨，另外51%的业务分布在航空领域，成为世界三大飞机制造商之一。

"环球快车"是庞巴迪的旗舰机型，也是现今公务航行中首屈一指的高端机型。公务航行是通用航空的一部分，美国联邦航空管理局对通用航空的定义是除军事和定期航线飞行之外的所有飞行都属于通用航空。作为公务航机的领军企业，庞巴迪的公务机一直备受富豪的青睐。

1996年，庞巴迪"环球快车"飞机正式面世，其卓越的设计和性能很快得到世界范围的认可，并一直被称为同级别中最先进的公务飞机。

庞巴迪"环球快车"推出的首款机型是"环球5000"。这是一款动力强劲、内饰奢华的超远程公务机，最多可以乘坐17名乘客。在搭载八名乘客和三名机组成员时仍能以0.85马赫的标准巡航速度连续飞行9630公里，其最高飞行速度可达0.89马赫，在同级别公务机中出类拔萃。"环球5000"的机舱布局设计也非常精致华丽，电话、网络、传真等一应俱全。

在2008年珠海航展上，停放在空中客车A380旁边的一架黄色尾翼的私人飞机吸引了无数航空爱好者关注的目光，它是庞巴迪公务机中的顶级机型——"环球快车

XRS"。该机型自 2005 年 11 月投入服务，技术数据足以令其"同辈"汗颜——航程可达 11390 公里，巡航速度比普通公务机快了 10%，升限可达 15000 米。这个高度层的空气流动非常少，所以非常舒适。

"环球快车 XRS"拥有宽敞的客舱，办公区、娱乐区、休息室、行李舱划分清晰。客舱后部还有一个独立卧房，配备装修豪华的洗手间和洗手台，关上通道中的一扇可推拉木门，卧房就完全成了私密空间。休息区放有八张沙发坐椅，它们均能自由旋转角度，还配备舒适的脚踏板，两张靠椅就能拼成一张床。办公区内的视听放映系统、通讯系统、空调系统和办公设备全部堪称一流，其中卫星通讯系统更可随时与各地保持电话和网络联系，堪称是名副其实的"空中办公室"。客舱顶部还安置了由四种颜色灯光组成的 LED 墙灯，既彰显个性，又令具有商

BOMBARDIER 庞巴迪"环球快车"

布局，为大型公务飞机开创了 个新的类别，该机乘客可享用的客舱空间较当前的行业领先产品多出 20%，具有 0.90 马赫的高速巡航能力，在速度为 0.85 马赫时，航程可达 13520 公里。在搭载十名乘客的情况下，可胜任伦敦至新加坡、纽约至迪拜或北京至华盛顿之间的直飞任务。"环球 7000"计划于 2016 年投入使用。

而三舱布局的"环球 8000"飞机同样有着 0.90 马赫的高速巡航速度，在速度为 0.85 马赫时，航程可达 14631 公里。在搭载八名乘客的情况下，可胜任悉尼至洛杉矶、香港至纽约以及孟买至纽约的直飞任务。按计划，"环球 8000"将于 2017 年投入使用。

如果真要举一个所谓"烧钱"的实例，私人飞机绝对是当仁不让，毕竟数以亿计的身价以及每小时数万元的耗油成本让它只能成为亿万富翁才能玩得起的奢华游戏。但是处在这种游戏之中的人似乎有着其他的衡量标准，因为得到的是最舒适的直飞享受，这其实很"划算"。

"环球快车 XRS"配备双路数据传输连接互联网，还有能在雨雾天帮助起降的视觉增强系统。在超远程公务机中，它是速度最快且对机场要求最低的机型，可以在 15000 米以上高度以 0.89 倍音速飞行，航程超过 12000 公里，座舱高度和宽度分别达到 1.9 米与 2.5 米，降落速度更低，更安全。

务气息的公务机拥有柔和温馨的一面。

"环球快车 XRS"在专门设计的公务机中是最昂贵的，售价人约是六千多万美元，而且 2013 年前的生产配额已经全部预定完了。比尔·盖茨在 2008 年就是乘坐这一款专机来北京观看奥运会的。

2010 年 10 月，庞巴迪公司确认将推出两款新型公务飞机——"环球 7000"和"环球 8000"。"环球 7000"采用宽敞的四舱

真正的高贵，是一种专属的拥有；真正的成功，是追求完美的灵魂。本间"皇者之龙"张连伟限量版球杆就是这样一支追求极致完美，专属于成功者的独享之物。

HONMA

果岭王国的黄金权杖
皇者之龙球杆

★ ☆ ★ ☆ ★

限量关键词：世界上最贵的高尔夫球杆　全球限量 30 套　每套售价 540000 元人民币

50 多年前，一对名叫本间的兄弟在日本横滨崭露头角。他们成立的本间公司最初只是一家高尔夫练习场，主要的业务也仅仅停留在球杆的修理上。当这两位卓有远见的天才人物把目光专注于制造完美球杆的时候，他们也把自己推到了高尔夫的荣誉殿堂之上。他们坚持"纯手工制作"和"一切不假于他人之手"的理念，对自己的产品近乎苛刻的挑剔。当追求完美成为一种性格，当亲力亲为成为一种习惯，世间最细致的灵魂，配合最高超的工艺，于是完美之物的出现成为一种理所当然的事情。

完美的杰作当然需要成功的人物来演绎。这套名为"皇者之龙"的限量版球杆就是在中国高尔夫球手的领军人物张连伟的亲自指导和参与下完成的，最专业的球杆技术和最顶尖的球杆设计，在顶级的球手和球具公司这里再次得以升华，它几乎是完美无缺的，犹如金龙飞舞，翱翔天际。

追求卓越是主观的事情，而它的完美却是客观呈现。顶级的球杆不在于它奢华的材料，而是让球手痴迷的手感，如果既有让人心醉的手感又有代表高贵身价的奢华球杆，那它必定是一件完美之物。以高雅的美学设计，融合本间高超的制杆技术，以及最受欢迎的 ARMRQ 杆身设计，让球手在击球时拥有安心满足的感受，超远击球距离，让高飞的球如龙腾飞。优质的碳原料，使杆身的扭转能力表现理想，让飞行距离的稳定性和准确度提升至最大极限。“皇者之龙”系列球杆拥有超低重心及特大甜蜜点的球杆设计，让击球落点更准确，能够应付各种地形带来的挑战，同时还具有完美的推杆表现，这无疑需要冷静的判断力和高度的集中力，是睿智的表现。

感动，绝对是逼近灵魂的那种震慑。精湛的 HONMA 手工工艺，居然是在黄金上“肆意妄为”。杆身、颈位、握把及尾部均镶有 24K 金，让每一次的挥杆都贵气十足。而“皇者之龙”闪烁的银钴色，配合瑰丽的铂金色，塑造出极富美感的形象，让你在众人的喝彩中泰然自若，信心十足。完美的美学意念融合精心的制杆技术，助你灵活运用技巧与智慧，推出最稳定、理想的一杆。它和你一样，追求完美的胜利。王者的霸气似乎带有某种侵略性，只是因为他们对于胜利的渴望超乎寻常。作为王者的“皇者之龙”球杆，对人和人竞争有着自己独特的诠释：这是一项你总想做到完美无缺的运动，而又总是达不到完美无缺的程度。可是至少在客观上满足了你追求完美的愿望。

整套共 14 支球杆的“皇者之龙”系列，每支杆身除了印有“五星专卖”的标志外，更印有张连伟的亲笔签名，不仅能够完全表现出“皇者之龙”非凡的气派，更给球杆增添了非凡的收藏价值。“皇者之龙”张连伟限量版球杆售价为 540000 元人民币，全球只生产 30 套。

辨识顶级球杆的经验：一套好的球杆是一个好球手的必备装备，这也必须建立在“识货”的基础上。辨识球杆，首先要从外观上看，外观影响球杆质量表现在：杆头线沟不直，深浅不一。并且杆头表面有瑕斑，烤漆不均匀，有色差。这样的球杆自然从外观上看就是粗制滥造。相比之下，“皇者之龙”的这套球杆在做工精细的基础上更是色泽饱满。还有的球杆在管口与颈套有接缝或者明显的坑凹，这也不是上好的球杆。顶级的球杆通常都是手感极佳，那些仅仅用贵重金属堆砌的球杆也是毫无实用意义可言的。

以世界上最稀有的冰岛雁鸭绒和顶级的埃及长绒棉为原料，以法兰西最精湛的纺织印染艺术织就而成。安睡于这样的床品中，人世间最为奢侈的享受也应该以此为极致了。

Yves Delorme®
PARIS

最奢侈的暖意
依芙德伦

限量版冰岛雁鸭绒被

★ ☆ ★ ☆ ★

限量关键词：年产量不足十条

依芙德伦是欧洲最古老的家居织品品牌之一，也是法国国际精品行业协会的核心成员。该协会是法国最大的奢侈品行业协会，包括路易威登、纪梵希、迪奥、爱马仕在内的 70 多个世界顶级奢侈品品牌都是其中的会员。

依芙德伦家居织品承载着法国文化的精髓，深得法国高级时装的精神要义，它的成功依托于有着 160 余年悠久历史的佛雷默·德伦集团。佛雷默家族从 1845 年开始就在法国里尔生产纺织品，那里是法国 19 世纪的纺织行业中心，它的老城区至今仍留存着当时的一些砖结构的纺织厂房。虽然在两次世界大战中经受了巨大的打击，但是佛雷默公司最终还是顽强地存活下来。上世纪 80 年代，佛雷默家族的第五代继承人多米尼克·佛雷默结识了著名的床品设计师依芙德伦并将他的公司收购于旗下。

凭借 160 多年的深厚底蕴，依芙德伦已经成为真正贵族家居的极品代表。从卫浴到床品，从织染到刺绣，依芙德伦一直以纯手工完成，它的工厂里至今还有一批世代从事家纺产品生产的老工人，他们仍然在使用 18 世纪流传下来的滚筒印花的传统工艺。这种工艺需要先在铜辊表面手工蚀刻凹形花纹。这个过程需要融入多年的技术，刻出的图案有着普通的丝网印花不可比拟的精细度和艺术美感。

　　依芙德伦的设计思维极其活跃，每一季都会开发不同风格的主题，从亚马逊的热带雨林到神秘的波斯古国，依芙德伦的床品洋溢着生活的激情与生命的力量。但实际上要使纺织品真正做到高端、奢华，起决定性作用的还是上乘的原材料。一直以来，依芙德伦豪华床品全部采用精梳埃及长绒棉等世界上最好、最华贵的原料，其售价动辄数万元的原因就在于此。2007 年，依芙德伦再出惊叹之举，它以珍贵的冰岛雁鸭绒为原料，推出了含绒量为 98% 的冰岛雁鸭绒被，售价达到了 300000 元人民币。

　　冰岛雁鸭绒被誉为世界上最珍贵、最顶级的羽绒，每一盎司的羽绒大约有 200 万根细丝，是世界公认的最好的保暖材料。法国、意大利的贵族及摩洛哥王室都对之推崇备至。生产这种绒毛的野生雁鸭属于受到严格法律保护的珍稀野生动物，它们栖息在冰

两个月，等到小雁鸭孵育成熟自然离巢以后再徒手爬上峭壁收集留下的绒毛。自中世纪以来，冰岛雁鸭绒一直是欧洲王室贵族的御用床品材料，它的珍贵曾经给冰岛雁鸭几乎带来了灭顶之灾。

幸运的是当地人出于对雁鸭高尚母爱的敬重，始终不懈的抵制野蛮的采绒行为，冰岛政府还制定了严格的野生雁鸭保护措施，因而冰岛雁鸭得以衍栖至今，但其数量依然不容乐观，而能获得采绒资格的人一般都出自当地拥有良好声誉的传统采绒家族。目前，冰岛雁鸭绒的全球年产量极低，其珍稀品质可与黄金媲美。

依芙德伦对原材料极其讲究，收集到的雁鸭绒还需历经 68 道严格分拣工序，只选择品质最好、毫无杂色的雁鸭绒进行加工处理，然后再由 30 名缝纫经验超过 20 年的老技师以纯手工制法缝制每一床雁鸭绒被，缝制过程通常需要一周以上。有了如此金贵的材料和如此繁复的制作过程，一床雁鸭绒被的售价最终达到了 300000 元人民币，就连其专用的蚕丝被套的价格都已经达到了 29800 元。

由于原料极其有限，这款冰岛雁鸭绒床品的年产量不足十条，而且其中有相当一部分是欧洲王室定制的。它的精致和高贵代表了依芙德伦 160 余年的历史传承，其精美复杂的制作工艺也表达了精于细节的法国人对于奢侈品的概念——皇室贵族般的尊贵生活品质，你同样可以拥有。

岛和加拿大北极圈内，与零下数十度的苦寒共处，每年只会在繁殖季节才会咬下自己胸前和腋下最柔软的绒毛筑巢，为孵育后代创造一个温暖透气的环境。

由于冰岛雁鸭一般都将巢筑在地势险峻的峭壁上，而且处在孵化期的雁鸭异常机警敏感，稍有风吹草动就会受到惊扰。为保护它们不受其他野生动物的侵害，有经验的当地人往往需要在寒冷的野外小心翼翼地守护

不是每个人都可以成为安徒生，但是我们可以成为一个像他那样的热爱漫游的旅行家，何况在今天，我们似乎还有了一件可以让安徒生都心生遗憾的完美物件，那就是我们提在手里的汉克旅行箱。

HENK

旅行家的终极梦想

汉克"旅伴"旅行箱

★ ☆ ★ ☆ ★

限量关键词：终极登机箱

"我所走过的每一个城市就是我生命旅程中的一个站点，记录着一个个丰富多彩、变化多端的故事。"说出这句话的人叫做安徒生，作为一个天生的梦想家和漫游家，在他笔下诞生了无数浪漫凄美的童话，而在他的脚下，欧洲大部分城市都留下了那双特大尺码的大脚印。我们不知道，爱好旅行的安徒生当初是否煞费苦心，去寻找一件极其实用的旅行箱，可以肯定的是，如果那位童话大师是生活在今天，那么他的麻烦肯定可以省去不少。实际上，也正是为了找到令自己满意的旅行箱，从 1991 年开始，荷兰商人

汉克组建了一支由众多经验丰富的设计师和工程师组成的团队，目标就是研发出世界上最便捷、最实用的旅行箱。也就是从那时开始，一件件实用、轻量同时又可以真正吸引眼球的精品便不断问世。十年之后，被称为"终极登机版本"的汉克限量版旅行箱——"旅伴"又掀起了一场终极风暴，欲将奢华进行到底。

非洲马达加斯加乌木属珍贵树种，以其"色如墨、质如铁"而被誉为木中钻石，其硬度和密度甚至比牛角更优，在我国则早有"寸木寸金"之说。汉克"旅伴"旅行箱在制作过程中便精心选用马达加斯加乌木、意大利红木、马鬃等珍贵材质以及碳纤维等一些应用在 F1 赛车和航空领域中的高科技材料，打造箱子的主体结构以及手柄和顶部按钮等部件。箱子外观和内衬的主体材料是上等的压花小牛皮和彩色鸵鸟皮等，光泽亮丽

时，它还精心搭配了一些其他的配件，例如，你可以将它锁在你的座位旁。低音量滑行的轮子在保持平稳快速前进的同时，也可以让你远离不想听到的噪音。

"旅伴"旅行箱的限量还可以有另一种解释——定制，客户可以根据自己的风格喜好，选择箱子的材质、颜色。箱子的内部空间可以通过活动的皮革挡板分为两个空间，而且，为了满足客户的特别需求，汉克除了可以在箱子内部空间的大小、区域的划分以及安全防盗设备上进行具体调整以外，每个箱子还都可以打上个人标识或公司标志，又或者是选用贵金属的镶嵌，突显其独有的价值。

当然，有了如此真材实料，"旅伴"限量版旅行箱的售价自然不菲，通常不会低于25000欧元。难怪有的用户会说："有了它，你提在手上的并不是一件普通的旅行箱，而是一辆 Mini Cooper！"它身上装载着主人的品位、身份和一份尊贵的踏实感。

不是每个人都可以成为安徒生，能够为世人编织出最美好的童话，但是或许我们每个人至少能成为一个像他那样热爱漫游的旅行家。而且在今天，当无数精英名流似乎都习惯了一种"空中飞人"的生活，一件独具自身风格同时又兼具功能性和奢华气息于一身的豪华汉克行李箱就成了必不可少的装备。提着它，精巧而又足以秀出品位，做一个奢华世界的漫游家，让旅途变成一种舒适的享受，你的旅行也会因此而更加有趣吧。

华贵。

汉克"旅伴"旅行箱的总体组件超过500个，其中有相当一部分都是活动式设计，包括可伸缩的拉杆、隐藏式钛轮毂等等，你甚至可以把它当做椅子，构思极为精巧。箱子采取可以两边开启的方式，公文包既可放里面，也可以挂在外面。由于采用碳纤维、钛、镁铝合金等轻型材料，"旅伴"旅行箱的重量比同体积的箱子要轻很多。同

"工欲善其事，必先利其器"。但有的时候，器的意义并却不止于功用而已。当和谐的音符从这里静静地流淌而出，也许你会明白，原来音乐不单单只是愉悦了你的耳朵、慰藉着你的心灵，它其实还可以犒赏你的眼睛。

最亮眼的德国乐手
飞马琴

★ ☆ ★ ☆ ★
限量关键词：仅限定制

德国是世界音乐大师的摇篮，贝多芬、巴赫和布拉姆斯被尊称为"德国音乐3B"，但是世界上的第一架钢琴却是诞生在1709年的佛罗伦萨。遗憾的是，这项发明并没有引起当时意大利音乐同行们的足够重视，倒是在德国，管风琴师、制作师戈特弗里德·西尔伯曼在1730年根据一份绘制极不准确的意大利钢琴草图，制造出了德国第一架钢琴。但音乐大师巴赫对这架琴的鉴定却是：

"触键太重，高音音色太弱。"但他还是提出了一些极其宝贵的建议。1747年，巴赫在觐见腓特烈大帝时弹奏的就是西尔伯曼的新钢琴。如今，两个半世纪过去了，德国已然是世界钢琴制造业的中坚力量，而成立于1885年的舒密尔钢琴制造公司已经成为了欧洲最大的钢琴制造商之一。

舒密尔发源于德国重镇莱比锡，1927年迁至布伦瑞克，于是，那里渐渐成为闻名

遐迩的"德国钢琴城"。一直以来，舒密尔以生产高端钢琴著称于世，德国人一丝不苟的可贵品质在这里得到了充分的体现。它的相当一部分工序都出手工操作完成，所以对工人的要求特别高，一个刚进厂的工人必须经过厂内三年半的学徒训练才能被准于独立操作。通常，舒密尔钢琴要比同类型的日本钢琴贵30%、比韩国钢琴贵60%。1999年，它推出了颠覆传统的飞马琴系列。

如果你是第一次看到飞马琴，你可能想象不到它竟是一架钢琴，长311厘米，宽162厘米，高112厘米，重达580公斤，未来派的动感琴身、优雅流畅的线条使它更像是一部来自未来世界的飞船。它的设计者中包括盛名赫赫的法拉利设计师卢基·克拉尼，在保留了舒密尔一贯的做工精细、音质纯净的基础上加入了跑车的流线概念。而它的艺术性甚至延伸到了人工卷边的座椅上，琴箱、支架和琴凳融为一体，琴凳与键盘间的高度和距离契合人体工程学，琴身采用法拉利红色烤漆工艺，光鲜亮丽，极具现代派的动感和美感。

当然，飞马琴绝不仅仅只是"金玉其外"，它更传承了舒密尔精良的制作工艺。特制的音板是钢琴的灵魂，所有舒密尔音板均经过恒温处理，确保音色恒久不变。琴的背部采用实心结构并经长年测试，能有效地承受琴弦的拉力，令音色更稳定。此外，这款飞马琴的演奏功能还采用了数码音响系统和微电脑控制系统，琴盖可自行开合。除了能自动调节音质外，还能在无人弹奏时自行演绎。

在飞马琴的名字里面并没有法拉利，法拉利的腾马标志也没有出现在琴身上，法拉利甚至没有为它宣传。但是经典的法拉利红漆以及优美流畅的线条风格已经足够让人痴迷。除此之外，这款钢琴与法拉利的另一个交集应该就是它高昂的价码了。这款钢琴一般只接受订单制作，价格在 41 万美元左右，全世界目前大约只有十架，艾迪·墨菲、兰尼·克拉维茨等一些重量级人物幸运地成为了他们的买主，其中一架落脚于深圳华侨城洲际大酒店。除了经典的法拉利红色，神秘的玄黑以及高雅的珍珠白在价格上要"实惠"很多。

在希腊神话中，飞马生有双翼，据说它踏过的地方会有泉水涌出，诗人饮之可获得无穷灵感。当飞马邂逅音乐，经典的诞生就已注定。没有了赛场上的风驰电掣，轰鸣震天，你的耳边只有最完美、最灵动的音符。当手指轻轻划过精致的象牙琴键，那一刻，你要做的，就是侧耳聆听，用心享受。

有的歌手一生只会和你有一次擦身而过，有的却时常伴随左右；有的歌手是一杯酒，喝完了就淡忘了；有的歌手是一首歌，总会在心头荡漾的经典老歌。鲍勃·迪伦就是这样一位传奇的民谣歌手，他以"一把吉他、一只口琴"的形象，成为上世纪许多人的精神启蒙者。无怪乎著名德国口琴制造商和莱公司要以鲍勃·迪伦系列限量版"Marine Band"民谣口琴向大师致敬。

HOHNER

向鲍勃·迪伦致敬
"Marine Band"民谣口琴

★☆★★★
限量关键词：全球限量 25 套

　　Hohner 乐器公司，1890 年以前的它虽然不是第一个制作口琴的厂家，可是凭借无与伦比的工艺与销售策略，从 1890 年开始已经成为世界最伟大的口琴制作者，规模最大的生产厂商，最广的使用人群。从初级到高级，从简单到非凡，它无所不包。它俨然成为了口琴的代名词。

　　Hohner 口琴始终保持着极高的品质，被世界众多的口琴演奏家和爱好者公认为世界第一口琴品牌。它吹奏时带有自然、和谐的微微颤音，音色甜美、忧郁。许多享誉世界的口琴大师都是 Hohner 的贵宾客户，他们用 Hohner 口琴创造了一段又一段传奇。

　　其中最著名的当属鲍勃·迪伦。

　　作为最优秀的民谣口琴的代表，限量版的"Marine Band"民谣口琴既有着非凡的使命感，又有着非凡的成长之旅，除了追随鲍勃·迪伦的摇滚梦而逐渐展现在世人的视线中，"Marine Band"还有着和他歌迷一样广泛的使用者。

　　其中最著名的一个当属让·雅克·米多（Jean Jacques Milteau），这位出身于浪漫之都巴黎的天才少年，从小就浸染在鲍勃·迪伦的摇滚音乐中，尤其对其中的口琴演奏情有独钟，后来逐渐成长为世界最著名的民谣口琴演奏家。他说："我喜欢鲍勃·迪伦，

鲍勃·迪伦，有着重大影响力的美国创作人，民谣歌手，诗人，获 2008 年诺贝尔文学奖提名。迪伦的影响力主要体现在 20 世纪 60 年代，他对音乐的最主要贡献是歌词的深刻寓意与音乐成为同等重要的一部分，他对工业国家整个一代人的敏感性的形成起了很大的作用，他的音乐对理解和分析 60 年代是至关重要的。纵观其音乐生涯，鲍勃·艾伦堪称赋予摇滚乐以灵魂。而这款限量版的民谣口琴就是这一灵魂的绝妙承载者。

喜欢民谣口琴，我 15 岁时拥有了自己的口琴，它就是"Marine Band"民谣口琴，"并且在不久前举行了个人口琴独奏世界演奏会。这位追随鲍勃·迪伦的音乐人见证了"Marine Band"民谣口琴的成长，也正是有着这样一群有天赋的追随者，"Marine Band"民谣口琴也有了天才的基础。也是在这样的基础下，"Marine Band"民谣口琴用另外一种方式来继续鲍勃·迪伦的梦想。

如果梦想是一种来自于精神的提醒，那么限量版的"Marine Band"民谣口琴就是一个召唤者。跟随历史也好，它的故事和它的音色一样动听；跟随名人也好，鲍勃·迪伦是它最钟情的拥护者。Hohner 首款口琴的诞生就是一个非凡的起点，接着遇到了歌坛传奇让·雅克·米多，如果这些只能算做一个噱头的话，那么摇滚精神的缔造者鲍勃·迪伦的亲笔签名加上亲自演奏，难道还不足以让人动心吗？另外，口琴由黑檀木盒子包装，盒盖上手工雕刻有鲍勃·迪伦特有的眼睛标志，内侧则雕刻有这位 20 世纪民谣大师的头像。这一款限量版的"Marine Band"民谣口琴既是在传承着鲍勃·迪伦的摇滚中的自由精神，又是在诠释着一位歌王对于音乐的极致美好的无限追求。

作为鲍勃·迪伦最出名的民谣乐器，"Marine Band"民谣口琴就像一首经典的老歌，时常伴随着鲍勃·迪伦的摇滚乐曲荡漾在人们的心头。而此次的限量版"Marine Band"民谣口琴更是得到了鲍勃·迪伦的亲笔签名和演奏，极具珍藏价值。该系列口琴目前公布了三款产品，其中最弥足珍贵的是售价 25000 美元的"The Ultimate Dylan Box Set"套装。套装内包含 C 至 E，七个基本自然调的七只"Marine Band"口琴，每只均由鲍勃·迪伦亲笔签名并亲自演奏过，该产品全球限量 25 套。这既是鲍勃·迪伦歌迷的盛宴，也表达了对鲍勃·迪伦最崇高的敬意。作为木质口琴，"Marine Band"有着

HOHNER

坚固的铜质坐板，从 1896 年开始生产至今，仍然保持着纯手工制作和调音，属于十孔口琴的经典系列，这也是鲍勃·迪伦一生钟爱它的原因。而这套限量版"Marine Band"民谣口琴更是在手工和牢固上下足了功夫。如果说鲍勃·迪伦赋予美国摇滚乐以灵魂，那么"Marine Band"民谣口琴则赋予这灵魂以灵性和激情。毫无疑问，它是鲍勃·迪伦摇滚灵魂的承载者。

爱好是一种让人欣喜的精神力量，爱好民谣口琴的人对于"Marine Band"的情有独钟也是出于这样的道理。它太经典了，那些老歌迷总是那么恋恋不舍的取出珍藏的口琴来，仿佛每看一次就会想起那曾经的年少轻狂来，想起那个在台上无限活力的鲍勃·迪伦来，而这次的"Marine Band"民谣口琴让我们距离歌王如此接近。不过它也是限量的，全球只有 25 套。

黄金白银的颜色显得有些俗气了，宝器玉石的光彩又过于艳俗，当富人的眼光开始变得有些涣散的时候，又突然聚焦到了一点上，那就是史无前例的蒙比亚多陨石手机。

mobiado

遥不可及的地外奢华
蒙比亚多陨石手机

★ ☆ ★ ☆ ★
限量关键词：陨石材料手机　无价之宝　纪念手机　限量 37 部

不断以新设计和新材料打造奢侈手机的国际品牌蒙比亚多于 2004 年在加拿大温哥华成立，是世界上专注于生产奢侈手机的著名厂家之一，也是诸多著名手机品牌中最具标志性的一个。

在你的脑海中还只停留在 Vertu 等奢侈手机品牌时，说明您还不了解蒙比亚多。它采用的是诺基亚的机芯，强调自行设计制造的手机外壳。与 Vertu 的金属外壳不同，蒙比亚多专门选用名贵的木材或五金来打造手机的外壳，充分彰显使用者的个性和尊贵无比的气质。它还是世界上唯一专门制造豪华手机的厂商。蒙比亚多的产品强调非凡的品位，其主要特色是其独特的直线，完全平面和立体手感的圆形按键造型。

由于蒙比亚多完全使用了高质量的诺基亚机芯部件，使得它更加注重对外壳的设计和制作。因此，蒙比亚多手机的设计风格和昂贵而又特殊的材料才是它们的真正卖点。

在无数镀金镶钻的大牌手机面前，这款蒙比亚多陨石手机以其与众不同的独特气质凸显了自身个性，让众多奢侈手机黯然失色。这款产品的型号为"Grand 350 Pioneer"的手机是世界首款采用陨石材质制成的手机，正是因为这个原因，这款产品也是一件无可估价的艺术品。

2009 年 " Grand 350PRL" 是首部 3.5G 和全键盘奢华手机，也是首部使用珍珠母贝材质的手机。

作为对先驱者 10 号飞船表示敬意而专门推出的限量版手机，除了限量 37 部之外（飞船发射至制作手机相隔 37 年），还有就是电池盖处采用了名副其实的陨石材料制成。这些陨石在 1836 年于纳米比亚被发现，被认为是来自火星和木星附近的小行星带，其成分为 90% 的铁和 8% 的镍，加上磷和微量的钴。在制作这款手机的 37 年前，先驱者 10 号飞行器于 1972 年 3 月 3 日由美国发射升空。它是第一个成功穿越火星和木星之间的小行星带的飞行器，并于 1973 年首次探测了木星，发现了木星磁层伸展出的巨大磁尾，发回了第一批近距离拍摄到的木星及木星大红斑的照片。1979 年，它成为第一个研究土星的探测器。先驱者 10 号为人类的太空事业作出了杰出的贡献。

37 年后，蒙比亚多公司为纪念这一段伟大的历史，精心研制出了这款限量 37 部的陨石手机，每一台 "Grand 350 Pioneer" 都刻有一个专属的先驱者 10 号飞船特殊限量发行标志。因为光驱者 10 号身上携有一块载有人类讯息的镀金铝板。倘若探测器被外星的高智慧生物捕获，这块镀金铝板将会向他们解释这艘探测器的来源。铝板上绘有一名男性及女性的图像，氢原子的自旋跃迁，以及太阳与地球在银河系里的位置等等图案。"Grand 350 Pioneer"手机的陨石上的图案原型正是来自这里，线条简单，却如机身整体一样低调而华贵。

此外，该手机还采用了蓝宝石水晶镶嵌的阳极铝外壳，红宝石外屏，蓝宝石水晶玻璃按钮，连螺丝也是 24K 镀金的不锈钢材料。它不仅硬件设施豪华，在功能方面也是也完全可以与经典配置媲美，它拥有 16 万色 QVGA 屏和 320 万像素的摄像头，支持四频 GSM、HSDPA、WiFi 和 GPS。

这款"Grand 350 Pioneer"是蒙比亚多专门向美国宇航局致敬的限量版手机。朴实的名字听起来低调而有风度，然而这种低调的背后，却是真正的奢华。拥有它的主人或许能从它身上看到时间、空间的无限性，切实感受宇宙的神奇力量和人类的无穷智慧。

2005 年"Professional EM"是第一只由异国情调的上等木材制作的手机（CO-COBOLO——热带美洲黄檀木，EBONY-乌木又称黑檀木，产于非洲原始森林和西印度群岛等地），独特的木质机身，手感极佳。内部采用诺基亚机芯，该手机全球限量仅仅200部。

图书在版编目（CIP）数据

限量版奢侈品 / 杨杨，杨文宇著. — 北京：北京工业大学
出版社，2012.1

ISBN 978-7-5639-2955-9

Ⅰ.①限... Ⅱ.①杨...②杨... Ⅲ.①消费资料–介绍–世界
Ⅳ.①F76

中国版本图书馆CIP数据核字（2011）第272067号

世 界 品 牌 研 究 课 题 组
WORLD BRAND RESEARCH LABORATORY
垂询热线 / 024 8639 7772

限量版奢侈品

著　　者：杨　杨　杨文宇
责任编辑：江　舒　常　松
封面设计：王晓庆
出版发行：北京工业大学出版社
　　　　　（北京市朝阳区平乐园 100 号　100124）
　　　　　010-67391722（传真）　bgdcbs@sina.com
出 版 人：郝　勇
经销单位：全国各地新华书店
承印单位：沈阳鹏达新华广告彩印有限公司
开　　本：787mm×1092mm　1/16
印　　张：32
字　　数：550 千字
版　　次：2012 年 1 月第 1 版
印　　次：2012 年 1 月第 1 次印刷
标准书号：ISBN 978-7-5639-2955-9
定　　价：168.00 元（彩版）